高等院校公共管理类专业系列教材

电子政务
基础、框架与趋向（第2版）

陈德权 编著

The Electronic
Government Affairs

清华大学出版社
北京

内 容 简 介

本书融合近些年数字政府建设和"互联网+政务服务"成果,包括电子政务核心的业务,共有十章,分别是电子政务基础概论、运行过程、技术体系与安全管理、网站建设与政务评价、政务服务网、电子监察与在线政民互动、法规政策建设、电子政务文化、智慧城市与智慧社区、电子政务趋向。另外,三个附录包括电子政务课程实训、实验手册和课堂 panel 演训流程、要素与组织实施三部分内容。

本教材内容新颖,充分考虑了电子政务教学体系、发展脉络以及一线教师教学和政府培训等需求,能够满足公共事业管理和行政管理等专业学生学习需要,也能够满足公务员学习电子政务知识的需要。

本书封面贴有清华大学出版社防伪标签,无标签者不得销售。

版权所有,侵权必究。举报:010-62782989,beiqinquan@tup.tsinghua.edu.cn。

图书在版编目(CIP)数据

电子政务:基础、框架与趋向 / 陈德权编著 . —2 版 . —北京:清华大学出版社,2023.5(2025.3重印)
高等院校公共管理类专业系列教材
ISBN 978-7-302-63356-3

Ⅰ.①电⋯ Ⅱ.①陈⋯ Ⅲ.①电子政务—高等学校—教材 Ⅳ.① D035-39

中国国家版本馆 CIP 数据核字 (2023) 第 064260 号

责任编辑:施 猛 张 敏
封面设计:常雪影
版式设计:方加青
责任校对:马遥遥
责任印制:沈 露

出版发行:清华大学出版社
  网　　址:https://www.tup.com.cn,https://www.wqxuetang.com
  地　　址:北京清华大学学研大厦 A 座　　邮　编:100084
  社 总 机:010-83470000　　邮　购:010-62786544
  投稿与读者服务:010-62776969,c-service@tup.tsinghua.edu.cn
  质 量 反 馈:010-62772015,zhiliang@tup.tsinghua.edu.cn
印 装 者:三河市天利华印刷装订有限公司
经　　销:全国新华书店
开　　本:185mm×260mm　　印　张:19.5　　字　数:426 千字
版　　次:2016 年 2 月第 1 版　2023 年 6 月第 2 版　印　次:2025 年 3 月第 2 次印刷
定　　价:59.00 元

产品编号:097703-01

前 言

《电子政务：基础、框架与趋向》教材出版发行已经7年了，其间有万余名读者选购，并给出较为中肯的评价，有许多读者认为教材比较系统地涵盖了电子政务领域的主要内容，编写体例适合教学应用，可以满足学生和社会读者自学了解电子政务概貌等。对此评论，编者自感书中尚有很多不足和亟待改进之处。因此，从教材面世之际，即开始着手收集"十三五"期间电子政务领域的诸多学术成就和实践成功案例，特别是在东北大学研究生院、教务处、文法学院的支持下，通过积极申报国家、省市优质教材，多次参与相关学术讨论，与同界编写心得交流，一部更为系统、完整和翔实的电子政务教材架构、内容和要点逐步清晰起来，经过与多位感兴趣和擅长不同电子政务领域教学、科研和实践的人士沟通、商讨、互促，《电子政务：基础、框架与趋向(第2版)》定稿。

我国在"十三五"期间电子政务领域的发展是空前的，是具象的，实现了诸多真正意义上的突破，如电子政务真正体现出系统集成优势，数据得到充分共享，办公效率空前提高，特别是在疫情肆虐情况下，实现了在线化、一站式行政审批、行政服务，最大限度降低了疫情等不确定因素影响，确保国家和社会平稳有序运行。电子政务开通三级政务服务网，极大推动了国家行政机构改革进程，推动了放管服的落地和有效执行，更成为优化营商环境和突显服务型政府建设成效的重要标志。电子政务正从单一的政务服务活动开始转向全面的虚拟数字政府建设。我国从20世纪90年代初开始的电子政务建设和探索，历经曲折发展终于在"十三五"期间逐步达成从目标愿景向应用实践的具体转变，并且成为推进政府创新和维系网络信息技术发展的重点。面对"十四五"期间我国经济社会的发展需求，电子政务也面临创新发展和突破瓶颈的抉择问题。各种新技术、新应用可能给电子政务带来更多的不确定性，广大市民也从被动接受应用电子服务开始转向借助政府网络平台积极参与网络问政和政民互动。电子政务已经成为维系政府、市民和其他组织间的重要纽带，更是在非常时期确保政府运行和发挥服务职能不可替代的"韧性"桥梁。

编者从2004年开始研究和从事电子政务教学工作，对象是公共管理专业(行政管理和公共事业管理本科生、网络教育行政管理本科生)以及MPA(当时的课程名称还是"计算机信息基础")，当时主要选用赵国俊、姚国章、徐晓林等老师编著的教材，教学内容主要就"电子"部分展开。2006年底，全国MPA"电子政务"教学工作会议在华中科技大学召开，标志着MPA电子政务教学重点转向"政务"。这是一个重要的转变，体现出不同时代和任务需求背景下，电子政务研究重点和指向的改变，是电子政务不断进步和更趋符合社会需求的创新发展。在之后的教学科研中，编者得到国内电子政务领域诸多前辈和友人的指导点拨，不断开辟电子政务方面的新认知、新视野，如有幸成为吉林大学张锐昕老师教材编写组成员，承担电子政务法规政策部分的编写；参加清华大学孟庆国老师的数字治理学术研讨会，阐释关于电子政务文化治理方面的研究成果；在东北大学召开电子政务专题研讨会上，众多学界同仁莅临指导；等等。

借此诸多有利因素，编者"电子政务"课程不断结出累累硕果，先后获得东北大学研究生教育科研计划课程建设入选教材、东北大学百种优质教材、东北大学教改优秀课程及优质慕课。清华大学出版社编辑多次鼓励编者立足高校专业教学和党政培训需要，推陈出新再版教材，更好地满足教学需要。基于上述种种思考和条件激励，经过大量的讨论、文献收集、征询意见，逐渐形成本版教材的编辑特色：一是作为基本教材，满足公共管理类专业本科生、研究生的学习需要；二是具有独特的教材体系，突出公共管理类专业教材特色；三是浓缩概括当前学术界关于电子政务研究的最新成果；四是给选用教材的老师提供最大便利化，如数字教材、数字案例、课程PPT版课件和课后练习题参与答案等。

需要再次强调的是，本教材来自一线教师的多年积累和授课感受，本教材的再版也是为了更好地服务一线授课教师，使其讲好基础知识，提升实务应用以及提升课堂的教学质量。教材在章节后附录部分，增设了三个附录：一是课堂实训，即帮助老师如何指导学生上好这门课，指导学生参与互动，提高课堂知识讲授效果；二是实验手册，在充分结合实验课程特点和电子政务实验要求基础上，为大家提供了电子政务实验手册，引导教师结合具体课程实验，有目的和侧重点地提高课堂实验效果；三是课堂panel演训流程、要素与组织实施，更好地提高课堂教学实效，课堂panel是东北大学教学改革重点立项项目，经过三年实践，基本厘清课堂panel的体系和教学要点，供广大师生实践体验。

本教材尽管是再版教材，经过一系列的整合借鉴，融会贯通，博采众长，但依然存在一些不足。本教材力求在理论和应用之间做好衔接，既可满足本科生、研究生的学习需要，也能满足MPA深入理解电子政务需要，但这确实容易顾此失彼；教材编写做了很多内容之间的融合汇编，目的是突出电子政务当前的变化和未来趋势，但一些内容可能存在理解和实践偏差，需要经过教学应用来发现问题，以期待下次再版时进行纠偏。

此外，教材再版编写中难免存在一些疏漏，敬祈各位专家学者和广大读者批评指正。反馈邮箱：wkservice@vip.163.com。

陈德权

2023年2月

目　录

第一章　电子政务基础概论 ……………………………………………… 1
第一节　电子政务概念 ………………………………………………… 2
一、电子政务定义 …………………………………………………… 2
二、电子政务特点 …………………………………………………… 5
第二节　电子政务体系 ………………………………………………… 7
一、电子政务框架 …………………………………………………… 7
二、电子政务模式 ………………………………………………… 11
三、电子政务价值 ………………………………………………… 14
第三节　电子政务发展历程 ………………………………………… 16
一、电子政务缘起 ………………………………………………… 16
二、外国电子政务发展 …………………………………………… 18
三、中国电子政务历程 …………………………………………… 21
第四节　电子政务支撑理论 ………………………………………… 27
一、新公共管理理论 ……………………………………………… 27
二、政府业务流程再造理论 ……………………………………… 28
三、客户关系管理理论 …………………………………………… 30
四、管理信息系统理论 …………………………………………… 31

第二章　电子政务运行过程 ……………………………………………… 33
第一节　电子政务运行主体 ………………………………………… 34
一、政府 …………………………………………………………… 35
二、企业 …………………………………………………………… 39
三、公众 …………………………………………………………… 41
四、社会组织 ……………………………………………………… 43
第二节　电子政务运行平台 ………………………………………… 45
一、政务内网 ……………………………………………………… 45
二、政务外网 ……………………………………………………… 51

第三节　电子政务运行环境 ·· 55
　　一、经济与社会环境 ·· 55
　　二、文化与舆情环境 ·· 57
　　三、技术与安全环境 ·· 59

第三章　电子政务技术体系与安全管理 ·· 63
第一节　电子政务技术体系 ·· 64
　　一、电子政务通用技术 ·· 64
　　二、电子政务技术创新与趋势 ·· 73
第二节　电子政务安全概述 ·· 78
　　一、电子政务安全概念 ·· 78
　　二、电子政务安全的现实意义 ·· 80
　　三、电子政务面临的安全风险 ·· 81
第三节　电子政务安全工程 ·· 82
　　一、安全信息技术体系 ·· 82
　　二、法律法规标准体系 ·· 90
　　三、安全管理组织体系 ·· 92

第四章　政府网站建设与政务评价 ·· 97
第一节　政府网站概述 ·· 98
　　一、政府网站概念 ·· 98
　　二、政府网站的目标 ·· 100
　　三、政府网站的种类与功能 ·· 101
第二节　政府网站建设 ·· 106
　　一、政府网站建设的程序与逻辑 ·· 106
　　二、政府网站的关键点设计 ·· 108
　　三、网页的设计与优化 ·· 110
第三节　政府网站运行管理 ·· 115
　　一、网站运行维护 ·· 115
　　二、网站运行保障 ·· 116
第四节　政府网站评价 ·· 117
　　一、政府网站评价的要点与原则 ·· 117
　　二、政府网站评价的内容与指标体系 ······································ 119
第五节　政府网站的创新发展与保障 ·· 126
　　一、政府网站的创新发展 ·· 126

二、政府网站的安全防护……………………………………………… 127
　　三、政府网站发展的机制保障……………………………………… 129

第五章　政务服务网 …………………………………………………… 133
第一节　政务服务网概述 ……………………………………………… 134
　　一、政务服务网内涵………………………………………………… 134
　　二、政务服务网职能………………………………………………… 136
　　三、政务服务网特征………………………………………………… 136
　　四、政务服务网价值………………………………………………… 138
第二节　政务服务网的建设与发展 …………………………………… 140
　　一、政务服务网建设背景与内容…………………………………… 140
　　二、政务服务网的发展阶段与实践困境…………………………… 142
第三节　政务服务网综合设计与绩效评价 …………………………… 144
　　一、政务服务网综合设计…………………………………………… 144
　　二、政务服务网绩效评价…………………………………………… 149

第六章　电子监察与在线政民互动 …………………………………… 154
第一节　电子监察概述 ………………………………………………… 155
　　一、电子监察内涵与外延…………………………………………… 155
　　二、电子监察的特点和功能………………………………………… 157
　　三、电子监察领域与作用…………………………………………… 159
第二节　电子监察的构建和现状 ……………………………………… 161
　　一、电子监察的构建………………………………………………… 161
　　二、电子监察的困境………………………………………………… 162
　　三、电子监察的问题和对策………………………………………… 163
第三节　在线政民互动 ………………………………………………… 166
　　一、在线政民互动含义……………………………………………… 166
　　二、在线政民互动历程……………………………………………… 167
　　三、在线政民互动意义……………………………………………… 168
　　四、政府网站政民互动方式比较…………………………………… 168
　　五、推进政民互动的策略…………………………………………… 173

第七章　电子政务法规政策建设 ……………………………………… 175
第一节　电子政务法规政策概述 ……………………………………… 177
　　一、一般性法律、法规与政策概述………………………………… 177

二、电子政务法规政策体系 ·· 179
第二节　电子政务法规政策比较与启示 ·· 183
　　一、国外电子政务法规政策概况 ·· 183
　　二、国外电子政务法规政策比较 ·· 185
　　三、国外电子政务法规政策启示 ·· 192
第三节　中国电子政务法规政策建设 ·· 194
　　一、中国电子政务法规政策概况 ·· 194
　　二、中国电子政务主要法规政策介评 ·· 196
　　三、中国电子政务法规政策发展 ·· 205

第八章　电子政务文化 ·· 208

第一节　电子政务文化概述 ·· 209
　　一、电子政务文化的含义 ·· 209
　　二、电子政务文化的特征 ·· 210
　　三、电子政务文化的生成背景 ·· 210
　　四、电子政务文化的建设意义 ·· 211
第二节　电子政务文化框架与环境 ·· 213
　　一、电子政务文化的结构 ·· 213
　　二、电子政务文化的内容与价值 ·· 218
　　三、电子政务文化建设的环境 ·· 221
第三节　电子政务文化建设的现状、困境及治理 ·· 223
　　一、电子政务文化建设的现状 ·· 223
　　二、电子政务文化建设的困境 ·· 224
　　三、电子政务文化建设的治理 ·· 226

第九章　智慧城市与智慧社区 ·· 230

第一节　智慧城市的界定与发展 ·· 231
　　一、智慧城市的定义与特征 ·· 231
　　二、智慧城市的兴起与发展 ·· 232
第二节　城市大脑 ·· 239
　　一、城市大脑的定义与特征 ·· 239
　　二、我国城市大脑建设 ·· 240
第三节　智慧社区的定义与实践 ·· 244
　　一、智慧社区的界定与特征 ·· 244

二、智慧社区的建设及影响 …………………………………………… 245
　第四节　智慧社区的发展 ……………………………………………………… 248
　　一、智慧社区建设困境 …………………………………………………… 248
　　二、智慧社区创新发展 …………………………………………………… 249

第十章　电子政务趋向 …………………………………………………………… 252
　第一节　移动政务 ……………………………………………………………… 253
　　一、移动政务的界定与特征 …………………………………………… 253
　　二、移动政务的发展与挑战 …………………………………………… 256
　第二节　智能政务 ……………………………………………………………… 261
　　一、智能政务的界定与特征 …………………………………………… 261
　　二、智能政务对传统电子政务的升华 ………………………………… 263
　第三节　数字政府 ……………………………………………………………… 263
　　一、数字政府的界定与特征 …………………………………………… 263
　　二、数字政府的内容与比较 …………………………………………… 266
　第四节　数字公民 ……………………………………………………………… 275
　　一、数字公民界定与特征 ………………………………………………… 275
　　二、电子政务与数字公民身份 …………………………………………… 276

附录 …………………………………………………………………………………… 280
　附录A　电子政务课程实训 …………………………………………………… 280
　附录B　电子政务实验手册 …………………………………………………… 282
　附录C　课堂panel演训流程、要素与组织实施 …………………………… 287

后记 …………………………………………………………………………………… 292

参考文献 ……………………………………………………………………………… 294

第一章
电子政务基础概论

引例：联合国报告中的我国电子政务镜像

1. 我国电子政务发展指数全球排名第43位

联合国经济和社会事务部在2022年9月28日发布的《2022年联合国电子政务调查报告》显示，全球的电子政务发展指数(government development index，EGDI)平均为0.6102，比2020年调查时的0.5988有所提升。在联合国193个会员国中，共有60个国家的电子政务发展指数达到"非常高水平"，比2020年调查时多了3个国家。其中，中国的电子政务发展指数为0.8119，为"非常高水平"(0.75~1)，全球排名第43位，是该报告自发布以来排名最高的一次，比起2020年的第45位，提高了2名。

从地区来看，欧洲的电子政务发展指数最高，达到0.8305；其次是亚洲和美洲，分别为0.6493和0.6438；大洋洲和非洲的电子政务发展指数最低，分别为0.5081和0.4054。从国别来看，电子政务水平排名前三的国家分别是丹麦、芬兰和韩国，之后依次为新西兰、瑞典、冰岛、澳大利亚、爱沙尼亚、荷兰和美国等国。

本次电子政务调查主要从在线服务、电信基础设施、人力资源三个维度对193个会员国的电子政务发展水平进行评估。在这三个主要指标中，我国在"在线服务"指数上的得分很高，为0.8876，全球排名第9位；在"电信基础设施"指数上的得分为0.8050，在"人力资源"指数上的得分为0.7429。

除了国家层面的排名，报告还根据地区分布和人口数量，从全球选取了193个城市，对其在线服务指数进行评测与排名。上海作为中国城市的代表，在全球193个城市中排名第10，地方在线服务指数(local online service index，LOSI)进入第一梯队。地方在线服务指数包括组织架构、内容提供、服务提供、参与互动和技术5个维度上的86项指标，上海在"服务提供"和"技术"维度上并列第4。

2. 我国政府数据开放指数保持在第一梯队

政府数据开放指数(open government data index，OGDI)包含政策、平台和影响三个维度共26个指标。我国2022年该指数得分0.8873，延续2020年水平，保持在第一梯队。

资料来源：中国电子政务网。

经验启示

联合国电子政务排名并不绝对代表一个国家电子政务的发展水平，但随着评价指标愈发客观、全面，特别是对于连续跟踪一个国家的电子政务建设水平和能力，从纵向上观察连续多年的指标变化，还是具有一定说服力的。我国电子政务在在线服务、电信基础设施以及人力资源上的建设成效已经显现，若干指标甚至排在世界前列。这既坚定了我国电子政务建设的决心，也让我们看到发展差距，为未来前进指明了方向，选准了目标。电子政务竞争已经在路上。

本章知识结构

电子政务概念主要包括定义和特点。尽管各国电子政务体系受到多种因素制约，但差别并不大，这里主要从电子政务框架、模式与价值三方面进行阐释。外国电子政务发展经历了多个阶段，具有若干可借鉴之处；中国电子政务历程比较曲折，但目标比较清晰，经过不懈努力，如今我国电子政务已经处在世界前列，特别是电子服务能力和效率已经超越很多发达国家。基于新公共管理理论、流程再造理论、客户关系理论和管理信息系统理论建构起来的电子政务既反映出一定的建设背景，更表明其具有美好的未来。第一章知识结构如图1.1所示。

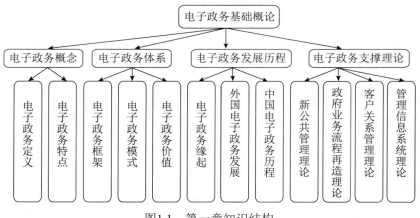

图1.1 第一章知识结构

第一节 电子政务概念

一、电子政务定义

"电子政务"的英文原词是"electronic-government"，字面意思是借助信息技术完成政务活动。"电子"就是信息和通信技术的统称(information and communications technology，ICT)，"政务"则是政府履行职责的具体行政行为和相应事务。电子政务并非"电子"和"政务"的简单组合，而是具有深刻的时代背景和复杂的融合创新，也就具有了更为全新的定义。

信息技术是一个外延广泛的概念，不仅包括通常所指的计算机技术，还包括其他一切有关信息获取、传输、处理与控制、存储、显示、应用等方面的技术。现代信息技术包含4个层次：一是基础技术，有关元件、器件的制造技术，如微电子技术、光电子技术、光子技术、分子技术等；二是信息系统技术，即有关信息的获取、传输、处理、控制设备和系统技术，如传感技术、遥感技术、移动通信、数据通信、卫星通信、计算机硬件技术、计算机软件技术、计算机网络技术、数控技术等；三是信息应用技术，即信息管理、控制、决策技术，如管理信息系统(management information system，MIS)、计算机集成制造系统(computer integrated manufacturing system，CIMS)等；四是信息安全技术及有关信息保护技术，如加密技术、防火墙技术、病毒防治技术等。

广义的政务活动一般是指"国家行政事务或国家政治事务"。狭义的政务活动则专指国家行政机关为了贯彻执行宪法和法律规定的组织活动和管理职责，包括组织领导和管理经济工作，教育、科学、文化、卫生、体育和对外事务工作，国防建设事业、民族事务、城乡建设等工作。中国的政务活动由国务院及其领导下的各级人民政府负责组织和管理。国务院即中央人民政府是国家最高行政机关，统一指挥和领导全国的政务。国务院设立若干部和委员会，分管国务院某一方面的政务。地方各级人民政府负责组织与管理行政区域内的政务。一般来说，我国的政务活动是广义的范畴，即除了包括政府行政机关的行政事务以外，还包括立法、司法部门、政党、社会团体以及其他多种公共组织管理的事务等。

国际组织和一些国家对电子政务定义有不同的理解和界定，如下所述。

联合国经济和社会理事会把电子政务理解为：政府通过信息通信技术手段的密集性和战略性应用组织公共管理的方式，旨在提高效率、增强政府的透明度、改善财政约束、改进公共政策的质量，建立良好的政府之间，政府与社会、社区，以及政府与公民之间的关系，提高公共服务的质量，赢得广泛的社会参与。

世界银行认为电子政务主要关注的是政府机构使用信息技术(比如万维网、互联网和移动计算)，赋予政府部门以独特的能力，转变其与公民、企业、政府部门之间的关系。

新西兰官方认为电子政务是一种方法——政府使用新技术来让人们更加方便地访问政府信息和服务，改善服务质量，让人们有更多机会参与民主制度及其过程。

英国官方则强调现代通信技术在电子政务中的作用，认为利用信息和通信技术(ICT)可以改善政府的"执行功能"，包括公共服务的效率和效果。电子政务使得政府在公民和商业界面前更加透明，允许他们访问政府生成的更多信息；促进公民和政府之间、国家政府之间关系的基本转变，其含义就是政府的民主过程和结构变革。

日本官方认为电子政务包括狭义和广义两部分：狭义电子政务是指以高效、信息公开和提高服务质量为目标，在政府行政部门间，以及政府行政部门与国民、企业等民间部门开展的信息化和网络化，它导致了政府行政部门中业务和组织方式的根本性变革；广义电子政务包含了"电子民主化的实现"，即实现政治家与行政，以及政治家与市民、企业之间更趋紧密的交流。

美国学者波恩汉姆(G. M. Bonham)和赛福特(J. W. Seifert)等人通过描述不同人的行为方式来揭示电子政务的内涵，如公民通过政府所提供的信息获取创业、就业信息；或者通过政府网站获得政府所提供的服务；或者在不同的政府机构之间创造共享性的数据库，以便在面对公民咨询的时候能够自动地提供政府服务。虽然不同的人在电子政务活动中的行为方式不同，但是共性的一点是，电子政务整合了政府的服务体系和服务手段，是政府服务形态在通信信息技术革命情况下的自然演化和延伸。

瑞典学者Ake GrÖnlund归纳提炼出欧洲电子政务的三种观点：一是从经济学的角度看，电子政务代表使用信息和通信技术(ICT)来支持政府和公共行政部门的工作，并为商业界和公民提供更好和更加有效的服务；提高政府行政管理的效率和开放程度；节省纳税人的资金。二是从公共行政学的角度看，电子政务并不仅仅通过因特网提供服务。在未来几年中，更加巨大的挑战是管理本身的变革，一种完整意义上的变革——行政和社会权力的组织和使用方法都会发生巨大的变化。三是从政治学的角度看，所谓电子政务不是与"电子政府"同时经常提出来的类似"数据转售"和"数字化民主"这样的术语。然而，任何一个这样的术语都没有注意到利用因特网来简化管理的原则。实际上，数字化民主是"电子行政"，而不是电子政务。也就是说，利用因特网来简化选举过程(而不是政府)。

中国部分学者也尝试给出了电子政务的基本定义。张锐昕认为，电子政务就是各级政府部门以信息网络为平台，综合运用信息技术，在对传统政务进行持续不断的革新和改善的基础上，实现政府组织结构和工作流程的优化重组，将政府的管理和服务职能进行整合，超越时间、空间的界限，打破部门分隔的制约，全方位地向社会提供优质、规范、透明、符合国际标准的管理和服务，实现公务、政务、商务、事务的一体化管理和运行。

孟庆国认为，电子政务是指政府机构运用现代网络通信技术与计算机技术，将政府的管理和服务职能通过精简、优化、整合、重组后在互联网上实现，以打破时间、空间以及条块分割的制约，从而加强对政府业务运作的有效监管，提高政府的科学决策能力，并为社会公众提供高效、优质、廉洁的一体化管理和服务。

以上中外学者和组织关于电子政务的界定，可以概括为以下4个方面。

基于狭义理解电子政务，电子政务就是政务工作电子化，即政府在公共管理和服务等政务工作中，全面应用现代信息技术，特别是互联网技术、计算机技术进行管理，提供各种公共服务。

基于广义理解电子政务，电子政务是包括各级行政机关系统的政务工作信息化，如国家权力机关、司法机关、政协及其他公共部门的政务工作信息化以及各党委党务工作的信息化。

基于管理集成理解电子政务，电子政务就是政府机构应用现代信息技术，将管理和服务通过网络技术进行集成，在互联网上实现政务组织结构和工作流程的优化重组，对传统政务进行持续不断地改进，以实现高效率的政府管理和服务。

基于纯粹技术应用理解电子政务，电子政务是基于网络技术、数据库技术、全文信息检索技术、地理信息系统技术、遥感系统技术、全球定位系统技术、数据仓库和数据挖掘技术、空间决策技术、数据通信技术、标准化技术、信息安全技术和信息共享技术等的政务信息管理系统。

本书将电子政务的定义概括为，政府等公共部门应用现代信息技术，将管理和服务通过网络技术进行集成，在计算机网络上实现组织结构和工作流程的优化重组，向社会提供优质且全方位的、规范透明的、标准化的管理和服务，不断推进政府等公共组织与社会群体间的互动互促，政务公信力显著提升。具体阐释如下：一是电子政务处理的是与公共权力行使相关的业务，或者为了提供高效的公共服务而需快速处理公共部门的内部事务，这决定了电子政务有着非常广泛的内容；二是电子政务必须借助现代信息通信技术和新兴网络信息技术，不断应用新技术解决政务技术瓶颈，优化政务服务流程，同时也激励新型信息基础设施和人工智能广泛应用；三是电子政务并不是将传统的政府管理和运作简单地搬上互联网，而是要对现有的政府组织结构、运作模式、行政流程进行重组和再造，使其更有利于信息技术和网络技术的实践。

电子政务在提高政府信息公开，决策透明，促进公众参与政府活动，关注政府行政效率，利用网络监督政府及其官员廉洁自律方面，具有重要的政治意义，有利于推动我国公民更好地履行自身的政治权利，维护自身合法权益。

二、电子政务特点

不同于传统政务，电子政务在虚拟化、信息化和网络化的环境中运行。现代计算机技术、网络通信技术等的广泛应用，把政务事务处理变得更加有效、公开和透明，政府应用电子政务可以为企业、公众提供更好的服务，也为企业与公众参与政务活动提供了更便利的条件。电子政务的双向多维服务能力以及企业、公众参与政务活动的需求，使得电子政务具有了以下几个特点。

(一) 政务系统高度集成

电子政务是以改革政务流程为基础的人机结合的信息系统，不仅需要现代信息技术，更需要政府工作人员、社会公众、企业的参与和互动。我国传统行政体制和政务运行机制因为受到政治、经济、社会、文化等因素影响，政务活动分散，政务数据各自独立，政府管理和服务职能非常低效，远远不能满足现代市场经济的需求，迫切要求打破传统政府管理组织形式，破除行政壁垒，打通不同部门组织间的障碍，实现数据流通无阻，各个部门紧密关联，并且在透明和封闭的系统中完成行政管理和服务活动。这无疑要求电子政务从技术到管理实现高度系统集成，构建起面向现代政府治理的高度集成电子政务框架。

(二) 内网、外网平台支撑

电子政务运行离不开必要的网络信息平台。首先，构建起政务内网，即通常所说的办公自动化系统，通过串联起政府各个部门，实现政务数据内部的开放共享，提高政府部门间的运行效率，这也是未来开通政务外网的基础和前提。经过多年发展，我国已经在政府内部构建起相互连通的密集网络，支撑政务活动。其次，构建起政务外网。政务外网是基于互联网发展起来的，通过政府网站和服务专网，政府把企业、社会公众以及其他组织方便、快捷、低成本地连通起来，实现不受时间、地点和方式的互联互通。政务内外网组成政府内部办公和外部服务的两个平台，成为政府履职的基础保障。

(三) 安全基石愈发重要

电子政务是实体政府的虚拟化运行，平台搭建、网络技术、数据信息以及运行主客体都要求以稳定、安全为前提。如果说电子政务最初要解决有和无的问题，那么发展到一定阶段则要确保公共数据安全和个人隐私保密等关键问题。物理空间中的政府是国家管理机构，拥有着社会经济、政治和军事等多方面的安全维护体系和网络。同样，虚拟政府以及电子政务是实体政府在网络空间的映射，也必然带有国家安全、政府安全以及服务对象安全等诸多安全诉求，如政府的公共数据安全、网络信息技术安全、公众隐私保护等。安全是电子政务最为重要的基石，电子政务的安全支撑体系不仅包括通过技术手段保证网络安全和信息安全，还包括安全管理制度建设和对政府工作人员安全意识的培养和树立等内容。

(四) 行为主体多向，沟通能力更强

电子政务行为主体主要包括四类，即政府(包括工作人员)、企业、社会组织和公众。四类行为主体基于电子政务平台开展多向度、多层次的横纵沟通，形成多种政务模式，建构起信息互动、政民互动、民民互动等现代沟通体系。政府内部各部门之间基于政务平台开展政务业务活动，开展实时审批、数据共享，是无纸化办公的关键。其他行为主体基于电子政务安全稳定的平台以及电子政务推动的网络基础设施建设，各类电子商务、电子社区发展日新月异，极大丰富了不同主体间的交流和业务延伸。电子商务快速发展推动的数字经济、数字产业已经成为各国综合国力较量的重要领域；电子社区更成为疫情暴发后缓解社区人群焦虑，增进社区居民团结的重要手段。

(五) 服务模式更趋友好

电子政务依托先进的平台体系和稳定可靠的技术结构设计，为各类客户提供24小时全天候和"足不出户"的服务，实现低能耗绿色办公，降低对传统办公资源的依赖和行政成本支出，缓解社会公共空间、公共资源日趋紧张问题，促成碳达峰、碳中和的实现。此

外，我国老龄化矛盾日渐突出，数字适老化被提上日程，电子政务不断通过技术创新、人工智能等引入，一方面确保数字服务人群不断扩大，适用性更胜一筹；另一方面通过大数据分析等技术，为特殊人群留出适宜的服务窗口和办事模式，全面实现电子政务让人民生活更美好的愿景目标。

第二节 电子政务体系

一、电子政务框架

电子政务整体存在和运行于虚拟空间，但支撑其运转的行为主体和相应资源存在于现实物理空间中，而且受到相关制度、传统、资源条件等制约。政府推行电子政务首先要构建起与政府部门运转匹配的支撑体系，即改革和重塑原有政府体系，建立与网络信息技术运行相适应的新的运行架构。目前看来，电子政务确实在很大程度上重塑了传统政务业务流程，但主体框架依然要与现实政府体系匹配和协调，主动匹配现实政府机构。

(一) 电子政务体系的层次结构

政府各级部门组成了一个条块结合的网状立体交叉结构。它既有横向的、按行业划分的不同职能政务部门；又有纵向的、按权力等级划分的不同业务层级部门。以我国为例，如图1.2所示，从政务层次和政务部门看，电子政务体系横向分为4个层面：国家层面电子政务系统、省(市)层面电子政务系统、地(市)层面电子政务系统和县(市)层面电子政务系统。横向的电子政务系统主要侧重同一层面上各政务部门和业务系统之间的行政管理与协作。

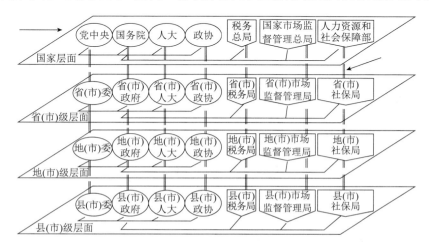

图1.2 电子政务体系的层次结构

资料来源：张锐昕，等.电子政府与电子政务[M].北京：中国人民大学出版社，2011：175.

纵向各政务部门按业务层次序列构成电子政务系统，如党中央—省(市)委—地(市)委—县(市)委，国务院—省(市)政府—地(市)政府—县(市)政府，税务总局—省(市)税务局—地(市)税务局—县(市)税务局等。纵向的电子政务系统主要侧重同一种业务中的各级政务部门和业务系统之间的业务处理。电子政务体系的每一个横向的块块和纵向的条条之间既相互独立，又相互联系，条块之间的关系是由现实政府法制明确的，是相当复杂的。

例如，一个市政府下面的公安系统，不仅隶属于地方政府，还要向更高一级甚至中央的公安部门负责，同时又和地方的市场监督、税务、政法等其他部门有着直接或者间接的联系，只建立一个政府的纵向信息化的结构会相对简单，但如果要建立一个包括所有办事机构的政府信息化框架就比较困难。更何况市政府包括公安、市场监督、税务、财政、司法、民政等系统，面临的是要将所有政府的横向和纵向部门以一个统一的结构链接，复杂程度难以想象。因此，要构建科学清晰的电子政务体系的层次结构，要先在现实政府复杂的条块结构之间厘清基于技术体系的业务流程架构。

(二) 电子政务体系的功能结构

电子政务体系的功能结构是基于电子政务框架和业务模式体现出来的社会价值和功用。电子政务是一个集"信息通信平台、协同办公平台和数据处理平台"的交互网络，实现信息交流、信息全方位互动、各级政务部门以及同级各政务部门之间的业务协同、共享信息资源的体系。电子政务功能有不同划分标准，从政府信息平台角度划分，其基本功能构成包括5个部分：数据通信网络、电子支付、电子记录、电子文件以及电子签名；从电子政务系统宏观功能角度，可以将电子政务体系的功能构成分为政府内部办公自动化系统、政府间协同办公系统、政府职能服务系统、政府公共服务系统、政府公共信息库系统；从电子政务具体功能的角度来看，电子政务体系的功能构成包括信息发布子系统、公共服务子系统、公共信息子系统、政策法规子系统、企业服务子系统、税务核查子系统、政府采购子系统、收文管理子系统、发文管理子系统、档案管理子系统、公文流转子系统、公文交换子系统、会议管理子系统、报表管理子系统、机要管理子系统、决策支持子系统、资产管理子系统、人事管理子系统、劳务保障子系统、文化管理子系统、资源管理子系统、农贸管理子系统、地籍管理子系统等，如图1.3所示。

(三) 电子政务体系的逻辑结构

电子政务体系的逻辑结构是系统各部件在构成系统整体时的逻辑关系，是在一定的软硬件基础平台支撑下，基于具体电子政务业务逻辑和系统关系构成的电子政务业务体系。由于电子政务体系具有多样性，因而电子政务逻辑关系也会有不同的结构。

以内部办公活动为主导的系统，重点是业务流程的合理化和信息流的合理化，它是一种动态的电子政务逻辑结构，是围绕政务部门的业务运转(例如政府决策、公文流转、项目审批等)，并以实现职能的合理性和运行效率为依据构建的，构建的重点在于功能和功能之间的前后衔接、实时或同步的关系。图1.4是以公文流转为核心而构建的电子政务体系的逻辑结构。

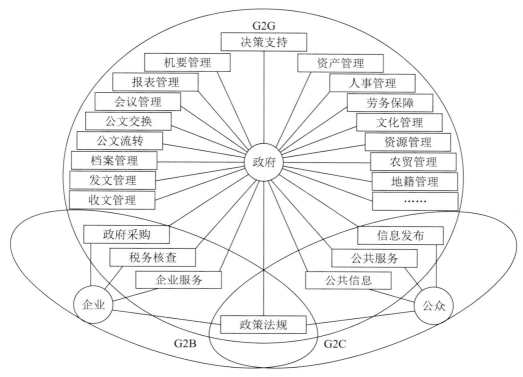

图1.3　电子政务体系的功能结构

资料来源：张锐昕，等. 电子政府与电子政务[M]. 北京：中国人民大学出版社，2011：175.

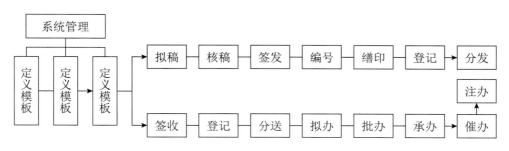

图1.4　以公文流转为核心而构建的电子政务体系的逻辑结构

资料来源：张锐昕，等. 电子政府与电子政务[M]. 北京：中国人民大学出版社，2011：46.

电子政务逻辑结构还可依据技术构件的相互服务和支持关系构建。依据系统的各个部分对系统的作用和各个部分之间的作用关系，可以构建出电子政务体系的静态逻辑结构，如图1.5所示。

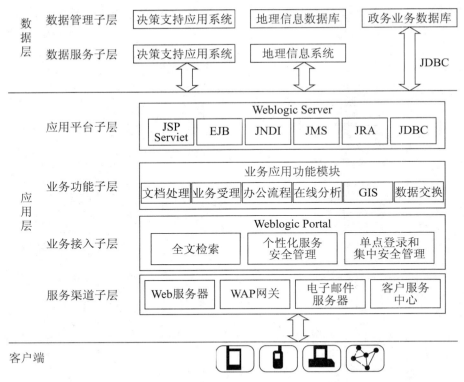

图1.5　电子政务体系的静态逻辑结构

资料来源：张锐昕，等.电子政府与电子政务[M].北京：中国人民大学出版社，2011：48.

该系统的顶层为数据层，表现为各类数据库以及数据调用管理和服务；中间层则是应用层，通过中间件技术构建起系统汇聚接入、业务定义、业务运行和业务管理的体系结构；最外层是客户端，构建局域网链接各类应用，通过各种手段接入服务，建立良好的用户界面等。

(四) 电子政务体系的网络结构

电子政务体系运行过程是双向多维的三个紧密关联的层面：一是政务机构及其工作人员从网络上获取信息，包括机构内部的工作信息和从机构外部获取的业务信息；二是将政务机构的信息放到网络上，供社会了解和使用，即政务公开；三是政务在网络上与社会公众的互动业务处理。

从政府部门日常办公和履责过程看，电子政务网络划分为政务内网和政务外网以及两者之间的关联互动。政务内网就是处理政府部门内部事务和内部化的外部事务，构建的政府部门内部局域网和政府间信息交流网；政务外网就是政府为管理国家事务和社会公共事务而建立的政务服务网。政府内部信息交换在政务内网上运行，政务公开和网上交互等办公内容在政务外网与互联网上运行。政务内网和政务外网之间物理隔离，但同时电子政务体系又能将外网信息采集到内网。《中国电子政务建设指导意见》明确指出，为适应业务发展和安全保密的要求，电子政务网络由政务内网和政务外网构成，两网之间实行物理隔离，政务外网与互联网之间逻辑隔离，同时加快建设和整合统一的网络平台。电子政务体系的网络结构如图1.6所示。

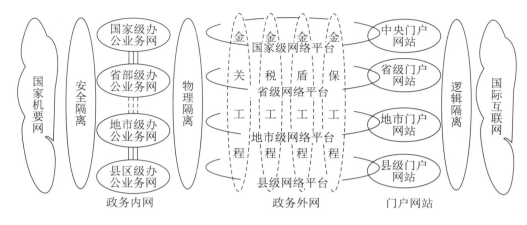

图1.6 电子政务体系的网络结构

资料来源：张锐昕，等.电子政府与电子政务[M].北京：中国人民大学出版社，2011：179.

二、电子政务模式

根据电子政务参与主体之间的身份特点，以及地位位次关系，基于对象的差异，可以将电子政务区分为5种基本模式：G2G、G2B、G2C、G2E、G2S。其中，政府在五对关系范畴中，居于管理和服务者本位，其他主体则通过电子政务平台，在信息获取、监督政府以及业务诉求等方面，都具有了更多的主动权和便捷渠道。

(一) G2G模式

G2G(government to government)模式是指通过政府办公自动化系统以及政务服务网的建设，高效率地实现了政府与政府之间的信息互动、信息共享以及资源整合，各类政府参与主体之间依照行政法律法规和组织法等要求，在上下级政府、不同地方政府、不同政府部门之间，开展相关电子政务业务。从世界各国电子政务的实践状况来看，具体业务应用主要体现在以下几个方面。

(1) 电子法规政策系统，即向所有政府部门和工作人员提供相关的现行有效的各项法律、法规、规章、行政命令和政策规范，使政府机关和工作人员做到有法可依、有法必依。

(2) 电子公文系统，即在保证信息安全的前提下，在政府上下级、部门之间传送有关的政府公文，如报告、请示、批复、公告、通知、通报等，提高政府公文处理速度。

(3) 电子司法档案系统，即政府司法部门共享司法信息，改善司法工作效率和提高司法人员的综合能力，如公安局的刑事犯罪记录、审判机关的审判案例、检察机关的检查案例等。

(4) 电子财务管理系统，即向各级国家机关、审计部门和相关机构提供分级、分部门的历年政府财政预算及其执行情况，及时掌握和监控财政情况。

(5) 横向网络协调管理系统，即通过网络在政府不同部门及不同地区政府部门之间进行横向协调来实现政府的有效管理，减少部门间、地区间相互扯皮的现象，提高决策准确性和作业效率。

(6) 城市网络管理系统，即对城市供水、供电、供气、供暖等城市关键部门实行网络化控制和监管；对城市交通、公安、消防、环保等部门实行网络统一调度与监管，提高管理的效率与水平；对各种突发事件和灾难实施网络一体化管理与跟踪，提高城市的应变能力。

(7) 业绩评价系统，即按照设定的任务目标、工作标准和完成情况对政府各部门的业绩进行科学测量与评估。

(二) G2B模式

G2B(government to business)模式是指政府通过电子网络系统精简管理业务流程，快捷地为企业提供各种行政审批服务和良好的营商环境。这些业务主要在政务外网运行，包括以下内容。

(1) 电子采购与招标，即政府通过网络发布采购与招标信息，为企业特别是中小企业参与政府采购提供有关政策和程序，减少舞弊和暗箱操作，降低企业交易成本，节约政府采购支出。

(2) 电子税务，即企业通过政府税务网络系统(金税工程)了解税收政策、完成税务登记、税务申报等业务，提高税务征缴与管理效率。

(3) 电子证照办理，即企业通过互联网申请办理各种证件和执照，提高办证效率，降低企业负担，如企业营业执照申请、受理、审核、发放、年检、登记项目变更、核销等。

(4) 信息咨询服务，即政府通过在电子政务网站建立法律、法规、政策、统计资料等数据库的形式，供企业查询与应用。

(三) G2C模式

G2C(government to citizen)模式是指通过政务网络平台，以在线服务等形式为公众提供更加便捷的服务。G2C模式包括以下内容。

(1) 教育培训服务，包括建立全国性教育平台，帮助各类学校和图书馆接入互联网和政府教育平台，为公众服务；政府出资购买教育资源，通过网络向学校、学生及其他社会公众提供。

(2) 就业服务，即通过互联网向公民提供就业培训、就业信息、择业平台，如搭建网上人才市场，建立就业岗位数据库和求职数据库；在就业服务部门为公众提供互联网接入服务；为求职者提供网上就业培训、就业指导等。

(3) 电子医疗服务，即公民可以通过网络查询医疗保险个人账户余额和当地公共医疗账户的情况，查询药品数据；查询医院及医务人员信息等。

(4) 社会保险网络服务，即通过网络直接办理社会保险相关手续；公民通过网络及时全面地了解自己的养老、失业、工伤、医疗等社会保险账户的明细情况；通过网络公布最低收入家庭补助。

(5) 公民信息服务，即公众在电子政务网站查询法律、法规、政策等信息；通过网络了解选举事宜；通过网络反馈和评价政府工作。

(6) 交通管理服务，即通过建立电子交通网站，对交通运营、交通工具和司机进行管理并提供服务。

(7) 公民电子税务，即公民个人通过电子报税系统申报个人所得税、财产税等个人税务。

(8) 电子证件服务，即公民通过网络办理结婚证、离婚证、出生证、身份证、死亡证明等有关证书。

(四) G2E模式

G2E(government to employee)模式是指政府对政府公职人员或政府雇员依法进行内部管理和服务的一种电子政务模式。G2E模式主要包括以下内容。

(1) 电子办公系统，即通过网络完成政府工作人员的一些办公事务，如常用表格传递、设备设施申请、费用报销等。

(2) 电子培训系统，即基于网络平台对政府工作人员提供各种综合性和专业性的培训课程，建设学习型政府，提高政府工作人员业务能力。

(3) 绩效考核系统，即利用网络平台，按照设定的岗位任务、岗位标准和工作完成情况对政府工作人员进行业绩评估。

(五) G2S模式

G2S(government to society)模式是指政府对各类社会组织提供在线审批、监管和服务的一种电子政务模式。G2S模式主要包括以下内容。

(1) 注册登记，即政府相关部门利用网络办公平台完成对各类社会组织的资格审核、成立批准、注册登记服务等工作内容。

(2) 服务外包，即利用政府网络平台，发布相关政府服务外包信息，筛选符合条件的社会组织为服务承包商，并通过网络对其业务进行指导。

(3) 运行监管，即政府监管部门利用网络信息技术，监督规范各类社会组织的运行，确保社会组织在相应规范之下有序高效运行。

(4) 信息反馈，即社会组织可以作为重要的民意汇集中枢，将各类社会问题，包括政府管理和服务问题反映给相关部门；相关部门则可将处理意见通过社会组织反映给民众，保障政府与民众的有效沟通。

(5) 绩效评估，即各类社会组织作为外部评估主体参与电子政务建设、发展的评估，弥补其他评估主体的局限性，客观评估电子政务绩效。

三、电子政务价值

(一) 整合信息资源，提高政府工作效率

电子政务是一系列复杂现代信息通信技术的集成平台，通过技术手段，可以及时、快速地处理大量、复杂的政务信息，节省传统政务活动时间，从而大大提高工作效率。这些技术手段主要表现为以下几个方面。

1. 通过信息资源共享提升效率

政府不同部门之间共享政务信息数据库，各部门在办公中快捷地进行相关信息的收集、处理和传递，工作效率显著提升。

2. 通过精简机构提高效率

通过电子政务系统的互联互通，实现各级政府之间信息以近乎为零的成本进行传递，减少了传统上下级信息传递的中间层，以及人为原因导致的信息传递不及时、信息失真等困扰，极大提高了行政办事效率。

3. 通过服务整合提高效率

电子政务平台可以将政府的各个业务部门整合成一个虚拟的、一体化的平台，公众只需要通过互联网就可以办理相应的业务，不必受到空间的影响，从而提高业务办理的效率。

4. 通过时间整合提高效率

除了一些特殊的业务外，电子政务基本上克服了时间的局限，只要可以接入互联网，公众便可以在任何时间通过电子政务平台办理业务，克服了传统政府部门八小时内办公的局限。

(二) 变革政府服务方式，提高政府服务质量

改进政府服务方式，提高政府服务质量是政府改革发展的重要目标。传统政务服务方式已经难以满足时代和社会快速发展的需求，电子政务就是政府服务创新的最好体现。变革政府服务方式的好处直接表现为以下几点。

1. 有利于提高政府服务的满意度

电子政务平台使得政府能够根据公众个性化、多样化的服务需求，提供有针对性的专业化服务，服务需求者不再需要了解复杂的政府流程和职能关系，即可获得相应的政府服

务，有利于提高公众对政府服务的满意度。

2. 有利于降低政府服务的成本

公众可以通过网络直接办理事务，不仅节省了时间，也降低了成本；同时，依托于网络的自助式服务模式，还能够减少传统政务模式下所需工作人员的数量，降低人员成本。

由于政府通过网络向社会提供了多种形式的信息资源服务，降低了个人和组织获取信息服务的成本，减轻了公众为此需要付出的经济和时间负担，政府服务质量显著改善，政民关系好转。

(三) 汇集民意，建设服务型政府

我国已经明确要构建高效、透明、廉洁的服务型政府，而公众参与是重中之重。电子政务在建设服务型政府上主要起到以下作用。

1. 提高政府决策水平

公众对政府决策的参与是提高政府决策水平的重要途径。电子政务条件下，政府与公众之间可以进行更直接、更畅通的交流，政府能够及时了解社情民意，促进决策的民主化和科学化；政府可以利用电子政务平台获取更全面、准确的信息，减少决策盲目性；电子政务提高了信息收集、处理与交流的效率，将会有效缩短决策所需时间，提高决策的时效性。

2. 加快转变政府职能

在传统模式下，政府往往更重视社会管理，对提供公共服务重视不够；或者由于受限于技术手段，无力提供更多的社会公共服务。在电子政务模式下，不仅可以增强政府的服务意识，也从技术上为政府扩大社会公共服务、改善社会公共服务品质创造了条件，有利于促进政府职能的转变与服务型政府的建设。

(四) 发挥示范带动效应，促进国家信息化建设

政府作为社会结构中的一个重要中枢，具有高度权威性和强大影响力，政府信息化建设会发挥出强大的示范带动作用。企业和社会公众在接受电子政务带来的公共服务的同时，其自身必然会与政府联动，实现自身的信息化建设。

政府是国家信息资源的最大拥有者和使用者，电子政务是信息产生和应用的中心环节。电子政务的发展其实就是整个国家信息资源的不断丰富，国家信息化就有了取之不尽、用之不竭的动力来源。

电子政务建设会有大量的政策性资金投入到中国IT行业的发展中，使中国IT行业获得健康发展所需要的实际支持，给IT行业创造发展的市场机会。IT行业的健康发展能够有效提高电子政务的发展水平，从而推动国家信息化建设，两者相得益彰。

第三节
电子政务发展历程

一、电子政务缘起

电子政务在世界范围内兴起并成为21世纪的主要行政模式。电子政务在信息技术、政府管理危机以及复杂的国际政治经济等因素推动下不断发展。

(一) 信息技术日趋成熟，使用更加便捷

电子计算机是信息技术的重要载体，对于信息技术的应用和发展具有重要意义。自世界上第一台计算机于1946年在美国宾夕法尼亚大学诞生以来，其发展日臻成熟，呈现微型化、网络化、智能化的发展趋势和特点。计算机的发展主要经历了以下4个过程。

第一代计算机——电子管数字计算机。在这个阶段，计算机以体积大、功耗高、可靠性差、速度慢、价格昂贵为主要特点。在硬件方面，逻辑元件采用电子管，主存储器采用汞延迟线、磁鼓、磁芯；外存储器采用磁带。在软件方面，采用机器语言和汇编语言。主要应用于军事领域。

第二代计算机——晶体管数字计算机。在这个阶段，计算机体积缩小，功耗降低，可靠性提高，速度提高，性能比第一代计算机明显提高。在硬件方面，逻辑元件采用晶体管，主存储器采用磁芯，外存储器采用磁盘。在软件方面，采用以批处理为主的操作系统、高级语言及其编译程序。开始进入工业控制领域。

第三代计算机——中、小规模集成电路数字计算机。在这个阶段，计算机速度更快，可靠性显著提高，价格进一步下降，产品向通用化、系列化、标准化方向发展。在硬件方面，逻辑元件采用中、小集成电路，主存储器仍采用磁芯。在软件方面，采用分时操作系统以及结构化、规模化程序设计方法。应用领域开始涉及文字处理和图形图像处理领域。

第四代计算机——大规模集成电路计算机。在这个阶段，计算机发展进入微型计算机时代，个人计算机(personal computer，PC)进入人们的视野，应用领域从科学计算、事务管理、过程控制逐步走入普通家庭。在硬件方面，逻辑元件采用大规模和超大规模集成电路。在软件方面，出现了数据库管理系统、网络管理系统和面向对象的语言等。

1993年4月30日，欧洲核子研究组织宣布万维网(world wide web，简称www)免费开放，大量计算机用户开始使用万维网。万维网可以让Web客户端(常用浏览器)访问浏览Web服务器上的页面。在这个系统中，每个有用的事物，称为一样"资源"，并且由一个全局"统一资源标识符"(uniform resource identifier，URI)标识；这些资源通过超文本传输协议(hypertext transfer protocol，HTP)传送给用户，而后者通过点击链接来获得资源。信息技术开始得到全面推广并进入高速发展时期。

进入21世纪，信息技术已经迎来更大规模创新突破，在新材料、新工艺、新设计的促

进下，信息技术正以前所未有的速度迅猛发展，进入人工智能时代。

(二) 政府管理遭遇瓶颈，亟须探索新型政府运行模式

进入20世纪60年代，西方社会各种弊端和危机逐步显现，传统官僚制运作下的西方政府机构膨胀，人浮于事，效率低下，运作成本上升，财政开支加大，政府公共物品供给能力薄弱且无法满足不断增强的公共需求。失业、公共安全、环境污染、社会保障等矛盾日益暴露并呈现加剧的趋势，居民正常生活受到严重影响，人们对政府持普遍质疑态度。尽管在20世纪七八十年代西方也曾涌现各种新的思潮和自救型理论，但都难以平衡政府巨额开支和税源萎缩带来的巨大政府公共信任危机。

新公共管理理论和新公共服务理论指出了20世纪70—80年代政府管理体制的弊端，认为政府不需要大包大揽各类社会事务，要减少职能部门和人员，降低社会事务的干预，把主要精力和任务集中到"掌舵"上，逐步恢复市场的经济功能和社会发展调节职能。实际上，这些理论指导下的西方政府改革运动，并没有立刻带来财政赤字的降低以及社会福利的增加，因为必要的政府职能还是需要足够的人员才能维持，高质量的服务更离不开专业的人员支撑。换句话说，从政府职员提供服务满足公众需求的传统模式，并不能实质大幅降低政府职员或者雇员，也就难以降低政府的财政支出，进而难以控制财政赤字规模。

其实，20世纪50—70年代的政府业务过程(业务流)的"计算机化"，以及20世纪80年代中期的"业务过程重新设计"，政府办公自动化系统(office automation system，OAS)和政府信息管理系统(management information system，MIS)已经逐步彰显计算机技术和互联网在推进政府形态和结构变革中具有的创新价值。经过信息化"改造"的政府业务和服务过程，已经给传统管理体制进行自我突破带来新的曙光。

20世纪80年代到90年代初，尽管政务危机仍有加剧的趋向，但在各种管理理论相对成熟、技术发展基本稳定、相关领域试验成效令人满意的多种利好激励下，电子政务逐渐开启对现有的、工业时代的政府形态进行改造的时机渐趋成熟，即利用信息技术和其他相关技术来构造更适合信息时代的政府结构和运行方式。

(三) 全球经济一体化进程，各国更加紧密连接起来

进入20世纪90年代末期，各国经济社会联系更加紧密，世界经济成为一体化，各国贸易和交流促使世界不再有距离和空间差距。经济全球化使得各国连接更加紧密，先进国家通过互联网建构紧密的经贸信息交流网络，发展中国家要想奋起直追，也必然选择互联网。因为只有进入网络世界，才有可能获得经济发展、社会进步和融入世界的机遇。

20世纪末，各国几乎全部应用互联互通的网络，包括电子政务在内的网络体系。电子政务成为各国彼此了解，吸引经贸资源，投资贸易的关键。电子政务展示了一个国家和地区的经济政策、贸易政策以及各种激励措施，跨国公司和投资者首先通过电子政务分析进入某国市场的机遇和需要规避的风险，任何一个国家都暴露和展示在网络世界中，地球从

此成为"村落",各国成为互联网世界中不再孤独的村民。

二、外国电子政务发展

电子政务在各国的发展呈现不均衡状态。美国等发达国家起步较早,信息技术发达,电子政务建设是全球的标杆;欧盟和日韩等国紧随其后。各国电子政务发展各具特色,都具有一定的典型性和示范性。

(一) 起步阶段:20世纪80年代初到90年代末

1. 美国开启电子政务建设序幕

自20世纪80年代起,美国不断受到预算赤字的拖累,由前副总统戈尔领导的全国绩效评估委员会通过对行政过程与效率、行政措施与政府服务的品质进行充分探讨,提出了《创造成本更少、运转更好的政府》及《运用信息技术改造政府》两份报告,试图借助先进的信息网络技术克服美国政府在线管理和提供服务方面存在的弊端。前一份报告试图通过运用信息技术让政府得到民众的依赖;后一份报告是利用信息技术来革新政府,提出了电子政府的概念,以提升传统政府的生产力和效率。1994年12月,美国政府信息技术服务小组提出《政府信息技术服务的远景》报告,认为美国政府改革更重要的是通过运用信息工程技术改进政府的公共服务,重塑政府形象。随后,美国于1996年、1998年分别通过了《联邦信息技术管理条例》《政府文书销毁法》等法律法规,逐步实现了政府部门内部办公自动化以及在线信息发布,美国电子政务建设同时也开启了世界电子政务建设的序幕,对全球电子政务发展起到示范性、引导性作用。

2. 英国率先打起欧洲电子政务旗帜

1994年,时任英国首相约翰·梅杰发布名为《政府信息服务计划》的政令,适时提出"电子政府"的计划。英国政府以电子政务发展为先导,在互联网上开通了"英国政府信息中心",主要为公众提供政府部门、学术机构和企业的网络地址,由此拉开了英国政府电子政务建设的序幕。1996年,英国政府发布《直接政府计划》。1999年以后,英国政府根据有关法律法规要求,又先后拟定并发布了《政府现代化》白皮书、《21世纪政府电子政务》和《电子政务协同框架》,提出到2008年政府所有服务项目都要上网,建立起"虚拟政府",实现24小时在线服务。

3. 新加坡吹响亚洲电子政务建设号角

1981—1985年,新加坡实施公务员计算机化计划,为各级公务员普遍配备计算机,进行信息技术培训,并在各个政府机构发展了250多套计算机管理信息系统,推进政府机构办公自动化。1986—1991年,新加坡实施国家信息技术计划,建成连接23个政府主要部门的计算机网络,实现了这些部门的数据共享,并在政府和企业之间开展电子数据交换(electronic data interchange,EDI)。1992年,新加坡在公务员办公计算机化和国家信息技术计划成功实施的基础上，制订并实施了在10—15年内将新加坡建成"智慧岛"的"IT2000"计划，提出要使IT渗入经济和社会生活的每个角落，使新加坡公民可以在任何时候、任何地点获得IT服务。1996年，新加坡宣布建设覆盖全国的高速宽带多媒体网络(Singapore ONE)，并于1998年投入全面运行。

4. 加拿大后来居上的电子政务建设

1999年，加拿大政府正式颁布国家电子战略"政府在线"计划。政府在线的目标是到2004年保障端到端的电子交易安全。政府在线是一个庞大的系统工程，它不仅仅是一个信息技术项目，还涉及政府管理的革新以及行政管理的调整。它的服务范围广，其中大量的业务集中在信息服务、申请事务和办理经济技术促进项目等三个方面。陆续实施的电子政务项目为联邦政府政务现代化提供了强大的动力，它简化了政府机构并提升了政务处理的能力。在联合国相关组织公布的世界电子政务建设排名中，加拿大政务网站和电子服务连续多年走在发达国家前列。

(二) 发展阶段：21世纪初

1. 美国继续稳步领跑全球电子政务

2000年9月，美国政府门户网站建立，旨在为公众提供更多参与政府治理的机会。2002年和2003年先后，小布什政府出台了《电子政务战略》《电子政务法》，加强政府对电子政务的统一管理。2009年，奥巴马政府加大了对宽带信息网络架构的资金投入力度，建立recovery. gov和date. gov两个政府网站，专门用于联邦政府的数据公开和信息披露。2012年6月，奥巴马签署命令，要求所有美国联邦政府部门向社会开放"政府应用程序接口"(application programming interfaces，API)。2013年1月29日，美国政府管理和预算办公室(office of management and budget，OMB)发布了FEAF2.0版本，为战略、业务、技术和信息提供了标准化的分类与编目方法，促进机构间对服务和应用的分享与再利用。

2. 英国打造电子政务升级版"智慧政府"

2000年9月，英国政府推出了"英国线上计划(UK-Online)"，目标是把英国打造成为世界第一的国家。英国政府向居民和企业提供电子化服务，并整合不同部门的服务，建立虚拟"公共办公室"，依靠电子政府建设使公共行政服务迈向千家万户。2007年初，英国政府关闭了90%的政府网站，将原有政府各部门的网站由951个减至26个，旨在为人们提供更加快捷的统一的信息查询服务。2009年12月，英国首相布朗发表题为"智慧政府"的演讲，正式开启了英国的"智慧政府"战略。2010年1月，英国政府开通了Data. gov. uk网站，三年时间网站人均访问页面数就增长了285%，总访问量比美国data.gov网站还要高。从2012年10月起，英国中央政府各部委网站全部取消，包括首相办公室在内的英国24个中央部门从此只有一个统一门户网站，331个公共机构也陆续向这一网站迁移，实现网上"集合办公"。

3. 新加坡创建"融合、定制"型电子政务

新加坡通过实施"信息通信21世纪蓝图"(2000—2003)和"联系新加坡"(2003—2006)等计划，全部开放了通信市场，政府所有部门完成业务系统的建设。自2006年开始，新加坡启动了具有重要战略意义的"智慧国2015"计划的实施，期望通过该计划来提升新加坡在未来10年中的竞争实力和创新能力，利用无处不在的信息通信技术将新加坡打造成一个智慧的国家、一个全球化的城市。

4. 韩国塑造全球领先者电子政务

2003年12月，韩国政府对《2006电子韩国展望》进行了调整，制定了新的《2007宽带IT韩国展望》。2009年，韩国政府又公布了《云计算全面振兴计划》，要求政府率先引进并提供云计算服务，优先在气象局等部门推进云计算服务和应用。韩国电子政务运行效率和服务能力一直位居全球前列。2012年，韩国政府发布了《泛政府云计算促进信息化战略》，提出从2013年开始，中央政府部门重新制作或更换信息系统时，应全面使用云计算技术，以合理分配IT资源，节省系统构建和运营费用。

(三) 飞跃阶段：21世纪10年代以后

1. 美国着力向构建数字政府冲刺

2016年，美国循证决策委员会成立，探讨政府如何更好地利用其数据为未来的政府决策提供信息。2017年和2018年，《基于证据的政策制定基础法》获国会批准，并于2019年1月由总统签署成为法律。

2017年，特朗普政府成立美国科技委员会，由创新技术办公室牵头负责建设移动数字政府。该时期美国国会、国税局、农业部等多部门机构均提供iOS与Android版本的手机应用程序，极大方便了用户随时随地了解政府政务信息。2020年11月，美国国际开发署正式发布《数字战略2020—2024》，旨在为数字政府下一阶段发展提供新方向。

2. 英国政府打造数字政务平台

英国政府先后发布《数字经济战略(2015—2018)》与《政府转型战略(2017—2020)》，重点打造线上身份认证、支付与通知三大数字政务平台。英国数字政府建设目标的首要任务是发展数字经济，帮助传统企业利用数字技术进行升级转型，为英国数字化强国战略奠定基础。2019年，英国数字政府发布《数字服务标准》新版，这意味着英国数字政府建设更趋于成熟。

英国政府在《政府转型战略》中指出，保证公众、企业可多次使用政府数字服务与工具。在《政府转型战略》执行后期，英国继续推进跨政府平台建设，不断采用数字技术确保民众最大限度使用政府政务办公平台。据统计，2017年，英国政府门户网站的访问量高达1500万人次。英国的数字政府战略划定了政府和来自公共、私营和志愿部门的合作伙伴如何进行合作，帮助尽可能多的人能够使用互联网并从互联网中受益，并确保公民应用数

字产品对政府的可访问性。

3. 新加坡构建智慧岛国

2014年,新加坡"智慧国2025"的10年计划正在开启,成为"智能国2015"计划的升级版。"这是全球第一个智慧国家蓝图,新加坡有望建成世界首个智慧国。""智慧"在强调信息技术广泛应用的同时,更加注重以数据共享的方式,尽力发挥人的主观能动性,以实现更为科学的决策。

智慧国计划的理念核心可以用三个C来概括:连接(connect)、收集(collect)和理解(comprehend)。智慧国平台的第一个阶段以"连接"和"收集"为核心,于2015年完成,而"理解"则是智慧国2025数字政府建设的重中之重。

新加坡实施智慧国的手段主要有六大战略项目,包括国家数字身份、电子支付、智能传感器平台、智慧城市移动、政务服务数字平台、移动端政府部门服务。

4. 韩国实施"数字新政"计划

近年来,第四次工业革命带来的新变化和新需求在韩国备受关注;再加上后疫情时代,韩国有创造数字经济新引擎的需求。在两者共同作用下,"数字新政"成为韩国政府重要着力点。

为了整合中央政府机构的信息,韩国政府于2019年成立国家信息资源服务中心。该部门负责与45个中央政府机构相连的1230个电子政务服务的运营和管理,并控制着约45 000个政府信息来源。

国家信息资源服务中心是世界上第一个泛政府服务中心,负责集成和管理中央政府机构的数据和信息。国家信息资源服务中心可以整合以前由各政府部门分散管理的信息资源,再集中到一个部门管理,旨在解决信息系统孤立运行的问题,包括信息资源利用率低下,信息和通信技术投资重复,信息技术专业知识匮乏以及广泛的安全隐患。

三、中国电子政务历程

中国电子政务发展要综合考虑多种因素,而不仅仅是技术和政府提高效率的问题,中国在推进电子政务过程中要着重考虑自身的国情,比如信息基础产业如何带动?网络和国家安全如何保证?社会公众利益如何兼顾?因此,我国电子政务从初期阶段的计算机技术应用到办公自动化(系统),以及到1999年组建"国家信息化领导小组"和实施"政府上网工程",都是在摸索中前行的。进入21世纪初期,我国在网络基础设施体系基本组建完毕情况下,电子政务安全问题尤为突出,包括软硬件设施设备安全以及网络内容安全、网络文化安全等。在这些问题基本得到解决或者危害相对降到最低的基础上,我国开始着手电子政务的普遍推广和应用,特别在"十三五"时期,我国电子政务取得了长足进步。在推动政府转型和服务社会发展方面,特别是在抗击疫情中,电子政务发挥出巨大作用,提升了政府的公信力。

(一) 政府信息化起步期(20世纪80年代初—90年代末)

我国计算机事业发展其实并不落后于西方国家，在20世纪50年代，随着一批爱国科学家陆续回国，也带回来了当时世界上前沿的计算机技术，并在当时情况下，制造组装出新中国第一台电子管计算机。在20世纪60年代，计算机还参与了若干重点科研攻关项目的计算工作，为国家安全和国民经济发展做出一定贡献，尤为重要的是培育出一批科研和教育人才，为进入20世纪80年代计算机事业的蓬勃发展奠定了最为重要的基础。

改革开放以来，我国加强了与美国、日本等国家在计算机领域的技术合作和人才培养合作。20世纪80年代初，我国科技体制改革面向经济主战场，一批科研机构和科研工作者把计算机技术和产品陆续推向国民经济和社会生活各个领域。我国在各个部门引进计算机设备，并自主开发若干新的产品和应用软件，20世纪80年代出现了计算机培训热、学习热，并且逐步席卷全国。但这段时期计算机的应用和推广主要在政府部门和商业领域，社会普通公众接触计算机的机会依旧比较少。1984年，邓小平同志到上海考察，强调指出我国计算机事业要"从娃娃抓起"，扎实打好人才基础。

1993年，我国正式提出建设社会主义市场经济，加快推进改革开放事业。为推进我国政府更好地服务市场建设，服务快速发展的国际经济贸易，我国开启了国民经济信息化的起步工程——"三金工程"，即金桥工程、金关工程和金卡工程，这是在我国主要行业部门推进政府信息化的探索，是为未来构建中国"电子政务"进行的有益尝试。

1994年5月，国务院组建国家信息化专家组，为国家信息化建设提供决策咨询服务。1994年，中国第一次全功能接入国际互联网。1996年4月16日，国务院办公厅发出《关于成立国务院信息化工作领导小组的通知》，将原国家经济信息化联席会议办公室改为国务院信息化工作领导小组办公室。1997年4月，国务院信息化工作领导小组首次工作会议上通过了《国家信息化"九五"规划和2010年远景目标》，提出了信息化建设的方针，即"统筹计划，国家主导；统一标准，联合建设；互联互通，资源共享"。该方针无论在当时还是目前结合发展情况来看，都是正确且积极的。1998年3月，国务院信息化工作领导小组办公室并入信息产业部，成立了信息产业部信息化推进司(国家信息化办公室)，负责推进国民经济和社会服务信息化工作。1998年5月，我国首个地方政府门户网站"青岛政务信息公众网"开通。1998年7月，"首都之窗"开通。1998年9月，首个跨部委级的大型电子政务平台——"国家口岸专网"正式开通，对随后的政府信息化建设起到了极大的示范作用。

这一时期，我国尚未正式提出电子政务的概念，仅以政府信息化作为"办公自动化(系统)"建设和应用的代名词。毕竟，这段时期主要是在政府内部推动应用计算机办公，并未面向社会公众开展公共服务，更没有体现到公共管理和公共服务的改革上，总体处在电子政务的起步期。

1999年1月22日，朱镕基总理推动实施"政府上网工程"，并由李岚清副总理兼任国家信息化工作领导小组组长,同时启动行业用户上网,实现网络环境下的信息共享和多种社会功能,标志着我国政府信息化开始进入一个全新时代。随着"千年虫"困扰的顺利解决,2000年10月,党的十五届五中全会指出:"信息化是当今世界经济和社会发展的大趋势,也是我国产业优化升级和实现工业化、现代化的关键环节。要把推进国民经济和社会信息化放在优先位置。"

(二) 电子政务建设期(21世纪初)

2001年8月,中共中央、国务院决定重新组建国家信息化领导小组,设立"国家信息化工作领导小组办公室"作为办事机构。2002年8月17日,中共中央办公厅、国务院办公厅联合下发《国家信息化领导小组关于我国电子政务建设指导意见》,将"政府先行,带动国民经济和社会发展信息化"确立为我国信息化建设的发展战略,提出了电子政务的指导思想、目标、原则、框架、未来的发展重点等,为我国电子政务的进一步发展指明了方向。这也与我国加入世界贸易组织确立的贸易保护原则有关系。

2002年11月,中国共产党第十六次全国代表大会进一步明确"信息化带动工业化""大力加强电子政务建设"的方针,提出电子政务发展的目标和要求。我国电子政务开始致力于为公众提供服务和提升政府部门自身效率,实现了形式的多样化、内容的丰富化。电子政务的基础设施建设基本完成,进入了以资源整合、内容建设、应用深化为主的快速发展时期。

2003年1月27日,国务院通过了《电子政务标准化指南》。2004年8月28日,第十届全国人大常务委员会第十一次会议表决正式通过了我国第一部真正的信息化法律《中华人民共和国电子签名法》。2005年4月25日,中共中央办公厅、国务院办公厅联合下发《关于进一步推行政务公开的意见》。2005年9月15日,《电子政务安全等级保护实施指南》发布。2005年11月3日,国家信息化领导小组会议审议并原则通过了《国家信息化发展战略(2006—2020年)》,提出"紧紧围绕提高治国理政能力,推行电子政务"和"紧紧围绕构建和谐社会,推进社会信息化"的思想。

2006年1月1日,"中华人民共和国中央人民政府门户网站"正式开通。2006年3月24日,国家信息化领导小组正式发布《国家电子政务总体框架》。2006年5月20日,中共中央办公厅、国务院办公厅联合转发《国家信息化领导小组关于推进国家电子政务网络建设的意见》。2007年10月,在党的十七大报告中提出"健全政府职责体系,完善公共服务体系,推行电子政务,强化社会管理和公共服务",首次将"电子政务"的作用定义为"加快行政管理体制改革,建设服务型政府"的重要手段。

2008年5月1日,《中华人民共和国政府信息公开条例》正式实施,保障公民、法人和其他组织依法获取政府信息,提高政府工作的透明度,提出了政府信息"以公开为原则,不公开为例外"的要求。2009年4月14日,国家发改委、财政部联合发布《关于加快推进国家电子政务外网建设工作的通知》,要求到2010年年底,基本建成从中央到地方统一的国家政务外网，横向要连接各级党委、人大、政府、政协、法院、检察院等各级政务部门，纵向要覆盖中央、省、地(市)、县。

2010年10月27日，《中共中央关于制定国民经济和社会发展第十二个五年规划的建议》发布，提出要全面提高信息化水平，推动信息化和工业化深度融合，加快经济社会各领域信息化；加强重要信息系统建设；强化地理、人口、金融、税收、统计等基础信息资源开发利用；实现电信网、广播电视网、互联网"三网融合"；构建宽带、融合、安全的下一代国家信息基础设施；以信息共享、互联互通为重点，大力推进国家电子政务网络建设，整合提升政府公共服务和管理能力，确保基础信息网络和重要信息系统安全。

(三) 电子政务业务成熟期(21世纪10年代)

2011年12月12日，我国工业和信息部发布《国家电子政务"十二五"规划》，将其作为推动国家电子政务发展的指导性文件。该规划指出，大力推进国家电子政务发展是国家"十二五"的重要任务，是政务部门提升履行职责能力和水平的重要途径，也是深化行政管理体制改革和建设人民满意的服务型政府的战略举措；提出电子政务的发展方向和应用重点为加快推动重要政务应用发展，加强保障和改善民生应用，加强创新社会管理应用，强化政务信息资源开发利用，建设完善电子政务公共平台，提高政府信息系统的信息安全保障能力。

2012年7月6日，国家发展和改革委员会、公安部、财政部、国家保密局、国家电子政务内网建设和管理协调小组办公室联合发出了《关于进一步加强国家电子政务网络建设和应用工作的通知》，该通知明确了国家电子政务网络由国家电子政务内网和国家电子政务外网组成，应按照统一规划、分级负责的原则进行建设。国家电子政务网络建设目标是：到"十二五"期末，形成统一完整、安全可靠、管理规范、保障有力的国家电子政务网络，基本满足政务应用需要。

2013年2月16日，国务院发展改革委发布《国家发展改革委关于加强和完善国家电子政务工程建设管理的意见》，要求电子政务项目建设思路实现三个转变、坚持三个原则，强化电子政务项目"一把手"负责制，统筹推进电子政务共建项目的建设，充分重视电子政务项目的需求分析，大力推进跨部门信息共享，加强电子政务项目的质量管理，保障电子政务项目安全可控，推动电子政务项目建设改革创新。

2014年11月26日，国务院办公厅发布《关于促进电子政务协调发展的指导意见》，要求进一步推动政府系统电子政务科学、可持续发展，逐步建立与政府履职相适应的电子政务体系，有效服务于创新政府、廉洁政府、法治政府建设，不断提升信息化条件下政府治理能力。

2015年1月30日，国家发展改革委、中央编办、财政部联合发布《关于开展国家电子政务工程项目绩效评价工作的意见》，提出要进一步规范国家电子政务工程项目的建设和管理，提高项目建设应用效能，提升政府投资决策水平和投资效益，将开展国家电子政务工程项目绩效评价工作，重点对电子政务项目建成后所达到的建设目标和应用效果进行评价，保障电子政务项目绩效评价工作的规范性、科学性、有效性。

2015年3月11日，国务院办公厅正式发布《关于开展第一次全国政府网站普查的通知》，指出要推进全国政府网站信息内容建设有关工作，提高政府网站信息发布、互动交流、便民服务水平，全面提升各级政府网站的权威性和影响力，维护政府公信力。

2016年3月，李克强总理在政府工作报告中提出要大力发展"互联网+政务服务"，"要让数据多跑腿，群众少跑路"。2016年9月，国务院颁布实施《国务院关于加快推进"互联网+政务服务"工作的指导意见》，指出推进"互联网+政务服务"是贯彻落实党中央、国务院决策部署，把简政放权、放管结合、优化服务改革推向纵深的关键环节，对加快转变政府职能，提高政府服务效率和透明度，便利群众办事创业，进一步激发市场活力和社会创造力具有重要意义。

2016年10月9日，习近平总书记在主持中央政治局第三十六次集体学习时再次强调，加快推进网络信息技术自主创新，加快数字经济对经济发展的推动，加快提高网络管理水平，加快增强网络空间安全防御能力，加快用网络信息技术推进社会治理，加快提升我国对网络空间的国际话语权和规则制定权，朝着建设网络强国目标不懈努力。2016年11月7日，先后经过三次审议的《中华人民共和国网络安全法》在十二届全国人大常委会第二十四次会议上获高票通过。《中华人民共和国网络安全法》的制定颁布，是党的十八大以来我国互联网治理模式转变和治理能力提升的一个缩影。党的十八届五中全会，描绘出互联网发展的未来构想：实施网络强国战略，实施"互联网＋"行动计划，实施国家大数据战略。

在2017年党的十九大报告中，习近平总书记8次提及了互联网、数字中国、智慧社会的概念。大数据、人工智能、共享经济作为新词首次出现在党的报告中。2017年1月，武汉使用虚拟"电子身份证"的居民人数已突破40万。"电子身份证"可为线上政务服务平台、线下政务服务窗口，以及旅店、网吧、物流寄递等需要实名制的应用场景，提供实名、实人的身份认证服务，办事群众不必再靠出示身份证原件证明"我是我"。2017年5月21日，浙江省《政务办事"最多跑一次"工作规范》正式发布实施，是全国首个"一窗受理、集成服务"省级地方标准。到2017年，全国至少已有13个省份成立了21家地市级的大数据管理机构，其主要职责是实施大数据战略、规划和政策措施，推动大数据研究和应用工作。2017年，我国电子政务市场的规模超过了2700亿元，同比增长16%，电子政务已经成为拉动我国电子信息产业快速发展的重要领域之一。

这段时期，我国电子政务的发展超出了建设初期主要集中在基础设施建设以及政府内部应用的局限，特别在党的十八届三中全会之后，在大数据、云计算、人工智能等新技术推动下，我国网络安全能力、电子政务基础设施进一步完善，解决了很多"卡脖子"的关键问题。同时，这段时期，我国经济和政治体制不断加快改革步伐，电子政务相关管理制度、建设标准也愈加科学规范，为改进政府工作，提高工作效率，完善社会公共服务，促进社会文明进步与经济发展提供了有利条件。

(四) 创新发展"一网通办"期(21世纪10年代末—20年代)

2018年，我国开始全面深化管理体制改革，各个系统严格按照顶层设计，重新搭建组合业务流程，理顺管理体制和运行机制，电子政务迎来创新发展的重大时机。为深入推进"放管服"改革，全面提升政务服务规范化、便利化水平，更好为企业和群众提供全流程一体化在线服务，推动政府治理现代化，国务院制定并出台《关于加快推进全国一体化在线政务服务平台建设的指导意见》。一体化在线政务服务平台着力解决企业和群众关心的热点难点问题，推动政务服务从政府供给导向向群众需求导向转变，从"线下跑"向"网上办"、"分头办"向"协同办"转变，全面推进"一网通办"，为优化营商环境、便利企业和群众办事、激发市场活力和社会创造力、建设人民满意的服务型政府提供有力支撑。

2019—2020年，我国在基本建成的国家政务服务平台上线运行基础上，进一步推动实现了各省(区、市)和国务院有关部门政务服务平台与国家政务服务平台的无缝对接；同时基本建立起全国一体化在线政务服务平台标准规范体系、安全保障体系和运营管理体系，国务院部门垂直业务办理系统为地方政务服务需求提供数据共享服务的水平显著提升，基本满足地方政务需求，我国基本建成了全国一体化在线政务服务平台框架。这是继2018年我国全面机构改革后，线上政府做出的积极调整和应对，从根本上奠定了政府线上数据共享和利用的线下结构基础，为真正实现"一网式"办公模式打下坚实的制度基础。

党的十九届四中全会《中共中央关于坚持和完善中国特色社会主义制度、推进国家治理体系和治理能力现代化若干重大问题的决定》明确提出推进数字政府建设。各地区、各部门也认真贯彻落实党中央、国务院的统一部署，高度重视并探索推动数字政府改革建设，如广东推出了数字政府改革措施，浙江、湖北、安徽、山东、广西等省区陆续推出了数字政府建设指导文件及规划，把推进数字政府建设作为引领数字化时代政府改革与治理能力建设的着力点和突破口，推动政府治理能力不断提升，建设成效正逐步显现。

"十四五"规划纲要第五篇"加快数字化发展，建设数字中国"提出，要推进网络强国建设，加快建设数字经济、数字社会、数字政府，以数字化转型整体驱动生产方式、生活方式和治理方式变革。2021年11月，李克强总理主持召开国务院常务会议，会议指出，"十四五"时期，要面向更好满足企业需求和群众期盼，抓住推动政务信息共享、提升在线政务服务效率等关键环节，推进数字政府建设，加快转变政府职能，促进市场公平竞争。

"十四五"规划纲要和党的二十大进一步明确了我国电子政务建设的方向和主要任务：要为解决数据时代政府治理能力现代化服务，也要为建设社会主义现代化强国服务。电子政务建设日益被纳入数字政府建设规划，数字政府、数字经济日趋成为现代社会治理的关键词。电子政务成为数字政府建设诸多系统中的一个体系，国家通过数字政府和数字经济的整体规划和驱动，电子政务发展环境和能力也必将得到显著提升，电子政务"飞入寻常百姓家"指日可待。

第四节 电子政务支撑理论

一、新公共管理理论

(一) 新公共管理理论的内容

新公共管理(new public management，NPM)是20世纪80年代以来兴盛于英、美等西方国家的一种新的公共行政理论和管理模式，也是近年来西方规模空前的行政改革的主要指导思想之一。它以现代经济学为理论基础，主张在政府的等公共部门广泛采用私营部门成功的管理方法和竞争机制，重视公共服务的产出，强调文官对社会公众的响应力和政治敏锐性，倡导在人员录用、任期、工资及其他人事行政环节上实行更加灵活、富有成效的管理。新公共管理的内容可概括为如下几个方面。

1. 以顾客为导向，奉行顾客至上的全新价值理念

新公共管理完全改变了传统模式下政府与公众之间的关系，政府不再是发号施令的权威官僚机构，而是以人为本的服务提供者，政府公共行政不再是"管治行政"，而是"服务行政"。公民是享受公共服务的"顾客"，政府以顾客需求为导向，尊崇顾客主权，坚持服务取向。

2. 治道变革，政府职能由"划桨"转为"掌舵"

新公共管理主张政府在公共行政中应该只是制定政策而不是执行政策，政府应该把管理和具体操作分开。至于掌舵的主要途径，新公共管理认为要通过重新塑造市场，不停地向私营部门施加各种可行和有利的影响让其"划桨"的方式来进行。

3. 公共管理中引入竞争机制

传统公共行政力图建立等级森严的强势政府，强调扩张政府的行政干预。新公共管理则主张政府管理应广泛引入市场竞争机制，通过市场测试，让更多的私营部门参与公共服务的提供，提高服务供给的质量和效率，实现成本的节省。

4. 重视效率追求

追求效率是公共行政的出发点和落脚点。新公共管理实施明确的绩效目标控制，更关注每个项目的结果，广泛采用私营部门成功的管理手段和经验，如重视人力资源管理，强调成本—效率分析、全面质量管理，强调降低成本、提高效率等。

5. 改造公务员制度

新公共管理主张对公务员制度的一些重要原则和核心特征进行瓦解,通过推行临时雇佣制、合同用人制等新制度,打破传统的文官法"常任文官无大错不得辞退免职"的规定,废弃公务员价值中立原则。

6. 创建有事业心和有预见的政府

新公共管理认为"政府必须以收费来筹款,通过创造新的收入来源以保证未来的收入"。新公共管理认为社会更需要预防,即解决问题而不是提供服务。为此,政府应该把更多的工作放在预防上。

(二) 新公共管理理论对电子政务的影响

1. 将用户为导向作为电子政务的基本原则

电子政务发展的核心动力来自公众的需求,而非政府部门内部,这体现了新公共管理的顾客导向。各国政府的电子政务规划一般都以建立一个有效率、有统合力的、与国民具有和谐关系的、以理想的服务满足国民需求的电子政务体系为基本目标。

2. 将公共部门重组贯穿电子政务发展

基于电子政务而重构的公共部门结构趋于扁平化,管理层次减少,组织结构上层的信息能够畅通传达到中下层,中下层反馈的信息也能迅速地、无障碍地向上传递,不同层级之间的信息流动更加顺畅,传递过程中的信息损耗得以减少,失真得以避免。

3. 将追求公共利益作为电子政务发展目标

电子政务把公共利益作为目的而不是副产品。电子政务就是基于共同利益和共同责任,寻求解决问题的高效方法。政府的作用在于促使公民基于电子政务得到无约束的服务。

二、政府业务流程再造理论

(一) 政府业务流程再造的内容

政府业务流程再造是指在引入现代企业业务流程再造理念和方法的基础上,以"公众需求"为核心,对政府部门原有组织机构、服务流程进行全面、彻底的重组,形成政府组织内部决策、执行、监督的有机联系和互动,以适应政府部门外部环境的变化,谋求组织绩效的显著提高,使公共产品或服务更能取得社会公众的认可和满意。政府业务流程再造的内容可概括为如下几个方面。

1. 政府业务流程再造是对传统社会管理和公共服务方式的改革与创新

政府业务流程再造是以政府为主体的政府部门在反思传统行政组织业务流程弊端的基础上,运用网络信息技术,摒弃以任务分工与计划控制为中心的工作流程设计观念,打破政府部门内部传统的职责分工与层级界限,实现由计划性、串联性、部门分散性、文件式工作方式向动态化、并联化、部门集成化、电子化工作方式的转变，建立以问题诊断为前提，以解决问题为宗旨的服务流程模式。这无疑是政府部门迫于外部环境变化和公信力下降而进行的一场自我变革。

2. 政府业务流程再造体现了以"公共需求为导向"的核心理念

传统的行政组织流程是围绕"职能"与"计划"展开，对公众的诉求缺乏了解和回应。而流程再造的宗旨是改"职能导向"为"需求导向"，以最大限度地满足公众的需求为核心，在了解公众需求的基础上，从成本、质量、服务和速度等方面改善工作业绩，以提升公众对公共服务品质的满意度，提高政府部门的公信力，实现政府流程再造的价值追求。

3. 政府业务流程再造是多向互动的系统工程

政府业务流程再造既非工作流程的简化或重组，也非单纯依靠信息技术实现部门的整合或联动，而是对政府部门的行政理念、发展目标、行为准则、治理模式、制约机制的整体再造。它涉及政府部门内部机构之间、政府部门之间、政府与社会组织之间、政府与社会公众之间的沟通与互动，必然会带来政府部门在组织结构、决策程序、运行机制、评估体系、激励机制等方面的显著变化。因此政府流程再造绝非在原有流程上的修修补补，而是一场彻底、深刻、持续的内部革命。

(二) 政府业务流程再造理论对电子政务的影响

1. 政府业务流程再造是电子政务实施的重要理论基础

电子政务的目的是打破政府机关各职能部门固有的工作模式，提高效率，节约成本，增加透明度，减少或避免政府失灵，更好地满足社会的需要。政府业务流程再造是对政府进行彻底变革，是在政府结构上为电子政务建设铺平结构障碍和制度障碍；同时，也只有彻底地改造了政府业务流程，实现政府业务的整合，才能真正意义上实现政府电子化。

2. 电子政务是政府业务流程再造的重要条件

电子政务的推行，不仅使政府职能从管理型向服务型转变，也适应了降低成本和提高效率的要求，并且基于网络平台可以以更低的成本在政府与社会公众之间进行信息的交流和沟通，建立起长期、便捷的互动关系，提高公众满意度。

3. 电子政务与政府业务流程再造具有并行伴生关系

当前，无论是企业的电子商务还是政府的电子政务，都普遍存在收益少、投入却不断增多的问题，这称为投资无底的IT"黑洞"。其根本原因恰恰是没有把电子政务与政府业务流程再造同步实施，造成网络信息技术应有的功能在政府实体运行中遭遇种种堵塞和障碍，未能实现以公众满意为目标，以事务为中心，跨越职能部门界限的办公模式。

4. 电子政务下政府业务流程再造是提高信息管理效率和综合运用效益的关键

政府业务流程再造能够最大化实现信息的综合管理与运用，便捷地提取、传递、存储和利用信息资源；也能建立信息的共享与互动传递机制，提高政策决策参与的广泛性、执行的透明度;能使信息迅速传导与回应,提高对危机事件的快速反应与及时处理。即要求政府行政流程务必根据电子政务运作的内在机理进行有目的、有组织的再造,以尽快实现电子政务环境下政府业务流程的理想化状态。

三、客户关系管理理论

(一) 客户关系管理理论的内容

客户关系管理是指企业通过了解和深加工客户信息,并强化跟踪服务、信息分析能力,使他们能够协同建立和维护一系列与客户以及商业伙伴之间卓有成效的"一对一关系",从而使企业得以提供更快捷和周到的优质服务,提高客户满意度,吸引和保持更多的客户,从而增加营业额,并通过信息共享和优化商业流程有效地降低企业经营成本。客户关系管理理论可概括为如下几个方面。

1. 客户关系管理的根本目的是发现、培育并保留住"真正的顾客"

客户关系管理的真正目的是发现、培育和保留住"真正的顾客",即企业忠诚客户,实现企业与客户的"双赢"。"双赢"是客户关系存在和发展的基础,"供方"提供优良的服务、优质的产品,"需方"回报合适的价格,供需双方发展长期稳定互惠互利的关系。

2. 客户关系管理是企业与客户的一种博弈

当今,企业间的竞争已经折射到企业运作的整条供应链,确保供应链上供应商、生产商、代理商、销售商、最终用户之间信息的沟通至关重要。企业若想在这种环境中获得利润,必须寻求一种新的平衡点,一种全局平衡,即在信息完全与信息不完全的条件下,企业与客户之间需求的平衡,这恰是在企业与客户之间的一种博弈。

3. 客户关系管理是基于客户的知识管理体系

客户关系管理的实质就是企业基于客户知识的获取、存储、传递、转化、整合、创造等管理过程。客户关系管理要系统地加强客户知识管理,有效地获取、发展和维系有利于客户组合的知识与经验,尽可能地获得最大价值。客户关系管理将企业"客户""知识"和"管理"共处于一个循环体系中,企业运用这个循环体系中的客户知识,从客户关系中求得最大收益。

(二) 客户关系管理理论对电子政务的影响

首先,电子政务是以提高公众服务质量为中心的,通过在线提供"无缝隙服务",提升公众的获得感和在线满意度。

其次,提供标准化服务。电子政务以公开和无差别的方式,通过线上线下为公众提供一致的信息、同样的服务。这样,不仅有效降低政府成本,还能提高政府透明度,赢得社会信赖。

最后,提供个性化服务。政府利用现代网络通信和信息技术可以更加便捷地收集、整理、分析大量的公众数据信息,从而更科学地对社会公众进行细分,为他们提供个性化服务创造了条件。

四、管理信息系统理论

(一) 管理信息系统理论的内容

管理信息系统(management information system,MIS)是一个以人为主导,利用计算机硬件、软件、网络通信设备以及其他办公设备,进行信息的收集、传输、加工、储存、更新、拓展和维护的系统。完善的管理信息系统具有以下4个标准:确定的信息需求、信息的可采集与可加工、可以通过程序为管理人员提供信息、可以对信息进行管理。信息是管理上的一项极为重要的资源,管理工作的成败取决于能否做出有效的决策,而决策的正确程度在很大程度上取决于信息的质量。

(二) 管理信息系统理论对电子政务的影响

首先,电子政务建设的一项重要任务是通过各种渠道收集民意信息并对其进行筛选、整合、分析。从管理层面上看,目前的条块模式使各级政府和职能部门在数据信息的组织与管理方面不得不面对日益凸现出来的诸多矛盾和困难,如许多政府部门在长期的OA系统建设中,都有一套基于自身业务的数据库系统,存放着大量的、满足本部门需要的业务数据,最终形成了数据信息由部门独占的现象;政府组织机构的二维模式使得许多部门的领导担心自己拥有的数据被共享后,业务将趋向透明,自己或部门获得的利益和权力将受到削弱。从信息技术层面上看,信息集成的目的是给用户提供一个集中、统一的视图,并确保模块之间的互操作性,以提高模块的重用度。

其次,管理信息系统的建设状况对实现电子政务安全具有重要意义。信息安全系统是应用支撑平台的重要组成部分,旨在为电子政务的应用层提供统一的安全服务和安全保障。电子政务活动中所涉及的各种信息往往会涉及个人隐私甚至国家机密。加强管理信息系统数据传输、存储、拓展和维护工作能够切实保障各类信息的安全,对于实现电子政务安全意义重大。

本章小结

电子政务已经从一般的技术变革和应用成长为具有较为系统的理论体系、较为完备的知识结构和较为扎实的实践基础的一门学科。电子政务理论主要包括电子政务定义、特征、功能等,也包括电子政务运行模式、发展历程等,而最重要的是必须深入理解和领会与电子政务出现和发展密切相关的若干管理理论。电子政务的定义有多种理解,国内外差别也比较大,但若干共性还是比较一致的,如"电子"为基础,"政务"为核心,"安全"为保障等。电子政务相较传统政务具有鲜明的特征，这也是电子政务能够迅速发展起来的重要原因。电子政务体系是多维的，主要基于物理实体政府的管理体制和运行机制，掌握电子政务体系也就清楚了电子政务与物理空间政府为何存在紧密的关联关系。电子政务的中外发展路径受到本国政治经济和社会发育程度影响，有着更为复杂的背景因素制约，如安全问题、公民的信息素养问题等。不能寻求千篇一律的电子政务发展模式，但却可以通过比较互鉴，掌握电子政务发展动态和趋势。电子政务的理论基础比较多元，包括新公共管理、政府业务流程再造、客户关系管理以及管理信息系统等理论。

关键名词

电子政务　电子政务体系　电子政务模式　电子政务历程　新公共管理理论
客户关系管理理论　政府业务流程再造　管理信息系统　服务效率　公平正义

思考题

1. 如何理解电子政务的多种定义？
2. 电子政务具有哪些特点和价值？
3. 概述我国电子政务的发展阶段。
4. 概括国外电子政务发展阶段及其要点。
5. 新公共管理理论对电子政务有哪些影响？
6. 业务流程再造理论对电子政务有哪些促进？
7. 概述电子政务体系的不同特点和局限。

第二章
电子政务运行过程

引例：甘肃省数字政府"甘快办"App平台

"十三五"期间，甘肃省各部门、各市州在政务信息化建设方面进行了有益的探索和实践。云网等基础设施不断完善，电子政务外网、电子政务内网、电子政务专网、行业部门专网和互联网5张网建设取得积极进展，政务专网和外网已覆盖省、市、县、乡四级党政机关，其中政务专网接入单位超8355家，政务外网接入单位已超14 689家。政务信息服务水平不断提高。建成了全省一体化政务服务平台，上线了"甘快办"App。"不来即享"涉企政策精准推送服务覆盖全省41.8万户企业。面向治安、医疗、教育、旅游、水利等领域构建了一批信息化平台，其中全省"1+1+13"公安大数据建设进入了全国第一方阵。

甘肃省数字政府建设拥有一定基础，但与浙江、广东、江苏等先进省份相比还有很大差距，在数据共享、数据安全、复合型人才数量、基础设施集约化等方面依然存在许多突出短板。

比如基础设施集约化不高，政务类非涉密业务分散承载于政务外网、政务专网及行业部门专网，未按照国家电子政务网要求实现统一承载；全省没有形成统一的政务云，省市政务云未实现互联共管；一些部门仍然自建机房，资源利用效率不高。

面对存在的问题，甘肃省坚持全省"一盘棋"工作机制，构建甘肃省数字政府"12345+N"体系，构建甘肃数字政府"1网+1云+1基座+1支撑+1中心+1平台+N应用+1入口"的技术架构，突出了"大省小地市"强统筹、"利旧重构"稳过渡、"政务服务"强支撑、"数据资源"夯基础、"系统应用"重支撑、"区块链赋能"增可信、"一网双面"强承载、"系统建设"重运维、"信息安全"可持续等创新点。其中在政务内、外网上，根据目前省电子政务外网现状及发展需求，建设全省统一的"一网双平面"，为跨层级、跨区域、跨部门网络互通、数据共享、应用协同提供支撑。电子政务外网第一平面，充分利用电子政务外网现有资源，优化提升网络承载能力，延伸覆盖范围，满足IPv6(互联网协议第6版)规范。电子政务外网第二平面采用不同物理资源，形成双业务平面承载。分类梳理各部门业务专网和电子政务专网，有序推进业务向电子政务外网迁移。

预计到2025年，打造全国闻名的"甘快办、甘政通、12345热线、不来即享"四个甘肃省数字政府服务品牌，打造服务满意、治理创新、效能便捷、赋能特色数字政府。

资料来源：第十五届中国智慧城市大会入围案例——甘肃省数字政府"甘快办"App平台。

经验启示

构建智慧城市，打造数字化政府是必要基础，电子政务的运行有赖于各主体的参与，有赖于基础设施的完善，尤其是政务内网和外网的建设。甘肃省政务平台建设的案例示范可以为一些地区推动政府数字创新提供经验借鉴，各地方政府努力打造安全、高效、共享的数字政府治理平台，推动电子政务平稳运行。

本章知识结构

电子政务运行过程包括运行主体、运行平台以及电子政务环境等多方面内容。在运行主体方面，政府公务员、政府雇员、各类企业、社会公众以及其他主体广泛参与到电子政务运行之中，并且成为推进数字政府建设的重要力量。电子政务运行平台为各类电子政务运行主体的协同参与提供了一个有力的技术支撑。电子政务运行环境受到诸多因素影响，包括经济与社会环境、文化与舆情环境以及技术与安全环境等。第二章知识结构如图2.1所示。

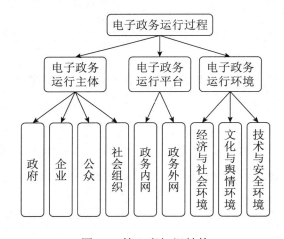

图2.1 第二章知识结构

第一节 电子政务运行主体

电子政务运行强调以政府架构作为平台，充分利用新一代信息技术，来实现政府、市场、社会多方协同的公共价值塑造，以及实现政府管理与公共服务的精细化、智能化、社会化。电子政务运行主体主要包括政府、企业、公众以及社会组织等，并不是所有主体都一定是电子政务运行主体，只有发生在电子政务平台上的主体才是现实的直接主体，那些没有利用电子政务平台开展活动的主体，只能说是间接主体或者潜在主体，这里说的电子政务运行主体主要是指现实的直接主体。

一、政府

随着政府服务数字化的转型，"信息"这一核心概念随着转型的现实要求在不断被各级政府所提及，破除"信息孤岛"，实现政府跨部门信息共享成为我国政府"放管服"改革的重要前提。党的二十大报告强调，要加快转变超大特大城市发展方式，打造宜居、韧性、智慧城市，这是科学判断信息社会发展趋势做出的战略部署。对于政府自身来说，实现智慧政务是构建智慧社会的先导任务，智慧政务是以政府工作和运行为依托的智慧应用业态，它是电子政务发展的更高一级阶段，与传统电子政务相比，"智慧政府"具有透彻感知、快速反应、主动服务、科学决策、以人为本等特征。政府公务员以及各类雇员是电子政务建设、参与主体之一，这就要求政府必须适应信息时代，推动电子政务向前发展，为构建智慧社会发挥其应有的作用。

(一) 公务员

1. 公务员的含义

公务员是电子政务运行的重要主体。《公务员范围规定》第三条规定，公务员是干部队伍的重要组成部分，是社会主义事业的中坚力量，是人民的公仆。电子政务对协同性的要求较高，交互协同不再局限于政府与公民之间，跨区域、跨部门、跨领域的信息交流与协同成为常态，多部门基于统一的信息源共享、共用公共信息，实现公共责任的共同承担和社会信息资源的最优化运用。公务员承担着电子政务软硬件建设以及开展电子服务职能，因此，公务员的信息协同行为直接影响电子政务建设进程，更影响到公众和企业等对待电子政务的态度和能力。

2. 公务员信息素养能力现状

图2.2把影响因素按照主范畴和核心范畴(信息协同行为)进行了关系构建，并将这些因素归纳为个人维度、外部环境维度以及协同关系网络维度，提出了政府公职人员信息协同行为的驱动策略，包括在个人维度下的感知有用性、信息素养以及自我效能对协同意愿有着显著的影响，在外部环境维度下组织结构、技术支持以及政策支持均显著影响政府公职人员信息协同行为，在协同关系网络维度下信息交流、协同关系质量、共同认知、职责分配、协同角色也均显著影响政府公职人员信息协同行为。

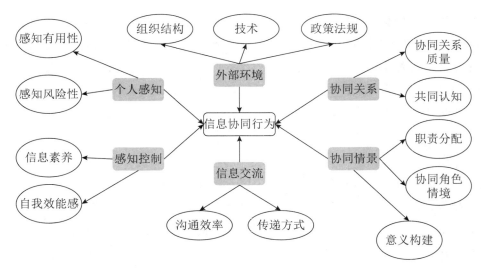

图2.2 政府公职人员信息协同行为影响因素

资料来源：张云开.智慧政务背景下政府公职人员信息协同行为与驱动策略研究[D].吉林：吉林大学，2021.

就公务员自身来讲，信息协同行为受个人维度的影响值得探讨。首先，大部分公务员信息素养能力较低。徐东华(2020)等对我国基层公务员网络信息素养进行了调查，结果显示，在网络信息能力方面，认为不能熟练使用电子政务系统的公务员占29.9%，不能利用互联网搜集所需信息的占31.5%，不能判断信息的权威性和可靠性的占31.7%，认为计算机网络水平不能满足工作需要的占31.7%，不能高效归纳提炼所获信息的占32.8%，不能掌握网络故障检测排除技能的占38.9%。据国家行政学院的一项调查，大约有20%的公务员对计算机操作几乎处于空白的状态。这说明在推进政府信息化的过程中，提高公务员的整体素质，特别是计算机应用方面的能力，将是一项艰巨的任务。

其次，职位需求与公务员培训不相匹配。公务员整体队伍庞大，加上参照公务员执行的事业单位工作者，人员更加众多。尽管我国曾经在20世纪80年代就开始进行公务员的计算机能力培训，而且在新入职人员中也积极地进行了计算机应用方面的培训，但是，这些要求和培训距离真正的电子政务应用能力相去甚远，甚至说两者并不是一个概念。最后，目前我国公务员整体应用电子政务素养与能力并不均衡。据统计，在我国公务员队伍中，能够应用计算机从事电子政务活动的人员90%处在45岁以下这个年龄段；在地区差异上，东部地区基层公务员网络信息素养优于中部地区，中部地区整体优于西部地区。这就使得我国公务员队伍素质与电子政务发展趋势和群众要求之间，存在着很大的差距，需要公务员队伍全面提升电子政务能力，特别是目前在主要岗位上起到决策作用的领导者，更需要在态度、意识和实际工作中积极推行电子政务。

3. 电子政务对公务员的素质要求

就整体而言，我国公务员的信息技术应用能力和对电子政务的认识水平还不能适应发展的需要。我国电子政务对公务员的素质要求着重体现在以下几个方面。

(1) 牢固树立"服务观"。电子政务实施时，国家公务员代表政府与公民在网上平等地对话与交流，公务员要转变观念，由"官本位"的行政观转向"民本位"的行政观，始终牢记全心全意为人民服务的宗旨，牢记一切工作为人民，时刻不忘处理好政务事务的责任心和使命感。

(2) 掌握过硬的行政知识。电子政务是集成化、模块化、一体化、一站式的在线服务，要求行政人员要不断更新知识，改善知识结构，增加知识存量，改变"单打一"的思维方式和工作方式，提高反应能力、判断能力，以及应变能力和综合分析、处理问题的能力，适应开放透明的网上行政环境。

(3) 具有较强的信息处理能力。这种能力主要包括对信息的感知能力、洞察能力、分析能力、概括能力。也就是说，公务员能够对各种信息有敏锐的感觉、深刻的洞察，将复杂纷繁的各种信息加以鉴别、分析、处理，从中概括、提炼、归纳、总结出信息的利用价值，挖掘出信息的潜在价值，合理地利用信息。

(4) 要有熟练的计算机应用能力。公务员要对计算机的硬件、软件有足够的了解，对应用软件熟练掌握，熟练操作，能在网上进行政务活动。

(5) 要有较全面的通信和网络知识。比如量子通信技术、第二代互联网技术，以及人工智能、云计算技术等，对这些层出不穷的新技术名词、新概念，要知其然，更要知其所以然，才能更好地开展部门工作。

4. 公务员信息素养培训

信息素养决定了政府公职人员如何看待信息、如何选取信息以及如何利用信息，良好的信息素养有助于政府公职人员信息协同行为的开展。因此，应重视政府公职人员的职业培训。目前，我国公务员进行电子政务业务与能力培训已经写入公务员年度培训计划中。根据政府有关部门文件的指示精神，国家信息化培训认证管理办公室成立了"公务员信息技术与电子政务应用能力培训专家委员会"，中共中央办公厅、国务院办公厅转发《国家信息化领导小组关于我国电子政务建设指导意见》(中办发〔2002〕17号)和中共中央组织部、人事部、国务院信息化工作办公室《关于开展信息化与电子政务培训的通知》(组通字〔2003〕1号)精神，决定在全国公务员中开展信息化与电子政务培训。

培训内容包括信息化与电子政务基础知识；我国电子政务建设的指导思想、建设原则、主要目标和任务；电子政务工程的组织领导与管理；信息安全在信息化建设中的地位、作用；计算机应用技术及网上办公实务等。培训对象则包括各级国家行政机关的公务员和依照公务员制度管理的单位中的工作人员。这些举措都进一步推进了我国对公务员的电子政务培训工作。公务员如果能够认真培训，切实提高自己电子政务应用能力，对电子政务发展是十分重要的。但从另一个角度看，仅仅对公务员进行技术培训还是不够的，至少是不全面的，还需要转变公务员对电子政务的认识，从思想观念上牢固树立电子政务必然伴随行政管理体制和模式变革的准备，推进电子政务服务社会公众，降低行政管理成本的心理认知。

(二) 政府雇员

1. 政府雇员的含义

政府雇员制发轫于西方，是指政府以契约形式聘用、管理某些专门技术人才及承担部分临时性、勤务性工作的人员的公共人力资源制度。目前，政府雇员制在发达国家并不少见，如德国、英国、澳大利亚和新西兰等国家，政府雇员在政府工作人员中的比例占到20%~40%；在日本，政府中也有11.9%的人是政府雇员。政府雇员是政府部门根据全局性工作的特殊需要，从社会上雇佣的为政府工作的法律、金融、经贸、信息、高新技术等方面的专门人才。他们不占用行政编制，不具有行政职务，不行使行政权力，完全按契约化管理，只从事某项专业性工作。此外，政府雇员不执行公务员的工资标准，薪酬待遇相对较高。在我国，政府雇员一般签1~3年的合同，领取14万甚至更高的年薪。

2002年6月，作为国内招聘政府雇员的首个条例——《吉林省人民政府雇员管理试行办法》出台。该办法规定政府雇员的基本条件是："拥护党的领导，热爱祖国和人民，愿意为改革开放和现代化建设服务，遵守政府工作纪律和有关的规章制度，能够完成政府雇佣工作任务。"同时明确规定："政府雇员的职别分为'一般雇员''高级雇员'和'资深高级雇员'三种。一般雇员是政府一般性服务工作需要的专门人才。除具有上述雇员基本条件外，还必须具有大学本科以上学历和3年以上的实际工作经历。高级雇员是政府高层次服务性工作需要的特殊高级专门人才。除具有上述雇员基本条件外，还必须是具有硕士或博士学位、高级专业技术职称，有较深的学术和专业造诣，在学术界或本专业技术领域有较高知名度和较大影响，且专业技术工作业绩特别突出，政府工作特别需要的稀缺人才。资深高级雇员原则上在优秀的政府高级雇员中产生。对于面向社会公开招聘、在全国或省内确实有较高知名度和较大影响、条件特别优秀的，也可以直接雇用为资深高级雇员。"此外，该办法还规定了雇用程序、考核、签订合同、兼职、待遇、佣金等一系列事项。

2. 电子政务建设中的政府雇员制

在电子政务建设之初，吉林省就已经采用政府雇员制为政府应对信息化时代的挑战进行了"试水"，从而解决政府工作对某些人才的特殊需要。2003年，吉林省人事厅宣布，从6月15日到7月5日，将通过各种媒体面向全国公开招聘首批3名"政府雇员"，皆是服务于该省的政务信息化建设。其中，招聘省政府公安信息化应用与管理总工程师1名；招聘省政府信息网络安全技术总工程师1名；招聘省政府公安信息网络高级管理员1名。这次所招聘的3名雇员主要是为吉林省公安系统"金盾工程"和公安网络安全维护工作服务。其中一人在担任政府雇员后，取得的一项重要的成果是带领几个实习生开发出吉林省公安人事信息软件系统，在全省9个市、州及100多个县局、分局应用，为全省公安机关节约近50万元。这项成果不但节约了资金，而且大大提高了工作效率，减少了基层民警的工作量。

现在，由于公务员自身能力、素质有限，许多地方政府的政务服务数据管理部门为了弥补技术人才的不足,更多地面向全社会公开招聘信息化建设的高级人才,这也可以看作当前形势下解决政府部门信息化建设中的人才问题的一种趋势。比如在2014年长沙市人民政府电子政务管理办公室政府雇员招聘3人,其中包括2名负责电子政务网络平台硬件的人员,1名负责电子政务应用开发及维护的人员,条件要求如下:"一是计算机及相关专业,全日制本科及以上学历;或具有计算机专业中级及以上职称,本科及以上学历。二是三年以上计算机及相关专业工作经历,精通网络管理、数据库维护。三是具有下列情况之一者可在同等条件下优先考虑:①具有国家、行业认可的网络管理、数据库专业认证资格证书;②曾主持从事过大型网络架构设计工作;③五年以上电子政务工作经验;④在地市级以上正规出版物上发表过相关作品。"

在电子政务建设中采用政府雇员制具有重大而深刻的意义。

(1) 政府雇员制有利于提高行政效率。当今时代是信息化的时代,现代服务型政府面临的行政环境日益复杂,电子政务的建设对政府部门的要求更高,政府需要高效率的办事方式,在专业性较强的工作中通过引进政府雇员的方式可以更好地处理这些事务。引进政府雇员把市场用人机制纳入政府的用人制度,符合当前提倡的公共服务和市场化的改革方向,有利于避免官僚主义,充分发挥公务员的积极性和创造性,能够提高行政效率和行政服务水准。

(2) 政府雇员制有利于提升政府公共服务能力。在信息化时代,构建信息化政府,加强电子政务建设,政府需要引进大量的专业技术人才来弥补人才不足的缺口。政府雇员制以合同的形式聘用一定的人员,到期即按合同规定解除聘用的关系,避免了人员的积累与沉淀。

(3) 政府雇员制有利于降低行政成本。政府雇员不占用人事编制,压缩了政府人员规模,节约了政府运作成本,实现了政府工作部门专业性和辅助性工作的市场化,提高了政府工作的行政效率,解决了公务员因工作职责不清而相互推诿的现象,有利于行政成本的缩减。

电子政务既涉及信息技术又涉及政府机关,是一个比较"特殊"的领域。所以,在政务信息化建设中尝试"政府雇员制",除了本身制度上的因素以外还是有一些问题值得注意的。比如,如何处理信息化的长久性和雇员的临时性之间的矛盾?系统的安全性是否能得到保证?

二、企业

企业是电子政务运行的重要参与主体之一。市场经济越活跃,政府管控越透明,企业与政府之间在电子政务平台上的交叉就越多。现在,很多政府面向企业的服务或者需求,都是可以通过电子政务平台实现的。政府通过电子网络系统进行电子采购与招标,精简管理业务流程,提高办事效率,方便快捷地为企业提供各种信息服务。同时,由于企业是电子政务建设的重要参与主体，企业在计算机应用方面的能力素质对电子政务发展至关重要。

(一) 企业应用电子政务

1. 电子采购与招标

政府通过网络公布采购与招标信息，为企业特别是中小企业参与政府采购提供必要的帮助，向他们提供政府采购与招标的有关政策和程序的信息，使政府采购与招标成为"阳光作业"，减少徇私舞弊和暗箱操作，降低企业的交易成本，节约政府采购与招标支出。

2. 电子税务

企业通过政府税务网络系统，在计算机上就能完成税务登记、税务申报、税款划拨、查询税收公报、了解税收政策等业务，既方便了企业，也减少了政府的开支。

3. 电子证照办理

企业通过因特网申请办理各种证件和执照，能够缩短办证周期，减轻企业负担，如企业营业执照的申请、受理、审核、发放、年检、登记项目变更、核销统计证、土地和房产证、建筑许可证、环境评估报告等证件、执照和审批事项的办理。

4. 信息咨询服务

政府将拥有的各种数据库信息对企业开放，方便企业利用。这些数据库包括法律法规规章政策数据库、政府经济白皮书、国际贸易统计资料等信息。

5. 中小企业电子服务

政府利用宏观管理优势和集合优势，为提高中小企业国际竞争力和知名度提供各种帮助，包括为中小企业提供统一的政府网站入口，帮助中小企业同电子商务供应商争取有利的能够负担的电子商务应用解决方案等。

可见，企业利用电子政务平台可大展身手，企业也将在利用电子政务过程中，更好地提高经济效益，从而节约企业人力资源，提高企业诚信和经营透明度。

(二) 企业参与电子政务建设

企业参与电子政务建设主要包括两方面：一方面，企业利用电子政务，与政府和公众之间进行商务活动或者社会活动，即B2G或者B2C；另一方面，企业是提供电子政务技术与设备、进行网络供应与维护的主要力量，没有强大的网络通信与信息技术研发与制造企业，就不会有安全可靠的电子政务。

1. 领先企业的"示范"作用

建设智慧城市是系统而又复杂的过程，既需要政府部门的统筹管理，又需要各领域企业的业务能力创新，以及彼此间的竞争与合作，整个产业链的繁荣才能打造出可持续发展的城市治理生态。综合实力领先的优秀厂商可以充分发挥行业示范效应，通过与政府部门共建数据中心、平台、应用等，将前沿信息通信领域技术融入民生服务、社会治理中，切实改善市民生活质量,提升城市管理成效。例如,深圳市光明区政务服务数据管理局携手华为就"智慧光明"进行了顶层设计与横向打通,在全区打通的数字平台基础上,率先取得环境水务领域的阶段性成果。华为为深圳市生态环境局光明管理局与光明区水务局打造的"光明区智慧环水综合管控平台",融合大数据、云计算等ICT技术,构建环境水务"数据全面感知、信息互联互通、态势预测预警、灾情可防可控、决策科学高效、成果可视可用"的决策支撑平台,同时实现与区级"智慧光明管理服务指挥中心""智慧光明应急管理中心"的联动。

2. 企业为基础网络建设增加动力

基础网络建设不仅是智慧城市建设的基础工程,更是电子政务的重要基础性工作。我国电子政务健康、向前发展有赖于基础技术的安全性与自主研发性。中国科学院微电子研究院所长叶甜春表示,中国的高端芯片、制造装备、工艺与材料依赖引进,受制于人,必须像解决钢铁问题一样,解决"中国芯"的问题,以支撑中国未来30年的发展。譬如在基础网络设施建设上,根据中国信息通信研究院发布的《上海"双千兆宽带城市"发展白皮书》数据,上海累计建设5G室外基站3.14万个、5G室内小站4.98万个,实现中心城区和郊区重点区域5G连续覆盖,基本建成"双千兆宽带城市"。三大电信运营商将上海作为5G网络的首发城市,使网络基础设施能力得到升级,更有利于政府提升治理水平,有利于城市进行数据中心、工业互联网平台、创新应用的建设,从而构建智慧城市、智慧政务。

企业是电子政务运行主体这一观点体现在不同方面,当前来看,需要企业适应电子政务发展模式,接受政府的管理和服务。同时,企业更应该切实提高信息产业竞争力,特别是自主开发核心技术和国际知名度,成为国际信息产业的主要参与者和弄潮儿,企业与政府基于电子政务共同发展需要,密切合作,才能相得益彰,共同促进中国电子政务不断飞跃。

三、公众

(一) 公众的含义

公众是电子政务应用的主要群体,也是政府进行电子服务的主要对象。一方面,政府通过电子政务更好地为公众提供服务;另一方面,公众通过电子政务参与政府决策的工作中,公众的认知程度、使用能力、反馈意见对电子政务的发展以及政府改进电子政务具有重要影响。这里的社会公众是指除了政府、企业以及社会组织等主体外,参与社会活动的社会群体。公众具有存在的独立性、形式的分散性、行动的默契一致性、活动的社会性等特点。由于电子政务服务具有服务业共有的及时性、无形性、非存储性等三个特点,在提供服务的同时强调公众参与。

(二) G2C电子政务的服务内容

在电子政务活动中，政府与社会公众(G2C)关系，是指政府通过电子网络系统为公民提供的各种服务。G2C电子政务包含的服务内容主要涵盖教育、医疗、就业与社保、公民信息、税务和证件等方面，具体包括以下几个方面。

(1) 教育培训服务。政府建立全国性的教育平台，并资助所有的学校和图书馆接入互联网和政府教育平台；政府出资购买教育资源然后提供给学校和学生；重点加强对信息技术能力的教育和培训，以适应信息时代的挑战。

(2) 就业服务。政府通过电话、互联网或其他媒体向公众提供工作机会和就业培训，促进就业。如开设网上人才市场或劳动力市场，提供工作职位缺口数据库和求职数据库信息；在就业管理部门所在地或其他公共场所建立网站入口，为没有计算机的公众提供接入互联网寻找工作职位的机会；为求职者提供网上就业培训，分析就业形势，指导就业方向。

(3) 电子医疗服务。通过政府网站提供医疗保险政策信息、医药信息、执业医生信息，为公众提供全面的医疗服务，公众可通过网络查询自己的医疗保险个人账户余额和当地公共医疗账户的情况；查询国家新审批的药品的成分、功效、试验数据、使用方法及其他详细数据，提高自我保健的能力；查询当地医院的级别和执业医生的资格情况，选择合适的医院和医生。

(4) 社会保险网络服务。通过电子网络建立覆盖地区甚至全国的社会保险网络，公众可及时全面地了解自己的养老、失业、工伤、医疗等社会保险账户的明细情况；还可以通过网络直接办理有关的社会保险理赔手续；政府通过网络公布最低收入家庭补助。

(5) 公民信息服务。通过网络，公民得以方便、容易、费用低廉地接入法律法规相关数据库；通过网络提供被选举人背景资料，促进公民对被选举人的了解；通过在线评论和意见反馈，政府可了解公民对政府工作的意见，改进政府工作。

(6) 交通管理服务，即政府通过建立交通网站，对司机进行管理与服务。

(7) 公民电子税务，即公民个人通过电子报税系统申报个人所得税、财产税等个人税务。

(8) 电子证件服务，即居民通过网络办理结婚证、离婚证、出生证、死亡证明等有关证书。如建立电子身份证与居民注册信息系统，可以帮助政府对每个居民实行不分地区、不分单位的高效管理，以解决由农村人口大量涌入城市、城市人口流动性增加所引起的原来户籍管理制度与新形势之间的矛盾。

(三) 公众参与电子政务活动

进入新时代，我国十分重视信息化建设与电子政务发展，不断加快数字政府的建设，在全球电子政务建设排名遥遥领先。《2020年联合国电子政务调查报告》指出，中国是在2020年首次进入全球电子政务发展指数"非常高"的亚洲国家之一。与2018年相比，2020年中国的电子政务发展指数从第65名提升到第45名，电子参与指数从第29名提升到第9名，两项均为历史最好成绩。这意味着中国的电子政务整体水平步入世界先进行列。

我国公众参与电子政务的水平不断提高。《2020联合国电子政务调查报告》显示，中国的电子参与指数为0.964，排名第9。

公众参与度的提高不仅需要公众自身学会"上网"，还要政府建设好平台。我国政府的网上政务服务能力和水平持续提升，2019年5月，国家政务服务平台上线试运行，联通32个地区和46个国务院部门，标志着以国家政务服务平台为总枢纽的全国一体化政务服务平台初步建成。一体化政务服务平台作为创新行政管理和服务的新方式、新渠道、新载体，充分发挥了跨地区、跨部门、跨层级业务办理上的支撑和保障作用，推动了更多政务服务事项从"线下跑"转向"网上办"，全方位提升了网上政务服务能力和水平。

各地区将政务服务平台建设作为区域发展"软环境"的重要标杆，优化办事流程、创新服务方式、简化办理程序，以网上服务打造便企利民贴心服务的新名片，政务服务平台品牌的辨识度、知晓度、美誉度全面提升，一体化平台已经成为企业和群众办事的主要渠道。

目前看，我国公众参与电子政务活动存在很多问题，如公众参与意识较低，公众普遍应用电子技术能力较差，基础设施分布不均衡，政府网络反应能力不积极等问题。比如在城乡差距方面，虽然2022年《中国互联网络发展状况统计报告》显示，我国现有村庄已全面实现"村村通宽带"，贫困地区通信难等问题得到历史性解决，但农村地区互联网普及率仅为57.6%，较城市上网率偏低。我国社会公众参与电子政务还需要在各方面继续改进和提高，没有公众的参与，没有广大网民互动，我国电子政务建设就会出现华而不实的问题，不能解决公众问题的电子政务，不能为公众提供便捷电子服务的网络平台，只能是毫无价值甚至是浪费至极的摆设。

四、社会组织

(一) 社会组织的含义

电子政务是一个广泛的多主体互动应用平台，随着"放管服"改革的持续深入和政府角色定位和管理方式的改变，社会组织在数字政府治理中发挥越来越重要的作用。"社会组织"一词源于"非政府组织"一词，并逐渐被现代社会接纳。中国首次使用"非政府组织"一词是在1995年北京召开的第四次世界妇女会议和国际非政府组织国际会议上，随后"非政府组织"一词引起学者和社会的广泛关注。在我国，"非政府组织"的名称一般是指非营利组织、第三部门、慈善组织、志愿性组织，也就是政府之外的公益组织，直至2006年六中全会决定中，开始对"社会组织"这一名词做出权威的表述，并且将"社会组织"作为比较固定的说法，主要指的是涵盖政府和企业之外的、不以营利为目的、开展各种志愿和公益性活动的组织。

社会组织独立于政府体系之外，具有一定程度公共性质并承担一定的公共职能，这些组织活跃于人类社会生活的各个领域和层面，其形式、规模、功能千差万别，但一般都具有非政府性、非营利性、公益性、志愿性四个方面的基本属性。

(二) 社会组织参与电子政务

改革开放以来，我国社会组织发展迅速。2021年2月9日消息，民政部日前启用新版"中国社会组织政务服务平台"，进一步推进"互联网+政务服务"。平台显示，截至2022年9月，各级民政部门共登记社会组织超过90万个，其中社会团体36.9万个，社会服务机构51.5万个，基金会9206个。

社会组织一直是我国社会治理的重要参与主体之一，而"互联网+"更加促使我国社会组织为政务工作赋能增效。社会组织表现出网络空间的社群与现实的社会组织相辅相成，而网络社群的发展，也进一步激发了现实社会组织的活力。网络联络的及时性和经济性使得信息时代的社会组织更倾向于通过网络空间展开活动组织、信息分享和观点交流，如微信群作为工作群、信息群，可以非常便捷高效地组织活动，线上线下能够无缝对接、资源共享、交流互动，而线下的组织通过网络空间得以资源再组织和再扩容。

但是，在互联网时代中，社会组织要在网络动员中发挥作用必须依赖于对互联网的应用能力。调查显示，在互联网普及方面，85.93%的中国社会组织拥有自己专用的计算机，其中使用互联网的占绝大多数，达96.33%；在使用互联网的社会组织中，通过ADS宽带和局域网访问互联网的分别为79.68%和13.02%，有67.62%的组织拥有自己域名的正式网站，半数以上拥有自己的论坛、社区或通告版(BBS)，但拥有专职计算机管理人员的仅占31.11%。但是，中国的社会组织在博客、利用网络组织会议、维基工具等方面的利用率比较低，分别为45.71%、51%、14.29%。在评价自身对互联网的应用能力时，认为自身优秀的社会组织达41%，认为自身良好的社会组织占51%，认为自身尚待改进的社会组织占8%。其中，38%的社会组织认为提供计算机综合使用培训是最为重要的一项需求，34%的社会组织认为提供网站开发服务是最为重要的一项需求。

我国社会组织在互联网硬件配套和普通功能应用上都表现出了较好的能力。但是在应用互联网进行大数据仿真决策以及防范组织内部网络遭受外部攻击的能力建设上，还存在短板，制约着社会组织公信力提升和业务领域向深度拓展。

(三) 我国社会组织参与电子政务活动

一般来说，我国社会组织利用电子政务平台，可以展开以下几项行动。

1. 利用互联网影响政府政策

第一，促使建立政府政策议程。社会组织通过互联网发布信息，倡导利益诉求，动员公众广泛讨论，扩大信息的影响力，通过互联网引导社会动员舆论导向，从而获取政府关注，使所倡导的问题进入政策议程。第二，影响政府政策方案的制定和选择。社会组织的一项重要功能是反映和代表特定群体的利益需求，为政府有关部门的公共政策提供决策、参考与咨询。第三，社会组织还在动员中对政府政策的执行形成了有力的监督。

2.在网络空间中展开与公众的信息互动，影响网络舆情，推动公众参与动员

互联网作为一种极其重要且发展迅速的新媒体，其作用在于能够促使舆论的形成，因为在媒体形成之前，公众事先处于一种无知状态，当媒体将某些方面的信息告知公众之时，公众才会对某些问题有所反映。

3.在社会动员中利用互联网平台与其他实体组织展开沟通与协作

在互联网的合作治理中，治理的主体应当是平等的，需要建立社会力量与行政力量之间的沟通对话机制，这个机制不能仅限于单个社会力量与单个行政部门之间，而应是多个社会力量与多个行政部门之间的复杂沟通机制。

第二节 电子政务运行平台

一、政务内网

我国电子政务内网已经完成了从"电子化"到"办公自动化"两阶段的建设。当前，政务内网主要是从"办公自动化"向"网上协同办公"阶段发展。政务内网的应用在我国越来越广泛，而为了提高政府效率和决策科学度的决策支持系统也逐渐建立。我国要加快政府内网建设，按照国家政府转型和机构改革统一部署，简政放权，统筹协调，重新配置行政权力和资源，真正实现政务内网的高效、透明和民主。

(一) 政务内网的含义与目标

1.政务内网的含义

政务内网是各个行政机关内部的行政办公局域网，主要用于承载各级政务部门的内部办公、管理、协调、监督和决策等业务，并分别运行决策指挥、宏观调控、行政执行、应急指挥、监督检查、信息查询等各类相对独立的电子政务应用系统。政务内网的联网范围不可能延伸到乡镇这一级政府，且不可能与外网交流信息。

当前我国政务内网正处于网上协同办公阶段。在这个阶段，我国政务内网建设的内容主要包括以下两个：其一，建设连接市、区政府及各级行政机关内部的"办公业务网"；其二，以"办公业务网"为依托实现协同办公，并在此基础上，建成覆盖面广、内容准确、更新及时和实用有效的"政务信息资源库"，为提高政府办事效率、提升行政管理水平、增强决策支持打下坚实的信息基础。

2. 政务内网的目标

(1) 实现政府部门内部的信息共享和科学决策。通过建立机关内部和政府系统内部通信和信息发布平台，通信和信息交流快捷通畅，实现信息共享；保证信息的上行下达的通畅性和时效性，为辅助科学决策提供最大限度的信息资源和智力支持；为领导的高层决策、宏观管理提供科学依据。

(2) 促进部门间的协同办公，实现核心公务处理工作的高效化。政府机关公务处理电子化的外在表象就是要用优化的电子流程代替人工流程，做好政府机关真正应当做的事情，规范各项公务处理工作，大幅度地增进多部门之间的协作，提高公务处理工作的效能，特别是要确保公务处理工作的高质量、高效率、高效益。

(3) 推进各种保障性工作活动的自动化。如档案管理、会议组织、信息资源管理、日程管理、工作流程监控、后勤服务(车辆管理、办公用品管理、物资管理)等，这些活动涉及的范围非常广泛，实现自动化之后将非常有利于提高工作质量，有利于节约各种资源，降低管理成本，提高管理效能。

(二) 政务内网的平台

1. 政务内网物理平台

(1) 关键设备。政务内网的关键网络设备主要包括交换机(switch)和路由器(route)。交换机和路由器主要有以下四类：广域网核心层核心路由器、城域网络核心路由器/交换机、城域网络汇聚层中心交换机和局域网接入层交换机。

(2) 虚拟局域网。虚拟局域网(virtual local area network，VLAN)是一种将局域网内的设备逻辑地、非物理地划分成一个个网段而实现虚拟工作组的新兴技术。虚拟局域网可以根据功能、部门及应用等因素将逻辑上的设备和用户组织起来，因此在政务内网中得到广泛的应用。

(3) 政务内网拓扑架构。政务内网主要采用星型拓扑结构，以保证彼此之间不发生直接连接，具有可靠性高、支持网络冗余备份的特点。

2. 政务内网软件平台

电子政务内网软件平台是一种信息交流平台，它是在政务内网硬件基础上设立的。通过对政府各部门的管理系统、主题数据库进行整合，能够提高政府内部的办事效率、降低行政成本，改善政府的决策质量，更好地为民服务。常见的电子政务内网软件平台包括办公自动化系统、政务视频会议系统、党政机关电子公文传输系统、决策支持系统等。

(三) 政务内网的功能

1. 规范部门管理

政务内网的建设实现了政府部门从单纯的公文业务处理向系统的办公信息综合处理的转变。在这一过程中，政务内网对于规范政府部门管理起到了促进作用。

2. 提高办事效率

政务内网为建立高效能政府提供了良好的基础与支撑。政务内网的发展进一步推进了办公自动化水平，以电子智能协助日常工作，优化政府工作流程。同时，政府内网的建设实现了信息的内部共享，保证信息的上传下达，方便各级领导在网上及时了解、指导和监督各部门的工作，并做出各项指示，极大地提高了政府内部的办事效率、质量和标准。

3. 降低行政成本

政府机关的各种数据、文件、档案、社会经济数据都以数字形式存储于网络服务器中，工作人员可以通过计算机检索机制快速查询、即用即调，实现了从分散的、粗放的运行维护向集约化系统管理的转变。

4. 提高决策质量

政务内网可以实现各级政府之间的电子信息相互联系，能够有效地利用政府内部信息资源，提高资源的利用效率，并且通过智能决策系统的辅助，为领导的高层决策、宏观管理提供科学依据，提高科学决策质量和应急指挥能力。

5. 促进协同办公

电子政务涉及的应用重点不再集中于个人层面，也不再局限在一个相对封闭的运行环境，各部门之间的协同办公业务都可以通过政务内网进行，实现了跨部门、跨专业、跨地域的业务交汇，在一定程度上提高了政府的协同办公能力。

(四) 政务内网的特性

1. 知识管理的平台和门户

电子政务能够将政府机关内的各种资源实体化、数字化，让工作人员直接感受到各种各样的智力资源，并提供一个可以跨越时间、空间的界限，让全体政府工作人员直接共享、利用知识资源的场所。

2. 提供各种协同工作的手段，支持移动办公

电子政务在提供电子邮件、文档共享等异步协作的手段的基础上，提供在线感知和讨论等实时同步协作的手段，同时提供对移动通信设备无线接入访问的支持，具有进行移动办公、提供短讯提醒等功能。

3. 数字化

利用3S技术(地理信息系统GIS、全球定位系统GPS、遥感系统RS)在建设空间信息基础设施的同时，深度开发、整合和应用各种办公业务信息资源、政府信息资源，使得电子政务系统成为"数字城市""数字中国""数字地球"大家族的重要成员。

4. 提供网上培训、远程教学

电子政务通过提供网上培训、远程教学等方式，提高用户的应用水平，保障系统运行良好。

(五) 政务内网的类型划分

电子政务内部事务处理信息系统的主体是办公自动化(office automation，OA)系统。办公自动化是指利用现代化的设备和技术，代替部分办公人员的业务活动，优质高效地处理办公信息和事务。从我国行政机关信息化的实际情况分析，各个机构信息化和自动化的程度不尽相同，从应用对象的角度，办公自动化系统可分为个人办公自动化系统和群体办公自动化系统两大部分。

1. 个人办公自动化系统

个人办公自动化系统主要指支持个人办公的计算机应用技术的系统，这些系统包括数据处理、文字处理、电子报表处理、多媒体等系统。

(1) 数据处理系统。从应用软件的角度来看，在一般办公室环境下，数据处理是通过数据库软件、电子报表软件以及应用数据库软件建立的各类管理信息系统或其他应用程序来实现的，包括对办公中所需信息的存储、计算、查询、汇总、制表、编排等内容。

(2) 文字处理系统。文字处理系统是指应用计算机完成文字工作，其核心部件是文字处理软件。文字处理包括文字的输入、编辑、排版，以及存储、打印等。

(3) 电子表单系统。电子报表系统是由工作簿、工作表和单元格构成的数据动态管理软件系统。使用者可在单元格中填入、整理和存储数据，可通过系统提供的函数及自建的公式对工作表进行运算，还可以使用数据透视功能根据用户的要求对工作进行方便、灵活的汇总处理。

(4) 多媒体系统。多媒体系统是指利用计算机技术和数字通信网技术来处理和控制多媒体信息的系统，包括多种具体的功能系统，如语音处理系统、图像处理系统等。语音处理系统是指计算机对人的语言声音的处理，从应用角度来看，主要包括语音合成技术和语音识别技术。就办公室环境的计算机应用而言，图像处理系统是指包括图形(像)的生成(绘制)、编辑和修改，图形(像)与文字的混合排版、定位与输出等。汉字的自动识别技术也可以被视为一种对图形的智能化处理技术。

2. 群体办公自动化系统

群体办公自动化系统是支持群体间动态办公的综合自动化系统，特别是针对越来越频繁出现的跨单位、跨专业和跨地域的信息交流和业务交汇而产生的协同化自动办公的技术和系统。

(1) 公文处理系统。随着计算机、通信等技术的迅速发展，公文处理自动化正在普及，公文处理效率和电子公文质量不断提高。依靠网络信息技术对公文进行高效有序的电子化处理，是电子政府建设的重要组成部分，是关系到电子政府建设全局的基础性工程。

公文是公务文件或公务文书的简称，是指机构在处理公务活动的过程中，按特定体式使用、具有法定效用的文件。公文处理是对公文的创建、处置和管理，即在公文从形成、运转、办理、传递、存储到转换为文档和销毁的生命周期中，以特定的方法和原则对公文进行创制、加工、利用和保管，使其完善并获得必要功效的行为和过程。公文处理工作包括收文管理、发文管理，以及公文流转控制和管理等模块。公文处理系统大致有三种类型，侧重点各有不同：以公文拟制电子化为特色的公文处理系统、以机关内部公文流转电子化为特色的公文处理系统、以机关之间公文传输电子化为特色的公文处理系统。这三者之间并不是彼此替代、互相排斥的，而是取长补短的。一个成功的公文处理应集成这三方面的功能，并以机构内部的公文流转为机构公文处理的核心。

(2) 视频会议系统。近年来，多媒体通信的发展非常迅速，以视频会议、可视电话、视频点播等为代表的视频会议系统大量涌现，进入社会生活的方方面面，并逐渐被政府机构所采用，成为政府办公的好助手。

视频会议系统(video conferencing)，就是指两个或两个以上不同地方的个人或群体，通过传输线路及多媒体设备，将声音、影像及文件资料互传，达到即时、互动的沟通，以完成会议目的的系统。近十几年来，视频会议业务开始在我国推广使用，国家视频会议骨干网已经建成，并逐渐发展到远程医疗、远程教学、公务管理等领域，在政府部门的应用十分突出。

视频会议系统在政务活动中具有很多优势。第一，节省会议经费、时间。例如，在我国，召开一次全国各个省、自治区、直辖市参加的全国性视频会议，费用为5万元左右。但据粗略估计，相同规模的会议若在宾馆召开，费用将高达100万元。第二，提高开会的效率。由于召开视频会议的费用大致与开会的时间成正比，就促使与会代表节省时间，提高办事效率。第三，适应某些特殊情况。对于我国这样地域辽阔，且许多地方交通不发达的情况，特别是对一些多山区的省份、边疆城市，视频会议的应用将带来极大的方便。在一些紧急场合，如救灾、防汛、战地会议等，可以用视频会议系统及时了解或发布紧急情况和决策，其收效根本无法用金钱来衡量。第四，增加参加会议的人员。在很多场合，参加会议的代表往往因为工作紧张或经费有限，无法参加会议。而使用视频会议，可解决这一矛盾。视频会议可支持多人多点参加形成会议。同时，视频会议系统具有投影、VGA端口以及数据流功能，可随时增加与会者甚至召开全体会议。

(3) 事务处理系统。事务处理是机构办公系统中很重要的组成部分之一。行政机关的事务处理活动，是指机构在机构职能活动之外的、起辅助作用的、必不可少的、例行的、程序性的事务的总体。

公务处理系统中的事务处理功能比较丰富，大多数情况下会涉及会议安排、信访管理、资源管理，以及其他由机构业务性质决定的一些特定的事务处理功能。会议安排主要是与会议相关的流程管理，比如会议的计划起草、修改、审批，会议的通知、答复、安排等；信访管理就是完成上访、信访的信息录入审批、办理和信访答复等工作；资源管理则对内部各种资源(如办公设备、办公用品、器材、车辆等)进行统一的管理、调度。

(4) 日程管理系统。日程管理就是利用计算机完成约会时间、人员、地点、程序的安排和管理，进而实现工作计划、工作业务的自动编排。日程管理系统可以帮助办公人员对事件进行宏观控制和协调，优化时间管理。日程管理包括电子日程表、任务安排等方面。

(5) 流程监控系统。流程监控实际上是对工作过程(即公务处理过程)的监督和控制。流程监控系统能够为办公活动带来极大的便利，帮助办公人员对时间等资源进行宏观调控和协调实现优化管理，从而达到提高办公效率的目的。

通过流程监控系统，在各种工作流程的执行过程中，可随时监督控制流程的进展以及流程主要节点上的人员工作情况；可直接掌控流程中工作的进展情况、任务完成情况；及时了解工作中的各种困难和问题；可根据预设的标准和条件找出工作中的偏差，提示或督导有关方面执行相应对策。

流程监控有两类：一是在办事务的监控，可通过设置总体工作项、在办工作项、逾时的在办工作项、待办工作项及被催办的工作项的方式完成监控任务，也可通过列出某一工作项所有已进行的活动方式实施监控。二是结案事务的监控，可根据参与者、任务或角色等分别查询结案事务的所有工作项及逾时工作项；以参与者或任务查询时可以列出特定工作项，也能列出某一工作项所有进行的活动过程。

(6) 档案管理系统。档案管理就是将各种信息按照一定的规则进行归档保存起来，以方便今后的查阅和利用。电子政务系统产生的电子文件是文件的一种形式，但它在记录技术、保管条件、管理手段等方面是对传统纸质档案管理的一场革命。电子政务环境下的档案管理是采用电子政务技术，实现了档案数字化、自动归档组卷、辅助查询，从而提高政府档案管理水平。

档案管理系统主要包括鉴定、归档、检索、保管4个功能模块。在具体系统中，不同功能类型的档案有不同的特点。其中，档案利用的安全性问题在网络建设日趋普及的情况下，显得尤其重要，比如应该有严格的访问授权控制，必要时根据档案的密级对文档进行加密处理等。

(7) 信息服务系统。信息服务是政府机构内部公务处理系统的核心功能之一。这里的信息服务主要是指为满足政府机关内部公务处理过程中的情报信息需求而提供的服务。信息服务又可以进一步细分为电子公告、电子讨论、大事记和信息查询等内容。

电子公告相当于日常办公中的公告板，是发布各种信息(如公告、通知或启示等公用办公信息)的场所。电子公告的主要功能包括文档的发布，以及通知的起草、发布、删除等。

电子讨论也就是在线论坛，包括论坛模块管理、论坛版主管理、论坛浏览、新文章、论坛排行、论坛的权限管理等功能。电子论坛可作为信息交流、娱乐的场所。

大事记具有大事记信息的录入、整理、汇总和查询功能，是机构重大事件汇总、整理、发布和查询的重要场所。

信息查询是信息服务过程中的关键环节。信息查询提供针对机构各类信息的检索服务。随着互联网的普及，机构的信息查询应该提供基于Web的查询服务，因此信息查询中的信息安全问题就显得尤其突出和重要。

(8) 信息资源管理系统。信息资源管理主要针对政府内部文件记录爆炸式增长，以及由此带来的记录利用的低效率和政府决策的低效率等问题。政府信息资源是指一切产生于政府内部或虽然产生于政府外部但对政府活动有直接影响的信息资源的总称。政府聚集了全社会80%以上的信息资源，且质量和可信度较高。信息资源管理则是分配和监控系统资源的使用状态，有效地对信息资源进行管理，提高利用率，降低资源消耗，节约内部办公成本。信息资源管理系统建设是从满足政府部门对资源管理的实际需要出发，以顺应政府管理规律的管理流程为依据，实现资源网络化管理的全过程。

(9) 知识管理系统。政府知识管理系统是一种融管理方法、知识处理、智能处理乃至决策和组织战略发展规划于一身的综合系统，包括六个方面：知识管理的基础措施(支持部分)、政府部门业务流程的优化、知识管理的方法(内容管理等)、知识的获取和检索、知识的传递、知识的共享和评测。知识管理系统的基本管理职能有外化、内化、中介和传播。政府知识管理系统的组织工作包括以下几项：清晰界定政府各部门的管理职能和运作程序，并向全社会明示；建立政府内部网络，并使其成为全社会的一种信息源；组织内部知识的编码化；与企事业单位、大专院校、科研单位、军队等建立信息交流和共享机制，及时公开政府信息；在组织内部设立知识主管或学习主管。

(六) 政务内网的实践与反思

我国政府是典型的"区域管理与行业管理并存"的职能制矩阵结构，并且在具体实施中多以纵向的管理模式为主。所以，多年以来，我国政府部门间的信息传递仅仅局限于纵向职能部门间进行，而横向部门之间的互联互通建设起步较晚，信息交换困难重重，导致信息的多口径重复采集，进而造成信息内容重复冗余，相互之间缺乏对应和转换关系，业务数据在各个信息系统中相对孤立分布的局面。这不仅带来较高的行政成本，还严重影响了信息的实时性、一致性和准确性，给部门之间的协同工作和上级部门的正确决策带来困扰。

我国政务内网发展模式存在一定的问题，而且受到安全因素、体制因素、管理因素等制约，一些问题长期得不到有效解决，严重制约了政务内网在数据流通共享、联合开发利用等方面的改革进程，特别是公共数据长期被锁定在若干职能部门的"数据囚笼"中，应有价值未得到有效发挥，政务业务和公共服务效能无法体现出来，电子政务水平也长期处在较低水平。

二、政务外网

电子服务是利用信息技术和政府网络工作平台，向社会、公众和其他组织提供高效、便捷和公平、公正服务的统称。发展电子政务本就包括电子服务部分，但是，因为各国电子政务发展差异较大，政府管理模式需要转型，所以严重影响了电子服务的开展和深入推进，更引起社会公众对政府电子政务的质疑。政务外网是开展电子公共服务的基础，包含了技术、管理和服务文化等多重含义，建设好政务外网，既是电子政务向更深层次迈进的表现，也是政府实现电子化办公和转型的关键。当然，政务外网还蕴含着其他商业机会和政治机会，需要全面掌控政务外网。

(一) 政务外网的定义

国家政务外网是按照"中办发〔2002〕17号文件"和"〔2006〕18号文件"规定建设的中国电子政务重要基础设施。政务外网是政府的业务专网，主要承载政务部门不需要在内网上运行的业务和政务部门面向社会的专业性服务，与政务内网物理隔离，与互联网逻辑隔离，为政务部门的业务系统提供网络、信息、安全等支撑服务，为社会公众提供政务信息服务。

国家政务外网由中央政务外网和地方政务外网组成，主要服务于各级党委、人大、政府、政协、法院和检察院等部门，为各部门的业务应用提供网络承载服务，支持业务网络的互联互通，支持跨地区、跨部门的业务应用、信息共享和业务协同，满足各级政务部门社会管理、公共服务等方面的需要。政务外网连接31个省份和新疆生产建设兵团，截至2019年底，31个省(区、市)和新疆生产建设兵团实现市、县级全覆盖；28个省(区、市)实现下级乡镇的纵向覆盖，乡镇(街道)接入政务外网总数新增至29 640个，覆盖率达到74.3%；政务外网接入中央部门和相关单位共计162家，接入全国政务部门共计约25.2万家。政务外网已成为我国覆盖面最广、连接政务部门最多、承载业务类型最丰富的政务公用网络平台。

国家政务外网总体目标是依托统一的国家公用通信传输网络，整合建设政务外网，通过覆盖全国各级政务部门的网络平台和服务体系，支持电子政务业务系统的运行，支持跨部门、跨地区的信息资源共享，支持电子政务业务系统的互联互通和信息交换，促进政府监管能力和服务水平的提高。

(二) 政务外网的特性

政务外网实质是为政府部门以外的主体提供电子服务。这种电子政务服务与传统公共服务的不同主要表现在载体和运输方式上的变化，由依附于实体、纸张的实物性及面对面或电话的服务方式，转变为数字化和通过计算机网络传输的服务方式，这种服务方式上的转变，决定了电子政务既具有公共服务特性，还具有电子服务特性。

1. 政务外网的公共服务特性

(1) 政治性。公共管理理论认为，公共服务在本质上是政府的职能之一，是政治意志表达的一种途径。因此，政治性是电子政务服务的基本特征之一，它的应用可以提高政府的行政效率与服务水平，可以获得公众、企业用户的支持与拥护，有利于巩固政府的政治基础。

(2) 权威性。电子政务服务是政府依法行使国家行政职权的途径之一。政府部门代表国家意志行使法定职权，履行相关义务，权威性是电子政务的另一基本特性。

(3) 公平性。电子政务服务是大众化的服务，一般以一个地区为单位，向公众、企业提供普遍性的服务，不像电子商务可以进行选择，为特定用户定制服务。也就是说，电子政务服务对所有用户都是公平的。

(4) 广泛性。电子政务服务的内容覆盖了政府的主要职能，涉及税务、教育、人事、就业、公安、工商、体育、培训、社会保障、法律援助等广泛的服务领域。

(5) 经济性。电子政务服务的经济性包括两个方面：一方面政府提供公共服务的成本较传统模式少，在服务成本上具有经济性；另一方面用户获取公共服务的成本也较传统模式少。

(6) 非营利性。电子政务服务的非营利性是区别于电子商务的根本特征，也是公共服务的基本特征。公共服务是一种低价位的服务，以保证人们能够持续性地消费。它不能以营利为主要目的，更多的是提供一种社会化的公益服务。

(7) 安全性。电子政府服务的安全性包括两个含义：一是内容的安全性，即所提供的服务是权威的、准确的，未被篡改过的；二是过程的安全性，即要保证服务过程的稳定性及参与人的隐私安全等。

2. 政务外网的电子服务特性

从电子角度看电子政务服务的特性，电子政务具有随时性、全球性、数字化、网络外部性、交互性、多媒体整合性、异步性、可存储性、同质性。

(三) 政务外网的主要职能

政务外网是架构在基础传输网络之上的IP网络，能够支持数据、语音、视频应用的多业务网络。国家政务外网的建设，可以用4个"统一"来概括，即充分利用现有资源，整合构建统一的网络平台、统一的应用支撑平台、统一的安全保障体系和统一的服务体系。

1. 统一的网络平台

政务外网的网络平台主要是利用基础传输网络资源，构建互联互通的网络共享环境，实现跨部门、跨地区的政务信息共享和业务协同。这些网络平台主要包括以下几种。

(1) 政务外网广域骨干网，构建政务外网广域骨干网，实现中央与32个省级单位的互联。

(2) 中央城域网，组建中央城域网，实现中央政府各部门的互联，支持相关政府部门的专网接入。

(3) 省市政务外网，按照统一标准规范，由各地根据需要逐步推进。

国家政务外网可为有特殊需要的用户或业务提供专用的虚拟专网服务。各政务部门可以根据需要构建本部门纵向虚拟专网或者横向虚拟专网，不同政务部门也可以根据不同业务的需要构建相关业务的虚拟专网。国家政务外网能为出差用户或暂时未接入政务外网的用户，提供通过互联网安全接入政务外网或本部门业务专网的服务。国家政务外网提供基础网络服务，如IP地址注册与分配、域名注册与分配、域名解析、安全电子邮件等服务。

2. 统一的应用支撑平台

国家政务外网建设政务外网数据中心，为政务信息资源的登记、备案和跨部门跨地区的交换提供服务，为有需求的部门和地区提供数据备份和托管服务；逐步建设统一的政务外网信息资源目录体系，建立数据交换与共享机制，实现国家政务信息资源和国家基础信息资源的目录服务，包括政务外网自身的目录、国家政府部门黄页、Web服务的目录等；建立和完善政务信息分类标准、登记制度和交换制度，逐步建立完善的信息采集、登记、处理、交换、利用和发布平台；建设以政务工作人员为主要服务对象、以内容管理为基础的政务外网网站。

3. 统一的安全保障体系

政务外网的安全保障体系包括如下三个方面的内容：一是网络安全防护体系，包括网络防护与隔离系统、数据认证与加密传输系统(第三层VPN)、防病毒系统等；二是网络信任体系，包括PKI/CA系统、权限管理系统和认证授权审计系统；三是安全管理体系，包括建设中央和省两级安全管理中心(SOC)以及制定符合政务外网自身特点和要求的技术规范。

4. 统一的服务体系

统一的政务外网服务体系，能够保障外网稳定可靠地运行，提供优质服务。政务外网的服务体系包括以下4个方面的内容。

(1) 网络管理，负责各级外网的管理，包括网络信息服务和网络运行服务，分别由网络信息服务中心(NIC)和网络运行管理中心(NOC)承担相关的服务工作。

(2) 信息交换，提供政务信息资源和国家基础信息资源的注册登记、信息发布、交换和共享服务，为有需求的部门和地方提供数据备份和主机托管服务，制定相应的应急恢复策略和方案。

(3) 安全管理，组织制定、实施政务外网安全标准，建立健全安全管理制度，提供病毒防护、安全认证、安全评估、安全监控和应急响应等服务。

(4) 客户服务，通过整合资源，组建队伍和建设呼叫中心、政务外网网站等，方便快捷地响应各部门和各地方业务应用的需求，处理客户投诉，为客户提供优质服务。

(四) 政务外网运行环境

政务外网在网络拓扑结构上与政务内网基本类似，但政务外网需要承载更多的业务信息，所以涉及的问题更为复杂。为保证各系统的安全，必须为各系统的网络联网提供安全隔离及网络服务质量保证，因此普遍使用虚拟专用网技术在IP网上来满足政务外网的这些要求。

虚拟专用网技术有以下两种：

1. VPN

VPN(virtual private network，虚拟私有网)指的是依靠ISP(internet service provider，互联网服务提供商)和NSP(network server provider，网络服务提供商)在公用网络中建立专用的数据通信网络技术。虚拟专用网不是真正的专用网，但却可以实现专用网络的功能。在虚拟专用网中，任意两个节点之间的连接并没有传统网络所需的端到端的物理链路，而是使用公众数据网络的长途数据线路。

目前，主要有IPsec VPN和SSL VPN两种VPN技术。IPsec(internet protocol security，IP安全)VPN，具有较高的安全性，比较适合拥有较多的分支机构、通过VPN隧道进行站点之间连接、交换大容量数据的中小企业。企业对数据比较敏感，要求安全级别较高，不能随便通过一台电脑就访问企业内部信息。而SSL(Secure Sockets Layer，安全套接层)VPN，适合那些需要很强灵活性的企业，员工需要在不同地点都可以通过各种移动终端或设备访问公司内部资源。

2. MPLS-VPN

MPLS(multi-protocol label switching，多协议标签交换)是在网络路由和交换设备上应用MPLS技术，简化核心路由器的路由选择方式，结合传统路由技术的标记交换实现的IP虚拟专用网络，可用来构造宽带的Intranet、Extranet，满足多种灵活的企业需求。

第三节 电子政务运行环境

一、经济与社会环境

(一) 经济环境

当前，全球经济一体化已经成为现实，当今世界各个角落都紧密地联系到一起，各个国家在生产、交换、分配、消费等环节相互渗透、相互依存。不同社会制度、不同发展水平的国家逐步被纳入统一的全球经济体系。在这种经济一体化潮流的影响下，社会生产过程在深度和广度上越来越全球化。这主要表现为国际分工从传统的以自然资源为基础的分工逐步发展为以现代工艺、技术为基础的分工；从沿着产品界限进行的分工发展到沿着生产要素界限进行的分工；从产业部门间的分工发展到各个产业部门内部的分工和产品专业化为基础的分工；从生产领域分工向服务部门分工转变。

经济的全球化和一体化，使国际经济合作成为国与国之间交流合作的主要方式，各种政策壁垒逐渐消除，全球经济正向区域一体化发展，经济联盟之间的贸易限制和经济合作限制越来越少。但是，各国政府在国际经济合作中的作用没有因此减弱，反而起着更加重要的作用。电子政务利用信息网络技术和其他相关技术构造政府结构和运行方式，通过信息网络技术的应用，整合信息资源，打破政府部门之间、政府与社会之间和政府与各国之间的界限，使得公众可以方便快捷地获取政府的信息和服务，了解国外政府的情况，紧密加强各国之间的联系。一方面，电子政务本身的发展会为政府部门带来成本节约，为各部门节省运行维护费用，同时节省了各部门的人力资源，有效遏制了"信息孤岛"和"业务割据"带来的管理风险，为"一体化政府"和"一站式服务"目标创造了条件；另一方面，电子政务的建设大大提高了工作效率，方便了企业，也改善了政府部门的形象，降低了企业的运行成本，深受国内各类型企业的欢迎和推崇，为促进企业更好更快发展发挥了举足轻重的作用。

根据《2020联合国电子政务调查报告》显示，与2018年相比，2020年中国的电子政务发展指数从第65名提升到第45名，电子参与指数从第29名提升到第9名，两项均为历史最好成绩。这意味着中国的电子政务整体水平步入世界先进行列。一直以来，我国电子政务投入很大，这与国家经济实力直接关联。党的二十大报告指出，我国经济实力实现历史性跃升。《2021年国民经济和社会发展统计公报》显示，2021年，我国国民经济持续恢复，向构建新发展格局迈出新步伐，高质量发展取得新成效，发展水平再上新台阶。从经济总量看，2021年，我国国内生产总值GDP达到114.4万亿元，按年平均汇率折算达到17.7万亿美元。近年来，我国数字经济蓬勃发展，产业规模持续快速增长，已数年稳居世界第二。统计测算数据显示，从2012年至2021年，我国数字经济规模从11万亿元增长到45万亿元，数字经济占国内生产总值比重由21.6%提升至39.8%。面临复杂严峻的经济环境，我国数字经济长期向好的基本面没有变，构建新发展格局的有利条件没有变，新的经济增长点将不断涌现，整体经济环境持续向好，为电子政务发展提供良好的经济环境。

(二) 社会环境

社会环境的内涵有广义和狭义之分。广义的社会环境，就是我们所处的社会政治环境、经济环境、法治环境、科技环境、文化环境等宏观因素的综合。狭义的社会环境仅指人类生活的直接环境，如家庭、劳动组织、学习条件和其他集体性社团等。社会环境对电子政务的形成和发展进化起着重要作用，同时电子政务给予社会环境以深刻的影响，在适应改造社会环境的过程中也在不断变化。社会环境的构成因素是众多而复杂的，但就对电子政务的影响来说，主要包含4个因素。

(1) 政治因素，包括政治制度及政治状况，如政局稳定情况、公民参政状况、法制建设情况、政策的优化情况、决策透明度等。

(2) 经济因素，关系到经济制度和经济状况，如实行市场经济的程度、通信手段进步、经济发展速度、物质丰富程度、人民生活状况等。

(3) 文化因素，是指教育、科技、价值观念、风俗习惯等。

(4) 公众因素，包括公众的参与意愿、参与程度、社会诉求等。

如果上述因素呈现良好的适宜和稳定状态，就会对电子政务的发展、运行起着促进、推动的作用；否则，就会产生消极的影响。

政策环境的不断完善助推电子政务。党中央高度重视信息化建设与电子政务发展。党的十八大以来，以习近平同志为核心的党中央高度重视网络安全和信息化工作，指出要以信息化推进国家治理体系和治理能力现代化，统筹发展电子政务。2019年10月，党的十九届四中全会强调，坚持和完善中国特色社会主义制度、推进国家治理体系和治理能力现代化，是全党的一项重大战略任务。近年来，电子政务主管部门以习近平总书记关于网络强国的重要思想为指导，深刻把握电子政务发展趋势，积极落实国家电子政务顶层设计，不断完善电子政务管理机制，努力提升我国电子政务发展水平。中央有关部门联合出台了一系列政策措施，建机制、出政策、搭平台、抓试点，坚持统一谋划、统一部署、统一推进、统一实施，为国家电子政务发展营造了健康协调、势头良好、发展迅速的政策环境。政策环境的不断优化，使得电子政务的运行逐渐高效，网上政务服务供给能力持续改善，政务信息资源开发利用深入推进，企业和群众的获得感显著增强。

公民意识的崛起为电子政务的运行酝酿了良好的社会发展环境。随着社会经济的发展和公民民主意识的增强，公众对政府信息的需求越来越强烈，电子政务的信息服务要满足公众的需求，就必须对传统的政务服务模式进行改变。信息互联技术的发展，网络用户的骤增，促使电子政务信息和服务的提供从"单一无序"向"全面系统"转变；公民意识的提高促使电子政务从"提供信息和服务"向"增强公民监督和参与"转变；新公共管理和公共服务思想的崛起，促使电子政务从"以政府为中心"向"以公民为中心"转变。施行电子政务将使更多的政府信息向社会公众公开，政府在制定政策、做出重大决策的过程中，可以通过网络听取公众意见和建议。公众也可以通过信息网络，了解政府工作进程和工作业绩，监督政府运行，增加政府工作的透明度，促进廉政建设。通过电子政务建立"透明"政府，实现政府管理和服务的四个"透明"，即流程透明、过程透明、状态透明和对象透明，公众与政府将从传统的"迂回沟通"转为"直接沟通"，形成真正的"鱼水关系"。

二、文化与舆情环境

(一) 文化环境

行政文化是行政主体在长期的实践活动中所形成的行政心理、行政观念和行政思想体系等精神性文化相关内容的总和。行政文化作为文化在行政管理领域中的具体表现，包含于整个文化体系之中，是文化系统中的一个子系统。电子政务文化生长于将政府业务从"线下"逐步转移至"线上"的政务改革实践中，其内核是以政府为中心点发起的行政改革，逐渐朝着以用户为中心的方向进行转变。电子政务文化主要表现为以下几种：有服务精神和服务理念的服务型文化、互动参与的民主型文化、权威诚信的诚信型文化、公开监督的透明型文化、快捷高效的效率型文化。以上电子政务文化是行政文化的重要组成部分，电子政务文化的运行，丰富了行政文化的内涵与外延，提升了行政人员的政务服务意识和服务效率，推进了政务服务互联互通。电子政务的运行依赖于电子政务文化的推动和支撑。

党的十八大以来，以习近平同志为核心的党中央高度重视以信息化推进国家治理体系和治理能力现代化，强调要加快推动电子政务，打通信息壁垒，构建全流程一体化在线服务平台，助力建设人民满意的服务型政府。各级政府高度重视电子政务工作，电子政务成为各级政府履行政治经济等职能、发布政务信息、提供社会公共服务的重要抓手，被视为政府与社会交流必不可少的沟通桥梁。政府可以向公众提供更全面、便捷的服务，公众享受政府服务不再受到地域、层次和部门的限制，创新了政务参与及政务服务方式。随着信息技术的普及和教育水平的提升，一方面行政人员转变思想观念，将传统的"管理"思维转变为"服务"思维，将传统的"以政府为中心"的管理理念转变为"以公众为中心"的理念，摒弃以往各个部门的"相互推诿"的不良作风，增强了政务管理或服务人员的综合素质适应性，提升了服务效率。另一方面，公民的参与监督意识增强，社会公众运用电子政务的能力有所提升，这使得公众不再仅仅作为政务服务的接受者，同时作为政务服务的参与者与监督者身份而存在，互动的网络平台使民众参与、监督的渠道畅通，在理念和行为层面为电子政务的发展提供了充分的文化支撑。

政府数据文化形成于政府数据管理与服务活动过程中，尊重事实、推崇理性、强调"以人民为中心"也就自然成为政府数据文化自身所独有的特征。政府数据文化能够孕育产生且发挥持久功效，最主要的是离不开人民的支持，因此，政府数据文化必须体现人民利益，服务于人民美好生活的需求。这就要求行政机关及其工作人员在数据管理与服务活动中，要秉持政府数据"取之于民，用之于民"的理念，将数据治理不断提升到新高度，以更好地"让数据多跑路"服务于人民生活的改善和工作质量的提升。政府数据开放引发的社会创新释放了巨大的"数据红利"，数据资源利用效率提升，政府和社会得以从开放政府数据这一行为中获益，从而促进整个社会财富的增加和人类福祉的增长，助推数字社会日趋成为人类社会发展的新形态，社会创新带来的现实价值正不断驱动着数据开放的深化。

(二) 舆情环境

经过多年的发展，中国已经构建了以国家为中心、自上而下的互联网治理模式和舆情应对的基本框架。推进政务公开、网上参政议政、互动交流，是"互联网+"催生出来的民主新业态，具有较强的政治影响力、文化传播力、社会凝聚力，突破了时间和空间的限制。但随着互联网技术的迅猛发展和信息传播方式的深刻变革，社会公众对政府工作知情、参与和监督意识不断加强，对各级行政机关依法公开政务信息、及时回应公众关切和正确引导舆情提出了更高要求。在保障基本舆论应对体制下，中央还推出了一系列提升舆情应对能力的新规划，改善政府形象，提升公信力。

2013年10月，国务院出台《关于进一步加强政府信息公开回应社会关切提升政府公信力的意见》，对加强新闻发言人制度、拓展和发挥政府网站作用、构建舆情回应机制进行了部署，同时强调主动发声机制、专家解读机制和沟通协调机制，加强组织领导、业务培养及其督查指导工作。

2016年8月，国务院出台《关于在政务公开工作中进一步做好政务舆情回应的通知》，提出"加强政务公开、做好政务舆情回应日益成为政府提升治理能力的内在要求"，进一步强调了加强政务公开、做好政务舆情回应、提升政府治理能力的重要性。

2018年12月，国务院出台《关于推进政务新媒体健康有序发展的意见》，提出把"政务新媒体"作为政务舆情回应的"平台"，提高响应速度。中央和地方有关部门相继出台配套政策，要求强化考核督查机制，将政务舆情回应情况作为政务公开的重要内容纳入考核体系，以此进一步提升政务舆情回应力度与公共治理能力。舆情监测、舆情应对已经成为地方政府的重要工作内容，也为电子政务运行和发展提供充分的舆论环境。

三、技术与安全环境

(一) 技术环境

云计算深刻改变了电子政务建设运营的技术环境，以超高速的计算功能和运行成本相对较低受到业界的一致好评，并日渐进入公众的日常生活之中，以其虚拟化、可扩展、可靠性等优势，在推动电子政务基础设施共建共享和共用、提高资源利用率、减少重复建设等方面，发挥着越来越重要的作用。人们越来越关注云计算的服务和使用，特别是云服务模式在电子政务系统的运用，对于加强电子政务建设、强化政府的服务职能起到了重要的作用。电子政务云平台的出现，更有助于电子政务从粗放式、离散化的建设模式向集约化、整体化的可持续发展模式转变，使政府管理服务从各自为政、相互封闭的运作方式，向跨部门、跨区域的协同互动和资源共享转变。与传统软件开发模式相比较而言，云服务模式可以使用户以更经济的成本和较低的风险享受软件服务。在云服务模式下，软件服务在企事业之间得到快速推广，并且从某种程度上使社会资源浪费得以避免。

2016年10月，工业和信息化部出台了我国第一份关于区块链技术应用的官方文件《中国区块链技术与应用发展白皮书(2016)》，总结了区块链的发展现状和趋势，分析其核心关键技术及在金融、供应链管理、文化产业、智能制造、社会公益、教育就业等领域的典型应用场景，将区块链定位为提升社会治理水平的有效技术手段。区块链技术的不可篡改、去中心化、信息脱敏、全程历史记录等特点，正符合电子政务中信息公开、政府职能扁平化、社会信任建设等需求，为电子政务发展注入新活力。

根据最新发布的移动互联网蓝皮书《中国移动互联网发展报告(2022)》，移动网络基础建设蓬勃发展。数据显示，截至2022年4月，我国已建成5G基站161.5万个，成为全球首个基于独立组网模式规模建设5G网络的国家；5G终端用户超过5亿户，占全球80%以上。截至2021年底，我国移动电话用户总数16.43亿户，全年净增4875万户，5G移动电话用户达到3.55亿户。移动电话用户和蜂窝物联网用户规模持续扩大。截至2021年12月底，中国手机网民规模达10.29亿人，全年增加了4373万人。这也正说明了我国移动互联网已经进入全民时代。随着移动互联网的发展和移动智能终端的普及，移动政务大发展的时机已经成熟，已掀起新一轮电子政务和新兴信息服务业发展的浪潮。目前，越来越多的地方政府开始接受和实践电子政务服务的创新模式，在加快信息资源共享、推动信息公开、增强政民互动和提高政府办事效率等方面发挥了重要作用。

21世纪初，中国的电子政务建设取得了长足发展，从电子政务1.0进入电子政务2.0时代，这对整合提升政府公共服务和管理能力有很大的促进作用。随着Web2.0技术和理念的逐步推广，我国政府将其应用于电子政务领域，不仅提高了办公效率，还促进了公众的参与。电子政务2.0是指将Web2.0的理念和技术落实到政府机关的业务流程以及所提供的服务中。电子政务2.0的特征表现为以下几点：具有全民参与式的体系架构；公众易于获取的、集成的、高效的政府服务；具有多元化的信息沟通渠道以及开放与透明的政府公共信息。与增长缓慢的在线公共服务使用率相对照，以用户作为生产者(内容生产者、体验生产者、商品生产者、评价/反馈生产者等)为核心思想的Web2.0以较少的投资获得了较大的成功。在Web3.0的发展趋势背景下，网站内的信息可以直接和其他网站相关信息进行交互，能通过第三方信息平台同时对多家网站的信息进行整合使用；用户在互联网上拥有自己的数据，并能在不同网站上使用完全基于Web，用浏览器即可实现复杂系统程序才能实现的系统功能；用户数据审计后，同步于网络数据。Web2.0和Web3.0的思想和技术为政府现代公共服务提供方式的转变提供了驱动和激励。

(二) 安全环境

党的二十大报告指出，国家安全是民族复兴的根基，必须坚定不移贯彻总体国家安全观，加快建设网络强国，进一步表明了实现电子政务安全的重要性和必要性。电子政务安全离不开科学、完善的电子政务安全制度环境体系的支持。电子政务安全要在电子政务系统建设和运行过程中，在充分估计各种安全风险的基础上，最大限度地保护硬件、软件、信息和网络的安全，其核心是保护电子政务的信息安全，以确保政府在网上能够有效行使行政监管和行政服务职能。加强电子政务安全体系建设是实现电子政务安全的有效措施。建设电子政务安全体系首先需要对电子政务安全的概念、内容、目标等有一个全面的把握，然后逐步建立起电子政务安全技术体系、电子政务安全制度环境体系等，最终实现电子政务安全。

电子政务安全技术体系建设是维护电子政务安全的技术支撑，能够检测、防范和恢复攻击和攻击影响，切实保障系统数据的安全和系统的可用性。强大可靠的电子政务安全技术体系离不开对自主核心技术的开发和应用以及常规安全核心技术的普遍应用。云计算、区块链技术的运用为电子政务安全建设提供关键技术保障。下一代防火墙、入侵检测、病毒防治、防Web攻击、防信息篡改、VPN、安全审计及安全认证等专业技术的运用，构建起电子政务整体安全防护架构，有效保障了电子政务的安全、可靠运行。

电子政务安全离不开科学、完善的电子政务安全制度环境体系的支持,电子政务安全制度环境建设包括电子政务安全法规建设、电子政务安全标准建设、电子政务安全设施建设等。

从2003年《国家信息化领导小组关于加强信息安全保障工作的意见》发布开始,我国对电子政务的网络安全工作提出了明确要求。2014年,中央网络安全和信息化领导小组成立,使网络安全工作的重视程度日益提高。2016年11月,《中华人民共和国网络安全法》正式颁布,将网络空间主权提升到国家安全高度,并明确了各方职责权利,明确国家在网络安全管理工作中的主导地位。同时,中共中央办公厅、国务院办公厅联合印发的《国家信息化发展战略纲要》和中央网信办发布的《国家网络空间安全战略》两个文件,从国家战略的层面对网络安全基础性工作进行了部署,是国家对网络空间安全领域的最全面的顶层设计,对后期网络安全工作的推进发挥了巨大作用。2017年1月,中央网信办印发了《国家网络安全事件应急预案》。2021年4月27日,国务院第133次常务会议通过《关键信息基础设施安全保护条例》等,规范保护网络信息安全。2022年1月12日,国务院发布《"十四五"数字经济发展规划》(国发〔2021〕29号),在数字经济安全体系方面,提出了三个方向的要求:一是增强网络安全防护能力;二是提升数据安全保障水平;三是切实有效防范各类风险,并系统阐述了网络安全对于数字经济的独特作用及重要性。法律规范的完善在一定程度上为电子政务发展起到保障作用。

本章小结

电子政务的运行过程包含运行主体、运行平台及运行环境三个内容。全面认识电子政务运行过程,目的是更好地推进电子政务的应用,不断增加对电子政务运行的了解和认知。总体而言,我国电子政务的参与主体日趋丰富,有政府公务员、政府雇员、各类企业、公众以及社会组织;我国电子政务运行平台建设更加完善,政务内网、政务外网更加规范化、标准化、集约化;我国电子政务的发展环境更加优化,国际国内经济环境持续向好,社会环境更加融合,文化环境更加丰富,网络舆情环境兴起,云计算、物联网、区块链等技术环境日益完善,安全环境支撑效果更加显著。电子政务的平稳运行应持续完善顶层设计,为各主体提供更大的参与空间,规范健全电子政务运行平台,优化电子政务发展环境,提升电子政务总体水平。

电子政务的行为主体

政府电子政务规划与项目管理

电子政务运行环境

关键名词

运行　运行主体　运行平台　政务内网　政务外网　运行环境

思考题

1. 电子政务的直接主体和间接主体分别包含哪些？
2. 简述政务内网和政务外网的联系与区别。
3. 你认为影响电子政务运行最重要的因素是什么？并说明理由。
4. 我国电子政务运行存在哪些问题？
5. 如何更有效地推进电子政务运行？

第三章
电子政务技术体系与安全管理

引例：360再次实锤美国网络攻击，已捕获境外攻击组织50个

2022年9月5日，国家计算机病毒应急处理中心和360公司分别发布了关于西北工业大学遭受美国国家安全局(national security agency, NSA)网络攻击的调查报告，显示美国国家安全局下属的特定入侵行动办公室(office of tailored access operation, TAO)针对中国的网络目标实施了上万次的恶意网络攻击。

据报道，西北工业大学2022年6月发布声明称，有境外黑客组织和不法分子向学校师生发送包含木马程序的钓鱼邮件，企图窃取相关师生邮件数据和公民个人信息。对此，中国国家计算机病毒应急处理中心和360公司第一时间组成联合技术团队，进行全面技术分析，侦破还原了数年间美国NSA利用网络武器发起的一系列攻击行为，打破了一直以来美国对我国的"单向透明"优势。

据了解，"特定入侵行动办公室"成立于1998年，是美国网络攻击窃密活动的战术实施单位，由2000多名军人和文职人员组成，下设10个单位。

360调查报告显示，近年来，TAO对中国国内网络目标实施了上万次恶意网络攻击，控制了数以万计的网络设备，窃取了超过140GB高价值数据。技术分析中还发现，TAO于此次攻击活动开始前，已掌握中国大量通信网络设备的管理权限，为NSA持续侵入中国重要信息网络大开方便之门。

2022年3月，360公司已经揭露了NSA针对我国各行业龙头公司长达10余年的渗透和攻击。多年来，NSA针对我国各行业龙头企业、政府、大学、医疗机构、科研机构甚至关乎国计民生的重要信息基础设施运维单位开展了长期秘密黑客攻击活动。

此次遭到攻击的西北工业大学是我国航空航天航海工程、教育和科学研究领域的重点大学，承担大量国家级重点科研项目科研，地位十分特殊。

资料来源：360再次实锤美国网络攻击，已捕获境外攻击组织50个[EB/OL].(2022-09-05)[2023-05-01]. https://cn.chinadaily.com.cn/a/202209/05/WS6315fbd6a3101c3ee7ae7531.html.

📷 经验启示

我国合法数据遭到美国国家行为的攻击，这不但侵犯了我国组织机构的合法权益，更是美国利用先进技术手段非法获取他国利益，满足自身卑劣的利益诉求的实证。这是继斯诺登、阿桑奇等人揭露美国网络信息攻击之后，揭示和证明美国网络信息攻击的又一铁证。我国电子政务建设越开放、透明，越可能遭受来自外部的攻击和破坏。我国必须高度重视电子政务安全建设，全面加强我国电子政务技术体系建设，要做到核心技术自主安全可控，构建起全面的电子政务安全体系，确保国家利益、公众利益和发展权益。

💻 本章知识结构

电子政务安全首先要了解电子政务中使用到的技术，包括通用技术和创新技术。在对这些技术有了一定的掌握后，才能从技术层面保障电子政务的安全，当然电子政务工程安全是一个系统工程，它不仅包含安全信息技术体系，还涉及信息安全相关的法律法规标准体系和安全管理组织体系，任何单方面的安全措施都不可能提供真正的全方位的安全。第三章知识结构如图3.1所示。

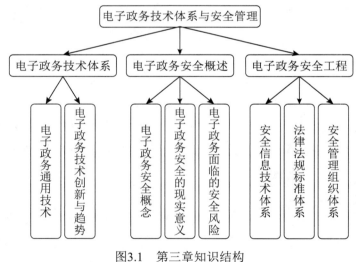

图3.1　第三章知识结构

第一节　电子政务技术体系

一、电子政务通用技术

电子政务的发展经历了从单机到联网、从分散到集成、从办公自动化到政务信息化的三个发展阶段。目前，很多省市的政府部门基本建成了覆盖市—区—乡镇及至社区的计算机三级宽带网络平台，实现了一定程度和范围内的互联互通，建立了数据中心，建立和完善了政务内网和政务外网两大基础网络，构建了信息安全、系统管理和业务应用三大支撑体系，建立了业务管理、办公管理、政务协作、公众服务四类应用平台。我国的电子政务建设与应用已经开始从起步阶段迈入整合阶段，一是行业垂直系统的整合；二是地方政府的横向整合；三是垂直系统与属地部门系统的整合。通过整合，实现了各层级政府之间畅通、政府各部门之间无缝衔接、条块之间有机结合。

在电子政务建设的初期，政府部门采用计算机技术对政务信息进行信息化管理，通过网络技术实现从分散管理到集中管理，运用数据库技术对相关的数据进行存储、管理，并利用地理信息系统为电子政务赋予了地理空间定位信息。为了便于对电子政务信息化建设的了解，以下对计算机系统、网络技术、数据库技术、地理信息系统、数据加密技术和数据鉴别技术分别进行介绍。

(一) 计算机系统

信息化的基础就是计算机系统。计算机(computer)按照性能指标可以分为巨型机、大型机、小型机和微型机。其中微型机就是人们日常工作、学习、生活使用的个人计算机。计算机由硬件系统和软件系统组成，硬件系统由运算器、控制器、存储器、输入设备、输出设备组成；软件系统可分为系统软件和应用软件两大类。以下是计算机系统的主要构建要素。

1. 操作系统

操作系统(operation system)作为应用程序和硬件之间的接口，是电子政务平台最为基础、核心的部分。从广义上讲，操作系统是使计算机和电子政务系统具有可操作性的软件系统。操作系统具有以下几种功能。

(1) 管理文件，确保用户能够创建、删除和读写文件。

(2) 控制系统资源访问，提供数据传输、共享硬盘、打印机、扫描仪、传真机等。

(3) 提供网络功能，提供对数据和程序进行访问的安全机制。

(4) 对进程进行管理，周期性地挂起(挂起，是计算机专业术语，通常针对操作系统中的进程，挂起进程是指操作系统将某个进程暂停执行)一个进程，然后启动另一个进程。

(5) 管理系统内存，具有将有限内存合理分配的功能。

(6) 提供图形界面，通过感性的图形界面，将底层的硬件屏蔽起来，用户界面是操作系统的一个重要功能。

电子政务操作系统应当具备安全性、可靠性、互操作性。其中，安全性包括很多内容，但保障数据不被损毁和防止入侵者是比较重要的两个内容，操作系统通常会建立授权访问机制和保护机制；可靠性包括故障后的恢复、容错能力、更新能力、驱动程序安装等；互操作性是指不同操作系统和应用程序一起工作并共享信息的能力；互操作性的核心问题是标准问题，为实现电子政务的互动和共享，非常有必要由权威机构推荐、制定标准并推行其应用。

2. 服务器

服务器是电子政务的核心硬件设施,从政府网站到内部公文运转,从文件传输到政务信息数据库都要用到服务器。服务器可以分为Web服务器、应用服务器和数据库服务器等。Web服务器是根据客户端浏览器的服务请求向其发送相关信息的设施;应用服务器包括FTP服务器(file transfer protocol server)、文件服务器、邮件服务器等;数据库服务器可以建立数据服务机制,为用户提供有效、完整、安全的数据服务。

3. 客户端

客户端是指联机在某个服务器上的终端机。这个终端机可以执行信息的输入输出工作,也可以通过专线远程连接上级或下级机构的终端设备或工作站。在对客户端进行选择的时候,要从硬件和软件两方面来考虑。

硬件方面,先要考虑操作系统对硬件的需求,其次有必要考虑该客户端在政府机构中的工作任务和功能。软件方面,要考虑客户端上使用的操作系统和应用软件与服务器的匹配问题,这样客户端设备的可用性、可靠性和使用效率才能保障。

(二) 网络技术

网络技术是20世纪90年代中期发展起来的新技术,它把互联网上分散的资源融为有机整体,实现资源的全面共享和有机协作,使人们能够透明地使用资源的整体能力并按需获取信息。在组网的过程中,网络拓扑结构会影响网络安全。网络拓扑是网络的形状,或者是网络在物理上的连通性。网络拓扑结构是指用传输媒体互连各种设备的物理布局,即用什么方式把网络中的计算机等设备连接起来。拓扑图给出网络服务器、工作站的网络配置和相互间的连接。从网络的拓扑结构划分,网络主要分为星形网、环形网、总线网、不规则网等。

1. 星形网

如图3.2所示,在星形网中,各个节点通过点对点的方式与中央节点连接。星形结构便于集中控制,因为各节点之间的通信必须经过中央节点,中央节点执行集中式通信控制策略,所以中央节点工作非常复杂,通信处理负荷也非常重。

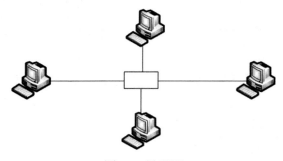

图3.2 星形网

2. 环形网

如图3.3所示，在环形网中，各个节点通过环路接口连接成一条首尾相连的闭合环形通信线路。环形结构在局域网LAN(local area network)中使用较多。连接至环路的任何节点都可以发送信息，一个节点发出的信息必须穿越所有的环路接口，信息流中目的地址与线路中某节点地址一致时，则该节点接收信息，信息会继续向下一个环路接口传送，直到该信息流回到最开始的发送环路接口节点为止。

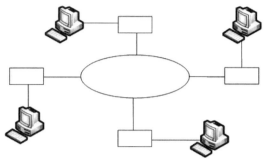

图3.3　环形网

3. 总线网

如图3.4所示，在总线网中，所有节点通过相应的硬件接口连接成一条公共总线，每个节点上的网络接口板硬件都具有接收信息和发送信息的功能，该节点发送的信息可以被总线上的所有节点接收。在点到点链路配置中，半双工(半双工，是通信专业术语，指数据可以沿两个方向传送，但同一时刻一个信道只允许单方向传送)方式下采用简单的机制，便可保证两个节点轮流工作。在点到多点配置中，对线路的访问要依靠控制端的探询来确定。但在局域网环境中，所有数据站都是平等的，不能采用点到多点的方式，而采用带有碰撞检测的载波侦听多路访问(carrier sense multiple access with collision detection，CSMA/CD)。

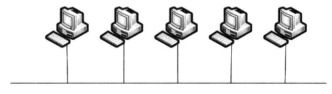

图3.4　总线网

4. 不规则网

在不规则网中，各个节点通过传输线路互相连接起来，并且每一个节点都至少与其他两个节点相连接，各个节点之间路径比较多，局部故障不会影响整个网络。节点间有多种通信信道，信息传输可选择最佳路径。

(三) 数据库技术

1. 数据库的基本概念

数据库(data base)是按照数据结构来组织、存储和管理数据的仓库。随着信息技术和市场经济的发展，特别是20世纪90年代以后，数据管理不再仅仅是存储和管理数据，而转变成用户所需要的各种数据管理的方式。数据库有很多种类型，从各种数据表格的最简单存储到能够进行海量数据存储的大型数据库系统。在电子政务中，数据库技术是管理信息系统、办公自动化系统、决策支持系统等各类信息系统的核心部分，是进行科学研究和决策管理的重要技术手段。

2. 数据模型

数据库汇总的数据模型按不同的应用层次分成三种类型，分别是概念数据模型、逻辑数据模型、物理数据模型。

(1) 概念数据模型，也被称为信息模型，是按用户的观点来对数据和信息建模，主要用于数据库设计，是现实世界到信息世界的第一层抽象。通常在电子政务设计过程中，管理人员会参与这一层次的设计。在设计过程中，可以用实体-联系方法(entity-relationship approach)，即用E-R图来描述现实世界的概念数据模型。

(2) 逻辑数据模型主要包括网状模型、层次模型、关系模型、面向对象数据模型、对象关系数据模型、半结构化数据模型等，其中关系模型是最经典、使用最广泛的模型。在逻辑模型设计阶段，按计算机系统的观点对数据建模，用于数据库管理系统(database management system，DBMS)实现。

(3) 物理数据模型是对数据的最底层抽象，用于描述数据在系统内部的表示方式和存取方法，是磁盘或磁带上的存储方式和存取方法。

3. 常用的数据库管理系统

在电子政务系统中，日常用到的数据库有Oracle DBMS、Sybase、DB2、Microsoft SQL Server、Microsoft Office Access、MySQL等，以下一一介绍它们的基本功能。

(1) Oracle DBMS，简称Oracle。Oracle数据库系统是美国Oracle公司(甲骨文)提供的以分布式数据库为核心的一组软件产品，是目前世界上使用较为广泛的客户机/服务器(Client/Server)或浏览器/服务器模式(Browser / Server)体系结构的数据库。

(2) Sybase是美国Sybase公司研制的一种关系型数据库系统，是一种典型的UNIX或Windows NT平台上客户机/服务器环境下的大型数据库系统。

(3) DB2是IBM公司开发的关系数据库管理系统，有DB2工作组版(DB2 workgroup edition)、DB2企业版(DB2 enterprise edition)、DB2个人版(DB2 personal edition)和DB2企业扩展版(DB2 enterprise-exended edition)等多种不同的版本。

(4) Microsoft SQL Server是微软公司推出的SQL Server数据库管理系统，具有使用方便、可伸缩性好、与相关软件集成程度高等优点，可跨越Microsoft Windows多个平台使用。

(5) Microsoft Office Access是由微软发布的关系数据库管理系统，它结合了Microsoft Jet Database Engine和图形用户界面两项特点，是Microsoft Office的系统程序之一。Microsoft Office Access是微软把数据库引擎的图形用户界面和软件开发工具结合在一起的一个数据库管理系统。

(6) MySQL是一个关系型数据库管理系统，由瑞典MySQL AB公司开发，属于Oracle旗下产品。MySQL是较流行的关系型数据库管理系统，在Web应用方面，MySQL是较好的关系型数据库管理系统应用软件。

(四) 地理信息系统

地理信息系统(geographic information system，GIS)，是在计算机硬、软件系统支持下，对整个或部分地球表层(包括大气层)空间中的有关地理分布数据进行采集、储存、管理、运算、分析、显示和描述的技术系统。地理信息系统在当前的电子政务平台上应用非常广泛。

1. 地理信息系统是电子政务的基础地理空间平台

政务办公业务综合资源数据库是电子政务建设的核心。地理空间数据是政务数据、统计数据和专题数据的信息载体和空间定位基础。因为政府的业务活动都是在一定的地理空间内发生的，所以很多综合业务管理和辅助决策活动是与地理空间分布相关的，脱离地理空间的业务管理和决策活动往往带有主观性和片面性，难以实施科学决策。事实上，已经启动的金字重点应用系统大多与地理空间数据紧密相关。"金土工程"就是围绕我国当前国土资源管理的中心工作，选择耕地保护、矿产资源管理、地质灾害防治等重要业务，在流程梳理、整合的基础上，建立业务应用系统和相应的信息服务系统，形成边界清晰的政务信息系统。

2. 地理信息系统赋予电子政务以空间辅助决策的功能

地理信息系统的空间数据与电子政务的社会经济数据进行融合，可以实现对非空间数据的空间定位、空间分析和空间辅助决策。通过对空间数据的挖掘，我们可以从中获得新的信息和知识，从而提高政府机关决策的科学性和时效性。例如，"金土工程"有利于增强国土资源管理参与宏观调控的能力，通过建立网络化资源信息监测体系和信息集成分析平台，准确掌握资源"家底"，及时了解资源的动态变化，为加强资源规划管理、合理调控资源供应总量和结构等提供有力的决策支持。通过电子政务系统、行政审批电子监察系统的建设实施，行政审批行为更加公开透明，纪检监察部门可以随时监控，群众可以有效监督，从根本上防止腐败行为的发生。

3. 地理信息系统为电子政务提供清晰易读的可视化工具

以地理空间数据和社会经济等非空间数据整合为基础的地理信息系统可以通过制作面向应用的专题地图、多媒体动态电子地图系统、三维显示技术和虚拟现实技术等手段为电子政务提供空间辅助分析和决策的可视化平台，大幅度提高了政府决策效率。

(五) 数据加密技术

数据加密技术是指将一个信息经过加密，变成无意义的密文，而接收方则将此密文经过解密还原成明文的技术。数据加密技术是网络信息安全的基础，也是保证电子政务信息安全的重要手段之一。

数据加密技术要求只有在指定的用户或网络下，才能解除密码而获得原来的数据，需要给数据发送方和接收方以一些特殊的信息用于加解密，这就是所谓的密钥。密钥的值是从大量的随机数中选取的。按加密算法的不同，数据加密技术可分为对称加密算法和非对称加密算法两种。

1. 对称加密算法

如果在一个密码体系中，加密密钥和解密密钥相同，就称之为对称加密算法。使用这种算法，要求信息的发送者和接收者在安全通信之前商定一个密钥，因此，算法的安全性完全依赖于密钥的安全性，如果密钥丢失，就意味着任何人都能对加密信息进行解密了。

对称加密算法主要有DES算法、IDEA算法、三重DES算法、AES算法、Blowfish算法、RC5算法和TDEA算法等，其中DES算法、TDEA算法、三重DES算法和AES算法是比较常用的对称加密算法。

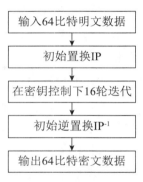

图3.5　DES算法加密流程

(1) 数据加密标准(data encryption standard, DES)算法是一种典型的对称加密算法，是美国政府在1977年采纳的数据加密标准，是IBM公司为非机密数据加密设计的方案，后来被国际标准局采纳为国际标准。DES以算法实现快、密钥简短等特点成为现在使用非常广泛的一种加密标准。DES算法加密流程如图3.5所示。DES算法具有极高的安全性，到目前为止，除了用穷举法对DES算法进行攻击外，还没有发现更有效的办法。若使用的密钥是56位的，可能的组合达到了2的56次方，即7.2乘10的16次方，这意味着如果一台计算机的速度是每秒钟检测一百万个密钥，则它搜索完全部密钥就需要将近2285年的时间，这是难以实现的。当然，随着科学技术的发展，当出现超高速计算机后，可考虑把DES密钥的长度再增长一些，以此来达到更高的保密程度。

(2) 国际数据加密算法(international data encryption algorithm, IDEA)是由瑞士联邦技术学院的中国学者来学嘉和著名的密码专家James L. Massey于1990年联合提出的建议标准算法(proposed encryption standard, PES)，1991年修订，1992年公布细节并更名为IDEA算法。IDEA算法是对称、分组密码算法，输入明文为64位，密钥为128位，生成的密文为64位，其设计目标从加密强度、易实现性两个方面考虑。IDEA算法是一种专利算法(在欧洲和美国)，专利由瑞士的Ascom公司拥有。

(3) 三重DES(Triple DES)使用两个密钥(或三个密钥)对明文进行三次加密解密运算。密钥长度从56位变成112位(或168位)。三重DES算法加密流程如图3.6所示。

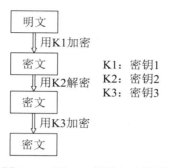

图3.6　三重DES算法加密流程

(4) 高级加密标准(advanced encryption standard，AES)，是美国联邦政府采用的一种区块加密标准。这种算法比三重DES算法快，至少与三重DES算法一样安全，数据分组长度为128比特，密钥长度为128 /192 /256比特。

2. 非对称加密算法

非对称加密算法，也称公开密钥算法，加密密钥不同于解密密钥，而且解密密钥不能根据加密密钥推算出来。加密密钥叫作公开密钥(public-key，简称公钥)，解密密钥叫作私人密钥(private-key，简称私钥)。

非对称加密算法很好地解决了对称加密算法的两个问题：如何在公开的计算机网络中安全地传送密钥和如何对数量庞大的密钥进行管理。

加密密钥是公开的，任何人都能通过查找得到，而解密密钥是保密的，只有得到相应的解密密钥才能解密信息。用户只需要保存好自己的私钥，因此不存在密钥的传送问题。n个用户相互之间进行通信，需要的密钥对数也仅为n，管理更为简单。公开密钥密码体系如图3.7所示。

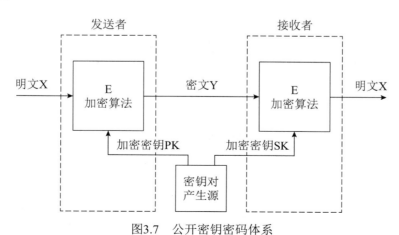

图3.7　公开密钥密码体系

(六)数字签名技术

数字签名技术是实现交易安全的核心技术之一,它的实现基础就是加密技术。以往的书信或文件是根据亲笔签名或印章来证明其真实性的。这就是数字签名所要解决的问题。数字签名必须保证以下几点:接收者能够核实发送者对报文的签名;发送者事后不能抵赖对报文的签名;接收者不能伪造对报文的签名。

假设发送者A先要发送一个报文信息P给接收者B,那么A采用私钥密钥算法(secret key algorithm,SKA)对报文P进行解密运算,实现对报文的签名:然后将结果$D_{SKA}(P)$发送给接收者B;B在接收到$D_{SKA}(P)$后,采用已知发送者A的公钥算法(public key algorithm,PKA)对报文进行加密运算,就可以得到$P=E_{PKA}[D_{SKA}(P)]$,核实签名,如图3.8所示。加密运算和解密运算都是数学运算,此处解密运算用于数字签名,加密运算用于核实身份。

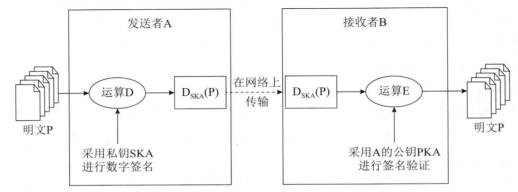

图3.8 数字签名流程

上述过程实现了对报文信息P的数字签名,但报文P并没有进行加密,如果其他人截获了报文$D_{SKA}(P)$并知道了发送者的身份,就可以通过查阅文档得到发送者的公钥PKA,因此获取报文P的内容。

为了达到加密的目的,可以采用下面的模型(见图3.9):在将报文$D_{SKA}(P)$发送出去之前,先用B的公钥PKB对报文进行加密;B在接收到报文后先用私钥SKB对报文进行解密,然后验证签名。这样,就可以达到加密和签名的双重效果。

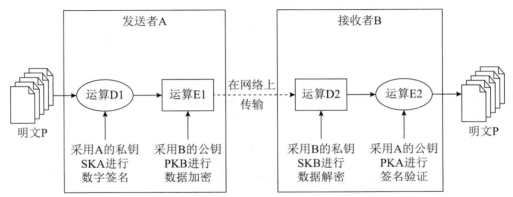

图3.9 具有保密性的数字签名流程

目前，数字签名技术在电子政务中得到了广泛的应用，所有需要手动签名的地方，都可以使用数字签名。比如，我们在日常办公中，公文流转系统就会用到数字签名技术。

二、电子政务技术创新与趋势

(一) 云计算

1.云计算的发展历程

云计算是一种商业计算模型。它将计算任务分布在大量计算机构成的资源池上，使各种应用系统能够根据需要获取计算能力、存储空间和信息服务。云计算是并行计算(parallel computing)、分布式计算(distributed computing)和网格计算(grid computing)这些计算机科学概念的商业实现。云计算是虚拟化、效用计算、IaaS、PaaS、SaaS等概念混合演进并跃升的结果。

(1) 虚拟化(Virtualization)是云计算最重要的技术，是一种资源管理技术，它将计算机的各种实体资源，如服务器、网络、内存及存储等，进行抽象、转换后呈现出来，打破实体结构间的不可切割的障碍，使用户以更好的组态来应用这些资源。一般虚拟化资源包括计算能力和存储空间。虚拟化技术种类很多，如软件虚拟化、硬件虚拟化、内存虚拟化、网络虚拟化、桌面虚拟化、服务虚拟化、虚拟机等。在实际的生产环境中，虚拟化技术主要用来解决高性能的物理硬件产能过剩和老旧硬件产能过低的重组、重用，透明化底层物理硬件，从而最大化地实现物理硬件对资源的充分利用。

(2) 效用计算(utility computing)通过互联网资源来实现企业用户的数据处理、存储和应用等问题，企业不必再组建自己的数据中心。效用计算改变了目前传统数据库软件侧重于离线和后台应用的局面。效用计算理念发展的进一步延伸就是云计算技术。

(3) IaaS(Infrastructure as a Service，基础设施即服务)，是一种通过互联网向用户提供硬件设备等基础资源服务的模式。在IaaS模式下，用户可以根据自己的需求，动态申请或释放节点。IaaS是以庞大的服务器群作为支撑的，用户可以"无限量"地按需申请资源。

(4) PaaS(Platform as a Service，平台即服务)，是一种通过互联网向用户提供应用程序的运行环境的模式。在PaaS模式下，用户只要遵循特定的编程模型，便可配置托管环境，控制、部署应用程序及服务。PaaS与基于数据中心的平台进行软件开发相比，费用要低廉很多。

(5) SaaS(Software-as-a-Service，软件即服务)，是一种通过互联网向用户提供运行在云计算基础设施上的应用程序的模式。在SaaS模式下，用户可以通过功能简单的瘦客户(瘦客户，计算机专业术语，指一个客户端或客户端程序，其所做的处理很少，主要依赖其他服务器的计算功能)，如浏览器等访问云平台，而不需要控制和管理底层的云基础设施。

云计算能够使政府各部门更好地共享信息化基础资源，从而改变电子政务基础设施使用率低、资源需求分散、系统重复建设严重等问题。云计算带来的建设和服务模式能够帮助政府机构将有限的资源投入在核心任务和专业流程当中，使政府信息化工作重点从资产管理转向服务管理。利用云基础设施可以快速实施新项目，从而节约时间并降低部署成本，提高政府运行效率，更快响应公众需求。云计算使电子政务相关系统具备可扩展性、可兼容性和可伸缩特性，使IT系统能够快速适应和满足不断变化的电子政务应用系统的建设要求。

在总体规划上，基于云计算的电子政务公共平台一般是指由县级以上信息化主管部门，组织专业技术服务机构，运用云计算技术，统筹利用已有的计算资源、存储资源、网络资源、信息资源、应用支撑等资源和条件，统一建设电子政务综合性服务平台，为各政务部门提供基础设施、支撑软件、应用功能、信息资源、运行保障和信息安全等服务的电子政务综合性服务平台。基于云计算的电子政务公共平台可以有效支持政务部门灵活、快速部署业务应用，满足业务不断发展和改革的需要；满足跨地区、跨部门、跨层级信息共享，以及行业系统与地方应用条块结合的需要；满足电子政务应用系统安全可靠运行的需要。

2. 基于云计算的电子政务公共平台服务模式

采用基于云计算的电子政务公共平台可以充分利用现有资源，避免新一轮重复建设，盘活存量资产，以需求为牵引，以云计算为基础技术框架，以顶层设计为指导，以支撑各部门业务应用建设为目标，以服务为主线，如图3.10所示。

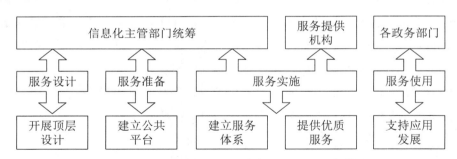

图3.10 基于云计算的电子政务公共平台服务模式

3. 基于云计算的电子政务公共平台顶层设计的内容

(1) 服务资源设计即提高基础设施资源利用率，降低建设和运行成本，确保建设和应用取得成效，以支撑各部门应用发展，促进信息共享。

(2) 技术服务设计，即建立健全电子政务技术服务体系，促进电子政务建设运行维护走市场化、专业化道路，全面提升电子政务技术服务能力，降低电子政务建设和运维成本。

(3) 服务制度设计，即加强组织领导和统筹协调，建立统一的工作机制和制度规范，坚持统筹规划、试点先行、分级实施，逐步构建形成目标一致、方向统一、互联互通、层级衔接的全国各级电子政务公共平台实施体系。

(4) 应用发展设计，即明确电子政务公共平台的系统框架和服务功能，确保满足各政务部门的需求，各部门电子政务项目建设不用考虑应用实现的技术细节，由电子政务公共平台提供技术支撑、运维服务和安全保障。

(二) 大数据

1. 大数据的含义

大数据(big data)，指的是所涉及的资料规模巨大到无法通过目前主流软件工具在合理时间内达到获取、管理、处理，并整理成为帮助政府日常决策更积极目的的信息。据中国互联网络信息中心(China Internet Network Information Center，CNNIC)近期发布的第50次《中国互联网络发展状况统计报告》，截至2021年12月，我国政府网站达14 566个；全国一体化政务服务平台建设成效逐步发挥，逐步形成覆盖国务院部门、31个省(区、市)和新疆生产建设兵团的数据共享交换体系。面对如此庞大的数据，大数据技术是推动我国数字政府蓬勃发展、构建数字治理新格局、推进国家治理体系和治理能力现代化的重要抓手。

2. 大数据的特点

在维克托·迈尔-舍恩伯格及肯尼斯·库克耶编写的《大数据时代》中，大数据具有以下5个特点。

(1) 大体量(volume)。数据是非结构化的，数据量的增长迅速和规模超大，比结构化数据增长快10倍到50倍，是传统数据仓库的10倍到50倍。

(2) 多样性(variety)。数据的种类和来源是多样的，包括文本、图像、视频、机器数据等很多不同的形式，有的无模式或者模式不明显，以不连贯的语法或句义居多。

(3) 时效性(velocity)。对数据进行实时分析而非批量式分析，对数据进行输入、处理与丢弃，取得立竿见影的效果，而非事后见效。

(4) 真实性(veracity)。大数据的内容与真实世界息息相关，真实不一定代表准确，但一定不是虚假数据，这也是数据分析的基础。基于真实的交易与行为产生的数据，分析才有意义。

(5) 价值密度(value)。数据中存在大量的不相关信息，需要通过机器学习、人工智能对未来趋势与模式深度复杂分析，不同于传统的商务智能的咨询及报告。

由于大数据的多样性，所以在大数据应用的过程，常采用非关系型数据库NoSQL。NoSQL为non-relational或Not Only SQL，泛指非关系型的数据库。区别于关系数据库，非关系型数据库NoSQL不保证关系数据的ACID特性。运用非关系型的数据存储，是一种全新的思维，一项全新的数据库革命性运动。

NoSQL有如下优点：一是易扩展。NoSQL数据库种类繁多，但有一个共同的特点就是去掉关系数据库的关系型特性。数据之间无关系，这样就非常容易扩展，无形之间也在架构的层面上带来了可扩展的能力。二是数据量大，数据性能高。NoSQL数据库都具有非常高的读写性能，尤其在大数据量下，同样表现优秀。这得益于它的无关系性和数据库的结构简单。

NoSQL数据库的主要分类及特点如下所述。

(1) Key/Value存储，优势是查询速度快，适用于大数据高负载应用场景，代表产品有

Redis。Redis是一个Key/Value存储系统,支持存储的value类型相对较多,包括string(字符串)、list(链表)、set(集合)、zset(sorted set,有序集合)和hash(哈希类型)。

(2) 列式存储,优势是查找速度快、可扩展性强、更容易进行分布式扩展,适用于汇总统计和数据仓库应用场景,代表产品有Bigtable。Bigtable是一个管理结构化数据的分布式存储系统,具有很好的伸缩性,能够在几千台应用服务器上处理PB级数据。

(3) 文档存储,优势是数据结构要求不严格、表结构可变,适用于半结构或非结构数据存储应用场景,代表产品有MongoDB。MongoDB是一个基于分布式文件存储的数据库。由C++语言编写,可以为Web应用提供可扩展的高性能数据存储解决方案。

(4) 图结构存储,优势是高效匹配图结构相关算法,适用于社交网络、推荐系统应用场景,代表产品有Neo4j。Neo4j是一个高性能的NoSQL图形数据库,它将结构化数据存储在网络上而不是表中。

大数据已经逐步应用于产业发展、政府治理、民生改善等电子政务相关领域,大幅度提高了人们的生产效率和生活水平。适应、把握、引领大数据,将成为时代潮流。在大数据时代,数据是重要的战略资源,但数据资源的价值只有在流通和应用过程中才能够充分体现出来。这就要求打破传统垂直应用中所形成的数据孤岛,形成适应大数据时代的数据湖,并需要数据在不同应用之间流动,杜绝数据泄露和滥用问题。在发展大数据的同时,也容易出现政府重要数据、法人和其他组织商业机密、个人敏感数据泄露,给国家安全、社会秩序、公共利益以及个人安全造成威胁。电子政务安全是发展大数据的前提,必须将它摆在更加重要的位置。

大数据的数据量大且相互关联,黑客一次成功的攻击就能够获得大量的数据。从数据的层面来看,大数据自身安全涉及采集、传输、存储、处理、交换、销毁等各个环节,每个环节都面临不同的威胁,需要采取不同的安全保障措施。从系统的层面来看,保障大数据自身安全需要从大数据系统的各部分采取措施,建立坚固、缜密、健壮的防护体系,保障大数据系统正确、安全、可靠运行,防止大数据系统被破坏、被渗透或被非法使用。从服务的层面来看,要规范电子政务安全服务内容,提高对电子政务安全的风险识别能力,建立健全电子政务安全保障体系,降低电子政务安全隐患和安全事件发生频率。

因此,必须加大电子政务安全技术的研究力度,必须以现有安全技术为依托,深入研究新型的电子政务安全技术,比如同态加密技术等;必须进一步完善电子政务安全相关法律体系建设,对数据权属界定、数据流动管理、个人信息保护等各种问题,给出明确规定;必须创新研制和推广电子政务安全保护的产品和服务,基于大数据研制网络安全产品和服务,推动电子政务安全市场发展,保障大数据时代的信息安全。

(三) 人工智能

智力或智能是指生物一般性的精神能力。这个能力包括以下几点:理解、计划、解决问题的能力,抽象思维的能力,表达意念和语言的能力,以及学习的能力。人工智能

(artificial intelligence, AI),是指由人工制造出来的系统所表现出来的智能,现在一般指通过计算机实现的智能。

云计算和大数据的蓬勃发展,极大地促进了人工智能的复兴,加上物联网的成熟,人工智能有了更多的应用场景。人工智能相关技术是推动透明化、浸入式体验技术发展的主要动力,涉及透明化身临其境体验的人本技术(如智能工作空间、智能家居、增强现实、虚拟现实、脑机接口)是拉动另外两大趋势的前沿技术,数字平台在曲线上处于快速上升期,其中的量子计算和区块链将在未来5~10年带来变革性的影响。

目前人工智能的研究集中在以下几个方面:符号主义,如图搜索、自动推理、不确定性推理、符号学习、知识工程等;计算智能,如神经网络、蚁群算法、遗传算法、蜂群算法等;机器学习,如有监督学习、无监督识别等;机器感知,如计算机视觉、语音识别、自然语言处理、图像识别等。

其中,机器学习是研究怎样使用计算机模拟或实现人类学习活动的科学,是人工智能中最具智能特征、最前沿的研究领域之一。机器学习是一门多领域交叉学科,涉及概率论、统计学、逼近论、凸分析、算法复杂度理论等多门学科。研究者通过研究计算机怎样模拟或实现人类的学习行为,来获得新的知识或技能,重新组织已有的知识结构使之不断改善自身的性能。机器学习是人工智能核心,是使计算机具有智能的根本途径。机器学习包括有监督学习(有标签数据)和无监督学习(无标签数据)。

电子政务发展到今天,已经整合了大量的数据,在当前的技术条件下,可以运用大数据、人工智能进行技术融合、业务融合、数据融合,实现跨层级、跨地域、跨系统、跨部门、跨业务的协同管理与服务。通过引入新技术,推动政府向服务型政府的转变,推进政府科学化决策、精细化社会治理、高效化公共服务的"数字政府"进程,向"智能政务"推进,最终推动整个社会进入"智慧社会"。目前,电子政务业务中包括自动感知服务推荐、自动感知在线办事、打击非法集资等,在综合决策、决策支撑、舆情研判等多个领域积极推进人工智能的应用,但离全面推广应用还有很大的差距,还有很多问题需要各学科、各部门的共同推动。

(1) 自动感知服务推荐,在市民实名登录后,可以根据用户身份模型和业务模型特征,系统自动感知当前用户所需待办事项与服务,进行主动推荐。例如,为妈妈提供婴幼儿疫苗接种、学前教育,民生食品价格查询等。

(2) 自动感知在线办事,可以通过用户信息并结合位置信息自动在线办事,例如为孕妇提供生育一站式服务。

(3) 打击非法集资,通过对表征信息(包括新闻网站数据、论坛博客数据、社交媒体数据、政府网站信息、地方企业工商数据、地方金融办数据、全国工商数据、征信公司数据),行为信息(包括全国税务数据、网贷平台运营数据、第三方支付数据、移动互联网产品数据、小贷担保公司数据),状态信息(包括全国法院数据、法院失信名单、企业网站信息、地方企业犯案数据、地方犯案人员信息)以及利益信息(包括网络投诉数据、线下投诉信息、线下调研数据)实时、动态、大规模线上线下数据碰撞比对，从企业中发现预警存在涉众型经济犯罪风险的企业和个人，与传统手工比对相比，节省了大量人力成本，大幅提升了作业效率。

第二节 电子政务安全概述

一、电子政务安全概念

我国电子政务起步于20世纪80年代末，经历40多年发展历程，取得了阶段性的成果，但也存在一些矛盾和问题。迄今为止，我国电子政务已由最初的起步阶段，发展到了以"十二金"为标志的"垂直应用"阶段。电子政务建设在夯实信息化基础、取得阶段性成果背景下，正从"单项应用"向"协同共享"进行发展。然而在目前的整合阶段，政务信息化架构存在"各自为政、条块分割、烟囱林立、信息孤岛"等问题，亟待进行系统性解决，可以采取的方式包括破除组织机构体制性障碍、完善信息资源共享机制等。

然而，随着电子政务建设的逐步深入和电子政务应用的日益增多，越来越多的涉及国家秘密与核心政务的敏感信息开始进入电子政务网络。它的安全关系到国家的主权、安全和公众利益，这使得电子政务发展对电子政务安全的需求日益强烈。

电子政务安全是指在电子政务系统建设和运行过程中，在充分估计各种安全风险的基础上，最大限度地保护硬件、软件、网络和信息的安全，其核心是保护电子政务的信息安全，以确保政府在网上能够有效行使行政监管和行政服务职能。

电子政务安全的目标是防止电子政务系统资源和信息资源受自然和人为有害因素的威胁和危害。电子政务安全就是电子政务的系统安全和信息安全。由于电子政务的工作内容和工作流程涉及国家秘密与核心政务，它的安全关系到国家的主权、安全和公众利益，所以电子政务安全的实施和保障是非常重要的。

电子政务中使用到的各类应用系统涉及海量数据的分散获取、集中存储和分析处理，具有数据容量大、数据变化快等特征。在维护电子政务安全的过程中，虽然很多传统安全技术手段和管理措施可以在大数据环境下提供一定安全保障能力，但由于电子政务系统中的数据量巨大、数据变化快，导致对大数据分析及应用场景更为复杂，这就需要电子政务安全管理者和保障人员对传统信息安全技术进行优化、改进，在其基础上进行技术创新，从而解决海量数据分析场景下的应用和数据安全问题。

电子政务安全主要是保障数据不被窃取、破坏和滥用，以及确保大数据系统的安全可靠运行。电子政务安全需要构建包括系统层面、数据层面的电子政务安全框架。

(一) 系统安全

从系统层面来看，保障电子政务应用系统和数据安全需要构建立体纵深的安全防护体系，通过系统性、全局性地采取安全防护措施，防止大数据被泄密、篡改或滥用。主流大数据系统是由通用的云计算、云存储、数据采集终端、应用软件、网络通信等部分组成，保障电子政务应用系统和数据安全的前提是要保障大数据系统中各组成部分的安全，是电子政务安全保障的重要内容。从系统层面，需要保障以下几个方面的安全：网络结构安全、操作系统安全、应用系统安全等。

1. 网络结构安全

网络拓扑结构设计直接影响到网络系统的安全性。假如在外部和内部网络进行通信时，内部网络的机器安全就会受到威胁，同时也影响在同一网络上的许多其他系统，例如法律、金融等安全敏感领域。因此，在设计时有必要将公开服务器(Web、DNS、E-mail等)和外网及内部其他业务网络进行必要的隔离，避免网络结构信息外泄；同时还要对外网的服务请求加以过滤。

2. 操作系统安全

操作系统安全是指整个网络操作系统和网络硬件平台是否可靠且值得信任。没有绝对安全的操作系统，不同的用户应从不同的方面对其网络做详尽的分析，选择安全性尽可能高的操作系统。因此不但要选用尽可能可靠的操作系统和硬件平台，并对操作系统进行安全配置，而且必须加强登录过程的认证，确保用户的合法性，严格限制登录者的操作权限，将其能够完成的操作限制在最小的范围内。

3. 应用系统安全

应用的安全性涉及信息、数据的安全性。对用户必须进行身份认证，对于重要信息的通讯必须授权，传输必须加密。采用多层次的访问控制与权限控制手段，实现对数据的安全保护；采用加密技术，保证网上传输的信息的机密性与完整性。

(二) 数据安全

电子政务应用系统涉及海量数据的分散获取、集中存储和分析处理，表现出数据容量大、数据变化快等特征。虽然很多传统安全技术手段和管理措施可以在大数据环境下提供一定安全保障能力，但数据量巨大、数据变化快等特征导致大数据分析及应用场景更为复杂，这就需要我们在对传统信息安全技术优化改进基础之上进行创新，从而改善海量数据分析场景下的应用和数据安全问题。

为了保障电子政务安全和网络空间安全，我国网络安全企业近年来发展迅速，网络安全初创企业不断涌现，各种先进的安全技术也被及时引入国内。中国信息通信研究院于2022年1月25日发布的《2021中国网络安全产业白皮书》表明，我国网络安全市场发展稳中向好，区域行业差异明显。政策体系不断完善，推动产业发展迈向新阶段。

从数据层面来看,电子政务应用系统涉及采集、传输、存储、处理、交换、销毁等各个环节,每个环节都面临不同的安全威胁,需要采取不同的安全防护措施,确保数据在各个环节的保密性、完整性、可用性,并且要采取分级分类、去标识化、脱敏等方法保护用户个人信息安全。个人数据是指用来标识个人基本情况的一组数据资料。具体而言,个人数据主要包括标识个人基本情况、标识个人生活与工作经历和社会情况等与网络有关的个人信息,包括以下4个方面。

(1) 个人登录的身份、健康状况。网络用户在申请上网开户、个人主页、免费邮箱以及申请服务商提供的其他服务时,服务商往往要求用户登录姓名、年龄、住址、居民身份证编号、工作单位等身份和健康状况,服务商有义务和责任保守个人秘密,未经授权不得泄露。

(2) 个人的信用和财产状况。包括信用卡、电子消费卡、上网卡、上网账号和密码、交易账号和密码等。个人在上网、网上消费、交易时,登录和使用的各种信用卡、账号均属个人隐私,不得泄露。

(3) 邮箱地址。邮箱地址同样是个人隐私,用户大多数不愿将之公开。掌握、搜集用户的邮箱并将之公开或提供给他人,致使用户收到大量的广告邮件、垃圾邮件或遭受攻击而不能正常使用,使用户受到干扰,显然也侵犯了用户的隐私权。

(4) 网络活动踪迹。个人在网上的活动踪迹,如IP地址、浏览踪迹、活动内容,均属个人的隐私。

在电子政务的环境中,一方面由于计算机强大的信息记录、处理及储存功能,以及网络这一传输媒介的兴起,使得政府机构对个人数据的搜集与利用较以往更为容易和快捷;另一方面,面对这个几乎透明的"玻璃社会",个人隐私被侵害的可能性也随之大增。因此,电子政务环境中的隐私权问题越来越突出。

二、电子政务安全的现实意义

(一) 保证政务系统的稳定运行

电子政务网络应用系统繁多,应用系统中容易出现用户和权限管理混乱、管理维护复杂等情况。加强电子政务安全能够控制政务系统中的权限,维护政务系统平稳和安全运行。同时,进行电子政务安全建设能合理地解决网络开放性与安全性之间的矛盾,一方面能够有效阻止非法访问和攻击对系统的破坏;另一方面能够保障电子政务系统的信息畅通,使得电子政务系统稳定高效运行,为公众提供优质的电子公共服务。

(二) 维护电子政务的良好形象

电子政务是政府直接对外服务的窗口,在很大程度上代表着政府的形象,因此,只有提供真实、可靠、及时、方便的信息服务,公众才会接受电子政务。倘若电子政务出现安全危机，便不能保证网上信息的安全性和可靠性，使得公众利益受损，削弱政府的权威性，由此则会对电子政务的印象产生不良影响。

(三) 保护涉密政务信息的安全

进行电子政务安全建设有利于保护国家机密和个人隐私等涉密政务信息的安全。电子政务所涉及的很多内容和数据是极其重要和敏感的，它关系到整个国家的经济和军事信息，特别是以信息战为主的今天，信息一经泄露，很有可能造成毁灭性的灾害。因此，必须提高信息安全防范意识，切实加强电子政务安全建设，这样电子政务信息的安全才能得到保障。

(四) 系统信息的安全备份与恢复

大量的电子政务活动都依赖于基础数据，进行电子政务安全建设，有利于实现系统的安全备份与恢复机制，可以实现数据的保护，增加数据在意外丢失时的恢复可能性。

三、电子政务面临的安全风险

电子政务安全是指要在电子政务系统建设和运行过程中，在充分估计各种安全风险的基础上，最大限度地保护硬件、软件、信息和网络的安全。电子政务安全的核心是保护电子政务的信息安全，以确保政府在网上能够有效行使行政监管和行政服务职能。电子政务安全的目标是满足政务业务的安全需要，即保护政务信息资源价值不受侵犯，保证信息资产的拥有者面临最小的风险和获取最大的安全利益，使政务的信息基础设施、信息应用服务和信息内容具备抵御上述威胁的能力，且具有保密性、完整性、真实性、可用性和可控性。

在发展电子政务过程中，大量的个人资料被收集并储存于政府的数据库中，而这些个人信息在网络环境中又极易被不当利用。电子政务面临的安全风险来自以下几个方面。

(一) 相关法律保障体系不健全

随着计算机技术的发展和应用以及我国电子政务的不断推进，面对不断出现的新问题，对其进行纠正的法律制度往往难以及时执行，国家虽然制定了一些关于网络犯罪、电子交易、电子凭据相关的法规，但相应的法治体系的建立还需要时间。电子政务比其他信息化领域更加依赖于成熟的法律环境，以保障国家安全、国家利益、社会公平、公民合法权益。

(二) 软件自身安全性不够

很多的操作系统在设计时侧重信息处理能力而忽视安全设计，使得操作系统容易产生一定的漏洞。网络设备与通信过程中也会出现一定的隐患，例如，日常电子政务工作中会出现信息被监听拦截、越权或非法使用。再加上由多个政府部门构建的电子政务系统并不是统一的操作系统，在协议、信息安全标准、密码算法等许多方面不一致，难以保障其安全性。

(三) 网络信息易受到攻击

网络信息受到攻击主要涉及外部攻击和内部攻击，据相关统计，超过70%的网络信息攻击来自内部，主要是内部工作人员运用不法手段对系统加以攻击，如非法用户登录、越权访问电子政务信息等。网络信息的外部攻击主要是网络病毒入侵或者黑客攻击。

(四) 电子政务管理薄弱

我国已建设相当规模的电子政务系统，给电子政务的安全管理带来一定难度，很多管理部门忽略安全防范，安全意识薄弱。另外，由于我国地方政府已经建成的电子政务网络基本上未经受重大的安全事故，管理者缺乏电子政务安全策略制定的经验，在各类安全问题处于萌芽阶段，相关人员并未意识到安全问题的重要性，同时缺乏对安全风险的专业评估。

第三节 电子政务安全工程

电子政务安全工程是一个系统工程，它不仅涉及安全信息技术体系，还涉及与信息安全相关的法律法规标准体系和安全管理组织体系，任何单方面的安全措施都不可能提供真正的全方位的安全。电子政务安全管理组织体系包括电子政务安全管理的目标和原则、电子政务安全行政管理能力、电子政务安全风险管理能力、电子政务安全人员管理能力、电子政务安全运维管理能力。

一、安全信息技术体系

电子政务安全管理的目标是保证政务网络安全和政务信息安全。政务网络的安全可以按照国家现行的网络安全等级保护基本要求及相关的保护级别，对网络、设备进行保障。政务信息安全不仅关系到电子政务是否能正常运转，还关系到国家和广大人民群众的基本利益。

(一) 自主核心技术

1. 自主核心技术的重要性

自主核心技术是指经过较长时期积累而形成的一组先进复杂的、具有较大用户价值的技术和能力的集合体。它具有开发成本高、难度大、周期长等特点，掌握自主核心技术便意味着占据了相应领域的发展制高点，掌握了主动权，对于各领域的发展都具有十分重要的意义，对于电子政务的建设与发展当然也不例外。

信息安全是电子政务构建成功的重要保证。政务活动与商务活动有明显不同，它涉及公民个人隐私、商业机密乃至国家安全等方面的内容。在电子政务建设过程中，信息安全必然会受到各种各样的威胁，要想成功地抵御这些威胁，就必须开发涉及电子政务方面的自主核心技术，真正掌握保障电子政务信息安全的主动权，占据电子政务发展的制高点。

2. 自主核心技术缺失导致的潜在威胁

1) 信息安全受到威胁

电子政务自主核心技术的缺失会使我国丧失信息安全保障的主动权。当前，网络空间日益成为承载政治、外交、文化、军事使命的全新战略疆域。互联网成为某些国家进行信息窃取和意识形态渗透的有效工具，很大程度上是因为这些国家掌握着相关核心技术。在这种情况下，信息安全就很难得到保障，电子政务中涉及的国家信息、商业信息、公民个人隐私信息便面临着很大的被泄露的风险。

2) 增加行政成本预期

缺乏自主核心技术的电子政务系统，仅限于相关技术的简单应用，当风险真正发生时便会造成很大的损失。这种电子政务安全的不确定性无疑会增加行政成本预期，加重政府财政负担，同时会占用一部分财政资金，不利于财政资金的合理利用。

3) 不利于电子政务的健康稳定发展

如果电子政务核心技术长期依赖国外采购，我国电子政务建设进程势必受到影响，不利于我国电子政务建设健康稳定推进，也会严重阻碍我国服务型政务建设，影响行政效率和行政质量的提高。

3. 应用安全核心技术

电子政务安全技术体系的建设需要普遍应用安全核心技术，这包括数据加密技术、病毒防范技术、访问控制技术、安全扫描技术、数据备份与灾难恢复技术、安全认证技术等。

1) 数据加密技术

数据加密技术是最基本的信息安全技术，通过变换和转换等各种方法将被保护信息转换成密文，然后进行信息的存储或传输，保证数据在存储和传输过程中的保密性。数据加密技术的保密性直接取决于所采用的密码算法和密钥长度。

电子政务对数据完整性和身份鉴定技术提出了更高的要求，数字签名、身份认证就是为了适应这种需要在密码学中派生出来的新技术和新应用。数据传输的完整性通常通过数字签名的方式来实现。接收方在收到数据的同时也收到该数据的数字签名，接收方使用相同的算法计算出接收到的数据的数字签名，并将该数字签名和接收到的数字签名进行比较，若两者相同，则说明数据在传输过程中未被修改，数据完整。数据加密技术具体应用于以下几个方面。

(1) 通信保密。加密技术最早用于保护计算机用户之间或通信设备之间的通信安全，例如将电子邮件信息加密，接收邮件时通过软件包或外部程序进行解密，保证电子邮件内容不被窃取。

(2) 加密存储。对存储在介质(如硬盘)中的数据采取加密措施，防止数据被窃。

(3) 身份认证。使用加密技术对用户的身份及信息进行认证，如用户的登录身份认证、数字签名和数字凭证等。

(4) 口令交换。将用户在进行网络系统登录时需要提供的用户名和口令加密，保证安全。

(5) 软件保护。对重要的应用软件和程序采用加密技术来保护，防止被盗。

2) 病毒防范技术

计算机病毒是指编制者在计算机程序中插入的破坏计算机功能或者毁坏数据，影响计算机使用，并能自我复制的一组计算机指令或程序代码，具有传染性、破坏性、隐藏性、潜伏性、非授权性、不可预见性等特征，对电子政务安全的威胁极大。具体而言，病毒防范技术包括以下几种。

(1) 主机防病毒，即通过主机防病毒代理引擎，实时监测计算机的文件访问和网络交换，把文件与预存的病毒特征码进行比对，发现病毒并采取措施，保护计算机主机不受侵害。

(2) 网关防病毒，即在网关位置对可能导致病毒进入的途径，如HTTP、FTP、SMTP等，进行截留查杀。但是网关防病毒必须在网关使用应用代理，大量消耗了网关资源，造成网关吞吐性能的急速下降。而且，网关防病毒难以覆盖所有的交换协议，仍有可能令病毒以特殊的形式通过网关。由于这个原因，网关防病毒一般工作在FTP和SMTP环境中，并应与主机防病毒相互配合。

3) 访问控制技术

访问控制是保证网络安全最重要的策略之一，主要任务是保证网络资源不被非法使用和访问，包括入网访问控制、权限控制、目录级安全控制、属性安全控制以及服务器安全控制。

(1) 入网访问控制，即控制用户登录服务器并获取网络资源，控制用户入网的时间和平台。入网访问控制一般包括三个步骤：用户名的识别与验证、用户口令的识别与验证、用户账号的缺省限制检查。对网络用户的用户名和口令进行识别与验证是防止非法访问的第一道防线。为保证口令的安全性，用户口令不能显示在显示屏上，口令长度应不少于8个字符，口令字符最好是数字、字母和其他字符的混合，用户口令必须经过加密。用户还可采用一次性用户口令来验证用户的身份。网络管理员可以控制和限制普通用户的账号使用、访问网络的时间和方式。用户账号只有系统管理员才能建立。用户口令应是每个用户访问网络所必须提交的证件,用户可以修改自己的口令,但系统管理员应该可以控制最小口令长度、强制修改口令的时间间隔、口令的唯一性、口令过期失效后允许入网的宽限次数。用户名和口令验证有效之后,再进一步履行用户账号的缺省限制检查。

(2) 权限控制,即针对网络非法操作所设计的一种安全保护措施,可以控制不同的用户和用户组访问目录、子目录、文件和其他资源,可以指定用户对这些目录、文件、设备执行的操作。这里的用户可以分为三类:一是特殊用户,即系统管理员;二是一般用户,由系统管理员根据他们的实际需要为他们分配操作权限;三是审计用户,负责网络的安全控制与资源使用情况的审计。

(3) 目录级安全控制,即用户在目录一级指定的权限对所有文件和子目录有效控制,用户还可进一步指定对目录下的子目录和文件的权限。对目录和文件的访问权限可以分为系统管理员权限、读权限、写权限、创建权限、删除权限、修改权限、文件查找权限、访问控制权限。这些权限的划分与组合可以让用户有效地完成工作,还能有效地控制用户对服务器资源的访问,加强网络和服务器的安全性。

(4) 属性安全控制,即网络系统管理员应给文件、目录等指定访问属性。网络上的资源都应预先标出一组安全属性。用户对网络资源的访问权限对应访问控制表,用以表明用户对网络资源的访问能力。属性设置可以覆盖已经指定的任何受托者指派和有效权限。属性往往能控制以下几个方面的权限:向某个文件写数据、复制文件、删除目录或文件、查看目录和文件、执行文件、隐含文件、共享系统属性等。

(5) 服务器安全控制,即网络允许在服务器控制台上执行一系列操作。用户使用控制台可以装载和卸载模块,可以安装和删除软件。网络服务器的安全控制包括以下内容:一是设置口令锁定服务器控制台,防止非法用户修改、删除重要信息或破坏数据;二是设定服务器登录时间限制、非法访问者检测和关闭的时间间隔。

4) 安全扫描技术

安全扫描技术即对局域网络、Web站点、主机操作系统、系统服务以及防火墙系统的安全漏洞进行扫描,使系统管理员及时了解系统中存在的安全漏洞,并采取相应的防范措施,降低系统的安全风险。安全扫描技术可以分为几种。

(1) 网络远程安全扫描,即对远程主机的安全漏洞进行检测并做一些初步的分析。

(2) 防火墙系统扫描,即对防火墙系统配置及其运行操作系统的安全进行检测,通过源端口、源路由、SOCKS和TCP系列号来猜测攻击潜在的防火墙安全漏洞,进行模拟测试来检查其配置的正确性,并通过模拟强力攻击、拒绝服务攻击等来测试操作系统的安全性。

(3) Web网站扫描,即通过检测操作系统、Web服务器的相关服务、CGI(common gateway interface,公共网关接口,是Web服务器运行时外部程序的规范)等应用程序以及Web服务器的配置,查找Web站点中的安全漏洞并进行修补,从而提高Web站点的安全性。

(4) 系统安全扫描,即通过对目标主机的操作系统的配置进行检测,报告其安全漏洞并给出一些建议或修补措施。例如,检查潜在的操作系统漏洞、不正确的文件属性和权限设置、脆弱的用户口令、网络服务配置错误、操作系统底层非授权的更改以及攻击者攻破系统的迹象等。

5) 数据备份与灾难恢复技术

电子政务系统中保存的重要信息一旦丢失或被破坏将造成不可估量的损失,因此必须建立一套响应与恢复机制,确保出现自然灾害、人为操作故障、系统崩溃、网络攻击或硬件故障等情况时系统中的信息能得以恢复。数据备份与灾难恢复技术就是要提高在系统发生故障或遭受破坏时修复的速度和概率,帮助系统快速还原到初始的状态。

一般而言,备份的内容包括以下几种:一是系统文件备份,如注册表备份、硬盘分区表备份、系统文件目录备份等;二是用户资料备份,包括用户名和密码备份、邮件信息备份、聊天记录备份、收藏夹备份等;三是数据库的备份。

6) 安全认证技术

安全认证的目的在于保证信息真实性,是对付假冒和攻击的有效方法。由于其他多项安全技术都依赖于认证,安全认证可以说是一种最重要的安全服务。安全认证技术具体应用于以下几个方面。

(1) 消息认证,即在两个通信者之间建立通信联系后,分别对收到的信息进行验证,确认信息由发送方产生、未被修改、按时发送等,保证信息的真实性。

(2) 内容认证。内容认证通常采用"校验和"的方法实现,即在发送信息时,发送方按照特定的校验算法,根据给定的认证密钥,计算出一个校验和,与消息一起传送。接收方使用同样的方法对消息内容进行计算,将所产生的校验和与收到的检验和进行比较,相同则认为是正确可靠的。

(3) 来源认证,即使用不同的系统特征参数,判定消息发送者的真实身份,如双方共享的密钥、口令等。

(4) 顺序认证,即使用顺序编号、时间值加密和通行字表法等方法验证消息顺序的正确性。在网络环境中,还可以利用网络协议本身提供的排序功能来保证数据顺序的正确性。

(5) 身份认证,主要用于鉴别用户身份,利用一些只有被认证方才拥有的信息进行认证,如生物学信息。这是安全系统中最基本的安全保障。身份认证一般可以分为基于口令的认证、基于智能卡的认证和基于生物特征的认证三种方式。

(二) 建设电子安全基础设施

电子安全基础设施包括公钥基础设施(public key infrastructure,PKI)和授权管理基础设施(privilege management infrastructure,PMI)。

1. 公钥基础设施

公钥基础设施(public key infrastructure，PKI)是国家信息安全基础设施(National Information Security Infrastructure，NISI)的重要组成部分，以公开密钥技术为基础，可以为各种网络应用提供采用加密和数字签名等密码服务所必需的密钥和证书管理，如会话保密、认证、完整性、访问控制、源不可否认、目的不可否认、安全通信、密钥恢复和安全时间等服务，保证网上传递信息的安全、真实、完整。

1) 公钥基础设施的组成

公钥基础设施主要包括密钥管理(key management，KM)中心、证书认证(certificate authority，CA)中心、审核注册(registration authority，RA)中心、证书配套系统[包括证书查询验证服务系统(lightweight directory access protocol，LDAP)和在线证书状态协议(online certificate status protocol，OCSP)]。

(1) 密钥管理中心，是整个PKI的基础，向CA中心提供密钥的产生、登记、分发、查询、注销、归档及恢复等服务，同时向授权管理部门提供密钥恢复服务。

(2) 证书认证中心，是PKI的核心执行机构，其任务包括以下几种：一是身份认证服务，即为进行电子政务业务实体定义唯一的电子身份标识，并通过该标识进行身份认证，保证身份的真实性；二是数据完整性服务，保证收发双方数据一致性，防止信息被非授权修改；三是不可否认服务，即为第三方验证信息源的真实性和信息的完整性提供证据，为解决电子政务中的争议提供法律证据。

(3) 审核注册中心，是用户和CA中心之间的中间实体，是证书服务系统的用户注册和审核机构，负责管理用户资料，接受用户申请，一般由CA中心授权设立并运作，由CA中心统一管理。审核注册中心提供的服务包括以下几项：用户数字证书申请受理；用户真实身份审核；用户数字证书申请与下载；用户数字证书撤销与恢复；证书受理核发点的设立、审核及管理。

(4) 证书配套系统，其功能在于为电子政务系统中证书查询验证服务系统提供备份存储和在线查询。证书生成后，通常使用一个证书目录或中央存储点进行存储。通过目录访问协议LDAP，目录客户端可定位条目项及它们的属性；OCSP则可以提供在线证书状态查询验证的服务，检查用户证书是否有效。

2) 公钥基础设施的管理

公钥基础设施的管理可分为证书管理和密钥管理两部分。

(1) 证书管理。证书管理主要包括策略批准、证书签发、证书发布、证书归档、证书撤销等几个方面。

① 策略批准。在实现认证操作之前，必须生成各种认证策略来指导认证过程。这些策略主要包括操纵策略和签发策略。操纵策略，即阐明有关个人、设备和应用事宜；签发策略，即检查用于签发证书的准则。

② 证书签发。证书签发包括检查公开密钥信息的正确性、计算公开密钥信息的签名，最终两者生成证书。

③ 证书发布。签发后的证书被存放在数据库中，以便第三方或证书用户访问，并且通过访问控制确保证书数据的安全。

④ 证书归档。数字签名文档的有效期比证书有效期长，因此为了确保失效的证书仍可以访问，就必须对证书、证书撤销表等数据进行长期归档。

⑤ 证书撤销。证书撤销主要涉及以下几方面内容：一是撤销证书归档，对于过期证书和被撤销证书要在安全的环境中保存一段时间；二是撤销证书公布，应定期发布证书撤销列表，方便用户查询了解。

(2) 密钥管理。密钥管理主要是指对密钥的安全管理，其功能主要包括以下几个方面：一是密钥产生，密钥可以由用户自己产生，也可以由CA中心产生；二是密钥备份及恢复，确保用户遗忘密钥保护口令时仍可找回并访问密钥及加密的数据，或者对密钥进行托管与恢复加密密钥；三是密钥更新，需要配备相应的密钥更换措施，定期更新密钥。

2. 授权管理基础设施

授权管理基础设施(privilege management infrastructure，PMI)是国家信息安全基础设施(national information security infrastructure，NISI)的重要组成部分，其目标是向用户和应用程序提供授权管理服务，提供用户身份到应用授权的映射功能，提供与实际应用处理模式相对应的、与具体应用系统开发和管理无关的授权和访问控制机制，简化具体应用系统的开发与维护。PMI是一个由属性证书、属性权威、属性证书库等部件构成的综合系统，用来实现权限和证书的产生、管理、存储、分发和撤销等功能。PMI使用属性证书表示和容纳权限信息，通过管理证书的生命周期实现对权限生命周期的管理。属性证书的申请、签发、注销、验证流程对应着权限的申请、发放、撤销、使用和验证的过程。

1) PMI技术的授权管理模式

授权服务体系主要是为网络空间提供用户操作授权的管理，即在虚拟网络空间中的用户角色与最终应用系统中用户的操作权限之间建立一种映射关系，一般需要与信任服务体系协同工作，才能完成从特定用户的现实空间身份到特定应用系统中的具体操作权限之间的转换。

PMI技术通过数字证书机制来管理用户的授权信息，并将授权管理功能从传统的应用系统中分离出来，以独立服务的方式面向应用系统提供授权管理服务。由于数字证书机制提供了对授权信息的安全保护功能，作为用户授权信息存放载体的属性证书同样可以通过公开方式对外发布。同时，由于属性证书并不提供对用户身份的鉴别功能，属性证书中将不包含用户的公钥信息。

授权管理体系将操作授权管理功能从传统的信息应用系统中剥离出来，可以为应用系统的设计、开发和运行管理提供很大的便利。应用系统中与操作授权处理相关的地方全部改成对授权服务的调用，因此，可以在不改变应用系统的前提下完成对授权模型的转换，进一步增加了授权管理的灵活性。同时，通过采用属性证书的委托机制，授权管理体系可进一步增加授权管理的灵活性。

与信任服务系统中的证书策略机制类似，授权管理系统中也存在安全策略管理的问题。同一授权管理系统中将遵循相同的安全策略提供授权管理服务，不同的授权管理系统之间的互通必须以策略的一致性为前提。

2) 授权管理基础设施的体系

授权管理基础设施的授权服务体系以高度集中的方式管理用户和为用户授权，并且采用适当的用户身份信息来实现用户认证，主要是PMI体系下的数字证书，也包括动态口令或者指纹认证技术。安全平台将授权管理功能从应用系统中分离出来，以独立和集中服务的方式面向整个网络，统一为各应用系统提供授权管理服务。

授权管理基础设施在体系上可以分为三级，分别是信任源点(SOA中心)、属性权威机构AA中心和AA代理点。在实际应用中，这种分级体系可以根据需要进行灵活配置，可以是三级、二级或一级。

(1) 信任源点(SOA中心)是整个授权管理体系的中心业务节点，也是整个授权管理基础设施PMI的最终信任源和最高管理机构。SOA中心的职责主要包括授权管理策略的管理、应用授权受理、AA中心的设立审核及管理和授权管理体系业务的规范化等。

(2) 属性权威机构AA中心是授权管理基础设施PMI的核心服务节点，是对应于具体应用系统的授权管理分系统，由具有设立AA中心业务需求的各应用单位负责建设，并与SOA中心通过业务协议达成相互的信任关系。AA中心的职责主要包括应用授权受理、属性证书的发放和管理，以及AA代理点的设立审核和管理等。AA中心需要为其所发放的所有属性证书维持一个历史记录和更新记录。

(3) AA代理点是PMI的用户代理节点，也称为资源管理中心，是与具体应用用户的接口，是对应AA中心的附属机构，接受AA中心的直接管理，由各AA中心负责建设，报经主管的SOA中心同意，并签发相应的证书。AA代理点的设立和数目由各AA中心根据自身的业务发展需求而定。AA代理点的职责主要包括应用授权服务代理和应用授权审核代理等，负责对具体的用户应用资源进行授权审核，并将属性证书的操作请求提交到授权服务中心进行处理。

访问控制执行者在授权管理体系中虽然不属于授权管理基础设施，但却是十分重要的组成部分，它是用户应用系统中具体对授权验证服务的调用模块，主要负责将最终用户针对特定的操作授权所提交的授权信息(属性证书)连同对应的身份验证信息(公钥证书)一起提交到授权服务代理点，并根据授权服务中心返回的授权结果，进行具体的应用授权处理。

由于授权管理基础设施(PMI)是建立在公钥基础设施(PKI)基础之上的，必须遵循国家统一的标准，按照国家的统一部署和管理规定，有序开展授权管理基础设施建设工作，地方不能各自为政。按照效益的原则，实现以较少的投入取得较大的收益，从而可以极大程度地减少技术上的困难，节省巨额资金的投入。同时，授权管理基础设施所采用的技术也应该建立在我国自己的技术平台之上，从而保证信息安全。

二、法律法规标准体系

我国在推进电子政务过程中，越来越重视数据安全问题，不断完善数据开放共享、数据跨境流动和用户个人信息保护等方面的法律法规和政策，为电子政务持续健康发展保驾护航。

(一) 数据开放共享相关法律法规政策

近年来，中央和地方政府高度重视数据开放共享工作，相继出台数据开放共享相关政策法规，制定数据开放共享相关的纲要规划，加强数据开放共享的顶层设计。

2015年8月，国务院印发《促进大数据发展行动纲要》，提出加快政府数据开放共享，推动资源整合，提升治理能力；要大力推动政府部门数据共享，明确各部门数据共享的范围边界和使用方式，厘清数据管理及共享的义务和权利，依托政府数据统一共享交换平台，大力推进国家基础数据资源共享；稳步推动公共数据资源开放，建立公共机构数据资源清单，建设国家政府数据统一开放平台，推进公共机构数据资源统一汇聚和集中向社会开放，提升政府数据开放共享标准化程度；建立政府和社会互动的大数据采集形成机制，制定政府数据共享开放目录，通过政务数据公开共享，引导企业、行业协会、科研机构、公共组织等主动采集并开放数据。

2016年12月，我国工业和信息化部印发《大数据产业发展规划(2016—2020年)》，提出加强资源共享和沟通协作，协调制定政策措施和行动计划，解决大数据产业发展过程中的重大问题，建立大数据发展部省协调机制，加强地方与中央大数据产业相关规划、法律、政策等的衔接配套，通过联合开展产业规划等措施促进区域间大数据政策协调；推动制定公共信息资源保护和开放的制度性文件，以及政府信息资源管理办法，逐步扩大开放数据的范围，提高开放数据质量。

2018年3月，国务院办公厅发布《科学数据管理办法》，深刻把握大数据时代科学数据发展趋势，充分借鉴国内外先进经验和成熟做法，针对目前我国科学数据管理中存在的薄弱环节，进行了系统的部署和安排，围绕科学数据的全生命周期，加强和规范科学数据的采集生产、加工整理、开放共享等各个环节的工作。《科学数据管理办法》把确保数据安全放在首要位置，建立数据共享和对外交流的安全审查机制；按照"开放为常态，不开放为例外"的共享理念，明确为公益事业无偿服务的政策导向，充分发挥科学数据的重要作用。

(二) 信息安全技术——网络安全等级保护基本要求

《信息安全技术——网络安全等级保护基本要求》(GB/T 22239—2019)是2019年12月1日实施的一项中国国家标准，归口于全国信息安全标准化技术委员会。《信息安全技术——网络安全等级保护基本要求》(GB/T 22239—2019)规定了网络安全等级保护的第一级到第五级等级保护对象的安全通用要求和安全扩展要求(即网络安全等级保护制度2.0标准，简称等保2.0)。该标准适用于指导分等级的非涉密对象的安全建设和监督管理。信息安全等级保护的对象包括网络基础设施(广电网、电信网、专用通信网络等)、云计算平台/系统、大数据平台/系统、物联网、工业控制系统、采用移动互联技术的系统等。

在等保2.0时代，遵循等保2.0规则不是仅仅为了应对标准、迎合规定，而是要把电子政务的建设必须和安全保障进行深度融合，全面覆盖，确保政府信息系统的安全。等级保护对象分为五级，第一、二级国家认为是一般资产，三级以上包含重要资产以及关键资产。这些不同对象对应的监管力度也不一样。

(三) 个人信息保护相关法律政策

我国最早对个人信息收集、利用和保护加以规范的法律是刑法。2005年，第十届全国人大常委会第十四次会议通过的《中华人民共和国刑法修正案(五)》的第一百七十七条之一是我国法律上第一个关于侵害公民个人信息犯罪的法律规定。

2009年，第十一届全国人民代表大会常务委员会第七次会议审议通过的《中华人民共和国刑法修正案(七)》在刑法第二百五十三条后增加一条，作为第二百五十三条之一，首次将窃取或以其他方式非法获取公民个人信息、出售或非法提供公民个人信息的行为情节严重的规定为犯罪行为，纳入刑事打击的范围。

2012年，《全国人民代表大会常务委员会关于加强网络信息保护的决定》首次对网络服务提供者和其他企事业单位、国家机关及其工作人员在收集、使用、保管公民个人电子信息中应当遵循的原则、承担的义务及法律责任做出了较为具体的规定。

2013年，第十二届全国人民代表大会常务委员会第二次会议修订《中华人民共和国消费者权益保护法》时，在原第十四条中新增了消费者"享有个人信息依法得到保护的权利"，并在第五十条就侵害该权利的民事责任做出了规定，这是我国法律首次从民事权利的角度对个人信息做出的规定。

2017年6月1日起施行的《中华人民共和国网络安全法》于第四章"网络信息安全"中对个人信息的收集、存储、保管和使用进行了更全面细致的规范。

2017年10月1日起施行的《民法总则》第一百一十一条规定："自然人的个人信息受法律保护。任何组织和个人需要获取他人个人信息的，应当依法取得并确保信息安全，不得非法收集、使用、加工、传输他人个人信息，不得非法买卖、提供或者公开他人个人信息。"

2020年10月17日，第十三届全国人民代表大会常务委员会第二十二次会议第二次修订了《中华人民共和国未成年人保护法》。该法专章规定了"网络保护"，对信息处理者通过网络处理未成年人个人信息做出了专门规定。

2021年1月1日起施行的《中华人民共和国民法典》在第四编人格权的第六章"隐私权和个人信息保护"中对个人信息保护做出了详细的规定。

2021年8月20日，第十三届全国人民代表大会常务委员会第三十次会议表决通过《中华人民共和国个人信息保护法》，并于2021年11月1日起施行。

三、安全管理组织体系

电子政务安全管理组织体系包括电子政务安全数据管理能力、电子政务安全行政管理能力、电子政务安全风险管理能力、电子政务安全人员管理能力、电子政务安全运维管理能力。

(一) 电子政务安全数据管理能力

1. 数据类别

电子政务的各类数据包含但不限于以下类别：个人身份数据；公司资产数据；公司间交易数据；市场资讯、行情数据；行业产品数据；知识资产数据；政府工作人员与组织机构数据；政府日常经营、业务管理、办公管理数据；各类IT系统配置数据、用户账号、操作日志数据。

2. 数据产生的安全要求

在电子政务系统设计中，对人工以及通过各类数据采集程序输入系统的数据，有以下几个安全要求：一是设计输入验证功能，对输入的数据进行校验，严格限制仅有正确类型和限定长度的数据可以输入系统；二是进行数据访问权限设计，对于在系统中产生的各类数据，确保仅有恰当的用户角色具有新增数据的权限，同时应对用户所进行的数据新增操作进行日志记录；三是确保仅将新增数据的权限授予恰当的、已批准的人员或程序，防止未授权的人员、程序通过未授权的方式新增数据。

3. 数据存储的安全要求

一是确保电子政务系统中存储数据的服务器、数据库及相关IT基础设施自身的安全配置符合安全配置基线规范，并根据定期进行的安全风险评估的结果，进行安全配置加固；二是管理存储数据的服务器、数据库及相关IT基础设施的系统访问权限，确保仅有需要的人员角色获得其日常工作所需的最小权限；三是操作系统管理员、数据库管理员、应用系统管理员应做到职责分离、账号分离。

对于存储在服务器硬盘、盘阵、磁带、便携移动存储介质、用户终端以及移动计算设备上的机密数据，建议进行加密。数据加密应采用业界认可的成熟加密算法，对称加密的密钥长度不少于128位，非对称加密的密钥长度不小于1024位，密钥应定期更换，不再使用的密钥应加以回收或删除。

4. 数据使用的安全要求

在电子政务系统设计中，需设计用户认证功能，对访问系统数据的用户进行身份识别、验证与鉴权；需设计基于角色的数据访问控制功能，对于用户和程序通过系统访问数据，实现从数据类型、数量、范围、时间、访问方式、访问权限等维度定义访问控制策略，满足数据资产业务用例需求，满足最小权限定义所需要的颗粒度，并对数据使用中所执行的修改、删除、批量查询操作进行日志记录。

5. 数据传输的安全要求

在电子政务系统设计中，需划分网络安全区域，在安全域边界必须部署防火墙等网络安全工具，对跨越安全域之间的访问和数据传输需定义明确的访问控制策略，对存储和处理敏感数据的服务器进行网络隔离。

电子政务系统间的数据传输应尽量通过系统所定义接口或受控的数据集中传输平台进行，对于接口和平台的使用必须进行认证，并对接口的所有请求和响应、平台上所进行的操作进行日志记录。禁止通过网络共享服务进行文件传输。对于通过网络传输的敏感数据，必须进行加密与完整性保护。

6. 数据销毁的安全要求

对于保存有机密性数据的存储介质，在设备正常下线入库保存前，应采用数据清理工具，确保介质上的数据不可恢复，并对介质进行格式化。虚拟机资源回收时，虚拟机所使用存储资源上的剩余数据应通过技术手段予以清理，确保数据不可恢复。

(二) 电子政务安全行政管理能力

1. 安全组织机构

建立有效的安全管理组织机构是电子政务安全管理的基础，其目的在于统一规划各级网络系统的安全，制定完善的安全策略和措施，协调各方面的安全事宜等。这一组织机构应该具有如下职能：明确本单位电子政务系统的安全目标，据以制定整体的安全策略；根据电子政务的安全策略，制定并实施各项安全措施，如明确职责、检查安全措施的落实和监督执行等；制定明确的规章制度，作为日常安全工作应遵守的行为规范，及时修改完善不能满足管理需要的制度规章；制定安全规划和应急方案，采取主动和被动相结合的风险防范措施；制定敏感和保密信息的安全策略，划分需要保护的数据的范畴、密级或保护等级，确定存取控制方法和加密手段。

2. 安全责任制度

健全的规章制度是电子政务安全管理有效实施的保障，一般应包括系统运行维护管理制度、计算机处理控制管理制度、文档资料管理制度、操作和管理人员管理制度、机房安全管理制度、定期检查与监督制度。

(1) 系统运行维护管理制度，包括设备管理维护制度、软件维护制度、用户管理制度、密钥管理制度、定期检查和监督制度，以及各种操作规程等。

(2) 计算机处理控制管理制度，包括编制及控制数据处理流程、程序软件和数据的管理、复制移植和存储介质的管理、文档日志的标准化和通信网络系统的管理等方面的规章。

(3) 文档资料管理制度，主要是对非电子化的各种凭证、单据、账簿、报表和文字资料制定妥善保管和严格控制的相应规章。

(4) 操作和管理人员管理制度，包括岗位分工制度、权限划分制度、合法操作制度、异常情况报告制度、人员引进和调离制度，以及教育培训制度等。

(5) 机房安全管理制度，包括机房出入管理制度、身份认证机制、机房安全防范制度、机房卫生管理制度，以及机房运行操作管理制度等。

(6) 定期检查与监督制度，包括对系统安全运行的定期检查、对各项规章制度的落实情况的定期检查、对制度执行情况和人员工作情况的监督等。

(三) 电子政务安全风险管理能力

电子政务系统安全风险管理的目的在于保障政府组织活动的正常运转，可以分成风险评估和风险控制两个阶段。

1. 安全风险评估

安全风险评估指确定电子政务系统面临的风险级别，并据此制定风险管理策略，是风险控制的前提和基础。安全风险评估的基本步骤包括以下几个。

(1) 风险识别，即通过分析电子政务系统本身的技术特点，明确风险分析的对象，标识系统边界及其所包含的资源，确定风险管理的范围，找出系统本身的薄弱环节，分析威胁的来源、类型、级别和出现概率等，进而识别风险。

(2) 风险度量，即确定风险对组织或系统的影响程度，应主要评估完整性损失、可用性损失、机密性损失、责任性损失以及相关保证措施的损失等方面，进而确定风险级别。

(3) 制定风险管理策略，其目的在于最有效、最大限度地消除威胁、降低风险，并为风险控制提供指导。

2. 安全风险控制

安全风险控制指的是根据风险评估阶段的结果，对已标识的风险采取规避、转移和降低等措施，将电子政务系统的安全风险降低到可接受的水平。

(1) 选择风险控制手段，包括预防手段、限制手段和检测响应手段。预防手段，即通过消除系统缺陷及其被利用的可能性排除系统威胁；限制手段，即将威胁的影响限制在一定范围之内；检测响应手段，即主动进行入侵检测并积极给予响应，以消除不利影响。

(2) 风险规避措施，如将重要的计算机系统与外网隔离，避免外部攻击的风险；建立并实施恶意软件控制程序，减少系统受恶意攻击的机会；通过教育和培训，强化工作人员的安全意识与安全操作技能等。

(3) 降低威胁的影响程度，如建立并实施持续性的安全管理计划，包括对应急、备用、恢复等活动的安全要求建立并实施对系统进行监控的程序，以主动探测威胁，抑制其扩大。

(4) 对剩余风险的接受。在采取各种安全控制手段后，仍有部分风险未能控制或未被意识到，可以分为可接受和不可接受的风险，即剩余风险。对于可接受的风险采取接受措施，对于无法接受的风险则再增加控制，进一步降低风险。

(四) 电子政务安全人员管理能力

电子政务安全人员管理包括人事审查与录用，岗位与责任范围的确定，工作评价，人事档案管理，提升、调动与免职和基础培训等。从事每项安全活动，都应该有至少两人在场，他们要签署工作情况记录，以证明安全工作已经得到保障。在实际工作中，还应该明确如下原则：任期有限原则，任何人不应长期担任与安全有关的职务；职责分离原则，不要了解职责以外的与安全相关的事情，尤其是机密数据的接收与传送、安全管理与系统管理、密钥管理等，与其他工作应分开编程与操作；最小权限原则，只授予用户和系统管理员执行任务所需要的最基本权限，对超级用户的使用要权限分散。

(五) 电子政务安全运维管理能力

电子政务安全运维管理是指为保障电子政务系统(包括基础设施、网络、信息系统、信息资源和机房环境等)的安全、稳定和高效运行而进行的一系列规划、实施、监控与评估过程。

电子政务安全运维管理主要内容包括运维资产管理、运维人员管理、运维安全管理和运维绩效管理等。

(1) 运维资产管理是对已正式投入使用的信息化基础设施、软件等资产的动态配置管理。IT资产管理(IT资产是指计算机硬件和软件的资产，对应到运维资产管理里面就是信息系统硬件和软件资产的管理)是全面实现信息系统运行维护管理的基础，能够提供丰富的IT资产信息属性维护和备案管理，以及能够对业务应用系统的备案和配置进行管理。IT资产管理是基于关键业务点配置关键业务的基础设施关联，通过资产对象信息配置丰富业务应用系统的运行维护内容，实现各类IT基础设施与用户关键业务的有机结合，以及全面的综合监控，包括综合运行态势、系统采集管理和系统配置管理。

(2) 运维人员管理是对参与运维工作的人员的资格、能力和行为的管理。在运维人员管理中，明确规定各类人员的任务和职权范围，并对其工作进行定期检查和评估，还要对运维人员进行组织及培训，使具有不同知识水平和技术背景的人员尽快适应运用先进技术为管理工作服务的新系统，充分发挥新系统的功能。

(3) 运维安全管理是在电子政务系统运维过程中为保障信息的机密性、完整性和可用性而对信息安全的职责、制度、标准和流程的管理。

(4) 运维绩效管理是科学评价运维服务过程和服务结果，发现问题并提出改进措施。建立安全运维审核评估中心可提供对信息系统运行质量、服务水平、运维管理工作绩效的综合评估、考核、审计管理功能。

计算机、网络通信技术

国家信息基础设施建设

电子政务安全及其技术

电子政务安全制度环境体系

电子政务安全管理体系

📒 关键名词

计算机系统　网络技术　数据库技术　地理信息系统　数据加密技术　云计算　大数据　人工智能　电子政务安全

🖱 思考题

1. 电子政务通用技术包括哪些技术？举例说明。
2. 未来，电子政务发展有哪些创新的领域？
3. 电子政务安全包含哪些方面？
4. 为什么要进行电子政务安全建设？
5. 如何更好地实施电子政务安全建设？

第四章
政府网站建设与政务评价

引例：谁在给全国政府网站"找茬"挑错？

"我为政府网站找错"监督举报平台由国务院办公厅政府信息与政务公开办公室牵头主办，各级各类政府网站添加了平台入口，主动接受网民对网站的纠错，以此推动政府网站问题的整改。

"给政府网站找错"引起了周纪超的兴趣，因为工作需要，他经常登录政府网站查询相关法律政策文件，"经常发现有些文件找不到，我就想来'掺和'一下。"

从2017年3月开始，周纪超认真通过这一合法合理渠道，开始了"找茬"这件"不太讨人喜欢"的事。其后3个多月，他几乎每天都花费一两个小时翻阅政府网站。很快，周纪超有所斩获。他发现只是"我为政府网站找错"这个平台入口在不同的政府网站就有不同的呈现形态：有的政府网站设计得比较人性化，为方便网友纠错，链接标签会出现在每一个网页下方，在网页上发现任何问题，都可以快速找到链接入口提交；有的政府网站只是简单将链接标签嵌入在主页上；还有的政府网站将纠错图标"藏"了起来，放在网页上一个相对隐蔽的位置；甚至有个别网站放置假的图标，单击后并不会链接到"我为政府网站找错"入口。

除了这一细节问题，周纪超还查找出了更多部委网站的错误：在一家部委网站上多份法律法规政策文件中将"收入"错写成"收人"，他一口气找出了100多个错误；《电力法》修订一年半后，还有一家部委网站上依旧挂着旧版的法律条文。"这就能看出工作人员的工作态度、法律意识。"周纪超从中读出了背后的态度。

致力于给政府网站"找茬"纠错的，除了周纪超这样的热心网友，还有从事政府网站、信息公开研究的学者、学生，以及其他使用政府网站查询信息的网民。

2017年，南京大学研究生栗剑锋通过"我为政府网站找错"平台，提交了几十个问题。他告诉南方都市报，"找茬"纠错也是课题研究中的一项内容。"我们要根据导师确定的指标，给国家部委、地方政府网站运行情况测评打分，其中就包括对网友留言的反馈情况。"

南方都市报记者关注到，自2017年第二季度，国办要求各级各类政府网站均要添加"我为政府网站找错"平台后，一场"大家来找茬"的热潮逐渐在网友中掀起。

资料来源：中国搜索网。

经验启示

政府网站已经成为政府信息上传下达、对外服务的关键"窗口"。通过开通"我为政府网站找错"平台，公众可以直接在使用中发现网站问题，监督政府网站平台，大大提高了网站纠错效率，精准定位具体问题。事实证明，让公众更直接、便利地参与到政府网站规范发展中来，鼓励公众监督和评价政府网站，是持续推动政府网站建设的关键。

本章知识结构

政府网站是连接政府与服务对象的平台和接口，政府网站在建设理念、运行管理和评价指标等方面，是区别于商业网站的。为加强电子政务能力和不断拓展政府其他服务职能，发挥电子政务综合效益，各国都不遗余力地创新政府网站。因此，高效率、科学、规范的电子政务发展评价指标体系，能够引导和督促政府网站发挥出应有的职能和作用。第四章知识结构如图4.1所示。

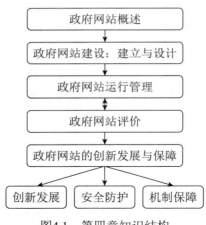

图4.1 第四章知识结构

第一节 政府网站概述

一、政府网站概念

网站是互联网技术发展的产物，是互联网技术体系的重要组成部分。所谓网站，通俗来讲，就是指在互联网上提供某些网络服务的信息空间。网络用户或者网民通过互联网进行信息查询、收集、处理，进行交流和沟通。时至今日，互联网已经成为一个全球性的数字化信息资源库和知识库。用户在互联网上进行交流，一般是由进入网站开始的。从访问网站的用户角度看，网站是互联网上人们传递、共享信息的聚集地。

网站的种类繁多，按照其拥有者或建设者的情况可分为个人网站和机构网站。前者由公民个人拥有或承建；后者由企事业单位、社会组织或团体等机构拥有或承建；按照机构性质分为商业性机构网站、从事互联网服务的机构网站、非营利性组织网站、国际组织网站、军事部门网站、教育机构网站等。

政府网站是政府部门利用互联网平台开发建设的面向政府业务和公共职务的网站系统，见图4.2和图4.3。电子政务网站建设不仅指政府在Web空间上开辟或建立一个政府站点，更强调的是基于电子政务理念及规范进行的电子政务系统开发技术、方法，促进业务优化和效率优先，全面和综合地进行网站建设和管理。

政府网站的开发、建设首先在于政务，政务是基础，是网站运行的根本。同时，政府网站的开发和建设需要遵循信息系统相关规划原则和实施流程。

图4.2　中华人民共和国中央人民政府网站

图4.3　辽宁省人民政府网站

政府网站是由硬件、软件、内容、人员和处理构成的综合体。硬件包括服务器、网络连接设备(如交换机、路由器)和传输介质(如光缆、电缆、双绞线)等；软件包括网页制作和发布工具、动画素材制作软件、网页开发语言、数据库管理系统等；内容是指网站所提供的信息资源、服务项目、各种政务处理功能等；人员包括网站的建设者、使用者和维护者；处理是指为实现网站服务项目和各种电子政务功能的应用程序处理逻辑，包括接收前台信息输入、后台存取、交互式访问等。政府网站的建设和运行就是构成网站的各种要素相互配合、相互支持的动态发展过程。

这里关于政府网站的界定采用了国务院办公厅2017年47号文《政府网站发展指引》中给出的定义：政府网站是指各级人民政府及其部门、派出机构和承担行政职能的事业单位在互联网上开办的，具备信息发布、解读回应、办事服务、互动交流等功能的网站。

二、政府网站的目标

政府网站是信息化时代政府与社会公众之间交流的有效载体，是电子政务重要的对外服务门户。建设具有高性能、高可靠性、技术先进、能实现统一的信息发布、集中的信息存储备份、专业的系统管理维护和便捷的网上办事系统，是政府网站的目标。

政府网站将政府可以通过互联网提供的各种公共服务按照某种适当的方式整合起来，为公众提供统一的页面样式和访问入口，公众不必逐个部门"拜访"，只需要登录一个入口，就可以获取到所有的业务服务。因此，政府网站设计的理想状况就是公众一次性地将办理业务所需要的各种信息通过网站传递到政府的信息库中，政府各个部门将分别按照自己的需要从信息库中获取这些信息，这样各项业务可以并行处理，业务之间的衔接和次序由网站系统来实现协调和整合，最后所有业务处理完毕后，通过网站通知用户或直接将处理结果告知用户。

不同层级的政府因主要职能不同，网站系统主要业务模块和职能也会有所差别。比如，国家级网站以政务公开为主要内容，提供信息服务；省市级政府网站则以信息互动为主要内容，除了政务公开以外，还可以提供与公众交流、收集社会舆论信息等方面的功能；基层政府网站则要突出一站式政务服务模式，以各个基层部门的业务系统为主要内容；具有行业性特点的业务垂直部门的门户，则以业务系统的网上服务为主要内容，凸显业务部门的应用服务等。

2017年国务院办公厅47号文《政府网站发展指引》中明确提出，政府网站要适应互联网发展变化，推进集约共享，持续开拓创新，到2020年，将政府网站打造成更加全面的政务公开平台、更加权威的政策发布解读和舆论引导平台、更加及时的回应关切和便民服务平台，以中国政府网为龙头、部门和地方各级政府网站为支撑，建设整体联动、高效惠民的网上政府。

三、政府网站的种类与功能

(一) 种类

1. 基本网站

基本网站即为某一政府机关建设和拥有的网站。按照网站所有者级别的不同,基本网站可分为中央政府机关政府网站、省级政府网站、市级政府网站、县级政府网站和乡级政府网站。其中,省、市级政府网站的任务最重,功能也比较复杂。

基本网站的特点是仅提供与某个特定政府机关有关或为其所有的信息,仅在该网站的职权范围内开展网上业务,对该机关职能范围外的情况则少有反映。基本网站可能提供指向其他网站的一些友好链接,但是数量是有限的。

2. 门户网站

门户网站提供整个行业或地区的有关政府网站的陈列表,其作用好似通向这些政府网站的大门,"门户"由此得名。门户网站把多个相关的政府网站联系在一起,使用户获得对一系列相关政府机关的完整印象,从而建立统一的网上政府形象。门户网站也被称为总站,而与之相连的其他基本网站则被称为分站或子站(友好链接除外)。分站可以是基本网站,也可以是门户网站。总站和分站在功能、风格上都有协调一致性。

政府门户网站有政府信息门户和应用门户两种类型。

(1) 政府信息门户(government information portal,GIP)。这类网站的基本作用是为人们提供政府信息,它强调对结构化与非结构化数据的收集、访问、管理和无缝集成。这类门户必须提供信息查询、分析、报告等基本功能,社会公众、企业、政府工作人员都可以通过政府信息门户非常方便地获取自己所需的信息。

(2) 应用门户(e-gov application portal,EAP)。这类网站实际上是对政府业务流程的集成,它以办公流程和客户应用需求为核心,把业务流程中功能不同的应用模块通过门户技术集成在一起。从某种意义上说,应用门户可作为各个政府部门站点信息办理系统的集成界面,公众、企业和政府工作人员可以通过应用门户访问相应的应用系统,实现移动办公、网上互动等。

(二) 功能

政府网站的建设是一项涉及面广、内容复杂、技术要求高、实施周期长的系统工程,是电子政务建设的重要组成部分。政府网站功能主要包括信息发布、解读回应和互动交流,政府门户网站和具有对外服务职能的部门网站还要提供办事服务功能。中国政府网要发挥好政务公开第一平台和政务服务总门户作用,构建开放式政府网站系统架构,省级政府和国务院各部门网站要主动与中国政府网做好对接。

1. 政府网站是电子政务的前端和绩效表现的窗口

《国务院办公厅关于加强政府网站建设和管理工作的意见》中详细说明了办好政府网

站的重要意义：政府网站是各级人民政府及其部门在互联网上发布政务信息、提供在线服务、与公众互动交流的重要平台。办好政府网站，有利于促进各级人民政府及其部门依法行政，提高社会管理和公共服务水平，保障公众知情权、参与权和监督权，对加强政府自身建设和推进行政管理体制改革具有重要意义。

各级政府网站的建设水平、服务能力、管理策略、安全保障和质量效益直接关系到我国政府信息化建设的整体效益和地区间电子政务的协调发展，涉及公众对政府的满意度和支持率等问题。政府网站作为政府对公民的接触点，最能体现政府的公共服务职能，是我国各级政府机关履行职能、面向社会提供服务的官方网站，也是政府机关实现政务信息公开、服务企业和社会公众、互动交流的重要渠道，并且在构建政府与社区、公民之间的互动方面充当联系的纽带。

政府网站是电子政务的窗口，还是电子政务绩效表现的重要载体，以及对平台支撑、信息资源和运行基础层面建设绩效的关键表征，并因此承担着对电子政务资源的整合作用。现代信息网络技术将政府公共服务的内容和形式引向了更广阔的领域。加强政府网站建设，勤于创新，始终坚持"政务信息公开、在线办事和公众参与"的三大功能定位，是当前一切政府网站工作的出发点和落脚点，也是电子政务建设功用的实际表现。

政府网站作为电子政务与民众的接触点，其政务信息公开的好坏同样关联着电子政务绩效的好坏。我国政府门户网站的首要功能就是及时发布各级政府的重大决策、行政法规、规范性文件等政务信息，便于公众在第一时间知悉重大决策和了解政府动态，确保公众的知情权和参与权。

2. 政府网站是政府发布信息的平台，用户检索和利用信息的载体

各地区、各部门要建立完善政府网站信息发布机制，及时准确发布政府重要会议、重要活动、重大决策信息。国务院文件在中国政府网公开发布后，各地区、各部门要及时在本地区、本部门网站转载，加大宣传力度，抓好国务院文件的贯彻落实。

政府网站要对发布的信息和数据进行科学分类、及时更新，确保准确权威，便于公众使用。对信息数据无力持续更新或维护的栏目要进行优化调整。已发布的静态信息发生变化或调整时，要及时更新替换。政府网站使用地图时，要采用测绘地信部门发布的标准地图或依法取得审图号的地图。政府网站发布的信息包括以下几个方面。

(1) 概况信息方面，发布经济、社会、历史、地理、人文、行政区划等介绍性信息。

(2) 机构职能方面，发布机构设置、主要职责和联系方式等信息；在同一网站发布多个机构职能信息时，要集中规范发布，统一展现形式。

(3) 负责人信息方面，发布本地区、本部门、本机构的负责人信息，可包括姓名、照片、简历、主管或分管工作等，以及重要讲话文稿。

(4) 文件资料方面，发布本地区、本部门出台的法规、规章、应主动公开的政府文件以及相关法律法规等，应提供准确的分类和搜索功能。如相关文件资料发生修改、废止、

失效等情况，应及时公开，并在已发布的原文件上做出明确标注。

（5）政务动态方面，发布本地区、本部门政务要闻、通知公告、工作动态等需要社会公众广泛知晓的信息，转载上级政府网站、本级政府门户网站发布的重要信息。发布或转载信息时，应注明来源，确保内容准确无误。对于重要信息，有条件的要配发相关图片视频。

（6）信息公开指南、目录和年报方面，发布政府信息公开指南和政府信息公开目录，并及时更新。信息公开目录要与网站文件资料库、有关栏目内容关联融合，可通过目录检索到具体信息，方便公众查找。按要求发布政府信息公开工作年度报告。

（7）数据发布方面，发布人口、自然资源、经济、农业、工业、服务业、财政金融、民生保障等社会关注度高的本地区本行业统计数据。政府网站加强与业务部门相关系统的对接，通过数据接口等方式，动态更新相关数据，并做好与本级政府门户网站、中国政府网等网站的数据对接和前端整合；要按照主题、地区、部门等维度对数据进行科学合理分类，并通过图表图解、地图等可视化方式展现和解读；提供便捷的数据查询功能，可按数据项、时间周期等进行检索，动态生成数据图表，并提供下载功能。

（8）数据开放方面，在依法做好安全保障和隐私保护的前提下，以机器可读的数据格式，通过政府网站集中规范向社会开放政府数据集，并持续更新，提供数据接口，方便公众开发新的应用。数据开放前要进行保密审查和脱敏处理，对过期失效的数据应及时清理更新或标注过期失效标识。政府网站要公开已在网站开放的数据目录，并注明各数据集浏览量、下载量和接口调用等情况。国家政府数据统一开放平台与中国政府网要做好数据对接和前端整合，形成统一的数据开放入口。

3. 政府网站是政府展示和宣传形象的阵地，回应公众诉求的窗口

一般来说，公众仅从电视、广播、报纸、宣传栏中获得一些政府办事的认识。政府在公众心目中的形象相对神秘，政府与公众的关系相对疏远。通过政府机关自己建立的网站，公众便可以全面了解政府的历史、现状和发展目标，揭开蒙在政府身上的神秘面纱，促使政府办事的过程更透明，让更多的公众可以更方便、及时地掌握和了解关于政府的信息，而不必等到需要到政府办事时才去了解政府。

政府通过政府网站对公众及时回应的问题涉及以下几个方面。

（1）政府网站发布本地区、本部门的重要政策文件时，应发布由文件制发部门、牵头或起草部门提供的解读材料。政府网站通过发布各种形式的解读、评论、专访，详细介绍政策的背景依据、目标任务、主要内容和解决的问题等。国务院文件公开发布时，应在中国政府网同步发布文件新闻通稿和配套政策解读材料。

（2）政府网站应根据拟发布的政策文件和解读材料，会同业务部门制作便于公众理解和互联网传播的解读产品，从公众生产生活实际需求出发，对政策文件及解读材料进行梳理、分类、提炼、精简，重新归纳组织，通过数字化、图表图解、音频、视频、动漫等形式予以展现。网站解读产品须与文件内容相符,于文件上网后及时发布。

(3) 政府网站应做好政策文件与解读材料的相互关联,在政策文件页面提供解读材料页面入口,在解读材料页面关联政策文件有关内容。政府网站应及时转载对政策文件精神解读到位的媒体评论文章,形成传播合力,增强政策的传播力、影响力。

(4) 政府网站对涉及本地区、本部门的重大突发事件,要在宣传部门指导下,按程序及时发布由相关回应主体提供的回应信息,公布客观事实,并根据事件发展和工作进展发布动态信息,表明政府态度。对社会公众关注的热点问题,要邀请相关业务部门做出权威、正面的回应,阐明政策,解疑释惑。对涉及本地区、本部门的网络谣言,要及时发布相关部门辟谣信息。政府网站回应信息要主动向各类传统媒体和新媒体平台推送,扩大传播范围,增强互动效果。沈阳市政府网站中的政民互动功能页面如图4.4所示。

图4.4　沈阳市政府网站中的政民互动功能页面

图片来源:http://www.shenyang.gov.cn/zmhd/.

4. 政府网站是政府对外办理公共事务的窗口,用户到政府办事的电子入口

政府对于网络技术的应用,并非只限于开设几个发布信息的网站,而是真正将网站作为办公的一个节点。这个节点与政府机关的内网相连,政府工作人员在此网络平台上对外办公,受理业务,比如接受纳税申报、审批建筑项目等。在公众并不亲临办公室地点的情况下,办理相关事宜,从而提高办事效率,加快服务节奏,并且为公众提供最大限度的方便。

(1) 各省(区、市)人民政府、国务院有关部门要依托政府门户网站,整合本地区、本部门政务服务资源与数据,加快构建权威、便捷的一体化互联网政务服务平台。中国政府网是全国政务服务的总门户,各地区、各部门网上政务服务平台要主动做好对接。

政府网站要设置统一的办事服务入口,发布本地区、本部门政务服务事项目录,集中提供在线服务;要编制网站在线服务资源清单,按主题、对象等维度,对服务事项进行科学分类、统一命名、合理展现;应标明每一服务事项网上可办理程度,能全程在线办理的要集中突出展现;对非政务服务事项要严格审核,谨慎提供,确保安全。

(2) 办事服务功能要有机关联文件资料库、互动交流平台、答问知识库中的信息资源,在事项列表页或办事指南页提供相关法律法规、政策文件、常见问题、咨询投诉和监督举报入口等,实现一体化服务。省级政府、国务院部门网站建设的文件资料库、答问知识库等信息服务资源应主动与中国政府网对接，形成互联互通的政务信息资源库。

（3）整合业务部门办事服务系统前端功能，利用电子证照库和统一身份认证，综合提供在线预约、在线申报、在线咨询、在线查询以及电子监察、公众评价等功能，实现网站统一受理、统一记录、统一反馈。

（4）细化规范办事指南，列明依据条件、流程时限、收费标准、注意事项、办理机构、联系方式等；明确需提交材料的名称、依据、格式、份数、签名签章等要求，并提供规范表格、填写说明和示范文本，确保内容准确，并与线下保持一致。

（5）全程记录企业群众在线办事过程，对查阅、预约、咨询、申请、受理、反馈等关键数据进行汇总分析，为业务部门简化优化服务流程、便捷企业群众办事提供参考。

5. 政府网站是进行互动和交流、增进政民相通的平台

政府网站是政府与百姓、企业开展及时在线互动的平台，政府网站要开设多样化界面，开通多个服务窗口，接受公众的咨询、诉求，实现开门办公和广纳贤言，增进政府和人民之间的信任，体现群策群力的工作精神。

（1）政府门户网站要搭建统一的互动交流平台，根据工作需要，实现留言评论、在线访谈、征集调查、咨询投诉和即时通讯等功能，为听取民意、了解民愿、汇聚民智、回应民声提供平台支撑。部门网站开设互动交流栏目尽量使用政府门户网站统一的互动交流平台，并标明开设宗旨、目的和使用方式等。

（2）信息发布、解读回应和办事服务类栏目要通过统一的互动交流平台提供留言评论等功能，实现数据汇聚、统一处理。

（3）政府网站开设互动交流栏目，要加强审核把关和组织保障，确保网民有序参与，提高业务部门互动频率、增强互动效果；要建立网民意见建议的审查、处理和反馈等机制，做到件件有落实、事事有回音，更好听民意、汇民智。地方和部门网站对中国政府网转办的网民意见建议，要认真研究办理，及时反馈。

（4）对收集到的意见建议要认真研判，起草的舆情信息要客观真实反映群众心声和关切重点，有参考价值的政策建议要按程序转送业务部门研究办理，提出答复意见。有关单位提供的回复内容出现敷衍推诿、答非所问等情况的，要予以退回并积极沟通，督促相关单位重新回复。

（5）做好意见建议受理反馈情况的公开工作，列清受理日期、答复日期、答复部门、答复内容以及有关统计数据等。开展专项意见建议征集活动的，要在网站上公布采用情况。以电子邮箱形式接受网民意见建议的，要每日查看邮箱信件，及时办理并公开信件办理情况。

（6）定期整理网民咨询及答复内容，按照主题、关注度等进行分类汇总和结构化处理，编制形成知识库，实行动态更新。在网民提出类似咨询时，推送可供参考的答复口径。

6. 政府网站是促进经济发展和开展电子政务的桥梁

政府网站应当成为互联网上联系贸易双方的信息桥梁。一方面，通过在政府网站上介绍、推广本国或本地资源，在一定程度上有助于招商引资；另一方面，政府网站还可根据本地经济的特点，为本地企业和经营者提供贸易伙伴的资料。

政府需要采购各种设备、材料及提供各种服务，还存在销售商品和服务的行为。在采购方面，通过网站公开招标，可以增加政府采购的透明度。我国已有不少城市在政府网站上设立采购栏目，或单独设立政府采购网站。同时，通过网络销售产品，也是一条良好的营销渠道。

第二节 政府网站建设

一、政府网站建设的程序与逻辑

(一) 政府网站建设的程序

政府网站建设有一个规范的流程，应前后衔接，彼此跟进，相互完善，具体包括如下几个阶段。

1. 研究规划和分析阶段：文档资料与素材收集

政府网站的设计和开发人员要研究网站建设项目相关的文档资料，明确网站的用户群，网站建设的目标、预期功能、性能、网站设计标准和规范，并从技术的角度将这些要求和思路予以细化、具体化、量化，更精确地定位网站框架和职能；同时收集网站制作的素材，包括文字材料、图片、管理要求等。

2. 网站形象设计阶段：政府特色展示

政府网站需要具有特定的整体形象。线下政府形象主要由物理结构和场所布局展示，线上政府同样需要借助网站平台展示外观形象，包括站点的标志、色彩、字体、多媒体的应用效果、版面布局等。政府特定形象应体现出政府庄重、严肃、权威的特点。在网页制作之前，开发和设计人员应设计好网站的标志、标准色彩或主调色彩、标准字体，并大致确定多媒体的应用效果。

3. 网站内容确立阶段：结构与要素分布

政府部门项目负责团队要与具体承担网站设计的公司共同进行系统的分析，包括用户分析、内容分析、网上业务流程分析和数据分析，进而明确网站设计内容的结构框架，即确定网站的功能模块，明晰网站各个部分的关系。这部分必须由懂得政府运行规律和懂得网站设计的人员负责，通力合作，否则难以实现原有政府业务流程再造，也难以实现在线服务的优化。

4. 确立文件目录结构：便捷检索与定位

用户端看到的政府网站由若干相关网页组成，开发和设计人员需要将这些网页以有序化的方式组织在Web服务器中；同时，具有动态效果的网页还包括很多组件，如图片、动画、声音、脚本程序等，这些文件也需要按照一定的逻辑关系组织起来，保存在Web及相关服务器中。文件目录结构的优良与否，关系到网站管理员能否方便地完成网站更新、维护与管理的任务。

5. 设计网站的链接结构：互通互联

政府网站构建的基本原则是"以用户为中心"，网站用户最关心的问题是能否快速找到所需信息。而这个问题的解决，除了要在网站内容和功能开发、内容结构设计上下功夫外，还需要将已经设计好的内容以一种便于访问的方式来体现，这就是网站链接结构的设计。

6. 选择合适的制作工具：网页制作

网页的编写是将网站内容结构和链接结构付诸实践的过程。在所有政府网站的网页中，主页是最重要的、内容最全面的。它是用户访问网站的第一站，向用户全面地介绍网站包括哪些信息和服务。网站中的其他网页有时也叫子网页。网页分静态网页和动态网页。关于动态网页，仅利用网页制作工具是不够的，还需要实现Web与数据库的链接，制作数据库。

7. 调试网站：完善与应用

网页、程序和数据库设计完毕后，需要进行调试。实际工作中，经常是一边调试，一边设计。比如，对于一类网页，先设计样版，调试通过后再成批地制作有关网页。调试成功后，网站可以交付测试。

(二) 网站建设的逻辑

政府网站建设需要严格审慎地论证，使其符合行政管理逻辑，具体包括4个内容。

1. 设计草案

根据各阶段的工作任务，先设计出备用草案。对结构设计、形象设计、主页设计等关键工作，可以出台多个备选草案，便于专业论证。

2. 审批草案

设计小组讨论审查备用草案，挑选出最为合适的草案作为设计方案。

3. 实施

按照选中的方案推进实施。

4. 修改

在方案实施过程中，对不当的细节加以适度调整和修改、完善。

二、政府网站的关键点设计

(一) 界面设计

政府网站集合政务相关信息,方便浏览者进行全面的信息查询。为此,在设计上一般都比较强调信息方便浏览和传递。要求在实现功能最大化的同时,实现用户的视觉统一和操作便捷的最大化。具体要求如下所述。

(1) 界面设计需要突出地方特色。

(2) 图形色彩统一,搭配合理,界面清楚整洁,层次结构清楚。

(3) 首页和其他各级页面的排版风格要统一。

(4) 富有时代气息和美感,色彩搭配稳重、合理、大气。

(5) Flash动画页面丰富而生动。

(二) 政务一体化设计

政府网站是实现各个职能部门和下级政务信息共享以及实时化处理的平台。各级政府网站与下属职能部门业务系统要实现互联互通,对于暂时没有条件自建网络的部门或下级政府,则在中心服务器上提供虚拟站点,实现网上信息交流,确保各级政府领导、机关部门办事人员、企业用户、个人用户等在虚拟政府社区开展业务活动。

政府各部门的网上系统实行统一化管理,采用一整套系统化的操作,完成页面内容制作、审批、更新、流程管理、应用开发、安全管理、角色权限管理等环节。

目前,整个政府部门网络可以分为三个层次建设和管理:

第一层次是各级政府机关及下属职能部门的内部计算机网络系统。

第二层次是职能部门和下一级政府综合信息网,这个网主要为职能部门间和下级政府间提供信息传递、交换等公用信息服务,实现各职能部门间非公开、非机密、非商业化信息的共享,提高政府办公效率。此为政府内部办公网。

第三层次是面向公众的服务网络,即基于互联网的政务服务网。此为群众口中的外网。

(三) 突出重点栏目设计

政府网站建设的重点是政务要闻、政务信息公开、在线办事、政民互动、数据开放等栏目,整个系统规划和建设要充分考虑核心栏目在方便检索、内容更新、连接互通等方面的操作。一个是政府内部信息更新和组织要方便快捷,一个是真正方便百姓的搜索、下载和使用。

(四) 突出服务设计

电子政务应充分体现为民服务的宗旨。在网站设计和内容选择上,突出服务的特征和方便应用的特点。要确保民众和企业基于网站可以充分了解政府机关的各项情况,获取政府的各种信息资源,解决普遍关注的问题,开展与政府部门之间的网络对话和咨询投诉等。

(五) 突出地方特色设计

我国幅员辽阔，各级地方政府网站也是地方特色展示的窗口，网站要在整个系统规划建设中嵌入地方特色展示内容，譬如旅游资源、招商引资、经济发展、生态农业、人才等方面优势，成为地方公益广告平台、特色经济宣传阵地、展示文明建设的舞台。

(六) 内容检索设计

要设计固定的站内检索功能，以及短期内检索热词排列。允许用户自定义检索条件(发布日期、标题、关键词等)进行搜索，范围包括网站信息和相关的业务信息，系统对检索条件进行分析处理，根据用户的访问权限提供全文搜索结果。

(七) 信息管理合理化设计

在系统提供的主页模板上，经过处理后的信息将自动生成网页在网上发布。信息维护和页面样式设计相分离，网站系统提供浏览器方式的信息维护工具，适用于非计算机专业人员进行维护工作，例如录入新信息和修改/删除已有信息。系统提供浏览器方式的信息维护工具，进行一般性信息维护时，只需录入文字信息，不对页面进行格式化或排版处理。同时，信息维护工具也提供多种录入方式，除文本录入方式外，还提供所见即所得的多媒体文档输入、上传其他格式的文档(如Word、Excel等)、链接到一个网站或一个网页、关系型数据库的数据。

(八) 信息复用性设计

电子政务各业务系统均以插件的方式建立在统一的协同工作站平台上，形成一个完整统一的整体，系统安装非常简单，同时日常维护费用非常低。一次性的数据，多次信息复用，有效地解决了信息孤岛问题。

(九) 系统易管理性设计

政府网站必须能够提供足够的系统支撑能力以满足大用户量访问。系统实际建设中，需要不断频繁地更新和添加系统内容，最大限度地体现它们的作用和价值，而实际操作者更多是非计算机技术人员(即业务人员)，他们关心的是工作界面是否友好、直观，操作是否简便。为此，在技术设计上采用了业务人员日常熟悉又经常使用的工具(如Windows资源管理器、Excel等)操作风格，业务人员稍加培训或不需培训即可使用这些工具建造和维护系统。

(十) 应用可扩展设计

在整个门户网站的建设过程中，应该能根据计算机技术的更新和政务制度创新适时扩充新功能，整个系统应具有良好的界面，良好的对外系统接口和统一的数据标准以及技术框架，具有良好的应用可扩展性。

(十一) 安全性设计

政府网站必须充分考虑安全性问题，网站安全才能正常履行职能。电子政务涉及许多重要的信息，它们的安全性必须得到保证。内、外网以及各种信息要按权限分级共享，充分保证系统的安全。

三、网页的设计与优化

(一) 展现与布局

1. 展现

(1) 政府网站应简洁明了、清新大气，保持统一风格，符合万维网联盟(World Wide Web Consortium，简称W3C)的相关标准规范要求。

(2) 政府网站应确定一种主色调，合理搭配辅色调，总色调不宜超过三种。使用符合用户习惯的标准字体和字号，同一类别的栏目和信息使用同一模板，统一字体、字号、行间距和布局等。

(3) 按照适配常用分辨率的规格设计页面，首页不宜过长。在主流计算机配置和当地平均网速条件下，页面加载时长不宜超过三秒。

(4) 对主流类别及常用版本浏览器具有较好的兼容性，页面保持整齐不变形，不出现文字错行、表格错位、功能和控件不可用等情况。

(5) 网站内容要清晰显示发布时间，时间格式为YYYY—MM—DD HH：MM。文章页需标明信息来源，具备转载分享功能。

(6) 页面中的图片和视频应匹配信息内容，确保加载速度，避免出现图片不显示、视频无法播放等情况。避免使用可能存在潜在版权纠纷或争议的图片和视频。

2. 布局

(1) 政府网站页面布局要科学合理、层次分明、重点突出，一般分为头部标识区、中部内容区和底部功能区。

(2) 头部标识区要醒目展示网站名称，可根据实际情况展示中英文域名、徽标(logo)以及多语言版、搜索等入口，有多个域名的显示主域名。

(3) 中部内容区要遵循"从左到右、从上到下"的阅读习惯，科学合理设置布局架构。

(4) 底部功能区至少要列明党政机关网站标识、"我为政府网站找错"监督举报平台入口、网站标识码、网站主办单位及联系方式、ICP备案编号、公安机关备案标识和站点地图等内容。

(5) 政府网站各页面的头部标识区和底部功能区原则上要与首页保持一致。

3. 栏目

(1) 栏目是相对独立的内容单元，通常为一组信息或功能的组合，按照信息类别、特定主题等维度进行编排并集中展现。

(2) 栏目设置要科学合理，充分体现政府工作职能，避免开设与履职行为、公众需求相关度不高的栏目。政府门户网站和部门网站应设置机构职能、负责人信息、政策文件、解读回应、工作动态、互动交流等栏目。

(3) 栏目名称应准确直观、不宜过长，能够清晰体现栏目内容或功能。

(4) 栏目内容较多时，可设置子栏目。栏目页要优先展现最新更新的信息内容。

(5) 做好各栏目的内容更新、访问统计和日常核查，对无法保障、访问量低的栏目进行优化调整或关停并转。杜绝出现空白栏目，暂不能正常保障的栏目不得在页面显示，不得以"正在建设中""正在改版中""正在升级中"等理由保留空白栏目。

4. 频道

频道是围绕特定主题的重要栏目或内容的组合，一般设置在中部内容区顶部，在各页面统一展示，为公众便捷使用提供导航。重要的单个栏目也可以作为频道。频道设置要清晰合理，突出重点。频道不宜过多，一般以5~8个为宜。

5. 专题

(1) 专题是围绕专项工作开设的特定栏目，集中展现有关工作内容，一般具有主题性、阶段性和时效性等特点。

(2) 专题一般以图片标题等形式在首页显著位置设置链接入口。专题较多时，要设置专门的专题区。

(3) 专项工作结束时，相关专题要从首页显著位置撤下并标注归档标识，集中保留至专题区，便于公众查看使用。

(4) 专题的页面风格原则上应与网站整体风格一致，具体页面展现可根据需要灵活设计。

(二) 地址链接

1. 内部链接

政府网站要建立统一资源定位符(uniform resource locator，URL)设定规则，为本网站的页面、图片、附件等生成唯一的内部地址。内部地址应清晰有效，体现内容分类和访问路径的逻辑性，便于用户识别。除网站迁移外，网站各类资源的URL原则上要保持不变，避免信息内容不可用。

2. 外部链接

政府网站所使用的其他网站域名或资源地址，称为该网站的外部链接。使用外部链接应经本网站主办单位或承办单位负责人审核。原则上不得链接商业网站。

3. 链接管理

政府网站应建立链接地址的监测巡检机制，确保所有链接有效可用，及时清除不可访问的链接地址，避免产生"错链""断链"。对于外部链接要严格审查发布流程，不得引用与所在页面主题无关的内容。严格管理非政府网站链接，确需引用非政府网站资源链接的，要加强对相关页面内容的实时监测和管理，杜绝因其内容不合法、不权威、不真实客观、不准确实用等造成不良影响。打开非政府网站链接时，应有提示信息。网站所有的外部链接要在页面上显示，避免出现"暗链"，造成安全隐患。

(三) 网页标签

网页标签是指网页模板中对有关展现内容进行标记而设置的标签，通常包括网站标签、栏目标签、内容页标签等。政府网站要在页面源代码"〈head〉…〈/head〉"中以meta标签的形式，对网站名称、政府网站标识码、栏目类别等关键要素进行标记，标签值不能为空。

政府网站要在所有页面中设置相关标签。栏目页要设置网站标签和栏目标签。内容页要在设置内容页标签的同时，设置网站标签以及栏目标签中的"栏目名称"和"栏目类别"标签。

1. 网站标签

网站标签的设置及示例如表4.1、表4.2所示。

表4.1 网站标签的设置

规范名称	标签名称	是否多值	设置要求	赋值内容
网站名称	SiteName	否	必选	政府网站的规范名称
网站域名	SiteDomain	是	必选	政府网站的英文域名
政府网站标识码	SiteIDCode	否	必选	政府网站合法身份的标识

表4.2 网站标签设置示例

〈head〉
…
〈meta name="SiteName" content="中国政府网"〉
〈meta name="SiteDomain" content="www.gov.cn"〉
〈meta name="SiteIDCode" content="bm01000001"〉
…
〈/head〉

2. 栏目标签

栏目标签的设置及示例如表4.3、表4.4所示。

表4.3 栏目标签

规范名称	标签名称	是否多值	设置要求	赋值内容
栏目名称	ColumnName	否	必选	政府网站具体栏目的名称
栏目描述	ColumnDescription	是	必选	反映栏目设置目的、主要内容的说明
栏目关键词	ColumnKeywords	是	必选	反映栏目内容特点的词语

(续表)

规范名称	标签名称	是否多值	设置要求	赋值内容
栏目类别	ColumnType	是	必选	首页
				概况信息
				机构职能
				负责人信息
				工作动态
				政策文件
				信息公开指南
				信息公开目录
				信息公开年报
				依申请公开
				数据发布
				数据开放
				政策解读
				回应关切
				办事服务
				咨询投诉
				征集调查
				在线访谈
				……

表4.4　栏目标签示例

〈head〉
…
〈meta name="SiteName" content="中国政府网"〉
〈meta name="SiteDomain" content="www.gov.cn"〉
〈meta name="SiteIDCode" content="bm01000001"〉
〈meta name="ColumnName" content="政策"〉
〈meta name="ColumnDescription" content="中国政府网政策栏目发布中央和地方政府制定的法规、政策文件、中共中央有关文件、国务院公报、政府白皮书、政府信息公开、政策解读等，提供法律法规和已发布的文件的查询功能"〉
〈meta name="ColumnKeywords" content="国务院文件,行政法规,部门规章,中央文件,政府白皮书,国务院公报,政策专辑"〉
〈meta name="ColumnType" content="政策文件"〉
…
〈/head〉

3. 内容页面标签

内容页面标签的设置及示例如表4.5、表4.6所示。

表4.5　内容页面标签

规范名称	标签名称	是否多值	设置要求	赋值内容
标题	ArticleTitle	否	必选	具体内容信息的标题
发布时间	PubDate	否	必选	内容信息的发布时间，格式为YYYY—MM—DD HH：MM
来源	ContentSource	否	必选	文章的发布单位或转载来源
关键词	Keywords	否	可选	反映文章信息内容特点的词语
作者	Author	否	可选	文章的作者或责任编辑
摘要	Description	否	可选	内容概要
图片	Image	否	可选	正文中图片URL
网址	Url	否	可选	文章的URL地址

表4.6　内容页面标签示例

〈head〉
…
〈meta name="SiteName" content="中国政府网"〉
〈meta name="SiteDomain" content="www.gov.cn"〉
〈meta name="SiteIDCode" content="bm01000001"〉
〈meta name="ColumnName" content="要闻"〉
〈meta name="ColumnType" content="工作动态"〉
〈meta name="ArticleTitle" content="今天的国务院常务会议定了这3件大事"〉
〈meta name="PubDate" content="2017—04—12 21：37"〉
〈meta name="ContentSource" content="中国政府网"〉
〈meta name="Keywords" content="国务院常务会议，医疗联合体，中小学，幼儿园，安全风险防控，统计法"〉
〈meta name="Author" content="陆茜"〉
〈meta name="Description" content="部署推进医疗联合体建设，部署加强中小学幼儿园安全风险防控体系建设，通过《中华人民共和国统计法实施条例(草案)》。4月12日的国务院常务会议定了这3件大事，会上，李克强总理对这些工作做出了哪些部署？"〉
〈meta name="Url" content="www.gov.cn/xinwen/2017—04/12/content_5185257.htm"〉
…
〈/head〉

(四) 相关管理约束

政府网站要方便公众浏览使用，页面内容要便于复制、保存和打印。政府网站要最大限度减少用户额外安装组件、控件或插件；确需使用的，要便于在相关页面获取和安装。应用系统、附件、视频等应有效可用，名称要直观、准确。附件、视频等格式应便于常用软件打开，避免用户额外安装软件。政府网站应避免使用悬浮、闪烁等方式，确需使用悬浮框的必须具备关闭功能。

政府网站严禁刊登商业广告或链接商业广告页面。

政府网站主办、承办单位要根据用户的访问和使用情况，对网站展现进行常态化优化调整。

第三节 政府网站运行管理

一、网站运行维护

政府网站系统的建设可以较快地做好,但网站维护要始终伴随网站运用,可能持续十几年,甚至几十年。从网站的生命周期看,政府网站的维护工作将是长久的。在建立网站之初就要了解并重视网站的维护。政府网站主要包括系统维护和信息维护。

(一)系统维护

政府网站的系统维护,涉及机房设施、网络环境、系统监控、技术支持等硬件系统方面,是保证网站对外提供服务的基本条件。

1. 设施

机房建设包含很多具体而细致的工作,主要有建筑设施、供电系统、空调、消防系统等方面。

2. 管理

政府网站系统的管理功能非常广泛,包括配置管理、性能管理、故障管理、安全管理和计费管理。事实上,网络管理还应该包括网络规划、网络操作人员管理等。

3. 监督

网站系统监控应涉及网站的支持系统、网络系统以及主机系统,并涵盖网站服务的全部过程。从内容来看,这些监控主要包括带宽控制、流量监控、服务器监控、服务器应用监控和安全监督等。

4. 安全

网站安全不是个别部件的安全,而是系统安全,需要建构起完整的安全服务体系,包括全面安全策略规划与方案设计、防火墙管理、综合的安全风险评估与安全优化、7×24(指每周7天,每天24小时)入侵监控与安全事件紧急响应、安全审计与灾难备份等。

(二)信息维护

1. 规划管理

政府网站的信息规划管理包括以下几项:网站系统业务流程的分析整理;网站系统涉及的数据及数据流程的分析整理;确认网站子系统划分的合理性,即各个具体的网站操作处理过程;根据实际情况建立管理模型和管理方法,并提交最终的分析报告。

2. 发布与更新管理

信息发布与更新管理的主要工作是对需要发布或更新的内容进行分析,并进行必要的取舍,以确认是否可以发布或更新以及发布或更新的正确形式。

3. 系统评价

系统评价的目的是评估系统的技术能力、工作性能和系统的利用效率，并为进一步改善未来的工作提供依据。评估报告的内容不仅应着眼于现有系统，还应提出改进的建议。

4. 系统备份

备份是一种数据安全策略，通过备份软件把数据备份，在原始数据丢失或遭到破坏的情况下，利用备份数据恢复原始数据，使系统能够正常工作。为了应对系统异常及保护系统的数据，政府网站需要备份系统的信息，主要指网页信息和后台数据库信息。

二、网站运行保障

(一) 网站运行人员与制度保障

1. 网站专职人员制度

网站运行人员因为角色和任务的差异，需要尽可能确切地规定每个人在各项业务活动中应负的责任、应做的事情和办事方式等，即要有明确的授权。

每种工作都要建立一定的评价指标，尽可能量化，便于检查和评价。同时，要对人员进行必要的培训，使其更好地了解和应用新的技术和运行规则，充分发挥系统的功能。

2. 网站运行制度

政府部门应制定相关的网站运行制度，包括网站建设、网站更新、网站维护、网站安全、网站反馈等。除了与网站相关的规定之外，还要制定相应的奖惩措施，以此激励或警示相关的工作人员。

(二) 网站监控与更新

1. 网站业务监控

网站业务需要实时进行监控，确保在网站运营不正常时，及时发现问题并进行纠正、调试。政府业务因为具有政治性、权威性和公信力度，网站各类业务活动更需要开展监控，及时掌控风险，并且发出预警，引起相关工作人员的高度重视。

2. 网站更新条件支持

网站建立的经费是一次性支出，而网站的更新则是不断投入的过程，包括人员服务更新、软硬件设施更换和空间调整。

(1) 人员服务更新。网站技术人员需要对正常运行的网站进行运营与维护，包括管理者、网站架构师、后台程序员、网站内容撰稿人、页面美工师等等。这些人从不同角度审视和维护网站，并进行适时的更新。

(2) 软硬件设施更换。软硬件资源是网站更新的主要部分，如系统软件与硬件、服务器等。

(3) 空间调整。网站更新需要一定的空间，空间可以指虚拟的空间，也可以指现实中的空间，如机房等。

第四节 政府网站评价

一、政府网站评价的要点与原则

(一) 网站评价要点

1. 社会公众满意度

政府网站建设的目的就是提高公共服务水平，以人民为中心，优化营商环境。公众的满意度、企业的满意度以及相关机构业务合作过程中的满意度是评价网站质量的关键。政府网站作为虚拟空间，突破了线下实体政府在时间、空间、方式方面的限制，政务信息更加透明，在线服务更加便捷，政民互动更加广泛自由，政府公共产品的供给能力显著提升，社会公众满意度也应该逐步提高。

2. 成本—收益

政府网站建设初期要投入大量资金和人力，甚至超过线下政府的运行成本，但在经过初期的投入高峰后，政府网站的预期收益会显著提升。尽管政府网站后续还需要继续维护费用，但基本与服务成效比较，收益依旧非常明显。

3. 运作管理

政府网站从建设到运行可谓是一个复杂的系统，涉及多方主体、多种资源以及大量电子政务业务，安全和保密等工作更是重中之重。政府网站的安全平稳和可持续运行考验着政府的线上线下管理综合能力。在政府网站运作管理过程中，要确保网站信息的畅通和公开自由地获得，确保在线业务及时高效处理，确保网络基础设施可以实现更新维护以及升级管理，确保各个端口安全可靠，等等。某种程度上说，政府网站管理的复杂性、难度要超过线下政府的实体管理。

4. 社会效益

政府网站要侧重实现社会效益，特别是不间断提高服务质量，通过网站展示地方特色资源，吸引外部投资；展现政府廉洁高效的形象，激励社会不断创新发展；弘扬正能量，倡导社会新风尚。因此，在评价政府网站时，要通过多种测量手段从正面和侧面分别了解政府网站的实时社会效益，以做出积极应对。

(二) 网站评价原则

1. 科学性原则

科学性原则主要体现在理论与实际结合和采用科学方法等方面。政府网站评价必须要有科学的规定性，各个评估指标的概念要科学、确切，有精确的内涵和外延，计算范围要明确，不能含糊其辞，不能有不同的解释，亦不能标准不一。评价指标必须与绩效、效益的科学概念相一致。

政府网站评价指标体系要准确地反映不同情况下的不同特点；要反映出政府工作的特点和信息化工作的价值；要兼顾各种指标之间的逻辑性和选择的历史依据，这些都体现出评价的科学性原则。

2. 系统优化原则

政府网站评价指标体系要统筹兼顾各方面的关系，包括统筹电子政务在经济效益、社会效益、管理效益等方面的关系，统筹当前与长远、整体与局部、技术与经济、定性与定量之间的关系等。

在设计政府网站评价指标体系时，应采用系统的方法。例如系统分解和层次分析法，由总体指标分解成次级指标，由次级指标再分解成次次级指标，即目标层、准则层、指标层，并组成树状结构的指标体系，体系要素(单项指标)及其结构(横向结构、层次结构)要能满足系统优化的要求。

3. 通用可比性原则

政府网站评价指标体系的设计必须在两个方面具有通用性和可比性：一是同一网站的历史纵向比较，评价指标要具有通用性、可比性；二是单位不同、性质不同的网站之间的横向比较。同时采取调整权重的方法，适应不同类型网站的可比性。

政府网站评价指标要尽可能与国内、国际的有关评价指标相一致，评价指标的定义尽可能采用国内、国际标准或公认的概念，评价的内容尽可能剔除不确定性因素和特定条件环境因素的影响。

4. 实用性原则

政府网站评价指标体系要繁简适中，计算评估方法要简便易行。在基本保证评估结果的客观性、全面性的条件下，指标体系要尽可能简化。计算方法、阐述方法要简便、明确、易于操作，便于在计算机上进行统计分析。

政府网站评价指标需要的数据应易于采集，各种数据尽可能在现有的统计制度、会计制度中得到。

各项评价指标及其相应的计算方法、各项数据都要标准化、规范化。

在评估过程中体现质量控制原则，依靠评估数据的准确性、可靠性和计算评估方法的正确实施，保证评估过程的质量。

5. 目标导向原则

政府网站评价的目的不是单纯地评出优劣和名次，而是要引导和鼓励政府网站建设朝着正确的方向和目标发展，因此指标体系在设计过程中要具有正确的目标导向作用。

贯彻目标导向原则需要明确网站评价目标。例如，一方面要重视成本—收益，另一方面要重视公众满意度；一方面要把信息技术的应用推广作为目标，另一方面要考虑到政府机构的安全性原则，提高工作人员的信息化技术水平。

二、政府网站评价的内容与指标体系

(一) 政府网站评价内容

政府网站评价内容比较丰富，对网站建设的各个方面都可以进行适当评价，以提高网站建设效益和管理服务水平。一般来说，评价包括运行评价和管理评价两部分。运行评价包括网站速度、网页风格、栏目设置、互动功能、信息更新、在线服务、界面友好度等。管理评价则涉及网站建设和维护资金、人员配备、软硬件设施、安全防护、突发应急处置等。管理评价往往涉及敏感数据和政府机密，部分成效也并非短期内可以显示出来，管理评价一般只能由政府委托机构进行内部评价或者权力监督部门进行上下级监督评价。一般公众理解的网站评价主要是指网站的运行评价，即针对网站自身建设和运行状况的评价。

政府网站评价其实也是电子政务评价的核心任务，很多国际组织把对政府网站评价视作电子政务的绩效状况。尽管两者之间存在差异，但对公众来说，政府网站建设绩效和运行水平确实代表了电子政务的基本能力状况。

政府网站运行评价指标的选择要充分考虑指标以下特性：具体性，即指标一定要切中特定的工作内容，有具体测量指向；可度量性，即指标是数量化或者行为化的，指标数据或者信息是可以获得的；可实现性，避免设立过高或过低的目标；现实性，指标是实实在在的，可以证明和观察到；时限性，在特定期限内能够完成。

世界市场研究中心(World Markets Research Center)与美国布朗大学(Brown University)分别对政府网站进行了测评。在整体评估时，针对联系信息、出版物、数据库、门户网站和网上公共服务的数量5个方面，将其细化为电话联系信息、联系地址、出版物、数据库、联系其他网站的链接等22个指标。此外，还针对政府网站重要测评指标，包括网上服务能力、网上信息、保护隐私政策和残疾人通道5个指标，进行了细化分析。

美国的埃森哲(Accenture)咨询公司针对政府网站也给出了若干测评指标，主要有服务成熟度和传递成熟度指标。服务成熟度包括公布信息、交互和政务处理3个层次；传递成熟度包括传递机制的状况，如"一网式"的程度、根据顾客意向进行设计的程度、顾客关系管理技术、网站链接的能力、额外增值服务的程度。

(二) 政府网站评价的指标体系

指标是一种衡量目标的单位或方法，评价指标是衡量工作效果、效益的单位或方法。评价指标的概念来源于关键绩效指标，是指通过对组织内部流程的输入端、输出端的关键参数进行设置、取样、计算、分析，以衡量流程绩效的一种目标式量化管理指标，是把组织的战略目标分解为可操作的工作目标的工具，是组织绩效管理的基础。政府网站评价指标是指在政府网站绩效评估过程中，为了保证评价的科学性、全面性、客观性而设计的一套量化式的变量体系。

关于政府网站评价指标体系一直是有争议的，一方面，政府网站评价内容较多，涉及指标复杂，很难统一认识以及赋予一致的权重；另一方面，政府网站建设差异比较大，发展阶段不同，评价重点也有差异，构建指标体系更充满变化，难以确定核心指标，体系构成难以达成共识。

清华大学公共管理学院孟庆国教授团队按照《政府网站与政务新媒体检查指标、监管工作年度考核指标》《关于印发2021年政务公开工作要点的通知》(国办发〔2021〕12号)等系列文件要求，结合国家全面推进政务公开、加快推进"互联网+政务服务"、政府网站集约化试点等工作部署，借鉴领先政府网站的发展趋势和特点，评估工作组研究制定了"2021年中国政府网站绩效评估"指标体系。

1. 2021年中国政府网站绩效评估指标逻辑框架与指标阐释

2021年中国政府网站绩效评估指标逻辑框架如图4.5所示。

图4.5　2021年中国政府网站绩效评估指标逻辑框架

资料来源：清华大学2021政府网站评价团队。https://www.sppm.tsinghua.edu.cn/info/1005/1516.htm。

(1) 信息公开，主要考察政府网站对概况信息、机构职能、动态要闻、政策文件等基础信息公开，"十四五"规划、市场监管执法、常态化疫情防控、财政资金、生态保护、公共企事业等重点领域信息公开，以及数据发布和开放的情况。

(2) 政策解读，主要考察政府网站对重大决策、重要政策的送达和解读情况，包括政策送达、解读比例、解读关联和解读质量情况。

(3) 在线服务，主要从用户需求和使用视角出发，考察办事指南规范性、办事统计数据，以及企业开办、投资审批、机动车、福利待遇等专题场景服务的提供情况。

(4) 互动交流，主要通过模拟用户的方式，考察政府网站咨询投诉渠道可用性、信件公开情况、回复处理情况、征集调查和反馈情况，以及智能化互动情况。

(5) 展现设计,主要考察政府网站域名名称、网站标识、纠错入口、搜索引擎等情况。

(6) 传播应用,主要考察政府网站在主流公共搜索引擎中的收录情况、用户访问量,以及微博、微信用户对政府网站的满意度情况。

(7) 监督管理,主要考察政府网站健康情况、通报整改等情况。

(8) 创新发展案例评选,主要评选政府网站围绕集约化、智能化、规范化等方面的创新案例。

2. 2021年中国政府网站评价指标项和要点

清华大学2021中国政府网站评价指标体系的评估要点明确具体。指标设计按照国家部委办(见表4.7)和地方政府(见表4.8)两个层级来评估。

表4.7 国务院部门网站评价指标体系

一级指标	二级指标	评估要点
信息公开	机构职能	能否便捷查询到部门职能信息
	领导信息	能否便捷查询到领导的简历和照片等信息
	动态要闻	动态要闻类栏目能否及时更新维护
	政策文件	政策文件类栏目能否及时更新维护
	数据发布	是否及时发布政府数据,并予以可视化展现
	数据开放	是否及时开放政府数据,提供开放数据集
	专题专栏	是否围绕政务中心工作和社会热点建立专题专栏,并及时更新维护
政策解读	政策送达	(1) 是否建设政策文件库,对政策进行汇聚 (2) 政策文件的多维分类情况,以及结合用户类型、办事需求等主动推送情况
	解读比例	(1) 以国务院部门名义印发的涉及面广、社会关注度高的政策文件的解读比例 (2) 以国务院部门办公厅(室)名义印发的涉及面广、社会关注度高的政策文件的解读比例
	解读关联	(1) 是否对政策文件与解读材料进行相互关联,在文件页提供解读材料页面入口,在解读页关联政策文件有关内容 (2) 是否及时转载对政策文件精神解读到位的媒体评论文章
	解读质量	(1) 是否通过发布各种形式的解读、评论、专访,详细介绍政策的背景依据、目标任务、主要内容和解决的问题等 (2) 是否通过数字化、图表图解、音视频、动漫等形式予以展现
在线服务	办事指南	(1) 办事指南重点要素类别(包括事项名称、设定依据、申请条件、办理材料、办理地点、办理机构、收费标准、办理时间、联系电话、办理流程)是否完整 (2) 办理材料格式要求是否明确(如未说明原件/复印件、纸质版/电子版、份数等) (3) 是否存在表述含糊不清的情形(如"根据有关法律法规规定应提交的其他材料"等表述) (4) 办事指南中提到的政策文件,是否有具体内容 (注:无事项的将权重分解至其他指标)

(续表)

一级指标	二级指标	评估要点
在线服务	表格样表	随机抽查办事指南，要求办事人提供申请表、申请书等表单但未提供规范表格获取渠道的情况
	办事统计	(1) 是否公开办事统计数据 (2) 办事统计数据是否及时更新
	专题场景服务	是否围绕政务中心工作和社会热点事项，整合相关信息和服务资源，提供场景化专题或集成服务
互动交流	渠道整合	留言、征集、访谈等同类渠道的整合情况
	留言答复	(1) 能否在5个工作日内收到答复意见 (2) 答复内容是否存在推诿、敷衍等现象
	信件公开	(1) 咨询建言类栏目是否公开网民留言 (2) 留言要素是否完整，涵盖留言时间、答复时间、答复单位、答复内容等要素
	征集调查	(1) 是否围绕中心工作和社会热点开展征集调查 (2) 是否及时反馈征集调查结果，回应采纳情况
	智能化互动	(1) 是否建立智能化自动问答 (2) 智能化问答服务的回复质量
展现设计	域名名称	(1) 网站域名是否清晰规范 (2) 网站名称是否清晰规范
	网站标识	在全站页面底部功能区清晰列明党政机关网站标识、网站标识码、ICP备案编号、公安机关备案标识、网站主办单位、联系方式的情况
	纠错入口	在全站页面底部功能区规范添加"我为政府网站找错"入口的情况
	搜索引擎	(1) 网站是否提供搜索并可用 (2) 网站搜索结果是否分类展现 (3) 是否提供模糊搜索和关键词聚合功能
传播应用	搜索收录数	网站页面在公共搜索中的收录情况
	用户访问量	(1) 网站的日均访问PV数(page view，即页面浏览量或点击量) (2) 网站的日均访问UV数(unique visitor，即独立访客数)
	网民满意度	(1) 微博、微信用户对网站易用性的口碑情况 (2) 微博、微信用户对网站实用性的口碑情况
监督管理	健康情况	(1) 网站首页和链接(包括图片、附件、外部链接等)的可用情况 (2) 网站首页和各栏目的更新维护情况，是否存在空白栏目、长期不更新等现象
	通报整改	(1) 本部门及组织填报网站被国务院办公厅通报的情况 (2) 国办通报和媒体曝光问题，是否及时整改
创新发展案例评选	集约化	政府网站在集约化方面的探索与应用情况
	智能化	政府网站在智能化方面的探索与应用情况
	规范化	政府网站在规范化方面的探索与应用情况
	政务新媒体	运用政务新媒体推进政务公开、回应社会关切、提供便捷服务、开展互动交流等情况

表4.8 地方政府门户网站评价指标体系

一级指标	二级指标	评估要点
信息公开	基础信息公开	(1) 能否便捷查询到地区的概况信息 (2) 能否便捷查询到发改、教育等部门职能信息 (3) 能否便捷查询到领导的简历和照片等信息 (4) 动态要闻类栏目能否及时更新维护 (5) 政策文件类栏目能否及时更新维护
	重点领域信息公开	(1) 能否便捷查询到"十四五"规划、专项规划等信息 (2) 能否便捷查询到市场监管执法信息 (3) 能否便捷查询到常态化疫情防控信息 (4) 能否便捷查询到财政资金等相关信息 (5) 能否便捷查询到生态保护等相关信息 (6) 基层政务公开标准化规范化开展情况 (7) 教育、卫生健康等公共企事业单位公开情况
	数据发布和开放	(1) 能否便捷查询政府数据及可视化展现情况 (2) 能否便捷获取政府开放数据集
政策解读	政策送达	(1) 是否建设政策文件库,对政策进行汇聚 (2) 政策文件的多维分类情况,以及结合用户类型、办事需求等主动推送情况
	解读比例	(1) 以本地区政府名义印发的涉及面广、社会关注度高的政策文件的解读比例 (2) 以本地区办公厅(室)名义印发的涉及面广、社会关注度高的政策文件的解读比例 (3) 本地区政府常务会议的解读比例
	解读关联	(1) 是否对政策文件与解读材料进行相互关联,在文件页提供解读材料页面入口,在解读页关联政策文件有关内容 (2) 是否及时转载对政策文件精神解读到位的媒体评论文章
	解读质量	(1) 是否通过发布各种形式的解读、评论、专访,详细介绍政策的背景依据、目标任务、主要内容和解决的问题等 (2) 是否通过数字化、图表图解、音视频、动漫等形式予以展现
在线服务	办事指南	(1) 随机抽查5个办事服务事项,办事指南重点要素类别(包括事项名称、设定依据、申请条件、办理材料、办理地点、办理机构、收费标准、办理时间、联系电话、办理流程)是否完整 (2) 办理材料格式要求是否明确(如未说明原件/复印件、纸质版/电子版、份数等) (3) 是否存在表述含糊不清的情形(如"根据有关法律法规规定应提交的其他材料"等表述) (4) 办事指南中提到的政策文件是否有具体内容
	表格样表	随机抽查办事指南,要求办事人提供申请表、申请书等表单但未提供规范表格获取渠道的情况
	办事统计	(1) 是否公开办事统计数据 (2) 办事统计数据是否及时更新
在线服务	个人场景服务	(1) 是否围绕机动车登记,整合新车登记、号牌选取、购置保险、车辆变更、交易过户等相关信息和便民服务资源,提供场景化便民服务 (2) 是否围绕老年人福利待遇,整合社会保障、教育培训、卫生健康、交通出行、文体休闲等相关信息和便民服务资源,提供场景化专题服务
	企业场景服务	(1) 是否围绕企业开办,整合名称核准、营业执照、领取公章、税务登记、参保登记等相关信息和便民服务资源,提供场景化专题服务 (2) 是否围绕投资审批,整合项目登记、项目报批、信息报备等相关信息和便民服务资源,提供场景化专题服务

(续表)

一级指标	二级指标	评 估 要 点
互动交流	渠道整合	(1) 留言、征集、访谈等同类渠道的整合情况 (2) 政府网站与12345等其他互动渠道的整合情况
	留言答复	(1) 能否在5个工作日内收到答复意见 (2) 答复内容是否存在推诿、敷衍等现象
	信件公开	(1) 咨询建言类栏目是否公开网民留言 (2) 留言要素是否完整，涵盖留言时间、答复时间、答复单位、答复内容等要素
	征集调查	(1) 是否围绕中心工作和社会热点开展征集调查 (2) 是否及时反馈征集调查结果，回应采纳情况
	智能化互动	(1) 是否建立智能化自动问答 (2) 智能化问答服务的回复质量
展现设计	域名名称	(1) 网站域名是否清晰规范 (2) 网站名称是否清晰规范
	网站标识	在全站页面底部功能区清晰列明党政机关网站标识、网站标识码、ICP备案编号、公安机关备案标识、网站主办单位、联系方式的情况
	纠错入口	(1) 门户网站加挂"我为政府网站找错"入口情况 (2) 部门网站加挂"我为政府网站找错"入口情况
	搜索引擎	(1) 网站是否提供搜索并可用 (2) 网站搜索结果是否分类展现 (3) 是否提供基于关键词的聚合功能
传播应用	搜索收录数	网站页面在公共搜索中的收录情况
	用户访问量	(1) 网站的日均访问PV数 (2) 网站的日均访问UV数
	网民满意度	(1) 微博、微信用户对网站易用性的口碑情况 (2) 微博、微信用户对网站实用性的口碑情况
监督管理	健康情况	(1) 网站首页和链接(包括图片、附件、外部链接等)的可用情况 (2) 网站首页和各栏目的更新维护情况，是否存在空白栏目、长期不更新等现象
	抽查检查	(1) 是否开展本地区政府网站的抽查检查工作 (2) 是否对抽查检查结果进行公开
	通报整改	(1) 政府门户网站及区域内其他政府网站被国务院办公厅通报的情况 (2) 国办通报和媒体曝光问题，是否及时整改
创新发展案例评选	集约化	政府网站在集约化方面的探索与应用情况
	智能化	政府网站在智能化方面的探索与应用情况
	规范化	政府网站在规范化方面的探索与应用情况
	政务新媒体	运用政务新媒体推进政务公开、回应社会关切、提供便捷服务、开展互动交流等情况

资料来源：2021年中国政府网站绩效评估工作方案和指标(征求意见稿)https://www.sppm.tsinghua.edu.cn/info/1005/1516.htm.

3. 2021年我国各级政府网站评价结果特征

(1) 政府网站绩效水平稳步改善。与2020年、2019年相比，2021年全国各级政府网站梯度分布呈现"优秀"和"良好"梯度占比提升，而"中等"和"待改进"梯度占比下降的特征。其中，省级政府网站中，"优秀"梯度占比从2019年的28%提升至37%，"中等"和"待改进"占比由2019年的28%降至19%。

(2) 加快推进数据、应用和服务融通。在政府网站集约化试点工作的带动下，各地、各部门积极探索集约化新模式，按照统一标准体系、统一技术平台、统一安全防护、统一运维监管的要求，建设集约化平台、编制标准规范、构建信息资源库、提供一体化服务、强化安全保障，不断推进数据融通、服务融通、应用融通。如贵州省通过"1+5+N"的标准规范体系，解决了数据的汇聚、融通和应用问题，实现数据的"聚通用"。

(3) 运用AI等技术推进政策精准个性服务。依托政府网站信息资源库，聚焦政策文件，实现政策文件的整合、汇聚和沉淀。海关总署、海南、深圳、佛山等地利用人工智能、自然语言处理、用户画像等技术，对政策文件进行深度加工，实现政策要点化、要点标签化、资源关联化，通过"政策直通车""政策找企业""智能化引导""个性化推送"等多样化服务形式，实现了政策服务的主动化、精准化、个性化。

(4) 提升服务质效，推进"跨省通办"。2020年9月，国务院办公厅印发《关于加快推进政务服务"跨省通办"的指导意见》，提出140项高频政务服务"跨省通办"事项清单。2021年评估发现，浙江、上海、四川、广东等省市创新制度机制，优化业务流程，强化业务协同，打破地域阻隔和部门壁垒，促进条块联通和上下联动，推进减时间、减环节、减材料、减跑动，推动了京津冀、长三角、泛珠区域、川渝、西南五省、东北三省等跨省通办，实现了异地办事"马上办、网上办、就近办、一地办"，不仅提高了办事速度，还提升了服务温度。

(5) 整合互动渠道，促进公众参与。北京、广州、安顺等地深入整合政府网站、政务新媒体、热点等互动渠道，实现"多端受理、统一处理、同步回复"。在此基础上，形成互动知识库，通过自然语言处理、知识图谱、人工智能等相关技术，对互动资源进行深度加工和开发利用，实现智能问答、智能推送、智能引导等，提升政府网站用户体验。例如，北京市等建立健全快速回复机制，实现政府网站和政务新媒体"简单问题1个工作日办结回复"，取得良好实效。

(6) 打造"指尖政府"。基于政府网站信息资源库，实现政府网站资源向移动端的扩展。国家税务总局、商务部、广东省、济南市等注重移动端建设和应用，将政策文件、办事服务、互动交流等拓展至移动端，在后台"业务统一、数据统一、管理统一"的基础上，实现前台"渠道多元化、应用差异化、形式多样化"，扩大了传播范围，提升了传播深度，增强了传播效果。如围绕政策文件，积极运用生动活泼、通俗易懂的语言以及图表图解、H5、短视频等公众喜闻乐见的形式推出宣传解读产品，提高了可用性、实用性和易用性。

第五节 政府网站的创新发展与保障

一、政府网站的创新发展

(一) 个性化服务

政府网站的个性化服务主要体现为以下几个方面。

(1) 以用户为中心,打造个人和企业专属主页,提供个性化、便捷化、智能化服务,实现"千人千网",为个人和企业"记录一生,管理一生,服务一生";根据用户群体特点和需求,提供多语言服务;围绕残疾人、老年人等特殊群体获取网站信息的需求,不断提升信息无障碍水平。

(2) 优化政府网站搜索功能,提供错别字自动纠正、关键词推荐、拼音转化搜索和通俗语言搜索等功能;根据用户真实需求调整搜索结果排序,提供多维度分类展现,聚合相关信息和服务,实现"搜索即服务"。

(3) 通过自然语言处理等相关技术,自动解答用户咨询,不能答复或答复无法满足需求的可转至人工服务;利用语音、图像、指纹识别等技术,鉴别用户身份,提供快捷注册、登录、支付等功能。

(二) 开放式架构

政府网站的开放式架构主要体现为以下几个方面。

(1) 构建开放式政府网站系统框架,在满足基本要求的基础上,支撑融合新技术、加载新应用、扩展新功能,随技术发展变化持续升级,实现平滑扩充和灵活扩展。

(2) 开放网上政务服务接口,引入社会力量,积极利用第三方平台,开展预约查询、证照寄送以及在线支付等服务,创新服务模式,让公众享受更加便捷高效的在线服务。

(3) 建立完善公众参与办网机制,鼓励引导群众分享用网体验,开展监督评议,探索网站内容众创,形成共同办网的新局面。

(三) 大数据支撑

政府网站的大数据支撑主要体现为以下几个方面。

(1) 对网站用户的基本属性、历史访问页面内容和时间、搜索关键词等行为信息进行大数据分析,研判用户的潜在需求,结合用户定制信息,主动为用户推送关联度高、时效性强的信息或服务。

(2) 研究分析网站各栏目更新、浏览、转载、评价以及服务使用等情况,对有关业务部门贯彻落实决策部署,开展信息发布、解读回应、办事服务、互动交流等方面工作情况进行客观量化评价,为改进工作提供建议,为科学决策提供参考。

(四) 多渠道拓展

政府网站的多渠道拓展主要体现为以下几个方面：适应互联网发展变化和公众使用习惯，推进政府网站向移动终端、自助终端、热线电话、政务新媒体等多渠道延伸，为企业和群众提供多样便捷的信息获取和办事渠道；提高政务新媒体内容发布质量，可对来自政府网站的政务信息进行再加工和再创作，通过数字化、图表图解、音频视频等公众喜闻乐见的形式发布；开展响应式设计，自动匹配适应多种终端；建立健全人工在线服务机制，融合已有的服务热线资源，完善知识库，及时响应网民诉求，解答网民疑惑。加强与网络媒体、电视广播、报刊等的合作，通过公共搜索、社交网络等公众常用的平台和渠道，多渠道传播政府网站的声音；开展线上线下协同联动的推广活动，提高政府网站的用户黏性、公众认知度和社会影响力。

二、政府网站的安全防护

政府网站要根据网络安全法等要求，贯彻落实网络安全等级保护制度，采取必要措施，对攻击、侵入和破坏政府网站的行为以及影响政府网站正常运行的意外事故进行防范，确保网站稳定、可靠、安全运行。在网信、公安等部门的指导下，加强网络安全监测预警技术能力建设。网站安全与网站开设要同步规划、同步建设、同步实施。

(一) 技术防护

1. 软硬件设施设备安全检查

政府网站服务器不得放在境外，禁止使用境外机构提供的物理服务器和虚拟主机。优先采购通过安全审查的网络产品和服务。使用的关键设备和安全专用产品要通过安全认证和安全检测。被列为关键信息基础设施的政府网站要在严格执行等级保护制度的基础上，实行重点保护，不得使用未通过安全审查的网络产品和服务。按照要求定期对政府网站开展安全检测评估。

2. 建立安全管理机制

部署必要的安全防护设备，应对病毒感染、恶意攻击、网页篡改和漏洞利用等风险，保障网站安全运行。操作系统、数据库和中间件等软件要遵循最小安装原则，仅安装应用必需的服务和组件，并及时安装安全补丁程序。部署的设备和软件要具备与网站访问需求相匹配的性能。划分网络安全区域，严格设置访问控制策略，建立安全访问路径。

3. 加强数据安全管控

前台发布页面和后台管理系统应分别部署在不同的主机环境中，并设置严格的访问控制策略，防止后台管理系统暴露在互联网中。要对应用软件的代码进行安全分析和测试，识别并及时处理可能存在的恶意代码。对重要数据、敏感数据进行分类管理，做好加密存储和传输。加强后台发布终端的安全管理，定期开展安全检查，防止终端成为后台管理系统的风险入口。

4. 严格用户管理

加强用户管理,根据用户类别设置不同安全强度的鉴别机制。禁止使用系统默认或匿名账户,根据实际需要创建必需的管理用户。要采用两种或两种以上组合的鉴别技术,确定管理用户身份。严格设定访问和操作权限,实现系统管理、内容编辑、内容审核等用户的权限分离。要对管理用户的操作行为进行记录。加强网站平台的用户数据安全防护工作。

5. 建立可靠的运行监管机制

使用符合国家密码管理政策和标准规范的密码算法和产品,逐步建立基于密码的网络信任、安全支撑和运行监管机制。

6. 完善综合安全防范措施

在网站建设中,应采用可信计算、云计算、大数据等技术,利用集约化手段,开展网站群建设,减少互联网出口,实现网站的统一管理、统一防护,提高网站综合防护能力。

(二) 监测预警与应急处置

1. 建立安全监测预警机制

实时监测网站的硬件环境、软件环境、应用系统、网站数据等运行状态以及网页挂马、内容篡改等攻击情况,并对异常情况进行报警和处置。定期对网站应用程序、操作系统及数据库、管理终端进行全面扫描,发现潜在安全风险并及时处置。留存网站运行日志不少于6个月。密切关注网信、电信主管等部门发布的系统漏洞、计算机病毒、网络攻击、网络侵入等预警和通报信息,并及时响应。

2. 建立应急响应机制

制定应急预案并向本地区、本部门政府网站主管单位和网络安全应急主管部门备案,明确应急处置流程,开展应急演练,提高对网络攻击、病毒入侵、系统故障等风险的应急处置能力。发生安全事件时,要立即启动应急预案及时处置,并按照规定向有关管理部门报告。

3. 及时处置假冒政府网站

假冒政府网站是指以虚假政府机构名义、冒用政府或部门名义开办的,以及利用与政府网站相同或相似的标识(名称、域名、徽标等)、内容及功能误导公众的非法网站。对监测发现或网民举报的假冒政府网站,经核实后,相关省(区、市)人民政府办公厅或国务院部门办公厅(室)要及时商请网信部门处理。网信部门协调电信主管、公安等部门积极配合,及时对假冒政府网站的域名解析和互联网接入服务进行处置。公安机关会同有关部门对假冒政府网站开办者等依法予以打击处理。

(三) 强化管理

1. 明确政府网站安全责任人,落实安全保护责任

强化安全培训,定期对相关人员进行安全教育、技术培训和技能考核,提高安全意识

和防范水平；对因工作失职导致安全事故的人员进行责任追究；被列为关键信息基础设施的政府网站，应对关键岗位人员进行安全背景审查。

2. 制定完善安全管理制度和操作规程

按照网络安全法等法律法规和政策标准要求，制定完善的安全管理制度和操作规程，做好网站安全定级、备案、检测评估、整改和检查工作，提高网站防篡改、防病毒、防攻击、防瘫痪、防劫持、防泄密能力。

3. 建立政府网站信息数据安全保护制度

建立政府网站信息数据安全保护制度，收集、使用用户信息数据应当遵循合法、正当、必要的原则。政府网站对存储的信息数据要严格管理，通过磁盘阵列、网页加速服务等方式定期、全面备份网站数据，提升容灾备份能力；利用对称、非对称的加密技术，对网站数据进行双重加密；通过设置专用加密通道，严格控制数据访问权限，确保安全，防止数据泄露、毁损、丢失。

三、政府网站发展的机制保障

(一) 监管机制

1. 常态化监管

各地区、各部门要至少每季度对本地区、本部门政府网站信息内容开展一次巡查抽检，抽查比例不得低于30%，每次抽查结束后要及时在门户网站公开检查情况。对问题严重的要进行通报并约谈有关责任人。安排专人每天及时处理网民纠错意见，在1个工作日内转有关网站主办单位处理，在3个工作日内答复网民。除反映情况不属实等特殊情况外，所有留言办理情况均要公开。定期组织对政府网站安全管理和技术防护措施进行检查。编制政府网站监管年度报表，每年1月31日前向社会公开。

2. 考核评价

制定政府网站考评办法，把考评结果纳入政府年度绩效考核，列入重点督查事项。完善奖惩问责机制，对考评优秀的网站，要推广先进经验，并给予相关单位和人员表扬和奖励。对存在问题较多的网站，要通报相关主管、主办单位和有关负责人。对因网站出现问题造成严重后果的，要对分管领导和有关责任人进行严肃问责。可采用第三方评估、专业机构评定、社情民意调查等多种方式，客观、公正、多角度地评价工作效果。

3. 人员培训

将政府网站工作纳入干部教育培训体系，定期组织开展培训，把提升网上履职能力作为培训的重要内容，不断提高机关工作人员知网、懂网、用网的意识和水平。加强专业人才培养，建设一支具备信息采集、选题策划、编辑加工、大数据分析和安全保障等综合能力，熟悉政务工作和互联网传播规律，具有高度政治责任感和工作担当的专业化队伍。积极开展试点示范，树立标杆典型，建立交流平台，加强业务研讨，分享经验做法，共同提高管网、建网、办网的能力。

(二) 运维机制

1. 专人负责制度

指定专人对政府网站信息内容和安全运行负总责；明确栏目责任人，负责栏目的选题策划、信息编发和内容质量等；严格审校流程，确保信息内容与业务部门提供的原稿一致，发现原稿有问题要及时沟通；转载使用其他非政府网站信息的，要加强内容审核和保密审查。

2. 值班读网制度

建立24小时值班制度，及时处理突发事件，编辑、审核和发布相关稿件；设立质量管理岗位，加强日常监测，通过机器扫描、人工检查等方法，对政府网站的整体运行情况、链接可用情况、栏目更新情况、信息内容质量等进行日常巡检，每日浏览网站内容，特别要认真审查新发布的稿件信息，及时发现问题、纠正错漏并做好记录。

3. 资源管理机制

网站栏目主编根据权限从信息资源库调取资源，配置完善栏目；资源库管理团队要做好入库资源的管理，详细记录资源使用情况，并进行挖掘分析，提出栏目优化和新应用开发的建议。

4. 预算及项目管理制度

统筹考虑并科学核定内容保障和运行维护经费需要，把政府网站经费足额纳入部门预算，制定经费管理办法并加强管理。建立项目管理制度，规范做好项目立项、招投标和验收等工作，管理好项目需求、进度、质量和文档等；规范和加强采购管理，严格遵守政府采购制度规定和流程规范，凡属于政府采购范围的，必须按照国家法律法规执行，做到"应采尽采"；对外包的业务和事项，严格审查服务单位的业务能力、资质和管理制度，细化明确外包服务的人员、内容、质量和工作信息保护等要求，确保人员到位、服务到位、安全到位。

5. 年报制度

及时编制政府网站年度工作报表，内容主要包括年度信息发布总数和各栏目发布数、用户总访问量、服务事项数和受理量、网民留言办理情况，以及平台建设、开设专题、新媒体传播、创新发展和机制保障等情况，确保数据真实、准确、完整，于每年1月31日前向社会公开。

(三) 沟通协调

1. 建立层级协同管控机制

国务院办公厅建立与中央宣传部、中央网信办、中央编办、工业和信息化部、公安部的协同工作机制，县级以上地方人民政府办公厅(室)建立与本级宣传、网信、编制、电信主管和公安部门的协同机制,做好政府网站重大事项沟通交流、信息共享公示和问题处置等工作。

2. 完善政务舆情回应协同机制

各地区、各部门办公厅(室)要与宣传、网信部门建立政务舆情回应协同机制,及时通过政府网站、新闻媒体和网络媒体等发布回应信息,并同步向政务微博、微信等政务新媒体推送,扩大权威信息传播范围。政府网站要建立与新闻宣传部门及主要媒体的沟通协调机制,共同做好政策解读、热点回应和网站传播等工作。

(四) 协同联动

1. 建立政府网站间协同联动机制,畅通沟通渠道

对上级政府网站和本级政府门户网站发布的重要政策信息,应在12小时内转载;需上级政府网站或本级政府门户网站发布的重要信息,应及时报送并协商发布,共同打造整体联动、同步发声的政府网站体系。

2. 建立信息转载扩散机制

国务院通过中国政府网、国务院客户端发布的对全局工作有指导意义、需要社会广泛知晓的重要政策信息,国务院各部门网站和地方各级政府网站及其政务新媒体要及时充分转载;涉及某个行业或地区的政策信息,有关部门和地方网站应及时转载。

3. 入驻上级政务客户端

鼓励国务院各部门和省级政府入驻国务院客户端,及时发布国务院重要决策部署落实情况等,并提供办事服务。

本章小结

政府网站作为集中整合数字政府建设成果、及时公开政府信息、提供便捷政务服务的重要渠道,近年来得到党中央、国务院的高度重视,确立了构建整体联动、高效惠民网上政府的发展目标。政府网站建设是一个科学的系统工程,需要从必要性论证、调查分析、专业设计、流程梳理、日常维护、信息安全、高效管理等方面进行充分研讨和严谨组织建设。政府网站设计以及网页设计具有一般规范性和地方特色的兼容性,确保政务服务畅通以及开展政民互动是政府网站承载的核心使命,要加强政府网站的管理和保障机制建设,突出网站的实用性和安全性。政府网站评价需要把握时机,恰当评价,评价指标体系构建要遵循科学和实事求是的原则,考虑到发展阶段差异以及职能不同,加强政府网站评价并非要求完全的一致性,国务院出台的相关政策指南恰好说明政府网站建设要遵循原则性与灵活性的结合,充分考虑政府网站的定位、价值和影响力。

政府门户网站概念

政府门户网站的目标

关键名词

政府门户网站　网站平台　网站设计　网页优化　网站纠错　指标体系　绩效评估

思考题

1. 如何理解政府门户网站及其职能？
2. 网站平台发挥哪些具体作用？
3. 网站设计要遵循哪些原则？
4. 简述政府门户网站指标体系建构原则以及构建的层次类型。
5. 如何开展政府门户网站绩效评价？

第五章 政务服务网

📝 引例：阳江市政务服务一体化"一件事"主题服务系统

阳江市政务服务一体化"一件事"主题服务系统获评"2021年广东省政务服务创新案例"，并被编入《2021年广东省政务服务创新案例集》，在全省范围内推广。

阳江市政务服务一体化"一件事"主题服务系统，对表单填写、材料提交、多事项内部流转等各个环节进行流程再造，让申请人办理部分政务服务事项时，免提交相关证照纸质材料，以方便群众和企业办事为出发点和归宿，全面推行从"一个事项只跑一次"到"一件事情只跑一次"。"一件事"主题集成服务将政务审批服务"打包"给办事人，推动政务服务模式的优化创新，简化企业和群众办事流程，赋能经济社会高质量发展，进一步激发市场活力。通过"一件事"主题服务系统，实现办事材料减少40%，办理环节减少70%以上，降低了行政经费支出和政府管理的成本；实现办理时间减少50%以上，跑动次数减少70%以上，提升企业和群众办事便利度。

阳江市政务服务数据管理局相关负责人介绍，目前已在阳东区设立"一件事一次办"试点，线上依托广东政务服务网阳江分厅"一件事"主题服务系统，通过多部门协同办理、重塑办事流程、打通平台壁垒等方式，使办事群众和企业在开办企业等领域享受"一件事"的改革红利。下一步，将在各县(市、区)提高试点覆盖率，并扩大"一件事一次办"服务范围，让"一件事一次办"惠及更多的企业和群众。

资料来源：阳江政府网。

📷 经验启示

随着大数据时代的到来，"互联网+"与各行各业逐步融合，也给我国政务服务带来了新的机遇与挑战。如何乘着大数据东风，推进我国政务服务网的建设与完善，进一步提高服务效能，提升政府公信力，是我国政府在建设政务服务网时必须破解的难题。阳江市政务服务一体化"一件事"主题服务系统简化了企业和群众办事流程，进一步激发了市场活力，也为其他省(区、市)政府建设有本省特色的政务服务网提供了借鉴。

本章知识结构

政务服务网是由政府办公厅主办的网上政务服务平台,为社会公众提供在线政务服务。目前,各级政府政务服务标准不统一、线上线下服务不协同、数据共享不充分、区域和城乡政务服务发展不平衡等问题仍然不同程度存在。各级政府应加快推进政务服务标准化、加强跨层级、跨地域、跨系统、跨部门、跨业务协同管理和服务,充分发挥全国一体化政务服务平台"一网通办"支撑作用,更好满足人民日益增长的美好生活需要,为推进国家治理体系和治理能力现代化提供有力支撑。第五章知识结构如图5.1所示。

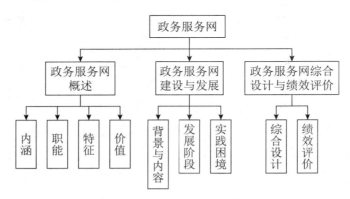

图5.1　第五章知识结构

第一节　政务服务网概述

一、政务服务网内涵

持续优化政务服务是便利企业和群众生产经营与办事创业、畅通国民经济循环、加快构建新发展格局的重要支撑,是建设人民满意的服务型政府、推进国家治理体系和治理能力现代化的内在要求。

早期的政府门户网站是信息化时代政府与社会公众之间交流的有效载体,是电子政务重要的对外服务窗口。政府网站是指政府在互联网上提供信息和服务的站点,是由硬件、软件、内容、人员和处理构成的综合体,它拥有独立的域名,是政府部门利用互联网平台开发建设的面向政府业务和公共职务的网站系统。根据网站所有者及与其他网站的关系,政府网站可分为基本网站和门户网站。

电子政务网站,从本质上可以理解为政府网站,只是电子政务网站建设不仅仅是指政府上网、在Web空间上开辟或建立一个政府站点,更强调的是基于电子政务理念及规范的电子政务系统开发技术、方法，促进业务优化和效率优先，全面综合地进行网站建设和管理。因此，政府门户网站的开发、建设首先在于政务，政务是基础，是网站运行的根本，且需要遵循信息系统相关规划原则和实施流程。

政府门户网站是信息化时代政府与社会公众之间交流的有效载体，旨在建成具有高性能、高可靠性、技术先进、能实现统一的信息发布、集中的信息存储备份、专业的系统管理维护和便捷的网上办事系统。

党的十八大以来，各地区各部门认真贯彻党中央、国务院决策部署，深入推进政务服务"一网、一门、一次"改革，积极探索创新审批服务便民化措施，全国一体化政务服务平台初步建成并发挥成效，逐渐由政府门户网站过渡到了政务服务网，政务服务水平大幅提升，营商环境显著改善，企业和群众获得感不断增强。

"互联网＋政务服务"模式作为公共治理创新理念的先导，与传统模式相比有一定的传承性，但并不是简单地将传统办公模式照搬到互联网上，而是在现代信息技术的支撑下，依托完善的电子政务系统，通过方法创新和程序创新实现政务服务平台多元化、服务模式协同化、业务流程规范化和服务供给智慧化，进而满足公众对政务服务质量和水平的要求。

政务服务网是实施"互联网+政务服务"等信息惠民工程，是人民政府设立的集中办理本级政府权限范围内的行政许可、行政给付、行政确认、行政征收以及其他服务项目的综合性管理服务机构，也是加强政务服务，提高行政效能，加快推进公共数据资源向社会开放，为人民群众提供优质便捷高效服务的重要平台。

政务服务网主要由政务服务参与者、服务事项，以及所需协同的数据构成，三者构成一个复杂的有机整体。"人"是参与者主体，例如个人服务事项的申请人、企业服务事项的法人、政府部门服务人员等，也存在部分自动审批事项其参与者以系统程序形式出现，但其本质是代替了人的部分功能，故一并视其为"人"。服务事项的网络以各事项的主题类属为纽带，形成"事项"网络。相同类属的服务事项往往在数据、部门方面具有一定的相似性，以事项为节点，以所属主题类别关系为纽带，形成"事项"子网。"数据"网络是以呈递和传送的各类材料类别为粒度，以数据在事项中的共现关系为纽带构建而成的。

政务服务网根据行为主体、覆盖对象、权力范围等的不同，可以分为国家级网上政务服务平台、省级一体化网上政务服务平台和地市级网上政务服务平台(提供地市级、县级、乡级政务服务事项的受理、办理和反馈)。其中，省级一体化网上政务服务平台具有"承上启下"的作用，是建成全国一体化在线政务服务平台的关键环节。一方面，省级政务服务平台要对本省(区、市)的政务平台进行整合，包括服务事项、服务标准、数据共享和业务协同等；一方面，又要与国务院部门和国家政务服务平台进行对接，最终实现全国政务服务"一张网"和"一网通办"。

二、政务服务网职能

政务服务网是政务服务平台数据化时代的新兴产物,是当前新出现的一种政府服务形式,是人们日常生活中与政府进行密切沟通的网站,会对政府的办事流程以及办事的过程进行相关展现。

国家政务服务平台作为全国政务服务的总枢纽,重点发挥公共入口、公共通道、公共支撑等三大作用,为全国各地区各部门政务服务平台提供统一政务服务门户、统一政务服务事项管理、统一身份认证、统一电子印章、统一电子证照、统一数据共享等"七个统一"支撑服务,实现支撑一网通办、汇聚数据信息、实现交换共享、强化动态监管四大功能,解决跨地区、跨部门、跨层级政务服务中信息难以共享、业务难以协同、基础支撑不足等突出问题。具体到各级政务服务平台,其主要功能职责有以下几项:负责对各部门进驻审批和服务事项集中办理的组织协调、监督管理和指导服务,对进驻窗口工作人员进行管理培训和日常考核;部门窗口由各进驻部门首席代表(窗口负责人)和工作人员组成,负责为企业和群众办理纳入市政务服务中心的行政审批和服务事项。

政务服务平台基本功能框架包括服务门户、业务应用、公共支撑等,用户可通过个人计算机、移动终端、实体大厅、自助服务终端、呼叫热线等多种渠道访问服务门户,实现业务办理及应用。政务服务平台基本功能框架见图5.2。

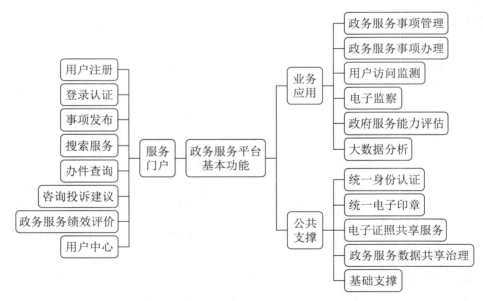

图5.2　政务服务平台基本功能框架

三、政务服务网特征

2019年底,疫情发生后,"不见面、线上审批"成为政府部门应对疫情防控,履行政府职能最基本、最有效的服务要求,政务服务网是促进我国数字化政府建设的强大动力。

政务服务网属于服务平台，涉及大量的国家基础信息，服务范围非常广泛，是为人民服务的数据化平台。政务服务网的主要特征如下。

(一) 服务体验线上化

通过政务服务的信息流、资金流、物流的打通，实现线上服务和线下大厅政务服务全流程的服务闭环，改变了公众的应用习惯，也提升了办事效率和服务意识，公众拥有方便快捷的服务体验。

政务服务网想公众之所想，做公众之所需，将与公众日常生活息息相关的功能集中到一起，功能覆盖全面，推动传统公共服务供给的"端菜"模式向公众依据需求自行"点菜"的定制模式转型，给公众提供全面精准的线上服务体验。

(二) 服务载体移动化

从传统的政府门户网站、PC端Web网页转移到智能手机桌面，运用"两微一端"(微博、微信、政务App客户端)等多元化新媒体，公众足不出户便可通过移动终端随时随地进行预约申请、事项提交、进度查询、意见反馈。通过建立一体化的政务服务体系，实现多方位的数据共享，满足公众多元化的服务需要。

(三) 服务过程智能化

政务服务网打破了以往以门户网站为单一平台的电子政务系统格局，建立了包括各PC端、App客户端等移动端在内的多元化的"互联网＋政务服务"系统创新模式，便于充分应用云计算、大数据等技术，精准感知、追踪、挖掘公众多元需求，进而做出需求预判。

借助云计算、物联网、互联网、智能技术等大数据技术，通过泛在网络、在线获取、菜单点菜式服务，打破原有思维模式中的单一化供给的思维桎梏，寻求差异化、个性化甚至定制化的公共服务供给，使公共服务更具"锚向性"。同时，大数据技术通过公共服务供需信息及时匹配、公共服务自助获取等技术，解决了信息快速处理与资源及时匹配等原有技术上的困难，使公共服务更具"匹配性"。另外，大数据技术通过数据挖掘、发掘相关对象的公共服务需求，通过云服务平台实现政府与民众公共服务供需的双向互动，并通过公共服务供给流程的全新再造，使公共服务更具精准化。

(四) 服务模式紧密化

依托现代大数据技术形成的"互联网+政务模式"突破了府际、部门之间"各自为战"的低效、混乱、分散的政务服务供给模式，更加注重各主体间的高效性、协同性和整体性。运用数字技术、移动平台将各种功能进行全面、深度优化整合，建立协作机制，打破数据孤岛，内外联动，信息互通，密切各层级、各部门之间的政务合作，以规范统一的界面为公众提供无缝隙、全方位的线上政务服务。

"互联网+政务"的"集约化"特征包括集群式平台建设、集约化应用服务、集合数据信息、集成在线平台、聚集网络运维、集中统一管理，使政务服务平台成为基于顶层设计的，技术统一、功能统一、结构统一、资源向上归集的一站式、面向多服务对象、多渠道(PC网站、移动客户端、微信、微博等)、多层级、多部门的综合性平台。

(五) 服务平台数据化

通过借助大数据技术，政务服务网统筹建立自然人、法人、电子证照、社会信用等基础信息数据库，加大政务数据横向、纵向整合力度，构建数据共享交换平台，以达成政务信息资源的跨界互联互通、协同共享。"云端化"政务服务不仅能实现有效降低电子政务建设和运行成本的目的，同时可以减少软硬件设施和容灾备份中心建设一次性投资以及运行维护和终端设备费用。

通过实现"数据化"，进一步打通政务数据"孤岛"，实现政务数据之间的互联互通，辅助政府决策更加精细化、高效化，做到让"数据多跑路，市民少跑腿"，为政务服务和公共事件预防与应对提供支持。比如，新冠疫情防控健康码便是数据化决策支持的典型例子。健康码是由卫健委、公安系统以及电信运营商提供的真实、准确、实时三方数据相互比对，互为补充，最终生成独一无二的个人二维码，成为出行的电子凭证。

(六) 业务流程规范化

"互联网＋政务服务"模式让政务服务不再停留在新闻发布、信息公开等初级层面，而是依据公共权力清单所明确的职能部门法定权限和责任在政务平台上设置不同服务功能界面，进而将电子政务平台打造为政务服务"超市"，实现电子政务平台由单一咨询宣传功能向具有集业务咨询、办理以及信息反馈等功能于一体的智能化"网上综合服务大厅"转型。

为确保"网上综合服务大厅"的有序运行，权力监管部门要依据相关法规对进驻的每个业务事项制定出清晰、规范的办事指导流程，并将业务事项设置的法定依据和条件、服务申报材料、收费标准依据等的电子文本信息上传至服务界面，以降低公众的服务获取成本，缓解行政职能部门的业务压力。"互联网＋"模式下所打造的"网上综合服务大厅"，不仅让公共部门政务服务效率得到极大的提升，也有助于实现政务服务供给的数字化、权力运行的公开透明化以及业务办理流程的规范化。

四、政务服务网价值

政务服务网具有促进软环境发展、赋权和增能价值。

(一) 促进软环境发展

"政务服务网"的发展从理念、机制、实践等多个方面促进了地方政府的变革。无论是人民群众、社会组织还是企业都与政府有着非常密切的关系。政府治理能力的提高，意味着能够为民众提供更加充足和均衡的基本公共服务,能够更好地维护人民的各项权利,能够更好地保证企业经营的健康发展,能够更快、更有效地为各类服务对象解决难题。这就对一个地方的政治生态、思想文化、社会治理、市场环境、法治建设、社会治安等软环境产生潜移默化的影响,从而实现地方各方面发展的整体跃迁。反过来,软环境的优化也会源源不断地吸引企业、资金和人才的汇聚,对于促进地方政府经济和社会的发展产生持久而显著的影响。

(二) 赋权价值

首先,赋予各类企业更加宽松的自主经营权。政务服务网的实施,简化了注册企业的流程,为企业的经营活动"松绑",赋予企业更加自主的注册和经营权利,不仅增强了企业的发展能力和活力,也节省了成本,为企业自由、稳定以及健康发展提供了良好的软环境。通过互联网技术赋权,企业获得了更大的发展自由和更广阔的增长空间,不再事事受制于政府的繁文缛节,可以将更多的人力、物力、财力投入到生产经营活动之中。

其次,赋予各类社会组织更加自主的行动能力。政务服务网在社会组织组建、登记、审批方面,明确了政府的职责,重塑了办理的手续和流程,解决了信息孤岛问题,实现了各项业务线上办理和一网通办,给社会组织的发展创造了良好的环境,有助于社会组织的发育。

再次,政务服务网的实施,增强了政府的透明度、公正性,转变了政务人员的思想观念,塑造了良好的政治生态。社会组织管理和运营的"灰色空间"被大幅压缩,有效地限制了政府权力的错位和越位,这在很大程度上提高了社会组织的自主性和行动能力,赋予了社会组织更加自主的发展权利。

最后,赋予民众更广泛的政治权利和社会权利。政务服务网的实施,为民众的政治参与和社会参与提供了合适的工具和良好的渠道,人们可以足不出户了解到政府公共事务,线上参与政治选举以及公共事务的协商,赋予了民众更加实在的行动权利和能力。同时,人们可以通过互联网等新媒体途径,对政府的行政权力进行广泛的监督,不仅增强了公共权力的透明度,也让宪法和法律赋予民众的监督权能够更好地履行,从而增强民众的主人翁意识,促进多元主体共治。

(三) 增能价值

增能是社会工作领域的专业术语,即个人在与他人及环境的积极互动过程中,获得对生活空间更大的掌控能力和自信心,以及促进环境资源和机会的运用,以进一步帮助个人获得更多能力的过程。在政府治理领域,政务服务网具有典型的"增能"价值,即通过信息网络技术的嵌入,在与企业组织、民众等服务对象的互动中不断提升政府治理能力。"增能"也是政务服务网打造发展软环境的重要途径,在运用信息网络技术提供服务的过程中,不断适应新环境、新对象、新情况,提升治理能力,让企业、社会民众更直观地感受到政府的"善意",从而吸引资金、人才、技术,为地方经济社会发展提供源源不断的生产要素。

第二节 政务服务网的建设与发展

一、政务服务网建设背景与内容

(一) 政务服务网建设背景

1. 数字技术提供可能

政务服务网建设的首要前提是"具备数字技术的支撑"。随着人工智能、大数据、物联网、云计算、VR(虚拟现实)等新技术不断涌现，建立一体化的网上政务服务平台，推进"互联网+政务服务"，成为新时代政务服务信息化的重点与方向，标志着我国政务服务信息化逐渐进入了网络空间时代。"互联网+政务服务"是新时代政府治理的重要课题，也是新一轮信息技术革命"倒逼"政府治理变革的产物，并在政务服务中植入互联网基因。自2015年国务院提出"互联网+"行动的指导意见后，"互联网+政务服务"首次出现在2016年的政府工作报告之中。此后，国务院持续关注信息惠民、"互联网+政务服务"技术建设、审批服务便民、政务服务"一网一门一次"改革、一体化在线政务平台等政务服务信息化的改革和发展，相继出台了多项指导文件和意见，初步形成了"互联网+政务服务"的"四梁八柱"。

2. 民众需求提供动力

正如经济学所言，需求拉动供给。就政治领域而言，民众需求同样会对政府供给产生推动作用。2017年10月18日，习近平在十九大报告中强调，中国特色社会主义进入新时代，我国社会主要矛盾已由原先的人民日益增长的物质文化需要同落后的社会生产之间的矛盾已经转化为人民日益增长的美好生活需要和不平衡不充分的发展之间的矛盾。而"美好生活需要"主要是生活质量方面的提升，"享受优质的政务服务"便是重要表现之一。政府为响应人民诉求，出台了相应措施。比如，2019年9月1日起辽宁省施行《辽宁省推进"最多跑一次"规定》，辽宁省营商环境建设主管部门还梳理了政务服务事项，结合企业和群众关注的重点领域，编制全省统一标准的、适用"最多跑一次"的一件事及其办事事项清单，并按照国家和省有关规定实行动态调整，在省政务服务网公布；辽宁省、市、县政府还将整合分散的政务服务资源和审批服务系统，构建全省统一的一体化、标准化在线政务服务网，加快通过数据共享，实现申请人办事"一网通办"。

(二) 政务服务网建设内容

1. 统一标准规范

(1) 建设和接入标准。制定和完善政务服务网建设和接入标准，对技术架构、接入组件、界面交互等进行规范，进一步明确访问入口和服务应用接入等要求，提升各地区和国务院有关部门政务服务网建设标准化、规范化水平。

(2) 质量管理标准。加强政务服务网全生命周期质量管理，制定和完善政务服务网质量管理标准，对系统性能、应用管理、运行监测等进行规范，切实保障功能完备、运行稳定、体验良好。

(3) 安全防护和管理标准。制定和完善政务服务网安全防护和管理标准，进一步强化各地区和国务院有关部门政务服务网的数据和网络安全防护、日常监测、风险预警、应急处置能力。

2. 统一清单管理

围绕教育、公安、社会保障、民政、卫生健康、税务等领域，聚焦与企业和群众生产生活密切相关的高频事项，基于国家政务服务平台政务服务事项基本目录，分批编制政务服务网高频政务服务事项清单，推动实现相关服务应用在移动端、PC端、自助终端等同源发布、统一管理。按照深入推进政务服务"一网通办""跨省通办"等部署要求，不断优化移动政务服务办事流程，精简办事材料，持续推动更多政务服务事项纳入政务服务网高频政务服务事项清单管理，在政务服务平台移动端提供服务。

3. 统一身份认证

基于自然人身份信息、法人单位信息等国家认证资源，依托国家政务服务平台统一身份认证系统，建立健全全国统一身份认证体系，统一身份认证标准，规范身份认证渠道，建立身份认证结果纠错机制，为政务服务网提供统一身份认证公共支撑，实现用户身份信息跨地区、跨部门互信互认、"无感漫游"。各地区和国务院有关部门要根据政务服务网办事服务的需求和特点，在确保安全的前提下，不断优化政务服务网的身份认证服务，为用户提供二维码、手势识别、指纹识别、声纹识别等安全便捷的身份认证服务方式。

4. 统一数据共享

政务服务网统一受理政务数据共享需求并提供服务，推动政务服务网应用所需相关数据实现跨地区、跨部门、跨层级安全有序高效共享，更好满足政务服务网服务创新发展需要。各地区和国务院有关部门要推动政务服务领域高频使用的电子证照跨地区、跨部门共享和全国范围内互信互认，不断扩大电子证照应用领域，有力支撑政务服务平台移动端"扫码亮证""一证通办""无感通办"，最大限度地"减证便民"。

5. 统一应用管理

各地区各部门要按照统一标准，规范本地区本部门政务服务网服务应用管理，还要规范第三方平台推广移动政务服务应用行为，对各渠道服务应用进行统一管理和监测，确保相关服务应用安全可靠运行。国务院有关部门已建的政务服务网的移动端及移动政务服务应用，应在2022年底前全部接入国家政务服务平台移动端；新建的移动政务服务应用同步接入国家政务服务平台移动端。各地区要加快推动已建的移动政务服务应用向省级政务服务平台移动端汇聚，并同步接入国家政务服务平台移动端。

二、政务服务网的发展阶段与实践困境

(一) 政务服务网的发展阶段

我国政务服务平台的发展逐渐提速，政务上线率不断提高，覆盖面不断扩大，借助计算机网络技术深化政务服务的层次不断得到拓展，各地政府部门门户网站以及政务服务平台得以建立。党的十九届四中全会开启了我国政务服务平台的跨越式发展。

2018年，国家政务服务平台主体功能建设基本完成，通过试点示范实现部分省(区、市)和国务院部门政务服务平台与国家政务服务平台对接。国家政务服务平台政务服务事项编码、统一身份认证、统一电子印章、统一电子证照等标准规范制定，各省(区、市)和国务院有关部门按照全国一体化在线政务服务平台要求对本地区本部门政务服务平台进行优化完善，为全面构建全国一体化在线政务服务平台奠定基础。

2019年，国家政务服务平台上线运行，各省(区、市)和国务院有关部门政务服务平台与国家政务服务平台对接，全国一体化在线政务服务平台标准规范体系、安全保障体系和运营管理体系基本建立，国务院部门垂直业务办理系统为地方政务服务需求提供数据共享服务的水平显著提升，全国一体化在线政务服务平台框架初步形成。

2020年，国家政务服务平台功能进一步强化，各省(区、市)和国务院部门政务服务平台与国家政务服务平台应接尽接、政务服务事项应上尽上，全国一体化在线政务服务平台标准规范体系、安全保障体系和运营管理体系不断完善，国务院部门数据实现共享，满足地方普遍性政务需求，"一网通办"能力显著增强，全国一体化在线政务服务平台基本建成。

2022年，以国家政务服务平台为总枢纽的全国一体化在线政务服务平台更加完善，全国范围内政务服务事项基本做到标准统一、整体联动、业务协同，除法律法规另有规定或涉及国家秘密等事项外，政务服务事项全部纳入平台办理，全面实现"一网通办"。

在政府大力推进"政务服务网"建设、优化政府职能的大背景下，国务院《关于在线政务服务的若干规定》指出，国家要加快建设全国一体化在线政务服务平台，推进各地区、各部门政务服务平台规范化、标准化、集约化建设和互联互通，推动实现政务服务事项全国标准统一、全流程网上办理，促进政务服务跨地区、跨部门、跨层级数据共享和业务协同，并依托一体化在线政务服务平台推进政务服务线上线下深度融合。数据显示，全国一体化政务服务平台以国家政务服务平台为总枢纽，联通31个省(区、市)及新疆生产建设兵团、46个国务院部门政务服务平台，面向十四亿多人口和一亿多市场主体打造覆盖全国的政务服务"一张网"，一体化政务服务体系不断完善，一网通办能力显著增强。全国一体化政务服务平台成为我国政务服务迈向以跨区域、跨部门、跨层级一体化政务服务为特征的整体服务阶段的重要推动力。

(二) 政务服务网的实践困境

政务服务网在建设过程中面临线上线下建设各自为政、线上线下管理各行其道、线上

线下资源各不相同以及线上线下服务冷热不均的四大困境。

1. 线上线下建设各自为政

线上线下建设各自为政的原因有两方面：一方面，线上线下平台建设主体不同，利益出发点不同。当前，政务服务网与综合性实体政务大厅普遍存在管理机构不统一的情况，两者利益未能达成统一。部分实体政务大厅认为线下办事是主流，且已通过自身建设的网站提供在线服务，缺乏引导企业群众使用政务服务网的动力。政务服务网则认为线上办事是趋势，甚至可以取消实体大厅。认识上的误区造成线上线下平台建设难以协同推进。另一方面，线上线下平台建设思维和建设重点不同。政务服务网建设当前强调大而全，即覆盖的部门多、服务资源全、服务功能全，对于服务深度和服务质量的关注度相对较低；实体大厅强调现场的服务效率和监管能力，重点对大厅内部资源进行整合优化。建设思维和建设重点的差异造成实体大厅网上高质量延伸的比例低。

2. 线上线下管理各行其道

线上线下管理各行其道的原因有两方面：一方面，线上线下平台服务管理系统自成体系。普查数据显示，虽然目前绝大多数的政务大厅建立了综合审批管理平台，但这些平台与政务服务网往往互不关联，集中表现为身份认证体系独立、接办件管理系统独立、业务系统独立、证照库独立。在地方实地调研中我们发现，不少地方政务大厅采用二次录入的方式分批次将大厅的办事信息输入政务服务网，造成数据时效性与实际严重脱节，甚至是上一秒还在申请，下一秒已经办结。另一方面，线上线下监督管理方式和绩效考核标准不同。实体政务大厅目前已经形成了较为成熟的现场监督与制度管理相结合的监管方式。普查数据显示，超过80%的政务大厅建立了视频监控，超过70%的大厅设立了现场投诉受理区，超过80%的大厅建立了较为完善的制度体系。政务服务网主要采用电子监察方式，但由于线上线下系统数据不同步，监管效果不理想。在绩效考核标准方面，实体政务大厅侧重考核办件效率和办件质量，政务服务网则侧重考核平台功能和事项内容，不同的绩效考核标准不利于形成线上线下监管合力。

3. 线上线下资源各不相同

线上线下资源各不相同的原因有两方面：一方面，线上线下平台服务范围不同，服务标准不统一。实体政务大厅由于受场地面积制约，进驻部门数和服务事项数明显少于政务服务网。从服务标准来看，实体大厅提供的服务事项的细化程度要优于政务服务网。以商事登记为例，按照服务主体经营范围不同，实体政务大厅将商事登记又细分为旅馆业、娱乐经营场所、上网服务、营业性演出机构、中大型餐饮服务、中小型餐饮服务等不同类型企业的设立登记，在办事条件、办事材料和办事流程等方面的要求更细致。与之相反，当前政务服务网的服务标准多为大类，不少事项办事指南中包含"法律法规要求的其他条件""部门要求的其他材料"等含混表述，企业群众看完办事指南都不知道应该提交什么材料。另一方面，线上线下平台服务资源更新与服务时效不同。国务院办公厅公布的政务服务网检查结果显示，超过60%的平台存在部分栏目无内容的情况。在实际调查中我们也发现，部分政务服务网提供下载的表格版本与实际办事不一致，造成办事群众填完表格前往窗口办事时才发现表格不能用。在服务时效方面，普查数据显示3000个政务大厅实现了17.9万个事项及时办结，在咨询辅导方面，不少大厅还设立了协调中心、求助中心、调解中心，全方位解决问题。相比之下，政务服务网还存在在线咨询无人应答、在线预约无人受理、在线申报无人反馈等突出问题。

4. 线上线下服务冷热不均

线上线下服务冷热不均的原因有两方面：一方面，线上平台办件量与线下相差悬殊，平台影响力不足。实体政务大厅的办件量约为政务服务网的3倍，如果考虑政务服务网的全流程办理比例，这个差距可以扩大到数十倍。此外，政务服务网的影响力亟待提升。Alexa数据显示，即便是国内领先的政务服务网，在国内的排名也在5000位之外。实地调研也印证了这一结果，多地企业群众并不知晓当地的政务服务网。另一方面，线上线下平台脱节降低企业群众线上办事热情。部分政务服务网提供的预约功能与实体办事未能有效衔接。例如，某位办事人由于提前在网上预约，便没有在大厅取号，等待一段时间后，通过询问咨询台才知道预约号不能用，还得现场排队取号。部分政务服务平台设置了在线申报功能，但未提供详细的填写示例，办事的企业群众不知道该怎么填，只得亲自去现场跑一趟，线上填报形同虚设。

第三节 政务服务网综合设计与绩效评价

一、政务服务网综合设计

政务服务网是面向公众提供优质服务的，其设计板块、效果直接关系到公众的体验感和获得感。公众作为政府网站的第一大用户群，其对网站的应用满意度直接决定了该政府网站电子政务建设水平及应用成效，分析公众心理需求，按需建站，提供精准服务，是当前政府网站提高服务成效的有力举措。

(一) 政务服务网的设计内容

1. 个人办事

满足公众的需求是政府职责所在。政府一方面从纵向时间维度出发，另一方面要从横向衣食住行多领域的维度出发，全面考虑到民众的多项需求，协同各层级政府(国家级、省、市、县、乡镇)、政府各部门(比如公安部、国家安全部、民政部、司法部、财政部等25个主要职能部门)，构建考虑周全、纵横交错的服务信息网，使得公众只要登录网站，动动鼠标，就能办理所需要的多项个人业务。

(1) 从纵向时间维度出发，主要事项应该包括出生登记、户籍证明、教育(考试报名、成绩查询、教育补贴、档案转接)、工作(就业、失业、创业、人才引进、职业资格、社保)、婚姻(结婚、离婚、婚姻证明等)、生育(产前、产后、收养、计划生育)、退休(信息更改、养老保险、津贴)等。

(2) 从横向衣食住行多领域维度出发，除了上述事项外，还应包括个税(查询、办理申报、打印)、水电气(信息变更、报修、查询、下载、缴费)、住房(租房、买房、住房补贴政策)、出行(护照、通行证、港澳商务签注，车辆的摇号、年审、过户和变更)等内容。

2. 法人办事

行为主体除个人以外，还包括法人，即具有民事权利能力和民事行为能力，依法独立享有民事权利和承担民事义务的组织。政治与经济相互交融，政务服务网也应该为法人提供相应的服务事项，主要包括以下内容。

(1) 办理企业注册，主要包括个体工商户设立登记、内资企业设立登记、个人独资企业设立登记、外商投资企业设立登记、非公司企业法人开业登记、名称核准、经营范围自助录入和合伙企业设立登记等事项。

(2) 办理公司银行账户，主要包括银行账户开户许可证核发、银税三方(委托)划缴协议和银行账户开户许可证核发办事指南等事项。

(3) 日常企业管理，主要包括职工社保、职工公积金、纳税人延期申报、企业申请培训补贴、各省投资项目审批平台、企业登记业务办理状态查询、各省招投标监管以及网上交易会等事项。

(4) 企业变更，主要包括个体工商户变更登记、企业名称变更自主申报、内资企业变更登记、外商投资企业变更登记、外国(地区)企业变更登记、个人独资企业变更登记、合伙企业变更登记和非公司企业法人变更登记等事项。

(5) 福利补贴，包括高校毕业生求职创业补贴、高校毕业生职业技能培训和鉴定补贴、高校毕业生到中小微企业就业补贴、就业见习补贴、岗位补贴、就业创业服务补助、企业吸纳社会保险补贴、创业培训补贴、创业孵化补贴、创业带动就业补贴在内的就业创业补贴；还包括用人单位社保补贴、全国残疾人按比例就业情况联网认证在内的福利补贴以及对中小微企业的补贴。

(6) 公司印章制作、办税服务、境外投资备案等内容。

3. 政务公开

政务公开是行政机关全面推进决策、执行、管理、服务、结果全过程的公开，是提升政府治理能力的制度安排。政务公开是保障社会公众参与国家治理，实现国家治理现代化的需要；政务公开是推进社会主义民主政治建设，保障人民参与民主和协商民主运行的需要；是加强反腐防腐，建设廉洁政府的需要；是全面推进改革、法治、创新、发展，建设法治政府、创新政府、服务型政府的需要。

不同于传统意义上的政府信息公开，政务公开是政府信息公开进一步的扩展和深化。政务公开的"政务"及国家行政权的整个运作，包括行政决策、行政立法、行政执法、行政监管的整个过程，不仅包括行政权运作形成的静态信息的公开，还包括行政权运作全流程、政务服务全过程的动态活动的公开。此外，政务公开不仅是指政府单方公开政务信息，还包括政府通过各种形式、途径与行政相对人、社会公众、专家学者以及媒体互动，将政务活动向公众开放，使公众能通过直接参与政务而影响和监督政务的含义。

具体来讲，政务公开包括4个方面内容：①行政机关及其工作人员的职能、职责；②公开工作纪律；③公开办事规则、程序、时限和结果；④用人、财务、分配，凡涉及群众切身利益的事项应予以公开。当政府网站能够最大限度地满足公众的知情权、监督权与参与权时，这会拉近公众与政府之间的距离，增加政府公信力，最终使公众产生对网站的依赖性，进行相关信息查询或网上服务办理时，第一选择应是该政府相关网站。

4. 好差评

好差评主要指政务服务绩效由企业和群众评判，是办事群众和企业对政务服务机构及其工作人员在开展政务服务过程中的办事效率、便利程度、流程规范、服务态度等进行的综合评价。评价等级分为五级，包括"非常满意""满意""基本满意""不满意""非常不满意"。其中"非常满意""满意"和"基本满意"为"好评"，"不满意"和"非常不满意"为"差评"。"好差评"系统平台将差评投诉及时推送到相关责任部门，相关责任部门"接诉即办"，在7日内完成核实整改，并将核实整改情况通过"好差评"系统平台向差评投诉人进行反馈。政务服务应建立健全评价人信息保护制度，规范信息查询权限，对泄露评价人信息、打击报复评价人的，应依法依规严肃查处。

建立政务服务"好差评"制度，把政务服务群众满意度"晒"在阳光下，把每一个窗口部门的党员干部服务群众的质量评价权交给每个办事的群众，让群众去评价他们的服务质量，将评价结果公之于众。这种考核是及时的，可以形成有效鞭策，可以推动问题的解决、服务能力的提升，有助于推动每一个服务单位牢记为民服务的宗旨，始终把广大人民群众的利益放在首位。实践证明，近年来政务服务质量确实有了前所未有的提升，人民群众对此是认可的。政府应充分利用大数据赋能，向服务行业学习其较为成熟的"好差评"制度，这对政务服务迈向高质量具有事半功倍的作用。

5. 特色服务

由于所处地域、历史人文、社会状况、经济发展、开放程度等因素不同，各地政府在提供服务时面临情况各不相同，应具体情况具体分析，提供特色服务，更好满足当地民众的异质化需求，提高政府公信力，在某种程度上防止人才流失。比如广东省"自贸试验区企业专属网页"专区，该网站已为珠海横琴、深圳前海蛇口和广州南沙分别设立了办事专区。办事人只需找到所属专区进入，就会发现企业所需的政务服务，包括自贸区所需手续、证件办理流程。这让自贸区内企业办证再也不用到处跑，更不会因搞不清楚所需手续和流程而耽误时间、浪费精力。

(二) 政务服务网的设计原则

1. 通用性

政务服务网追求的是实用性，所以应以满足需求、方便管理为第一要务。政府服务群体可分为以下几类：儿童、年轻人、中年人、老年人；文化程度低、文化程度中等、文化程度高；来自边远山区、乡镇、县城、发达城市；正常人群、特殊障碍群体。这就要求我们政务服务网的设计都必须尽可能地通用、清晰、方便阅读，所有交互反馈必须及时、有效，不让用户有困惑。这样才能增加用户使用时的信心，提升办事效率。

针对年龄偏大的用户，网站页面字体需要更加清晰、方便阅读，自动存储个人信息，减少记忆负担和降低出错概率，交互元素易于点击；针对视障人士，如账号注册是用户开始业务办理的第一步，注册流程的验证方式以提供图形验证码单一化呈现，因此应该提供多种验证方式让用户选择，如指纹验证码、语音验证码等；针对听障人士，网站上的视频应尽可能配上字幕，让听障人士可以结合视频画面理解内容。在政务网站上，为办事指南的视频教程添加字幕，也有助于听障人士更好地获取信息，更容易完成办事流程。此外，我们也可以提供详细的图文指南让用户选择。以上均可形成政府网站的通用标准，而不仅仅是提供特殊的模式。

2. 全面性

目前，有的地区在工作中不从实际出发，贪大求全，重复建设，只做擅长领域，有的网上政务死死守住自己的"一亩三分地"，只考虑条线管理的需要，设置重重壁垒，不愿意推进跨部门、跨区域、跨层级的信息共享，造成大量数据资源躺在各自分散的小池子里，不能在流通共享中发挥出真正的价值。因此，在"互联网+政务服务"工作推进中，必须将坚持实事求是作为工作的根本路线和主线，多调研、多实践，有效整合各类服务平台，有效整合各类数据资源，有效整合各类服务队伍，协同提供全面服务。

政务服务网的设计应该广泛利用互联网、物联网、区块链、云计算和大数据等新兴技术，汇聚和利用多方面的数据信息，涵盖城市人口、医疗、建筑、消费、管网、环境、交通等多领域，同时也应注意不断推进并注重数据应用实效，不断根据民众需求，拓宽新的领域，加强平台建设统筹，真正实现政务服务网的全面性。

政务服务网的全面性还要求数据信息的全面。应该完善不同数据系统的接口统一，不断加强数据交换率、更新率、共享率，进而打通数据壁垒，加快信息流通，尤其要加快推进人口、法人、空间地理、社会信用等基础信息库互联互通，建设电子证照库和统一身份认证体系。想民众之所想，逐步构建多元普惠的民生信息服务体系，向人民群众提供更加方便、及时、精准、高效的公共服务。

3. 开放性

伴随着政务服务网平台建设的深入，开放、合作、共享的政务服务思维得到拓展，打破了传统的服务体制与原则,但政务办理流程冗余问题使时间成本依然难以控制。同时,基于传统政务服务体系因素的影响,传统思维与创新理念将长期共存,影响政府各职能部门之间的互联互通、资源共享及业务协同,加大平台建设与应用的难度,最终也将导致服务水平发展受限,群众无法真正从"互联网+政务服务"平台中获取优质体验,严重弱化了平台建设的前瞻性及优越性,甚至影响向服务型政府的转型实践。

"互联网+政务服务"所倡导的精神实质,是以开放、共享与协同为基础的服务理念,它更强调对群众的服务体验,将以人为本的理念根植其中,从而使"互联网+政务服务"平台建设的根基得到夯实。在现代网络技术背景下,"互联网+政务服务"平台建设更需要以现阶段的特点为依托,全面整合互联网应用思维,建立起长久共享的合作关系,以服务群众的视角推动纵向疏通、横向破壁,真正让系统通起来,让数据跑起来,形成统一的网上政务服务网络,大幅压缩群众办理业务的时间成本,给予其最直观的优化体验。而对于基础数据库的整合,要强化各部门、各机制的协作,将服务重心前移,实现数据网络的全要素、全领域、全覆盖,在"互联网+政务服务"平台建设中,不断增强政务数据跨界融合与共享整合。

具体而言,一方面,将各个部门之间的业务实现衔接和细化,实现行政服务资源的科学合理配置,借助数据整合能力强化的优势,实现平台间的信息交互和共享;另一方面,政府面对全新的任务,要积极尝试组织结构变革,依托行政服务中心模式,集中业务办理窗口,合并审批业务,将"互联网+政务服务"平台打造为"一体化"的综合性平台,发挥一站式办理的优势,实现平台的耦合对接,促进跨部门、跨地区、跨层级实现实时、无缝全业务流程流动。

4. 标准性

在政务服务网深入推进的当下,信息架构的顶层设计、信息资源的统一及服务事项的规范标准等,均成为服务整合的主要影响因素。缺乏统一明确标准,使得政务服务环节仍相对分散,政务处理的流程集中度不高,部分行政事务还无法完成线上审批办理,使线上服务与线下服务无法同步实施,两者之间的衔接问题亟待破解。在"互联网+政务服务"平台建设过程中,由于缺乏平台操作的经验,导致群众在服务流程及办理交流上,难以获得最佳的体验,加之政务办理流程缺乏标准,十分繁复和分散,使"互联网+政务服务"平台应对能力不足,难以实现技术更新与群众需求的平衡,精准化程度有待提高,整体性、智慧性及便捷性问题突出。

标准化管理是治理现代化的重要缩影,同时也是促进管理现代化的关键举措。在网络社会持续发展的当下,必须深化"互联网+"在政务服务中的应用,在充分体现其智能化、高效化、系统化及便捷化的同时,更需要关注平台建设的顶层设计,使标准化建设理念得以融入。另外,在"互联网+政务服务"平台标准化建设中,切实关注政府改革与发展,帮助两者之间形成同频共振,依据标准化的原则、方法及理念,打造全新的综合性服务平台。

5. 安全性

随着互联网的推进，网络真实性愈加难以分辨，网络安全存在巨大风险，网上的信息纷繁复杂，网站被入侵、被黑客攻击的事件屡见不鲜。由于政府网站的数据库中掌握着很多有关国家、人民的真实资料，建设政府网站首先考虑完全性原则，在建站中如何规避黑客攻击，如何强有力地保证政府网站的安全变得相当重要；其次考虑如何备份和恢复被破坏的数据。

在大数据时代，互联网平台应用广泛，涉及利益主体众多，数据权属问题日益复杂，数据安全立法问题亟待解决。因此国家一方面要完善政务建设、民众隐私信息保护相关方面的法律；另一方面要适应时代发展的需要，对数据安全问题给予足够的重视，借鉴西方的《公共部门信息再利用指令》《隐私法》以及《开放政府数据法案》等法规，给政府数据的利用与开放提供保障。

政府应明确电子政务网络安全不是一劳永逸的工作，需要对已建立的安全保障体系进行持续运营，才能保证各项安全措施持续有效，保障政务系统的安全可靠运行。建立覆盖应用系统全生命周期的电子政务安全运营体系是符合政务业务、有效应对政务安全风险的必要措施。

二、政务服务网绩效评价

为全面及时准确了解企业和群众对政务服务的感受和诉求，接受社会监督，有针对性地改进政务服务，提升政府工作效能，优化营商环境，建设人民满意的服务型政府，需明确政务服务网绩效评价的内涵。政务服务网绩效评价，是指运用科学的方法、标准和程序，对政务服务网提供的服务质量、效率做出尽可能客观的评价，具体来讲是根据管理的效率、能力、服务、质量、公共责任和社会公众满意程度等方面的判断，对政务服务网管理过程中的投入、产出、中期成果和最终成果所反映的绩效进行评定和划分等级。政务服务网绩效评价是持续改进和提高政府部门绩效的一种行之有效的管理工具，是建设高效能政府的关键所在。

(一) 政务服务网绩效评价的阻碍

1. 绩效评估制度规范相对匮乏

我国的政务服务网建设起步较晚，尚处于初级起步阶段，还有很多相关政策、制度和标准等方面的空白或漏洞需要弥补，尤其是政务服务网绩效评估制度有待完善。从表面上看，目前我国政务服务网绩效评估工作广泛开展成效明显，呈现一片大好局势；但从实质上看，有的绩效评估工作缺乏科学性、先进性、互动性、规范性和实践有效性，缺乏绩效评估工作质量管理。在全国范围内开展调查后发现，我国政务服务网绩效评估相关制度体系建设有待进一步加快，国家层面政务服务网绩效评估制度缺失，有的政务服务网评估在时效性、详尽程度、可操作性等方面存在欠缺，甚至出现评估政策体系完全空白的现象，造成评估主体在开展政务服务网绩效评估时无法规避不规范行为。绩效评估无章可循，便会产生一些自发的、无序的评估行为，使得评估沦为某些机构打造业界影响力的手段，评估结果对政务服务网建设的积极影响有限，由此造成人力、物力、财力的极大浪费。

2. 绩效评估指标体系有待改进

绩效评估指标需要进一步改进，当前存在的问题分别是评估指标有待完善、评估内容匮乏、评估主体单一三个方面，具体包括如下内容。

(1) 评估指标有待完善。对政务服务网进行绩效评估的前提是必须设计评价指标，给出各项指标下政务服务网的得分数值，在某一权重分配模式下测算政务服务网绩效水平。因此，完备的、具有可操作性、弹性强的评估指标对绩效评估至关重要，只有评估指标足够全面，才能保证绩效评估结果的全面和科学有效。然而，我国目前评价指标设计仍存在一定缺陷，尚需大规模完善。比如，在设计指标时，很少有机构能够完全遵循绩效指标选择、绩效指标确定和权重设计三个步骤。并且，大部分机构侧重选择定性指标而忽视定量指标，严重影响评估指标可操作性和反馈结果有效性。

(2) 评估内容较为匮乏。目前，大家对政务服务网绩效评估的认识，大多仅停留在政府网站、开放数据、网上政务服务等单一领域，评估内容不全面。评估机构往往青睐排名机制作为评估结果反馈，通过大力宣传排名前列的几个优秀案例来号召学习。这种方式在一定程度上能够激励各地加快发展完善政务服务网，促进政务服务网更优化。然而，只通过对政府网站的排名来查看绩效评估结果，很可能使排名成为噱头，导致公众误解绩效评估就是不同领域的排名。如对网站的评估与对政务服务网绩效的评估不同，网站虽然是政务服务网的重要组成部分，但不是全部。全国范围内来看，部分地方政府显然已经迈进了这个误区，过度重视网站评估，要么只集中推进政府网站建设，要么把绩效评估重点放在政务服务网应用系统硬软件配置、系统架构上，严重忽视了对发展潜能、公众满意度、公众参与度及政府服务意识等内容的评估。在此类误区的引导下，绩效评估丧失了预期考察引导作用，评估只针对前一阶段工作进行总结，并不具备全面考察政务服务网发展水平的作用，无法真实测评政务服务网建设的前瞻性。从全局来看，单一领域并不能客观全面展现我国政务服务网建设水平，当排名成为"花架子"，容易滋生"表面工程"，误导政府数字化发展。

(3) 评估主体比较单一。我国第三方机构很少有机会参与政务服务网绩效评估，政府作为唯一评估者的模式充满了集中和封闭。另外，目前政务服务网绩效评估主要方式包括两种：一是上级对下级评估，二是单位自我评估。无论是哪种方式进行评估都容易造成评估结果失真，容易滋生垄断现象，从而违背了绩效评估工作科学、公正、有效的基本原则，难以满足政府和社会公众对评估工作的预期。

3. 绩效评估结果利用有失妥当

有的政府部门对绩效评估尚未具备比较明确的评估认知，没有意识到政务服务网绩效评估的价值不仅在于对以往工作的总结，更在于发现自身发展运行过程中的优点和缺点，进一步查缺补漏，扩大优势，以便更好地完成后续工作。而当前业界普遍认为，评估结果只是作为批评或者表扬的依据，对改善促进具体工作的指导作用需要进一步提升。绩效评估结果所表现的战略引导功能并未充分发挥，这是进行绩效评估时经常出现的问题。影响政务服务网绩效评估效果的主要因素是指标体系的设计。目前，国内应用的各种指标体系普遍倾向理论上的逻辑性而非实践中的引导性，不同研究机构各执一词，研究结果大相径庭，造成评估结果的指导性不强，对政务服务网建设的推进、改进、促进作用较弱。

(二) 政务服务网绩效评价的策略

2019年12月，国务院办公厅印发《关于建立政务服务"好差评"制度提高政务服务水平的意见》，提出要全面建成政务服务"好差评"制度体系，建成全国一体化在线政务服务平台"好差评"管理体系，各级政务服务机构、各类政务服务平台全部开展"好差评"，线上线下全面融合，实现政务服务事项全覆盖、评价对象全覆盖、服务渠道全覆盖。为确保每个政务服务事项均可评价，每个政务服务机构、政务服务平台和人员都接受评价，每个办事企业和群众都能自愿自主真实评价，每个差评都得到整改，形成评价、反馈、整改、监督全流程衔接，企业和群众积极参与、社会各界广泛评价、政府部门及时改进的良性互动局面，促进政务服务质量持续提升。可见，为充分发挥绩效评估对政务服务网建设的推动作用，有必要进一步引导政务服务网绩效评估健康发展，促使我国政务服务网绩效评估之路更加规范、科学、有序。

1. 颁布绩效评估制度规范

政府部门的工作开展都是建立在制度规章允许的前提下，政务服务网绩效评估也必须如此。中央政府要加强对政务服务网制度规范的建设，强化对绩效评估的规范管理，以示对绩效评估的重视和引导。各级政府应积极探索符合地方实际发展情况的具有地方特色的绩效评估制度体系，严格按照中央印发的通知、指令，适当参考国内外优秀政务服务网案例，吸收经验，统一认识，保证政务服务网绩效评估合规合法、有章可循。此外，制度体系应该是动态变化的，而非一成不变的，要时刻对标社会发展新需要新局势，及时更新完善制度标准。

2. 完善绩效评估指标体系

(1) 增设评估指标。在进行政务服务网绩效评估时，要根据社会公众对政务服务网治理的实际和潜在需求，关注数字化、智能化和场景化，设计时考虑增加反映公众需求的评估指标，如公众对项目的满意度等。指标还应包括多层面的标准，如政策出台的频率、规章制度的完整性和监督程度，以满足必要的科学和完整原则。同时，在进行政务服务网绩效评估时，要坚持评估指标完整性原则，注重定量指标在总体中所占比例，增加更多的定量指标而非定性指标，利用定量信息增强考评机制的科学务实性。最后，考虑设立绩效评估经济指标的同时，也要关注社会和公正指标，否则就会陷入只追求效率而不考虑后果的窘境。

(2) 完善评估内容。针对我国部分主体混淆网站评估与政务服务网评估的问题，建议拓展丰富绩效评估内容。首先，要统一观念，政府人员应系统学习政务服务网知识，提高个人对政务服务网的认识。其次，保障评估内容多样性，将评估内容拓展至政务服务网服务潜能、服务意识、社会参与度、公众满意度、投入产出比等多个方面，多层次、多维度地开展政务服务网绩效评估。

(3) 丰富评估主体。在进行政务服务绩效评估时，迫切需要打破以政府作为单一主体来评估政务服务网的集中化和垄断化局面，在政府和社会内部两个层面找到更多的评估对象是打破这种局面的利器。

首先，在社会层面，第三方专业机构、相关专家学者和公众都可以作为评估政务服务网绩效的主体。公众作为评估者时，政府要采取措施调动公众对政务服务网的热情，传播和宣传相关政府服务流程，加深公众对政务服务网的认识，确保公众有效行使知情权、参与权和监督权。这样，公众才可以更积极地使用相关应用程序，政府才可以从公众那里获得更多的反馈和评价。如果政务服务网脱离了社会公众，不被公众所认识、接受、理解和应用，将使政务服务网效用大打折扣，造成行政资源配置失衡。

其次，政府应实施电子激励机制。只有政府对公众的政务服务网需求做出积极回应，在公众与政府之间形成良好的沟通和互动，才能提高公众参与的积极性。如果政务服务网脱离了公众，不被公众所认识、接受、理解和应用，将使政务服务网效用大打折扣，造成行政资源配置失衡。在政府内部层面，促进评估主体多元化发展，横纵向评估相结合，既开展上级对下级的层级间纵向评估，也开展诸如单位自评、同一层级互评等横向评估，完善内部评估模式。

最后，内部和外部评估应有机控制和结合，相互促进和补充，共同为中国政务服务网的良好绩效保驾护航。

3. 充分利用绩效评估结果

不当利用绩效评估结果容易将政府绩效评估导向走偏。目前来看，我国绩效评估结果尚未与公务人员的升降惩罚挂钩。评估结果利用与公务人员奖惩制度脱节可能会导致政务服务网绩效评估陷入形式主义漩涡，缺乏可持续性发展动力，绩效评估可能成为一次性活动，不能在行政效能提高和成本节约方面达到预期效果。从以往的实践经验来看，急功近利的做法更加危险。评估中需要考虑被评估主体的情绪效应，简单的荣辱排名等急功近利的做法容易激起被评估者的抵触情绪，增加弄虚作假、表面工程、"玩游戏"等不负责不真实行为，严重影响政务服务网绩效评估质量。因此，应建立政务服务网绩效评估结果与公务人员奖惩关联协同治理机制，有效防止和减少行政损失和职能错位，提高行政资源配置决策的审慎性、合理性和科学性。同时在政务服务网绩效评估当中，应尽可能使用平衡计分卡等工具，使组织的愿景和战略在政务服务网绩效评估中始终居于核心地位。因为平衡计分卡关注的重点是过程目标与结果目标、政府的短期目标与长期目标的统一，能够较好地减少急功近利现象的发生，保障绩效评估真实有效和可持续发展。

政务内网概述、类型与应用

政务外网、公共服务网

关键名词

政务　政务服务　政务服务网　统一身份　一网通办　绩效评价　业务应用　公共支撑　门户网站　电子认证

思考题

1. 政务服务网是由哪些功能模块构成的？
2. 什么是政务服务网？有哪些特征？
3. 简述政务服务网的发展背景。
4. 目前政务服务网建设面临哪些具体问题？
5. 如何更好地推进政务服务网的设计？

第六章
电子监察与在线政民互动

引例：大数据监督揪出蝇贪蚁腐

为坚决整治群众反映强烈问题，沈阳市纪委监委立足监督基本职责、第一职责，探索运用大数据、信息化技术为纪检监察工作赋能。2020年9月至2022年7月，全市纪检监察机关通过大数据监督立案2400余件，处分1600余人，揪出一批侵害群众利益的"蝇贪蚁腐"。

"我们建立大数据监督模型，突破单纯依靠人工力量难以发现深层次、复杂性问题的瓶颈，提高主动发现问题能力。"沈阳市纪委监委有关负责人告诉记者，通过不断提高监督质效，有力维护了群众切身利益，提升了基层治理质效，让隐藏在群众身边的腐败和不正之风无处遁形。

聚焦民政、医保、人防、交通等与群众生活密切相关的重点领域，沈阳市纪委监委积极运用大数据监督模型，开展数据比对、关联分析、筛选碰撞，发现了许多过去人工监督难以发现的问题，提升了对群众身边隐匿问题的筛查能力。同时，工作人员紧盯案件查办发现的行业性和系统性问题，统筹运用大数据监督深化专项整治，精准快速处置办理问题线索。

为了守护群众的"安家钱"，沈阳市纪委监委利用土地房屋征收补偿监督管理系统，分析近10年全市征收领域案件特点，并梳理出7个关键流程和虚增建筑面积、虚假户籍证明等28个牟利"风险点"。截至2022年7月，市县两级纪检监察机关处分49人，移送检察机关6人。

"凡是群众反映强烈的问题都严肃认真对待，凡是损害群众利益的行为都坚决纠正，我们将聚焦群众'急难愁盼'问题深化整治。"沈阳市委常委，市纪委书记、监委主任杨宇新介绍，下一步将聚焦整治教育医疗、养老社保、生态环保等领域群众反映强烈问题，提高运用大数据发现线索、突破案件、促进治理水平。结合整治基层"微腐败"，积极探索数据监督、数据治理的有效路径。

资料来源：中央纪委国家监委网。

经验启示

"互联网+监管"是探索运用网络信息技术和大数据分析提升政府治理能力的关键举

措。通过对市场、食品、环境等的监管,构建全国一体化的"互联网+监管"平台,实现从中央到地方整个联网,把更多的领域通过互联网实现有效监管,从而整合资源,提升监管的水平和能力,提升监管的质量。随着一系列有力举措的出台,我国电子监察以及在线政民互动将成为推动政务信息化健康发展、数字政府建设的重要力量。

本章知识结构

用技术的手段提高监察效率,以及开展在线政民沟通和互动,提升政府权威和公信力,已经成为电子政务的基本应用领域。电子监察内涵比较简单,但外延却比较广泛,功能和价值更是得到极大认同。各国电子监察构建具有不同的路径,当然也就具有不同的困境要克服。政民互动作为电子政务的基本业务模块,包括的业务内容、实践方式具有很大差异,但都殊途同归,都是以畅通公众的政治参与和拉近官民关系为目的。第六章知识结构如图6.1所示。

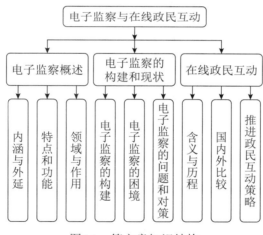

图6.1 第六章知识结构

第一节 电子监察概述

一、电子监察内涵与外延

(一) 电子监察的内涵

随着现代信息技术在纪检监察领域的广泛应用,我国已经发展出一种科技预防腐败的全新路径——电子监察。电子监察是我国政府将科学技术与腐败风险预控有机结合的产物。相对于美国、新加坡率先将电子信息技术运用于商品管理、囚犯管理和交通监管等领域，我国政府积极探索信息技术在预防腐败中的运用，率先在政府采购、国有资产转让、行政审批等领域展开了科技预防腐败的开创性实验，为世界各国运用科技预防腐败提供了一个成功的范例。

电子监察是信息时代的政府运用通信技术，将政府电子政务内部办公系统、政府部门办公区视频监控系统和政府公众服务外网整合，通过电子监察软件，对政府信息进行数据挖掘、提取、评估，在统一的电子平台上实现对政府市场监管、经济调节、社会管理和公共服务等行政行为展开实时监控、预警纠错、绩效评估和统计分析。电子监察为预防腐败制度创新提供了前所未有的机会与工具，成为提高预防腐败制度执行力的重要手段。

电子监察是预防腐败制度创新与科技创新的有机结合。它既是一项行政效能与廉政监察技术创新，更是一项行政效能与廉政监察制度创新。电子监察实施后，行政效能与廉政监察由传统的事后监察变为事前公开、事中监控、事后问责三者结合的全程同步监察，直接导致了部分地区和部门行政监察工作流程再造和制度重构，成为我国行政监察制度创新的一个亮点。同时，电子监察系统自身所具有的绩效评估与预警纠错功能，为我国政府内部绩效评估制度的建立与优化，提供了一个全新的契机，促进了我国行为规范、运转协调、公正透明、廉洁高效的行政管理体制的建立。电子监察本质上是电子政务的一个发展领域，是电子政务发展到一定阶段的产物。在电子政务发展初期，政府将发展优先目标确定为提高政府工作效率和监管能力，因此，早期电子政务发展领域主要集中在与国民经济密切相关的一些行业领域内。其中，"十二金工程"就是政府在电子政务早期优先发展的电子政务工程。但是，随着电子政务发展目标从提高政府市场监管能力转变为更好地服务于社会管理和公共服务，电子政务开始进入互联互通、资源共享的应用深化阶段。

电子政务系统开始与视频监控技术、数据挖掘技术、物联网等其他高新技术相结合，电子政务统一平台的功能被不断挖掘，许多全新的电子政务系统和应用模式由此产生，电子监察便是众多系统中的一个。因此，电子监察是电子政务进入深化应用阶段后，在政府社会管理和公共服务等领域的发展应用。

(二) 电子监察的外延

电子监察的应用领域在迅速地拓展，电子监察的外延也随之不断扩展。有研究者把电子监察与网络信访等统归为网络反腐的模式。部分研究者忽略了电子监察、电子民主、网络反腐三者在外延上的区别，把它们作为一个研究对象展开分析。实际上，三者在发展主体、功能应用、发展路径上有明显的区别，具有不同的外延。虽然电子监察和电子民主都是电子政务发展到一定阶段后的产物，但是两者在发展主体上有所区别。

电子民主是信息时代的政府和公民以信息通信技术和互联网为工具和平台，增强公民在政府管理和政治参与中的知情权、表达权、参与权和监督权的一种全新民主形式。在电子监察的发展中，政府处于绝对的主导地位，制定电子监察发展规划，培养电子监察技术人才，提供电子监察建设经费，对电子监察发展起着决定性的影响，是电子监察的发展主体。与电子监察和电子民主只拥有单一主体不同，网络反腐在实践中出现了三个发展主体：网民、民间举报网站、政府举报网站。尽管目前网民和民间举报网站是现阶段网络反腐的主要力量，但是，随着中纪委监察部网络举报网站的建立，政府举报网站已经在网络反腐中发挥日益重要的作用。未来，网络反腐的三个主体如何有效整合进而形成合力已经成为当前网络反腐建设中的重要议题。另外，在功能上，电子监察重在事前的预防和事中的监控，而网络反腐重在事后对腐败行为的调查与举报。

在以上分析中，可以看到电子监察、电子民主、网络反腐虽然在技术手段和技术方法上有许多共同之处，但在发展主体和功能应用上存在许多区别，各自具有不同的发展外延。

二、电子监察的特点和功能

普及电子政务，实行电子监察的核心目的在于通过方便快捷的电子监察系统，为社会公众提供高效、优质、廉洁的一体化管理和服务，更好地满足人民群众对政务工作的知情权、参与权、表达权、监督权。

(一) 电子监察特点

1. 异体监察

在监察模式上，将电子监察系统与业务系统分开，保持电子监察数据的独立性和有效性。

2. "多位一体"监察

在监察方式上，将电子监察、视频监控和效能督查有机结合。电子监察通过设置监察节点，对办事的程序、时限等进行监察，并通过红绿灯方便监察人员跟踪监督。视频监察主要是通过全球眼对办事服务窗口进行监控。效能督查是通过明察、暗访、模拟办事、在线监察等方式，定期或不定期进行督查。

3. 监察内容广泛

除将行政审批事项、行政处罚、行政征收等纳入监督范围外，还可以把工程交易、产权交易、土地招拍挂、政府采购等公共资源市场化配置也纳入监察范围。

4. 公开透明

监察结果实行主动公开，包括预警信息、违规记录、提前办结率、网上评估、业务办结情况等。同时，提供查询功能，既可以查询申办事项的流程，也可以通过受理编号和受理密码，查询申办事项的办理进展。

(二) 电子监察功能

电子监察系统的功能是多方面的，基本覆盖了线下政府各项实体监察功能。

1. 实时监控

实时监察是在采集数据的基础上对业务自动监控，凡违反办事程序的，提供时限判别、收费监督、流程跟踪、资料比对、异常处理监督、统计分析预警等自动判别监察和辅助判别监察，及时发现问题，事先、事中提醒相关部门和行政许可人，避免发生行政过错。实时监控包括在线数据监控和视频监控。在线数据监控是运用电子监察平台与职能部门的行政服务业务系统直接对接，自动实时采集行政服务办理过程的信息（包括审批服务事项的受理、承办、审核、批准、办结等情况），实行同步全程监控；视频监控是在服务窗口大厅设置摄像头，通过视频监控系统，对办公现场实施现场监控。

2. 预警纠错

预警纠错是指对行政审批事项临近办理时限的，能够通过手机短信通知实施机关和有关负责人；对超过时限的，自动出示黄牌，生成相关文书，打印给实施机关和有关负责人，限期办理；对超过督办期限仍未办结的，自动出示红牌，并发出建议书，督促有关部门追究相关人员行政过程责任并落实整改。对不许可、不受理、补交材料等异常情况，实行重点监察。对违反规定的其他行为，也可及时发现，以便及时纠正。

3. 绩效评估

按照行政审批绩效评估量化标准，系统自动对考核部门的审批绩效及考核岗位人员的审批绩效进行评估。系统还可以对服务质量和服务水平进行现场评估和社会综合评估。

4. 信息服务

系统公开行政审批事项的审批内容、法律依据、审批条件、许可期限等办事指南，可以随时查询行政审批事项的实施情况和办理结果，可以随时将系统监控和检查的情况向领导提供决策参考信息。

5. 统计分析

定期对电子监察中心监督情况数据进行统计分析，为各级领导提供可靠、翔实的决策依据，也可以作为各部门、各单位年终考评的重要依据。

6. 监察网站

(1) 程序监察。程序监察主要是针对许可办理过程的监察。程序监察对象包括行政审批的内容、法律依据、数量及方式、审批程序、证件及有效期、法律效力、年审或年检。对每项审批事项的业务规范预先在系统中配置，当进行程序监察时可以直接调出比对。程序监察可以对享有特殊规定和特殊情况的许可事项进行监察。例如需要多个部门联合许可的行政许可；市政府规定的大企业直通车服务。

(2) 时限监察。时限监察是对于行政审批事项的时限在系统中设置，采集每笔具体的许可业务，系统对超期的许可事项自动预警，并将预警信息以邮件、短信等方式自动通知办理单位。许可事项超过设定期限，系统自动出示黄牌，并自动生成《督办通知书》发送到许可单位，并短信通知承办人，同时设定一个督办期限，督办限期过期仍未办结的，系统出示红牌。对于超期至红牌的事项，系统自动通过电子公文交换系统发送《监察建议书》到许可机关。

(3) 综合监察。综合监察主要对业务从时限、收费、程序等各个方面进行综合监察，出现违规现象的，综合提示处理。系统运行界面显示各个行政许可实施机关的一个总的监察情况。

(4) 异常监察。异常监察中的异常情况主要包括不许可、不受理、补交材料等现象，对于发生异常的事项，查看给出理由和法律依据，没有给出理由或假如理由不充分的，可以要求给出解释处理。对于发生异常的事项，不能给出合理原因的，必须扣分。

(5) 收费监察。收费监察是指对每项行政许可事项的收费进行设置，自动比对各笔许可业务的收费，对违规收费"亮红灯"，并对违规收费的行政许可实施机关进行处理。

(6) 投诉监察。投诉监察主要是对投诉处理子系统的结果反映。在这里可以查看各行政部门受投诉情况、总件数情况等。投诉处理子系统是有关办事效率、依法行政、廉政建设、服务态度等方面的投诉的处理模块。

三、电子监察领域与作用

1. 公共资源交易电子监察

电子监察以廉政风险防控为出发点，以科技防腐思想为指导，实现了对公共资源交易责任组织及相关责任人、公共资源交易信息、资源交易资金情况、招标采购等全过程的电子监察，并同步实现质量监控、合同信息监察、招标信息、履法情况、资金动态、监理工作等多方位的信息采集。电子监察具有灵活的业务定制和流程控制手段，可以动态实现复杂多变的政府采购、非政府性投资项目、政府性投资建设工程、国有建设用地使用权拍卖、国有资产处置等公共资源交易项目等业务流程。同时，电子监察满足了公共资源交易各关系方对公共资源交易过程管理和数据的需求，为公共资源交易和宏观决策提供参考依据，为规范公共资源交易活动的有效开展提供了完善的监察手段。

2. 重大建设项目监察

电子监察系统能够实现电子督查、远程监管、分类查询、短信提醒、智能分析、工作汇报、监察预警和大屏展示。台账系统将根据工作完成情况对各项重点工作进展状态进行评价，评价情况与市纪委、监察局对接。监察内容有多种：一是重大事项、重点工作和重点项目；二是市委部门的主要工作和市政府工作报告分解内容；三是县市区年终考核的重点项目和市区城建工程项目。电子监察系统加强了工作各方沟通，实现了动态信息管理、实施过程监督管理。

3. 效能监察

ESP(efficiency supervision program，效能监察计划)是以创新行政电子监察为基础，以政府精细化管理为手段，对各类反应效能的工作实现"事前、事中、事后"的全过程监察，实时推动工作进展，使其成为党政领导机关推进工作的有力抓手；同时实现了对大量工作数据的分析、工作绩效考核、效能评估，及时对违规、异常的工作执行情况予以纠错、改进，确保各类工作规范推进。

4. 职能目标监察

电子监察系统按职能目标计划、执行汇报，目标调整、检查、公布的方式开展工作，并对目标计划、执行情况实行电子监察，对目标的实现过程进行实时监察。电子监察系统利用电子化、智能化的监察手段对职能目标进行监察，通过监察督促单位职员尽快完成工作，达到提高其工作积极性、工作责任心与工作效能的效果。

5. 行政审批报件监察

行政审批报件监察系统具有报件引导台子系统、报件监察、行政审批单位窗口操作系统、查询支持、工作统计等功能。行政审批报件监察系统改变了以往的审批模式，变被动监察为主动监察，监察对象为行政审批部门，为报件知道、一次性告知、审批服务、业务受理、办理监督、办结监督提供了系统的支持及全过程监察，为打造优质服务、树立良好作风、建设服务型政府提供了有力的支持。

6. 信息公开电子监察

信息公开电子监察通过设立预警纠错、责任追究、投诉建议等功能，对信息公开出现的异常情况，依据具体情况分别启动预警纠错、黄牌、红牌责任追究机制。信息公开电子监察充分发挥政府信息对公众的服务作用，提高政府工作透明度，增加群众监督力度，确保各地方信息公开工作的有效运转。

7. 网络舆情电子监察

网络舆情电子监察对村务投诉、民生、行政效能、网上举报、民意等信息进行自动搜索、自动采集、数据清理等。系统可对网络热点话题、敏感话题加以识别；对话题的观点进行倾向性分析；同时具备主体跟踪、自动摘要、趋势分析等功能。网络舆情电子监察系统能够及时发现突发事件、敏感话题，并设有报警系统，需及时发现、及时解决。

8. 廉政风险防控监察

电子监察系统将廉政风险点、权力清单、廉政风险级别、防范措施等内容全部纳入监察，通过设置风险点、风险提示、风险监控、风险处置等功能，将业务流程中易发生风险的环节，如公共资源交易、采购；重点岗位，如人事、执法、司法、监管；重点领域，如工程建设、土地出让、拆迁等全部纳入监管。电子监察系统坚持整体推进和突出重点相结合，以业务流程为主线，使其形成一套融风险排查、预警防范和动态监察于一体的科学防控机制，成为纪检监察机关加强廉政风险防控的有力抓手，对积极推进权力公开透明运行，推动各项事业的廉洁发展具有积极意义。

第二节 电子监察的构建和现状

一、电子监察的构建

(一) 电子监察的起源

有学者指出,电子监察是2004年国际合作、法制构建和现代科技的结晶,这种观点忽略了2004年以前我国一些地方政府部门在政府采购、国有资产转让等领域已经采用比较成熟的电子监察技术。2003年,深圳率先在全国实现了对政府采购行为的电子监察,展开了电子监察在政府采购中的运用。因此,运用科技预防腐败的中国政府创新——电子监察实际上在2000年深圳等城市就已开始。随后,在《中华人民共和国行政许可法》颁布执行和行政审批制度改革不断深入的背景下,电子监察技术开始在行政审批领域展开实践。电子监察在该领域内最早的设计来自廉政建设领域内的国际合作。2003年1月,中国监察部(2018年并入国家监察委员会)与联合国开发计划署正式合作开展《中国廉政建设项目》。作为项目试点单位,深圳市监察局组织开发了行政审批网络监察系统。2004年11月,中国第一个行政审批电子监察系统开始在深圳市试行。电子监察在诞生之日起就以腐败风险预防为目标,运用信息通信技术和互联网,对政府工作手段进行创新,对政府职能部门权力进行重新分配,对政府工作流程进行优化和重组。由此可见,电子监察诞生之初就与预防腐败制度创新密不可分,是廉政制度建设与创新的产物。

(二) 电子监察的发展

经历二十余年发展,电子监察已经从行政审批领域的单项突破转变为政府管理各个领域的纵深发展。从最早应用的行政审批和政府采购领域,电子监察已经拓展到公务接待、公款出国、公务用车、药品采购、抗震救灾、政府公开、投诉处理、工程招标等领域。在发展地域上,电子监察呈现东南地区先行、中部地区跟进、西北地区相对滞后的状况,与各地电子政务发展呈现较大程度的一致性。在发展主体上,以纪检监察部门和信息化主管部门为主,职能部门专门开发建设的电子监察系统较少。在发展模式上,由于中央纪检监察部门的大力倡导,省地级政府积极推进,县级政府相对滞后,明显呈现一种自上而下的态势。在发展深度上,少数地区电子监察系统已经完成省、市、县、乡、村五级联网,实现了深度融合。从全国整体来看,纵向连接省市县乡、横向覆盖各领域的电子监察综合系统在绝大部分地区尚未形成。从发展阶段方面分析,在经过软件开发和平台建设的基础阶段之后,电子监察已经进入制度建设阶段。各项管理运行制度的建立与完善成为电子监察建设的重点内容。随着电子监察的深入展开,电子监察将呈现与政务公开和廉政建设紧密结合、与现有电子政务应用系统有效整合、与政府职能转变积极结合、管理体制和制度不断完善、应用领域不断拓展五大趋势。

我国电子监察系统的建设,在部分省、市全面铺开。东部发达地区建设速度较快,部分中西部地区也奋力直追。广西壮族自治区区级机关电子监察系统于2007年1月建成,全自治区所有的75个县(市)电子监察系统建成,并顺利实现自治区、市、县三级联网,成为全国第一个实现行政效能电子监察实时监督的省(区);武汉市电子监察系统于2007年3月正式运行,包括15个区网上审批系统的完善升级和推进应用、市级审批系统建设和市区两级监察系统建设;酒泉市于2013年建成"1+7+7+n"行政效能电子监察系统,实现了对市审批部门级下设人才交流分中心、社保管理分中心、住房公积金管理分中心、财政国库支付结算分中心、车辆管理分中心、房屋登记分中心、国土资源分中心和7个区县及其所有乡镇、村代办点的综合监察。

近些年,我国很多省市、地区都开展了电子监察反腐败的实践,比如深圳的行政审批电子监察系统、上海的"制度+科技"反腐败和青岛的电子监察系统。

二、电子监察的困境

(一) 电子监察的绩效困境

电子监察独有的透明、规范、客观、便捷,使得政府和公众对电子监察的绩效充满了期待。但是,电子监察功能目标的特殊性和现阶段政府绩效评估制度的缺失,使得电子监察的客观绩效很难进行量化分析。从2004年起,各地纷纷投入大量资金和人力展开电子监察系统建设,被视为"制度+科技"的电子监察已经成为中国现阶段预防腐败的新理念和新模式,成为各地展开反腐倡廉工作的突破口。但是,由于缺少对电子监察绩效的权威评估分析,仍然有许多实际工作者和研究者对电子监察能否产生理想中的绩效抱有许多质疑。在缺乏实证支持的质疑声中,顶层设计缺失影响了电子监察技术先进性的发挥。电子监察的诞生得益于中国监察部和联合国开发计划署的合作,电子监察的成长来自中央政府的倡导和支持,但是,中国电子监察发展是自下而上,缺少国家战略层面的顶层设计。电子监察国家发展战略和发展规划的缺失,使得电子监察建设出现了各自为政、重复建设、互不联通、人才匮乏等一系列问题。在电子监察建设中,政府部门各自为政,委托不同的公司开发不同的电子监察软件系统,导致大量的重复建设和资金浪费;公安等垂直管理部门的系统和地方政府自主开发的系统数据接口标准不一致,系统互联互通困难,影响未来统一电子监察平台的建立;电子监察人才资源开发计划的缺位,导致电子监察技术人员严重短缺,影响了电子监察系统的正常运行。电子监察顶层设计缺失导致的问题使得电子监察系统的技术潜力未能充分释放,从而影响了系统的绩效。

同时,电子监察技术与生俱来的局限性也给这项技术和制度创新的结合带来绩效困境。在工作信息密集、工作流程相对固定、社会关注度高的工作环节实施电子监察,"把制度的执行者由人变为计算机程序,把权力的所有者由人变为程序模块",能产生较好的社会和经济效益，但不是所有的政府管理领域和管理环节都可以通过软件程序实现电子监察。电子监察和任何一种政府管理手段一样，有其与生俱来的局限性，在某些预防腐败的关键环节，更需要电子监察与人员监察相结合。在电子监察发展的初期，其应用领域在不断拓展，但随着时间推移，电子监察的局限性必将逐渐显现出来。相对于政府和民众对电子监察理想绩效的期待，这种技术自身所具有的局限性无疑构成了一个很难走出的绩效困境。

(二) 电子监察的体制困境

体制决定着电子监察技术的先进性和巨大潜力能否得到应有的发挥。电子监察的发展客观上要求形成一种领导围绕系统转、系统围绕公众转的服务型管理体制。在电子监察建设中，基础工作之一就是围绕政府服务对象的需要，制定行政权力行使标准流程，把政府各类行政事项按照统一格式、统一规范、统一管理的要求，绘制标准的行政权力运行流程图，展开行政流程的梳理和再造。因此，电子监察建设的复杂性很大程度表现在它必然涉及政府管理思想、管理流程以及政府结构相应的变化。电子监察的生存与发展客观要求一个权力有规、行为有序的服务型管理体制，而我国目前尚处于行政管理体制改革的攻坚期，正处于由管制型政府向服务型政府转变的过渡期，这种差距构成了我国现阶段电子监察发展的体制困境。

在各地展开的电子监察实践中，可以清楚地观察到电子监察建设所带来的种种变革。在种种变革面前，许多部门和公务员也产生了强烈的不适感。在上海市土地市场交易中心，土地交易软件程序的运用使得原本由人行使的权力全部交由程序系统，决策者感觉手脚被网络绑住、权力被"一网打尽"。在电子监察执行之下，纪检监察部门可以直接进入其他政府职能部门的业务系统，查看行政审批的原始资料和处理状态。纪检监察部门的权力在技术中得到了延伸与扩大。在公共资源交易中，电子监察的运用使得招投标和交易管理权力从原主管部门中剥离出来，移交到新成立的招投标中心。电子监察的运行使得原有的决策、执行、监督权力格局在不同部门发生了重大变化。"如果宏观战略、制度，特别是权力结构层面上的问题不解决，只在微观层面上的科技手段上下功夫，从某种意义上讲，越是依赖高科技往往越容易造成腐败"。在这种变革与原有管理体制剧烈的碰撞中，如果电子监察所带来的种种积极变化无法转化为制度的完善和体制的改革，功能先进的电子监察在某些地区必将出现闲置不用、双轨运行甚至虚假运行情况，最终成为政绩工程的一部分，从而影响建设目标的实现。

三、电子监察的问题和对策

(一) 电子监察存在的主要问题

1. 建设分散化

目前全国各地电子监察平台分别依托电子政务内网、电子政务外网、互联网和纪检监察专网建设，有的还要涉及各部门的业务专网，使得分散化问题更趋于明显。

2. 监察数据不全

部分省直部门在当时开发软件时主要以实现业务信息化为目标，并未考虑为监察需要而设置时限监察点、环节监察点等相关数据字段，因而难以提供全面有效的监察信息。行政处罚、行政征收等其他权力事项电子监察系统同样存在这方面的突出问题。

3. 业务需求水平不高

一个软件是否有用、好用、实用，主要取决于业务需求的档次和水平。好的业务需求来源于对纪检监察业务和监察对象业务的深刻理解，来源于创新管理的思想和理念。目前，电子监察软件的业务需求大多依赖于软件开发公司提出，局限于时限监察、环节监察等一般程序性监察，缺乏对部门执法风险的深层次挖掘，很难提出高质量的监察业务需求，创新点、亮点较少。

4. 工作进展不平衡

受资金、技术、人员等多种因素制约，电子监察在各地发展不均衡现象很突出；在不同部门以及同一部门的不同层级，发展均不同步。行政审批电子监察系统虽已正式上线，采用数据交换方式接入电子监察系统的部门，建设进度也存在较大差距。

5. 复合型人才匮乏

电子监察工作业务专业性强，技术要求高，工作协调难度大。各级各部门普遍缺乏专业技术人员，特别是既熟悉纪检监察业务，又熟悉监察对象的业务及信息技术的复合型人才。

(二) 改进电子监察对策

1. 要围绕中心，构建电子监察大格局

要以部门业务源头为点、行业监管为线、电子监察建设为面，点、线、面结合，广泛调动各方积极性，共同参与，构建电子监察大格局。

推动在部门具体业务软件中融入纪检监察要素，实现源头防腐。在软件的各个业务环节约束、固化权力事项，细化自由裁量权，提示、预警业务风险，堵塞漏洞，规范行为，做到事先防范和事中控制，调动部门开展预防腐败的积极性。

鼓励各部门、各行业同步防控执法风险和廉政风险，开展深层次电子监察应用。开发建设廉政风险防控平台，充分利用历史业务数据，整合分析各种执法风险和执法疑点，由法规、纪检监察和业务部门共同参与，通过执法复查问责，深挖细查背后可能存在的腐败问题。

要加快建设、完善省级电子监察项目，在继续推进省级电子监察六大平台建设的同时，不断拓展领域，在解决群众身边腐败问题、违纪违法案件查处、群众权益保障机制、食品药品监管、农村三资管理、巡视等方面，加大电子监察力度，通过先期试点取得成熟经验后推广应用。

2. 要顺应规律，大力推进市级集中处理模式

电子政务发展遵循着不断集中、整合、螺旋上升的规律，即随着信息化应用水平的提高，各部门持续不断地重复自下而上(县级、市级、省级)的数据集中、应用整合的过程。数据向上集中，实质是权力向上集中；应用整合，实质是通过共享信息资源达到权力公开透明。运用这一规律，就是要科学选择与当前信息化水平相适应的数据集中模式。采用市级集中模式，可以满足相当长一个阶段的工作需要，能有效解决软件分散化问题，便于市级集中优势资源力量做出精品，凸显特色，也有利于信息共享和资源整合，直接实现了市县两级的上下贯通。

推进市级集中模式要着重做好三件事：一是要开发完善全市统一的电子监察软件，建立配套运行机制和管理考核办法；二是要制定电子监察数据标准体系，开发标准数据接口，推进各部门规范相关业务软件数据，通过数据交换方式实现电子监察；三是要在市级集中的基础上，省级抽取地市数据，建设省级电子监察数据仓库，建立省级监察指标体系，开发省级监控平台，真正形成横向涵盖各部门、纵向贯通省市县的经纬交织的监控格局，为后续开展绩效考核等应用夯实基础。

3. 要多措并举，着力提升业务需求质量

一是要充分学习、借鉴先进省份的成功经验；二是要成立电子监察专家咨询组，邀请相关部门熟悉业务和技术的专家、学者，对软件业务需求的质量把关；三是要系统总结省内好的经验做法，可抽调各市业务骨干，采取集中攻坚的做法，组成课题组优化业务需求，创新监管办法，形成可操作性强、实用、管用的业务需求；四是要明确业务需求的层次性，针对省级、市级、区县级纪委和各级派驻机构电子监察的着力点加以细化，满足不同层次的监管需求；五是要促进业务、技术融合，坚持业务、技术双轮驱动，加大科技创新对纪检监察的推动作用。例如探索建立省级统一、集中处理的效能投诉处理系统，实现以受理、办理、问责、归档为链条的全程规范化管理机制；探索建立全省集中的舆情监控系统等。

4. 构建电子监察运维体系

电子监察项目建成后，既要指导各级加强应用，提升应用水平，又要根据实际变化，不断修改完善，还要保障硬件、网络安全运行。建立电子监察项目的运维体系，必须未雨绸缪：一是成立专门的机构，规划、指导、组织、协调、考核、推进各级电子监察项目建设工作，建立健全各项电子监察工作机制；二是实行运维服务外包，借助外部专业技术力量，克服内部技术人才紧缺的问题。

第三节
在线政民互动

一、在线政民互动含义

政民互动,从字面上理解,即为政府和民众通过一定的渠道进行双向互动、产生相互作用的过程。传统的政民互动渠道一般包括政府设立的专门机构、举报信箱、座谈会、政府电话热线等,但是受到沟通层级、方式和渠道等的制约,公众和政府之间的互动往往只能是单向的浅层次的信息交换,政府难以掌握民众真实的想法,民众也较少能真正参与到政策的制定中来。随着网络技术的不断发展,借助互联网这一便利的渠道,"自下而上"的民意诉求得到超越时间、空间和组织的限制,并不断得以发展壮大。目前关于政民互动的研究内容在逐渐增加,横跨信息技术、政治学、新闻传播、公共管理、法学等多个学科,但学术界对其尚未形成统一准确的定义。在线政民互动通常与互动交流、电子政务、网络问政、公民参与等相关概念相关联。在我国近年的政府文件中,在线政民互动与政务服务事项、政务公开以及办事服务等内容一并提出,构成政府网站建设的重点考核指标之一。这里的在线政民互动指的是政府和民众通过政府门户网站这一平台发生交互的过程,其中政府和民众作为互动的主体,政府门户网站作为互动的渠道,这三个要素构建形成一个完整的互动过程,包括由政府主动发起的互动以及由民众发起的互动。

政府网站首页导航条上的政民互动栏目一般包括意见征集、投诉举报、政务咨询、在线访谈等,政府和公众可以通过多种渠道进行互动交流,实现多方参与决策和行动的过程。在线政民互动行为涵盖了公民参与和政府回应两个层面。政府回应是公民参与期望结果的直接体现。斯塔林将政府回应界定为:"回应是责任型政府的一种体现,公共管理责任的基本理念之一就是回应。回应意味着政府对公众接纳政策、提出诉求要做出及时的反应,并采取积极措施来解决问题。政府必须快速地了解公众的需求,不仅包括回应公众事前的表达需求,更应该洞悉先机,以前瞻性地解决问题。"这一论断揭示了政府回应的两个必要阶段:了解诉求及解决问题。其意义在于良好的回应能力关系到政府的治理能力及公民的政治效能感,是建设民主政府的本质要求,也是增强政府公信力的有效手段。

政府回应可划分为不同的类型。

按回应的内容来划分,政府回应可分为话语性回应、行动性回应和制度性回应,分别指政府通过语言表达、政治执行和政策制定的方式对公众予以回应。

按政府的态度来划分,政府回应可分为正回应和负回应。正回应指政府以积极的态度对公众需求做出回应并取得良好效果;负回应指政府以消极的态度拖延、应付或不回应公众的需求,无法取得良好效果。

按政府的回应方式来划分,政府回应可分为主动回应和被动回应。主动回应指政府主动了解公民需求，制定和执行符合公民意愿的公共政策；被动回应指政府针对特定公众表达的特定诉求予以答复和解决。大数据时代对政府回应提出了新的要求：一是了解公众诉求，探究信息与通信技术是否有助于政府快速且有效了解公众诉求；二是及时采取措施，探究政府借助信息与通信技术对公民诉求的回应是否有效。

新公共行政理论认为公民参与的意义在于使政府公共部门更能反映民众关心的问题，解决民众与政府的冲突，促使公共决策的合法化，并提高政府的行政能力。在数字时代，互联网和社交媒体的发展为公众参与提供了新的平台形式和路径，公众可以通过电子邮件转发政治消息、针对特定政策进行线上交流讨论、在政府网站上留言表达不满、参与线上集体活动等。在我国，公民参与模式主要分为制度化参与和非制度化参与。制度化参与的主要方式包括选举、信访、听证会等；非制度化参与包括个人接触、越级上访、抗拒行为等。两种参与模式分别对应着政府主导式以及"草根"式的参与路径。相较于此前"传统"的公民参与方式，互联网等信息技术以其低成本、低风险的特点为数字时代下的公民参与提供了新的方式，凭借加速信息传播及降低参与成本，ICT成为公民获取政治信息和表达观点的重要途径，促成了网络问政的参与方式。

二、在线政民互动历程

西方学者鲜有研究在线政民互动，相近的研究内容是"网络政治参与"或"网络民主"，而这一类型的研究起源于对网络民意的研究，关于网络民意的研究最早开始于1980年左右。美国著名未来学家阿尔温·托夫勒在《预测与前提》(1983)中提出了"信息政治学"这一概念，开创性地引领了网络政治学的学科发展，并提出了网络可能给政治带来的隐患。

美国学者乔万尼·萨托利在《民主新论》(1993)中阐释了对网络社会中政治参与的研究，他指出："在网络社会中，原本广为分散的个体，会因共同的兴趣，或对某一特别事务共同关注而迅即发出'群体'的声音，并使他们的声音被政府和政治家听到。"美国学者马克·斯劳卡在《大冲击——赛博空间和高科技对现实的威胁》(1995)一书中首次提出"网络民主"这一概念。格莱姆·布朗宁在《电子民主：运用因特网改革美国政治》(1996)一书中以电子民主为切入点，对公众政治参与进行研究，表达了网络视角下的政治参与给传统政治参与带来的变革。在此之后，"网络政治参与""网络民主"等概念在凯文·希尔和约翰·休斯共同出版的《网络政治学》(1998)等书中都有了更加深入的探讨和系统的研究，以上这些西方学者的研究成果为我国网络问政研究的发展提供了一定的指导。

我国在线政民互动研究是基于互联网平台的政府与公民之间的互动，国内学者大多将其归于网络民主建设、网络政治参与或电子政务，对于政民互动的研究仍不充分。我国在这方面的研究较西方有很大的滞后性，主要原因在于我国在20世纪90年代初期才接入互联网，与此同时，国外的研究已经进入了高速发展的时期。我国对于网络民主的研究起源于20世纪末，2002年以后，我国学者对于网络政治参与的研究逐渐进入高速发展阶段，主要研究内容包括网络对政治参与的影响以及对发展中国家政治安全的影响；2006年开始，随着网络论坛、博客等工具的发展，政治博客引领了公民网络政治参与的热潮，对网络民主的研究也逐渐转入这一领域。

2006年9月，国务院办公厅印发了《关于进一步做好中央政府门户网站内容保障工作的意见》；2008年6月20日，胡锦涛通过人民网强国论坛与网民进行在线交流互动，他提到互联网是"做事情、做决策，了解民情、汇聚民智的一个重要渠道"，自此之后，网络问政也逐渐兴起。随着微博、微信等平台的发展，公民网络政治参与的积极性、网络问政的便捷性都有了很大提升。

三、在线政民互动意义

1. 提高政府的反应能力和社会回应力，扩大民众的参与

政府可以借助电子邮件、电子布告栏、领导信箱等新兴的科技方式，与民众建立一个迅速、有效的沟通途径和意见反馈机制，从而实现和扩大公民对政府公务管理的参与。一是民众能够通过互联网等方式随时随地获取需要的信息，参与政府讨论，充分发表自己的要求与意见；二是民众意愿得到充分尊重，民众要求得到快速回应，民众需求得到最大满足，民众利益得到有效维护。

2. 促进政务公开，增加政府的透明度，实现开放政府

政府通过大力推进电子政务，利用网络平台公开政府信息，加强与民众的信息沟通，实现了行政管理的准确、快捷和互动。民众通过完整享有自身的知情权，能够把自己的利益和意愿反馈到政府部门中，从而体现自己的政治参与权。这种政府与民众的良好互动是政府提供社会服务成败的一个重要衡量标准，也是政治民主化的重要体现。

3. 促进构建和谐社会

在线政务互动有效解决了传统沟通方式下的政府与民众信息传递渠道不通畅、信息不对称等问题，更进一步拓宽了政民交流途径，增进了民众对政府工作的理解，加强民众对政府决策的支持，对政民关系的和谐稳定、社会矛盾的有效化解起到重要的作用，促进了和谐社会的构建。

四、政府网站政民互动方式比较

(一) 国外政府网站政民互动典型方式

1. 网上信访

韩国政府于2006年7月建设了全国统一信访及提案网——韩国国民申闻鼓网站。国民申闻鼓网建立了健全的答复机制，根据答复机制要求涉及行政机构的信访案件，必须在系

统收录案件的7天内进行答复处理。公民可以通过国民申闻鼓网对行政机构不当行政行为进行监督,要求政府对不当行政行为发起调查并公示调查结果,还能针对法律法规向政府发起提问,政府部门必须按照要求给予答复或者解释。如果公民在国民申闻鼓网站上进行信访时,对于具体申诉部门存在疑惑,国民权益委员会将按照所反映案件的性质,指定相关政府部门进行办理。另外,该网站对外国人特别设立了信访通道,提供14种语言页面。在韩国社会,"国民申闻鼓"逐渐成为解决各种不公和民众困境的重要途径。

2. 民意征集

日本电子政务网(www.e-gov.go.jp)开辟了"公共评论"栏目,民众可以对列出的各个议案提出自己的意见或建议。

"公共评论"首先对意见征集议案进行统一公示。在每个议案的内容页中,标注案件号码、议案名称、法令依据、行政程序是否基于法律程序、所辖府省部门、议案公告日、议案内容、意见征集开始日、意见征集截止日等信息;同时列出相关文字资料,包括意见征集要领、相关规章方案概要、相关规章方案新旧对比表等其他相关资料及资料获取途径等具体内容,部分资料性文件提供PDF版本下载服务。用户在了解相关信息后,提出自己的意见和观点,单击填写按钮,进入填写页面,其中个人信息不要求必须填写;填写完成后单击确认键,跳至验证页面,验证通过即可成功提交。

最终,相关责任部门收到信件并整理,在征集期限结束之后,撰写意见征集结果报告,并在对应议案的内容页上发布。此外,该栏目以子栏目的形式,将处于征集中、征集结束、结果公示状态的议案分开展示,便于浏览。

3. 民众请愿

美国白宫官方网站于2011年9月新增了请愿渠道"我们人民"(We the People)。民众可以通过这一渠道向政府提意见、建议、提案。根据请愿制度规定,民众提交的只能是与美国政府的政策及其工作相关的内容,比如对美国政府现行政策的意见、建议等。其他诸如商业信息、对竞选人的态度、与美国政府工作和政策无关的内容都不能在这一请愿渠道提交。此外,涉及粗俗、亵渎、辱骂、侵犯个人隐私等性质的意见、建议也禁止通过"我们人民"提交。白宫开通网络请愿渠道,是网络时代实现民主的新形式之一,有利于鼓励民众参与公共管理,推进民主进程。

英国鼓励民众参与到政治议程的设定中来,任何公民都能够通过"请愿网站"发起任意与英国政府工作相关的请愿。请愿如果获得10万人联合签名,英国议会必须针对这一请愿展开讨论。但是,如果民众所提交的请愿内容与英国政府工作没有关联,或者涉嫌侮辱、诽谤,以及重复提交请愿,那么相关内容会被删除。该请愿网站的内容由专人负责管理。

4. 论坛

为了能与公民形成良好互动,充分听取公民对政府公共服务和公共管理的意见,芬兰政府自2000年起搭建了芬兰公民论坛(otakantaa.fi)。公民可以针对政府当前的各项政策发起讨论、提出建议。该论坛自使用以来获得了巨大的成功，特别是对于"如何处理政府预算"这一项工作，一度引起芬兰各大媒体的广泛关注和讨论。在该论坛，访问者可以在不注册的情况下浏览或者留言，但如果需要发布帖子，包括问卷调查、投票、文章等，无论是政府部门、官员还是公众，都需要自行注册登录后才能够发布。

韩国青瓦台网站也开设了自由论坛，公民输入个人的姓名、手机号码、电子邮箱等信息注册，可同步在线发表500字以内的个人言论，实现了用户的自由对话。

5. 社交媒体问政

奥巴马当选美国总统后，开始大力推行"开放式政府"，将社交媒体打造成互联网时代美国民众参与公共事务管理的最新且重要的途径。在这项行动的推动下，各级美国政府和各级美国官员纷纷在Facebook、Twitter和Instagram等社交媒体上开通社交媒体官方账号，以便及时与民众沟通。除了不断完善白宫官方网站(http://www.whitehouse.gov)，强化其在传播政府信息方面的能力外，美国政府还充分挖掘社交网站的交互功能，与公众即时互动。Twitter、Facebook、Myspace、Tumblr、YouTube等用户活跃的社交网站，白宫都入驻了。通过将政府网站与社交网站捆绑结合，实现了及时、快速传播政府信息，使公众能更全面地了解政府工作、更好地提出自己的意见、建议，以供政府做出科学的决策，提高政府公共管理和公共服务的效率。

6. 个性化订阅

日本的大阪政府网和东京政府网都实现了个性化信息订阅，民众可以根据自己的兴趣和重点关注领域，订阅自己想知悉的政府信息和服务，所订阅的信息会通过社交媒体账号定期推送给民众。

联合国经济和社会事务部发布了《2020联合国电子政务调查报告》。该报告每两年发布一次，对193个成员国的电子政务发展情况进行调查评估，成为各国发展电子政务的一个重要基准。与2016年相比，全球电子政务发展水平进一步提高，193个成员国电子政务发展指数(EGDI)平均值为0.55，比2016年提高12.2%，21%的国家EGDI极高，代表电子政务处于领先阶段，多数为欧洲国家(占比67%)。西方发达国家的电子政务发展水平一直处于领先地位，它们的政府网站在线服务、互动的理念也一直引领全球。外国政府网站的政民互动方式主要有热线电话、邮件(纸质信件以及电子邮件)、在线沟通交流、问卷调查、意见征集、论坛、请愿、App订阅、社交平台互动等。

(二) 国内政府网站政民互动方式

1. 基本互动方式

国务院办公厅于2017年5月15日印发了《政府网站发展指引》，其中，在互动平台规范建设中，要实现留言评论、在线访谈、征集调查、咨询投诉和即时通讯等功能，具体包括咨询投诉、在线访谈和征集调查3种方式。

(1) 咨询投诉包括网上信访、领导信息、政风热线等。民众可以通过网站这一类服务给政府部门写信，进行投诉或咨询，信访部门对群众网上来信进行统一管理，分配给各相关职能部门，并将处理结果反馈给民众。

(2) 在线访谈是通过与政府职能部门的主要领导进行对话，就民众关心的问题做出解答，或者对热点公共政策进行解读。在线访谈可以实现政府与民众在访谈中在线互动，及时了解民众关注和需要解答的问题。

(3) 征集调查有意见征集、问卷调查等方式，通过调查和征集意见，来了解民众对政府行政工作以及重大政策的满意度、意见建议等。

这三种互动方式是目前我国政府网站设置的主要互动模式。随着互联网技术，尤其是移动互联网技术的快速发展，以及服务型政府建设的不断推进，我国政府网站建设近年来也朝着移动互联方向不断探索和发展，网站建设对于政民互动的重视程度不断提高。目前，我国政府网站依托微博、微信等社交平台不断拓宽政民互动渠道。根据《2020年人民日报·政务指数微博影响力报告》显示，截至2020年12月，经过微博平台认证的政务微博已达到177 437个，其中政务机构官方微博140 837个，公务人员微博36 600个。政务微博作为政务新媒体之一，已经成为政府与广大民众交流的重要窗口，也进入了更加追求质量的发展阶段。随着互联网技术的广泛应用、电子政务建设的不断推进，政务微博、微信的运营也被纳入政府部门的常规工作。政务微博、微信作为政府网站的衍生产物，能够更及时地为政府发声，收集民情民意，也随之成为衡量政府执政水平的标准之一。社交新媒体平台在监督、政民互动、政府信息公开等方面的作用越来越大。

2. 主流应用模式

依据不同在线政民互动平台功能的显性差异，结合社会公众实际使用的需求偏好，现阶段可以将我国在线政民互动平台的主流应用模式分为以下三类。

(1) 社交类互动平台，包括政务微博、政务微信。政务微博是指政府部门及其工作人员开设的，主要用于倾听人民心声、诉求，排解与政府管理有关的实际问题，传达党和政府的声音，及时公布相关数据和事件，从而实现网上知晓、网下解决问题的相关微博。政务微信是指党政机关或事业单位等公共部门在微信上注册订阅公众号或服务号，用于发布政务信息，进行政民互动的网络平台。政务微信的传播特点是创新性、信息时效性、积极主动性、互动性。

社交类互动平台是公共事务部门基于发布政务信息的目的，通过注册网络平台运营资格，用于向社会发布信息、收集意见的政民互动平台。政府部门与公众同为平台的参与者，在信息互动过程中的地位是相对平等的。同时社交类互动平台是"一对一"的关系模式，信息的发布、接收、反馈是单一的互动路径。

(2) 网络问政平台。网络问政平台是政府与公众互动的渠道，主要是由政府部门或媒体搭建的网站和栏目，目前包括政府门户网站、政务微博、专业问政网站等。"问"有两层意思：一是政府之问，向公众"问需、问计、问道"；二是公众之问，对政府"问政、问权、问责"。"问政"二字突出强调政府倾听民智的态度转变，以及公众反馈民意的行为。网络问政平台是政府科学决策、民主决策的需要，也是公众行使知情权、监督权的必要措施。网络问政平台本质上就是政府门户网站的一类形式，它可以是专设的政府信息沟通网站，也可以是门户网站中政民互动的子功能模块。网络互动平台在互动模式上是"一对多"的，即政府部门信息的发布是面向网络社会的，而非限于某一个体或部分群体。每位公众都可以登录网站网页参与提问、讨论、质疑、评价等。

(3) 网络论坛。网络论坛又称BBS论坛或电子论坛，是用计算机及软件建立的一种电子数据库，是基于网络而形成的互动交流平台。在此平台上，公众可以发布自己的文章并浏览别人的文章，也可以就某一热点话题、焦点事件展开持续讨论，交换意见，沟通思想。网络论坛的开放性为社会主体参与社会事务的讨论、评价提供了可能，形成了一种无形的公共舆论空间。

(三) 政民互动方式比较

政府网站作为电子政务中的一个重点，无疑是在线政民互动、公民网络参政的重要平台。目前，发达国家的政府网站政民互动达到的效果已经比较成熟，民众能够通过政府网站畅通地与政府互动，尤其是参与公共政策决策。目前我国政府网站政民互动的框架已大体搭建好，但是要真正发挥功效，在以下几个方面仍需努力。

1. 政民互动方式

我国政府网站和发达国家政府网站的互动形式，都包含咨询投诉、意见征集等方式。但是受我国国情和传统文化的限制，通过网络发起请愿，表达公民共性诉求这一方式在我国还未实现，公民通过网络参政议政仍待加强。

2. 个性化服务

发达国家政府网站已开通个性化订阅服务，公众可以在政府网站订阅自己感兴趣的政务信息，因此用户黏度较高。目前我国在个性化订阅服务方面仍处于摸索状态。

3. 民众参与度

发达国家政府网站的政民互动涵盖网站传统的方式以及社交平台，且开通的账号不仅局限于本国的社交平台，还入驻了国外社交平台，如中国的新浪微博平台，民众可以通过留言评论与政府进行交流，民众参与互动的程度高。我国政府网站近年开通政务微信、政务微博、政务头条号等多种社交媒体账号，但是大多数政务微信、微博都没有开通评论功能，或者只公布部分经筛选后的网民评论。此外，受国情影响，我国政府网站对于社交平台的入驻也仅局限在本国社交平台，没有实现国内国外无界限开放。

五、推进政民互动的策略

(一) 优化政府业务流程，以民众需求确定应用项目

规范和优化政府业务流程是对传统的以行政职能为中心的行政流程进行规范和重组，充分考虑民众的需求和满意度。优化后的政府业务流程有两个基本特征：一是面向民众，以民众满意为目标；二是以事务为中心，跨越部门和职能界限。在确定前台应用项目时，首先要调查民众的需求，把民众最关心而且容易实现的、具有示范效应的项目确定为优先开展的在线服务项目，以提高项目的成功率。在后台整合过程中，需要加强政府各部门之间的协作。加拿大在电子政务建设过程中始终遵循为公众服务的宗旨，通过民意调查确定需要建设的在线服务项目，并在此后继续通过民意调查不断改进和完善在线服务项目。

(二) 加强民众互动的运行保障机制

随着信息化的高速发展，网络成了各种社会思潮、各种利益诉求的集散地和意识形态较量的战场，政府官员要成为一个现代化的管理者，就必须积极地关注网络信息，关注网民的意见，积极地与民众进行交流。一是将政民互动常态化，避免流于形式。各级政府要将政民互动作为一个长期的互动机制加以构建，对互动的内容、互动的时间、互动的规则等以规章制度的形式稳定下来。二是建立专门的管理部门指导政民互动的发展。政府要有一支过硬的技术管理团队，专门处理互动过程中出现的技术问题。根据埃森哲(Accenture)咨询公司对全球电子政务发展水平的排名，加拿大、美国、新加坡多年连续占据前几名的位置，其中一个很重要的原因在于这些国家都有专门的电子政务管理团队。

(三) 规范政府信息的网上发布

政府信息的网上发布有利于公众掌握国家和地方的政策、法规和发展规划，了解国家和地区的重大事件与工作重点，了解政府的有关情况，从而指导公众的工作和生活，促进政府的廉政建设。政府部门必须把应被公众掌握的增加透明度的公开信息在网上主动发布，但涉及国防、国家安全和外交的信息都不得在网上发布。因此，要建立政府信息公开与网上发布制度，用法律、法规明确界定各个地区政府信息公开的范围，界定各个政府部门在信息发布中的职责，防止同一信息的多重发布，必须发布的信息由发布机构承担。

(四) 加强培训，增强能力

在提升公务人员的电子政务水平方面，除了促其个人自学外，还要重视对其进行培训，尤以各类管理与业务人员为重，采取"引进来""送出去"的办法，大力培育复合型人才，开展电子政务、信息化应用技能等方面的培训，提高国家公务人员的整体综合素质。

本章小结

电子政务的发展在实现以技术变革推动高效型和服务型政府转变的同时，也在积极探索政府监管方面的创新。近年来，政府高度重视电子政务建设过程中监督与管理工作的开展，出台了一系列有关电子监察的政策法规，并积极推动电子监察技术的开发与升级，"互联网+监管"的出现正在以网络信息技术和大数据分析来推进政府监管高质量发展，不断提升政府治理能力现代化。多地政府积极响应，开展了一系列电子监察实践，不断完善电子监察系统建设，拓宽政民互动渠道，开设政民互动网站平台，加大公民对政府的监察力度。总的来看，随着一系列有力举措的出台，我国电子监察以及在线政民互动建设取得了显著成绩，但是目前仍存在电子监察数据不全、业务水平不精、工作不平衡等问题，这要求电子政务监察工作采取更加有力的对策，加快创新，不断完善和发展，推进电子政务规范发展。

电子政务绩效与体系

电子政务绩效管理状况比较

关键名词

电子监察　预警纠错　政民互动　政务微博　政务微信

思考题

1. 电子监察的外延如何界定？
2. 电子监察的困境是什么？
3. 简述电子监察与电子民主的关系。
4. 政民互动的主要模式是什么？
5. 如何更好发挥政民互动功能和作用？
6. 简述日本政民互动方式的主要特点。

第七章
电子政务法规政策建设

引例：政务服务"只跑一次"工作规范

2018年7月12日，吉林省质量技术监督局发布《政务服务"只跑一次"工作规范第1部分：总则》，对"只跑一次"做出如下解释：群众或企业(自然人、法人及社会组织)办理"一件事情"在申请材料齐全、符合法定受理条件的前提下，从提出申请到接收办理结果的全过程一次上门。为便于群众和企业办事，针对每个政务事项的办理流程、办结时限、申请材料、流程图等信息编制指引，明确政务服务事项各方应共同遵守的文件。具体工作要求如下所述。

(1) 应结合政务服务办事实际，建立配套制度。

(2) 应以群众和企业的办事需求为导向，打通部门间办事环节，建立一体化的办事规范和办理流程，推进部门间、环节间、系统间的无缝对接，集成办理，实现"一件事情""全流程""只跑一次"。

(3) 应以权力清单和公共服务事项目录为基础，梳理群众和企业办事事项，清理各类无谓证明和烦琐手续，实现简政放权、放管结合、优化服务。

(4) 应建立省、市(州)、县(市、区)、乡镇(街道)、社区(村)五级政务服务体系，推行前台综合受理、后台分类办理、统一窗口出件的服务模式，实行"一窗受理、集成服务"，实现"就近能办、同城通办、异地可办"。

(5) 应建立吉林政务服务网，推进"互联网+政务服务"，全面推广"在线咨询、网上申请、快递送达"办理模式，除涉密或法规政策有特别规定外，基本实现服务事项网上办理全覆盖。

(6) 应建设统一的政务咨询投诉举报平台，建立健全政务服务事项数据库，整合各类政务服务、便民服务专线，形成覆盖全省、链接政府各部门和国有企事业单位的集政务服务、公共服务、社会服务为一体的"惠民通热线"，为群众提供电话、网络等多样化新媒体信息政策咨询、社会管理服务和便民、利民服务。

(7) 应将各部门非涉密业务系统接入吉林政务服务网，推动更多审批和便民服务事项通过互联网办理。

(8) 每项政务服务事项应编制完整版和简版的服务指南，服务窗口可仅提供简版，同时应注明完整版的查询途径和获取方式，具体内容应按照DB22/T2850中要求编写。

资料来源：吉林省只跑一次地方标准准则。

经验启示

电子政务重塑下的行政业务流程再造和服务方式的创新发展已经极大地改变了传统行政生态。地方政府的大量电子政务创新模式层出不穷，"高效""透明""廉洁"成为电子政务的文化观并植入到社会群体中，促进了政府和人民群众的信任关系。吉林省质量技术监督局顺应电子政务创新变化需求，适时发布了《政务服务"只跑一次"工作规范第1部分：总则》，针对每个政务事项的办理流程、办结时限、申请材料、流程图等信息编制指引，以电子政务法规政策明确规定了政务服务事项和主体职责，使政府的服务功能增强，政府办事效率更高，管理成本更低，提高了政府的反馈速度。

本章知识结构

近年来，我国电子政务法规政策体系建设日趋完善，除了在20世纪90年代、世纪之交建立的大量计算机、信息基础设施相关的法律规范，随着"互联网+政务服务"的推进，以及治理体系和治理能力现代化的深入发展，良好的电子政务法规政策已经成为加快我国电子政务健康发展的重要支撑和保障。当前，我国电子政务法规政策建设还需要进一步加快步伐，特别是面向政务应用类法规，亟待在立法层次和内容方面取得突破。第七章知识结构如图7.1所示。

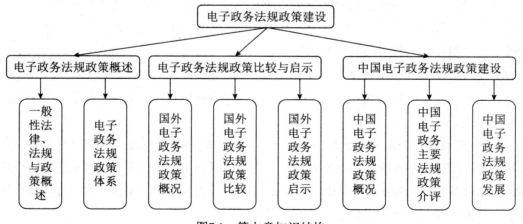

图7.1 第七章知识结构

第一节 电子政务法规政策概述

一、一般性法律、法规与政策概述

一个国家或者社会平稳有序运行离不开不同层面的具体制度支撑和规范，法律、法规和政策是其基本形式。它们依据各自职能定位，组成一个较为科学和严密的制度体系，引导或规范不同社会主体的行为和选择，实现社会的有效治理。

(一) 宪法

宪法具有悠久的历史，从传统的国家学来看，主要经历了警察国家时期、自由法治国家时期和社会法治国家时期三个阶段。宪法的分类标准多样，表现形式也较为丰富。但从宪法的实质和功能看，宪法是一个国家的根本大法，是被基本接受的。宪法是具有最高法的效力的一种法。任何组织或者个人，都不得有超越宪法和法律的特权。一切违反宪法和法律的行为，都必须予以追究。

1954年9月20日，中华人民共和国第一届全国人民代表大会第一次全体会议通过了《中华人民共和国宪法》，它标志着第一届全国人民代表大会第一次全体会议是我国的制宪机关。

1982年12月4日，中华人民共和国第四部宪法在第五届全国人民代表大会第五次会议上正式通过并颁布。第四部宪法继承和发展了1954年宪法的基本原则，总结了中国特色社会主义发展的经验，并吸收了国际经验，是一部有中国特色、适应中国特色社会主义现代化建设需要的根本大法。它明确规定了中华人民共和国的政治制度、经济制度、公民的权利和义务、国家机构的设置和职责范围、今后国家的根本任务等。宪法的根本特点是规定了我国的根本制度和根本任务，确定了四项基本原则和改革开放的基本方针。

(二) 法律

法律是指由立法机关制定、国家政权保证执行的行为准则。法律体系是指由一国现行的全部法律规范按照不同的法律部门分类组合而形成的一个呈体系化的、有机联系的统一整体。

在中国，由全国人民代表大会制定基本法律，如民法、刑法、诉讼法等；由全国人民代表大会常务委员会制定其他法律或一般法律，如保险法等。全国人民代表大会制定和修改基本法律，即刑事、民事、国家机构和其他概括性最强的法律。全国人民代表大会常务委员会制定基本法律以外的其他法律。全国人民代表大会常务委员会修改法律的权力可以分为两方面：一方面可以修改自己制定的法律；另一方面可以对全国人民代表大会制定的基本法律进行部分补充和修改，但不得同该法律的基本原则相抵触。

(三) 行政法规

行政法规是由国务院制定的规范性法律文件,是国家行政机关体系中最高的规范性文件。行政法规的目的及事项范围主要包括两个方面:一是为执行法律,对某些行政管理事项做出规定,一般在有关法律中做出明确规定,要求国务院制定实施细则等,这被称为一般行政的授权立法;二是《中华人民共和国宪法》第八十九条第一款明确规定,作为最高国家行政机关,国务院可以"根据宪法和法律,规定行政措施,制定行政法规,发布决定和命令"。因此,制定行政法规是宪法赋予国务院的一项重要职权,也是国务院推进改革开放,组织经济建设,实现国家管理职能的重要手段,被称为行政的职权立法。

行政法规根据宪法和法律的授权制定,必须经过法定程序制定,具有法的效力。行政法规一般以条例、办法、实施细则、规定等形式颁布。发布行政法规需要国务院总理签署国务院令。它的效力次于法律、高于部门规章和地方性法规。

(四) 地方性法规

地方性法规由省、自治区、直辖市和较大的市的人民代表大会及其常务委员会,根据本行政区域的具体情况和实际需要,在不与宪法、法律、行政法规相抵触的前提下制定,由省、自治区、直辖市和较大的市的大会主席团或者常务委员会用公告公布施行的文件。地方性法规在本行政区域内有效,其效力低于宪法、法律和行政法规。省、自治区人民政府所在地的市和经国务院批准的较大的市的人民代表大会及其常务委员会,根据本市的具体情况和实际需要,在不与宪法、法律、行政法规和本省、自治区的地方性法规相抵触的前提下制定,报省、自治区人民代表大会常务委员会批准后施行,并由省、自治区的人民代表大会常务委员会报全国人民代表大会常务委员会和国务院备案的规范性文件。这些地方性法规在本市范围内有效,其效力低于宪法、法律、行政法规和本省、自治区的地方性法规。

(五) 规章

规章是各级领导机关及其职能部门、社会团体、企事业单位,为实施管理,规范工作、活动和有关人员行为,在其职权范围内制定并发布实施的、具有行政约束力和道德行为准则的规范性文书的总称。

根据《中华人民共和国立法法》的规定,法律体系框架主要分为三层:第一层为法律;第二层为行政法规;第三层为规章。规章属于行政法律规范,包括两种:一种是国务院各部委、中国人民银行、审计署和具有行政管理职能的国务院直属机构,依据法律和国务院的行政法规、决定、命令,在本部门的权限范围内制定的规章,叫作部门规章,它与地方性法规基本上属于同一等级的规范性法律文件,如交通运输部2019年印发的《城市轨道交通客运组织与服务管理办法》、财政部在2014年下发的《政府采购非招标采购方式管理办法》;另一种是省级和较大的市级人民政府根据法律、行政法规和本省或本市的地方性法规制定的规章,叫作地方规章,其效力等级低于地方性法规,如浙江省在2010年发布的《生猪屠宰管理条例》、天津市2009年实施的《天津市城市规划管理技术规定》等。

(六) 政策

政策是指国家政权机关、政党组织和其他社会政治集团为了实现自己所代表的阶级、阶层的利益与意志,以权威形式标准化地规定在一定的历史时期内应该达到的奋斗目标、遵循的行动原则、完成的明确任务、实行的工作方式、采取的一般步骤和具体措施,是一系列谋略、法令、措施、办法、方法、条例等的总称。国家政策一般分为对内与对外两大部分。对内政策包括财政经济政策、文化教育政策、军事政策、劳动政策、宗教政策、民族政策等;对外政策即外交政策。

二、电子政务法规政策体系

电子政务法规政策是指为更好促进电子政务发展,具有法规政策制定权限的部门围绕电子政务颁布实施的系列法规政策。电子政务作为虚拟政府业务形态,打破了线下办公的行政模式,特别是打破了线下行政的法规政策体制,需要面向电子政务发展需求,构建基于线上的虚拟行政法规政策。这是任何国家或者地区在实施电子政务进程中,必然考虑并加以实施的重点建设内容。离开法规政策的支持,电子政务发展将会处处受阻,更会导致一系列建设混乱和发生重大安全事件,危害国家安全和公众利益。电子政务法规政策符合和具有一般法规政策的特点和规范,当然,也有其自身的特点和内容。

电子政务法规政策体系则是一个国家或地区依照电子政务法规政策的层次和相互关系,分别围绕计算机系统、网络信息和政务业务构建既各自独立又相互贯通的法规政策框架和逻辑体系。单独的法规政策建设已经不能适应当前我国电子政务发展的多方面需求,各类法规政策相互支持,按照我国立法程序和原则,从中央到地方逐步建立起法规政策,组成电子政务运行的法规政策体系,提升我国电子政务治理体系和治理能力现代化。

一般来说,电子政务法规政策体系可以分为以下三个层次。

(一) 基础性法规政策

电子政务的基础性法规政策主要是与政府一般信息行为相关的一些法规政策,包括规范电子政务实施主体的组织法和程序法。实施电子政务需要根据行政组织法协调政府间、政府部门间的信息行为,也需要根据行政程序法处理政府信息行为与行政相对人的关系。其中,涉及政府一般信息行为的法规政策主要包括信息公开类和信息资源开发类。

美国政府信息公开法律主要由《信息自由法》(Freedom of Information Act)、《隐私法》(Privacy Act)和《阳光法》(Sunshine Act)组成。这三部法案既相互独立又互有关联,是构成美国联邦政府信息公开法律体系的主要基石。

加拿大政府颁布实施的《信息获取法》(Access to Information Act)是关于信息公开的

一部重要法律，由加拿大财政委员会于1982年颁布，其目的是保障公众获取政府信息的权利。它采用独立于政府机构的信息披露决定复审制度。

英国《信息自由法》(Freedom of Information Act)从提交信息公开立法议案到最后实施，经过了32年的时间。

《中华人民共和国政府信息公开条例》自2008年5月1日起施行，该条例明确保障了公民、法人和其他组织依法获取政府信息的权利，提高了政府工作的透明度，促进了依法行政，充分发挥了政府信息对人民群众生产、生活和经济社会活动的服务作用。此外，我国的基础性法规政策还包括如《互联网信息服务管理办法》《互联网电子公告服务管理规定》《互联网出版管理暂行规定》《信息网络传播权保护条例》等。

《中华人民共和国政府信息公开条例》(2019年4月3日中华人民共和国国务院令第711号修订)，自2019年5月15日起施行。该条例进一步扩大了政府信息主动公开的范围和深度，明确了政府信息公开与否的界限，完善了依申请公开的程序规定。专家表示，该条例有助于更好推进政府信息公开，切实保障人民群众依法获取政府信息。

(二) 核心性法规政策

核心性法规政策主要是包括政府信息网络、建立政府信息网站、政府无纸化办公等规范电子政务活动的法规政策，主要包括以下几种。

1. 涉及计算机信息网络安全的法规政策

计算机信息网络安全是电子政务建设的前提，也是各国有关电子政务法规政策建设的重中之重。我国立法把信息安全界定为"保障计算机及其相关的配套设备、设施(网络)的安全，运行环境的安全，保障信息安全，保障计算机功能的正常发挥，以维护计算机信息系统的安全运行"。这些法律分布在计算机信息网络安全的各个领域，有的单独立法，有的设置在相关法的条文中，对侵犯计算机信息网络的行为，一些国家已经将其纳入刑法中给予严厉打击。

美国近年来颁布的《联邦信息安全管理法》和《电子政务法》是关于电子政务建设的两部极为重要的法律，分别于2002年和2003年开始实施。这两部法律充分肯定了电子政务建设及加强电子政务信息安全管理的意义，并着力推动其健康、有序发展。为保证取得实效，两部法律均规定，联邦部门每年均须向管理和预算办公室汇报本部门的相关实施情况，并由管理和预算办公室向国会递交两部法律的年度实施报告。

我国2000年1月1日起施行的《计算机信息网络国际联网保密管理规定》、第九届全国人民代表大会常务委员会于2000年12月28日第十九次会议通过的《关于维护互联网安全的决定》、信息产业部于2004年9月28日审议通过并公布的《中国互联网络域名管理办法》、《中华人民共和国计算机信息系统安全保护条例》、《计算机病毒防治管理办法》等都属于此类法规政策。

我国新修订的《刑法》对计算机信息安全类犯罪给予明确规定，具体参见本章第三节下的"《刑法》中关于计算机信息类犯罪的规定"的相关内容。

2. 规范政府电子信息管理活动与个人数据保护法

在信息化时代，个人信息保护已成为广大人民群众最关心、最直接、最现实的利益问题之一。20世纪70年代以来，许多国家和地区陆续制定了个人数据保护法或个人情报保护法。英国于1998年7月16日通过《数据保护法》(The Data Protection Act)，于2000年3月1日起生效。此法加强并延伸了1984年《数据保护法》中的数据保护机制，针对取得、持有、使用或揭露有关个人数据处理过程等方面提供新的法律规范。欧盟关于个人数据处理及保护的立法是全面而严密的，主要体现在三项指令的规定中：一是《关于在个人数据处理过程中保护当事人及此类数据自由流通的指令》(95/46/EC)，简称隐私权指令；二是《有关电信行业中的个人数据处理和隐私权保护的指令》(97/66/EC)，简称电信业隐私权指令；三是《关于在电子通信领域个人数据处理及保护隐私权的指令》(2002/58/EC)，简称电子隐私权指令，该指令取代了电信业隐私权指令，是欧盟基于电子商务及互联网发展现状制定的旨在规范电子商务消费者隐私权保护的最新立法。

《中华人民共和国个人信息保护法》(以下简称《个人信息保护法》)于2021年11月1日正式实施。该法借鉴国际经验并立足我国实际，确立了个人信息处理应遵循的原则，强调处理个人信息应当遵循合法、正当、必要和诚信原则，具有明确、合理的目的并与处理目的直接相关，采取对个人权益影响最小的方式，限于实现处理目的的最小范围，公开处理规则，保证信息质量，采取安全保护措施等。个人信息保护法要求，处理个人信息应当在事先充分告知的前提下取得个人同意，个人信息处理的重要事项发生变更的应当重新向个人告知并取得同意。同时，针对现实生活中社会反映强烈的一揽子授权、强制同意等问题，《个人信息保护法》特别要求，个人信息处理者在处理敏感个人信息、向他人提供或公开个人信息、跨境转移个人信息等环节应取得个人的单独同意，明确个人信息处理者不得过度收集个人信息，不得以个人不同意为由拒绝提供产品或者服务，并赋予个人撤回同意的权利，在个人撤回同意后，个人信息处理者应当停止处理或及时删除其个人信息。

此外，考虑到经济社会生活的复杂性，个人信息处理的场景日益多样，《个人信息保护法》从维护公共利益和保障社会正常生产生活的角度，还对取得个人同意以外可以合法处理个人信息的特定情形作了规定。《个人信息保护法》还分别对共同处理、委托处理等实践中较为常见的处理情形做出有针对性的规定。

3. 无纸化办公法规政策

电子政务是绿色减碳的办公模式，推行无纸化办公是提高政府效能建设、转变政府工作方式、降低行政成本的一条重要捷径。电子化办公大大降低了使用办公纸张和各种物料资料，同时，数字化文档便于收集、加工、处理和存储，相较传统政务来说具有优势。美国国会于1998年通过了《政府文书削减法》(Government Paperwork Elimination Act)，要求各级政府尽可能将政府职能进行网上运作，减少政府办公所消耗的大量纸张，5年内实现无纸化办公，使政府与公民的互动关系电子化。日本、欧盟也都有大量的此类立法，并且也提出了具体完成的目标和期限。

我国在这方面虽然没有制定更高规格的立法，但在各级政府推进行政模式转变，提高行政效能的规范意见中，都有明确清晰的规定。国务院办公厅在《关于进一步优化营商环境，降低市场主体制度性交易成本的意见》中要求"要在2022年底前，实现电子发票无纸化报销、入账、归档、存储等"。银川市人民政府办公室《关于全面推进无纸化办公的通知》(银政办发〔2021〕4号)要求各个部门厉行节约，逐步加快实施无纸化办公。国家税务总局青岛市税务局《关于全面推行无纸化办税工作的通告》中要求："纳税人领用青岛市税务局认可的数字证书后，通过青岛市电子税务局等税务信息系统办理涉税缴费业务，使用数字证书对提交的涉税电子信息进行电子签名，可以实现涉税业务的无纸化流程办理，保障申报数据安全，无须事后向税务机关报送对应的纸质资料。使用无纸化办税的纳税人，应保证所提供的电子信息真实、准确、完整，与实际情况相符，均符合法律、法规要求的书面形式。原规定应向税务机关报送的纸质资料留存备查。"

(三) 应用性法规政策

应用性法规政策主要涉及电子签名、网上采购、网上申报、网上解答等。

1. 电子签名

电子签名，是指数据电文中以电子形式所含、所附用于识别签名人身份并表明签名人认可其中内容的数据。世界上第一部电子签名法是由美国犹他州于1995年制定的《犹他州电子交易法》。此后，相关的法律开始在各个国家陆续制定。如新加坡于1998年颁布的《电子交易法》，欧盟委员会于1999年12月13日制定的《关于建立电子签名共同法律框架的指令》，日本政府在2000年5月颁布的《电子签名及认证业务的法律》以及之后的《数字化日本之发端——行动纲领》，德国在2001年5月16日公布的《德国电子签名框架条件法》，等等。《中华人民共和国电子签名法》由第十届全国人民代表大会常务委员会第十一次会议通过，并自2005年4月1日起施行，并于2015年、2019年修正。该法第十三条规定："电子签名同时符合下列条件的，视为可靠的电子签名：电子签名制作数据用于电子签名时，属于电子签名人专有；签署时电子签名制作数据仅由电子签名人控制；签署后对电子签名的任何改动能够被发现；签署后对数据电文内容和形式的任何改动能够被发现。当事人也可以选择使用符合其约定的可靠条件的电子签名。"第十四条规定："可靠的电子签名与手写签名或者盖章具有同等的法律效力。"

2. 网上采购

1993年，美国首先开始利用信息技术进行政府采购。之后，信息采购方式成为各国政府采购争相使用的技术手段和管理模式。1993年，美国政府发表了《全国信息基础设施计划》，正式出台了"信息高速公路"计划。同年，美国颁布了《政府绩效法》(*Government Performance and Results Act*)，并开始陆续颁布多部涉及政府采购电子化的法律。美国于1994年颁布了《联邦采购简化法》，于1996年颁布了专门针对电子政务的《克林格科恩法案》(即《信息技术管理改革法和联邦采购改革法》)。此外，美国还有总统令和备忘录，以及预算和管理办公室制定的有关电子政务文件等，都为规范政府电子化采购提供了保障。2004年，欧盟将原有的四类分别制定的公共采购法合并为两个法规。新法把政府采购电子化作为其重要组成部分，为建立在现代化采购技术基础上的政府采购提供了法律依据，也为以公开、透明和非歧视方式开展政府采购电子化提供了统一的法律框架。

我国国务院办公厅于2009年4月发布了《国务院办公厅关于进一步加强政府采购管理工作的意见》，就进一步加强政府采购管理工作提出了七项要求，其中第六条要求："财政部门要切实加强对政府采购信息化建设工作的统一领导和组织，科学制订电子化政府采购体系发展建设规划，以管理功能完善、交易公开透明、操作规范统一、网络安全可靠为目标，建设全国统一的电子化政府采购管理交易平台，逐步实现政府采购业务交易信息共享和全流程电子化操作"。

网上申报和网上解答是电子政务的通用行为模式。网上申税、网上个人事项申报等极大便利了企业和公民，也节约了政府部门的行政成本，增加了社会资本。

第二节 电子政务法规政策比较与启示

一、国外电子政务法规政策概况

(一) 法规政策概况

美、日和欧洲部分发达国家高度重视电子政务法律、法规和政策的建设与完善。从20世纪90年代至今，已经建立起相对成熟的电子政务法律、法规和政策体系。美国和加拿大等国从本国电子政务建设战略与需求出发，结合本国法治传统和管理特色，先后颁布了涵盖电子政务各个领域的30余部法律和多项政策，调整和补充了百余项法律、法规和政策内容。日本和新加坡等亚洲国家，围绕本国电子政务发展框架和战略构想，结合亚洲国家治理传统和法治需要，突出行政立法和政策引导，制定和实施有关电子政务法律、法规和政策50余项。欧盟国家在20世纪末，开始规划和构建面向"创制权"的电子政务发展战略，即通过整合欧盟内部的电子政务资源，制定和实施统一的、相互协调的电子政务法律、法规和政策，巩固欧盟既有的电子政务优势，占领国际电子政务建设标准的制高点。

(二) 法规政策建设特点

1. 强化法治观念，协调法律和政策关系

这些国家和地区都明确强调法律、法规和政策对电子政务的规范和引导作用，依法管理，因策行政，推动电子政务法律、法规和政策体系的建设与完善。尽管上述国家和地区具有迥异的立法传统与社会治理特色，但是它们的法治意识和法治传统却是根深蒂固的，在促进电子政务发展上均坚持法治道路、采用法治手段。例如，美国先后颁布了大量法律、法规和政策，以保证本国电子政务发展目标、战略意图、财务投入、基础设施建设等方面的实践；日本也在世纪之交制出两部重要的基础法律；欧盟制定出整合欧盟内部电子政务发展的法律、法规和政策。

2. 提升电子政务法律、法规和政策地位，确立其中心地位

这些国家和地区都提升了电子政务法律、法规和政策的法律地位，并将其逐步转为政府法制建设的中心，其他行政法规和政策都要逐步向它靠拢，进行内容调整。目前，各国已经把电子政务法律、法规和政策建设确立为本国立法和政府机构法制建设的重点，这主要源于电子政务为各国的发展带来的影响已经日益重要，不再被简单地看作一种行政手段变革，而是被视为推进本国经济社会发展的新的力量。

3. 明确电子政务法律、法规和政策的建设重点

这些国家和地区从技术立法转向"政务"立法，使其为政府及其行政改革服务。在20世纪末期，欧、美、日等国家从围绕实现计算机、网络和办公系统管理的技术立法阶段，逐渐发展到向促进政府行政管理方式的变革、加快政务流程重塑和推进电子服务等方面转变的新阶段。大量的技术立法和推进政策已经建构起日益完善的各国电子技术法制支撑体系，如关于计算机安全保护、犯罪惩治以及互联网管理等法律。

4. 更加重视立法策略的法制引导和规范功能

这些国家和地区防范和制止犯罪的法律、法规和政策日益成熟，一般都重视利用法制规范来引导市场资源的流动，突出政府宏观调控，减少政府对市场资源的直接干涉。但是，由于电子政务不同于一般市场资源的特点，随着各国综合国力竞争的加剧，这些国家和地区开始从强制性立法和实施刚性政策，逐渐转向突出法律、法规和政策的柔性导向和劝导功能，使各种市场资源在国家既有战略和布局结构的基础上，参与电子政务发展。

5. 更加关注保护私人权益

这些国家和地区强调通过法律、法规和政策来提升本国技术和管理竞争力。随着电子政务的发展，尤其是公众大量信息日益掌握在政府手中，一些公众开始担心私人权益保护问题。这些国家和地区的电子政务法律、法规和政策把维护个人隐私、私人权益放在立法的重要位置。美、日等国都颁布了个人隐私权益保护条例等，防止损害私人权益事件的发生，避免公众对电子政务的不信任。

6. 强调电子政务法律、法规和政策的体系化建设

这些国家和地区根据技术和政务变化的需求，及时填补法制空白，健全了法律环境。这些国家和地区意识到，单独依靠法律文本或政策规划并不能发挥出法律、法规和政策

应有的调节或规约功能。这些国家和地区借助成型的法制建设经验，迅速建成了电子政务法律政策的骨干框架，从基础法律到一般政策，从技术法规到政务规章，法律体系日渐成熟。

(三) 法规政策建设趋势

1. 开始关注和编撰电子政务法典或政策汇编

各国重视形成具有本国特色的有效的法律、法规和政策覆盖网。美、日及欧盟国家在进一步整合既有电子政务法规、规划和政策基础上，结合本国编撰法典传统，开始编撰适应本国电子政务发展需要的电子政务法典，以进一步提升电子政务法律体系在本国整个法律体系中的地位，显示电子政务发展环境的成熟。

2. 逐渐淡化技术立法，政务创新和管理的规章建制日益成为主体

在计算机和网络管理等法律、法规和政策基本成熟的基础上，各国逐渐把由技术引起的政府管理创新规章建制列为重点。目前，美、英等国已经有了这样的转变，比如关于电子政府的法律、法规和政策明显增加，以与技术发展和政府管理要求相适应。这部分法律将更加突出行政与社会结合、管理与服务结合的特点。

3. 协调电子政务法规政策内容和共同面对电子政务新的国际问题是国际合作的重点

各国进一步统一协调本国电子政务法律、法规和政策与国际和他国间的关系，共同解决因为各国法律、法规和政策协作漏洞而产生的传统或新型的利用电子政务实施犯罪等问题。

4. 更加关注法规政策落实和执行效果评估，监督配套法规的相继实施

各国开始检讨本国电子政务法律、法规和政策的落实情况，尤其是评估一些政策的执行效果，这会直接影响到未来法律、法规和政策走向。另外，一些鼓励民间参与和公众监督的法律、法规和政策也会相继出现，逐步完善电子政务的法律、法规和政策体系。

二、国外电子政务法规政策比较

(一) 美国电子政务法规政策

1. 美国电子政务法规政策建设

全球电子政务建设兴起于美国。在促进电子政务发展上，美国一改以往政府干预极少而主要依赖市场作用的惯例，从一开始就强调政府在促进电子政务建设中的责任和领军者地位。当然，这并不意味着政府在电子政务建设中直接充当"运动员"角色，而是在电子政务法规政策建设方面发挥领军者作用。

1993年，新组建的克林顿政府提出了一项旨在改变全球信息产业发展和政府管理模式的计划——美国信息高速公路计划，即NII。为确保这项工程的顺利推进，美国政府先后制定和实施了上百部法律、法规和政策及规范性文件。

(1) 夯实电子政务发展的基础性法律、法规和政策。这类法律、法规和政策是夯实电子政务发展的法律基础，是构成一个国家或政府的框架性或纲领性法律文件，是确立国家电子政务的立法地位的骨干法律主体，是由一系列规范电子政务实施主体及其程序的组织法和程序法构成的，是从行政上规范和确立电子政务主体、明晰职责分工和管理权限的关键。2002年，小布什总统签署的《电子政府法》及《电子政府法实施指南》中规定，白宫管理和预算办公室下设立一个电子政府信息办公室，由政府CIO(chief information officer，首席信息执行官)负责电子政府的资源协调和预算问题；设立一个由各个行政部门CIO组成的委员会，负责政府各部门的合作和信息资源共享；在财政部设立电子政府专项基金，保障电子政府建设经费的拨付，等等。

(2) 促进信息化发展和维护计算机与网络安全、竞争力等法律、法规和政策建设。信息技术是电子政务发展的基石，制定信息技术方面的法律、法规和政策是保证技术利益和技术安全的关键。同时，制定严格的计算机和网络安全法律、法规和政策，能够确保计算机和网络不受黑客、病毒和犯罪分子破坏。美国先后颁布和实施了《计算机保护法》《网上电子安全法案》《反电子盗窃法》《计算机欺诈及滥用法案》《网上禁赌法案》等。2003年，美国出台《网络空间国家安全战略》，提出了5个优先发展领域和47项行动建议，将信息网络安全置于战略高度。2007年，美国科技政策界最为重要的战略咨询机构——总统科技咨询委员会向总统提交了《世界竞争中信息技术研究与开发》报告，指出保持在网络和信息技术方面的领导地位对于美国经济繁荣、安全和生活质量都是不可缺少的，这种领导地位源自美国"网络和信息技术生态环境"，包括美国的市场地位、商业环境和领先的教育及研究环境；其他国家和地区已经认识到保持网络和信息技术领导地位的价值并在努力追赶；为继续保持这种领导地位，必须加强对长期、跨学科项目的研究，在高端计算、网络安全和信息保障、人机互动、网络信息技术和社会科学等方面大力开展研究与开发。

(3) 加快政府信息公开和保护私人权益的法律、法规和政策建设。政府信息公开为电子政务功能目标的实现提供强大的信息资源支持，也是电子政务高效运行的前提，也是促进社会信息流动、降低社会信息交易成本的手段。为防止互联网在提供巨大的信息资源的同时，出现侵犯公民的个人隐私、商业秘密乃至国家安全等方面的问题，美国加快了在信息公开立法上的保护私人权益法律、法规和政策制定实施进程，先后制定实施了《公共信息准则》《削减文书法》《消费者与投资者获取信息法》《个人隐私保护法》《儿童网络隐私保护法》《电子隐私条例法案》等。1967年开始施行的《信息自由法》是政府信息公开法律中最具代表性和示范意义的法律，它主要确立了以下四点原则：第一点，政府信息公开是原则，不公开是例外；第二点，政府信息面前人人平等；第三点，政府拒绝提供信息要负举证责任；第四点，法院具有重新审理的权力。整部法律共包括7个部分，主要规定了公众对政府信息的获取权、政府信息的公开方式、处理信息请求的程序、政府信息的豁免条款和公众如何诉求等。此后，该法在1996年改动较大，制定了新的《电子信息自由法》，正式确立了法律对电子政务信息的适用性，要求联邦机构建立电子阅览室，方便公众在线获取政府信息。2008年，美国政府制定并公布了《公开促进政府效力法》，使得美国政府信息公开受到了更大程度的监督和约束。

(4) 加强知识产权保护和IT创新的法律、法规和政策建设。高速发展的信息社会和日益开放的网络空间，要求必须健全知识产权保护，鼓励人们自主和原创性知识创新，推动IT业创新，提升IT竞争力。美国在1998年10月颁布了《美国数字千禧版权法》，之后相继出台了《联邦商标淡化法和联邦商业间谍法》《技术转让商业化法》《美国发明人保护法》《反电子盗窃法》《数字著作权法》《反域名抢注消费者保护法》等。2004年，美国著名的智囊团——竞争力委员会完成了《创新美国：在竞争与变化的世界中繁荣》的报告，指出创新是美国的灵魂，是确保美国在21世纪处于领导地位的非常重要的手段，建议美国政府全面构建一种新型的合作、管理和监测机制，以确保美国在未来的全球经济中获得成功。2006年，美国提出覆盖未来10年的科技、创新、教育的综合性战略——美国竞争力计划，指出国家的未来越来越依赖于新思想的产生、科学与工程领域劳动力的活力以及新知识的创新性应用。

(5) 推动与电子政务相适应的政府管理机制创新法律、法规和政策建设。美国联邦政府和州政府颁布的这方面法律、法规和政策主要有《政府绩效结果法案》(1993)、《电子信息自由法修正案》(1996)、《电子签名法案》(1998)、《因特网税务自由法案》(1998)、《政府纸质文书消除法》(1998)、《反垃圾邮件法案》(2003)等。美国政府为推动政府信息管理机制创新，1996年在《克林格−科恩法案》中要求联邦各部门任命CIO，履行本法案条款所规定的IT管理任务和《文书削减法》规定的、范围更宽泛的信息资源管理任务，提升政府信息化应用水平和效率。在该法案规定的CIO八项岗位职责中，有五项是直接与IT密切相关的。

2. 美国电子政务法规政策特点

(1) 完善电子政务与信息化发展的基础环境，创造有利条件，促进电子政务与信息化的发展。电子政务是一项社会系统工程，成败的关键在于应用推广的条件是否具备、环境是否成熟。电子政务系统工程涉及面极广，所需的条件也是多方面的，要求的环境也较复杂，如技术成熟度与可靠性、社会的认可程度、资金的支持和供给的力度与稳定性、管理机构的参与和支持、基础设施的完善程度等。美国立法和制定政策机构着眼于这些软硬件建设，快速地颁布各项相关的法律和政策性文件，促进这些条件资源的匹配和成熟。

(2) 排除法律上的障碍，为电子商务、电子政务等信息化建设的发展提供法律上的依据。法律总是落后于技术和产业的发展，这样就产生了法律空白、法律盲区、法律滞后甚至法律障碍，一方面给探索者提供更广阔的活动空间，另一方面也使很多商业行为和模式得不到法律的支持，甚至产生推广的阻力。美国在其《全球电子商务政策框架》中指出：

"各国政府应当认识到,互联网的精华化和爆炸性的成功的部分原因是其非集中化特性和自下而上的管理模式。各国政府还应当认识到,互联网独特的结构向现有的规则模式提出了保障和技术方面的重大挑战,因而要相应地调整自己的政策。"尽管不能完全解决电子政务、电子商务发展的障碍,但构筑旨在有效促进和保障国家信息化飞速发展的,涵盖其内存规律、外在市场规则和法律规范的支撑体系,是十分必要的行动。

(3) 坚持技术中立原则,在立法上为技术发展留有空间。不同体系和模式的技术方案会在抽象的法律规范中找到自己合适的位置,而法律良好的包容性又会为技术的发展留有充分的空间,不会把新的技术解决方案视为异物而排斥于外。目前,在法律范畴的概念中,由于网络的虚拟性、复杂性、多样性和灵活性,直接对一些法律术语的明确性、固定性和稳定性造成了冲击,产生了如何使一些法律术语适应一种动态性、复杂性更强的范畴的问题,即技术中立性问题。另外,在一些法律系统中要包容技术规范,法律系统要做到不偏不倚,要为技术的发展预留空间。

(4) 在信息化立法的过程中,政府通过积极的推进者与参与者的角色定位,积极推进信息化的发展。经济合作与发展组织在1997年提出,在促进电子商务和电子行政管理原则协调发展方面,应建立有效的对话方式,政府应调整现行法律(包括《知识产权保护法》)和法规,使其不仅适用于"有形"产品的需要,也适用于"无形"产品的需要,而且还应就制定政策和实施方面达成一致。美国政府为新技术及新经济的引进创造了条件,做出了榜样,启动了市场和需求,更帮广大消费者树立了信心,增强了企业的竞争力。美国通过法律、法规和政策明确规定政府在国家信息化发展中的宏观规划指导作用,从战略的角度使用立法规划手段对国家信息化建设予以支持,大力推广普及信息技术,建立全民参与的信息化发展机制。

(二) 欧盟电子政务法规政策

1. 欧盟电子政务法规政策建设

1993年,欧盟《成长、竞争力与就业》白皮书发表,首次提出欧洲信息社会具体意见,重点在于加快信息社会的网络基础建设。

2000年3月,《里斯本战略》颁布并实施,欧盟委员会提出要在2010年前成为"以知识为基础的、世界上最有活力和竞争力的经济体",并以电子政务、电子医疗和卫生、电子教育与培训、电子商务四大主要应用为支柱,推动信息社会向前发展。

2005年6月,欧盟信息社会(2006—2010年五年战略计划)发布《i2010——建立充满经济增长和就业机会的欧洲信息社会》(简称《i2010战略》)。2006年,欧盟委员会发布了《"i2010"电子政务行动计划:加速欧洲电子政务,使所有人受益》(以下简称《电子政务行动计划》),该项计划是欧盟信息化总体战略"i2010"所确定的工作目标之一,其发布实施标志着泛欧层次的电子政务建设步入系统化发展的轨道。

2011年，欧盟委员会正式启动了《2011—2015年电子政务行动计划》(简称《行动计划》)。在《行动计划》中，欧盟明确了电子政务应该优先支持发展的相应领域，即高效处理政务，进一步建设欧洲数字统一市场等。根据该计划，欧盟还提出了几十项具体措施以帮助公民和企业在网上完成一系列工作，如企业登记注册、申报税收、申请社会福利或医疗保险、大学生登记注册等。在《行动计划》结束之际，通过对2.7万名网络用户进行抽样调查，欧盟委员会于2015年发布了2015年电子政务报告。该报告指出，通过实施《行动计划》，欧盟有50%的公民通过网上进行登记失业、寻找工作、移居和更改地址、购买汽车、处理小额诉讼程序等，初步实现了《行动计划》中设定的目标。

2016年，欧洲《2016—2020年电子政务行动计划》旨在扫清现有的数字障碍和预防公共部门现代化发展中导致的分化割裂，加速政府的数字化转型，这是确保欧盟单一市场取得成功的关键要素。该行动计划中的优先政策包括采用"关键数字推进手段"促进公共行政现代化发展；通过跨境操作能力促进公民和企业流动；促进政府与公民、企业之间的数字互动。

2021年3月，欧盟委员会发布题为《2030数字罗盘计划：数字化十年的欧洲道路》文件，涵盖了欧盟到2030年实现数字化转型的愿景、目标和途径，为欧盟数字化转型提供了较为全面的指导。

2. 欧盟电子政务法规政策分类比较

根据各类法规政策具体性质和调整对象重点的差异，欧盟电子政务法规政策分类比较(见表7.1)。

表7.1 欧盟电子政务法规政策分类比较

类 别	具 体 内 容
政策性文件	《有关实施对电信管制一揽子计划的第五份报告》《电子通信服务的新框架》《电子欧洲——一个面向全体欧洲人的信息社会》
规范性文件	《关于聚焦电信、媒体、信息技术内容及相关规范的绿皮书》《欧洲共同体委员会信息社会的版权和有关权利的绿皮书》
规划及其行动计划	《促进21世纪的信息产业的长期社会发展规划》及相应的行动计划；《2011—2015年电子政务行动计划》《2016—2020年电子政务行动计划》《数字教育行动计划》《投资未来：欧洲2021—2027数字化转型》《2030数字罗盘计划：数字化十年的欧洲道路》《欧洲工业数字化战略》
以规范和指导各国信息化发展的"指令"	《欧洲电子商务提案》《关于数据库法律保护的指令》《关于内部市场中与电子商务有关的若干法律问题的指令》《协调信息社会中特定著作权和著作邻接权指令》《著作权/出租权指令》《远程消费保护指令》《电信部门的隐私保护指令》《卫星广播指令》《软件保护指令》《政务云的安全和恢复力》《安全部署政务云的良好做法指南》《政务云安全框架》《通用数据保护条例》《欧盟数字单一市场中的一个公平有效的税收制度》《欧洲数字主权》《塑造欧洲的数字未来》《欧洲新工业战略》《欧洲数据战略》《人工智能白皮书》

(续表)

类 别	具 体 内 容
促进本国信息化发展的法律规范体系	英国2000年的《电子通信法案》，爱尔兰2000年的《电子商务法》，德国1997年的《信息与通信服务法》和《数字签名法》，意大利1997年的《数字签名法》和2000年的《电子信息与文书法》，欧盟的《数字服务法》《数字市场法》，德国2017年的《开放数据法》，爱尔兰2018年的《数据保护法案》，英国2022年的《数据改革法案》

资料来源：根据《欧美电子政务与信息化政策法律环境发展启示》整理得出。

3. 欧盟电子政务法规政策特点

(1) 采取注重欧盟整体信息化推进、法制统一与充分发挥各国特长和优势相结合的原则，从不同角度推进信息化的发展。欧洲各国在发展信息技术和产业领域各有所长，例如，北欧各国擅长于无线通信技术支持下的网上服务，德国擅长于多媒体、数据库的开发应用服务，法国擅长于基于民族文化特质的内容服务等。欧盟委员会要实现欧洲信息社会的目标，就必须借助各国优势互补的模式，加上欧盟在宏观上对政策法律环境的建立和完善，突出了既注重整体推进，又充分发挥各国特长的原则，从不同角度推进信息化，提高欧洲信息化领域竞争力。

(2) 利用欧洲一体化的优势，协调各国的法制环境，为信息化与贸易、交流等创造无障碍的法制环境。欧盟信息化政策的显著特色是其颁布的各种各样的"指令"，这些"指令"在内容上有其突出特点。比如，欧盟《关于内部市场中与电子商务有关的若干法律问题的指令》明确指出："本指令的目的是保障内部市场的良好运行，重点在于保障信息服务得以在成员国之间自由流通；为实现这个目的，本指令致力于在如下一些领域使各成员国关于信息服务的国内立法趋于统一。"

(3) 重视信息化发展过程中对信息服务内容的管制和净化。互联网是一柄"双刃剑"，欧盟各国采取统一积极措施，净化互联网环境和内容，为他国树立了可供借鉴的榜样。比如，针对互联网服务提供商，很多欧洲国家都采取了较为严格管制的态度。1996年5月，法国逮捕了两家网络公司的主管，原因是这两家公司的网站提供了大量的儿童色情照片；而在德国的巴伐利亚州，也发生过类似的案例。所以，目前在互联网服务提供商(internet service provider，ISP)的法律责任问题上，特别是在ISP提供的主页空间上有侵犯他人知识产权、名誉权等行为时，针对ISP究竟要不要承担连带责任的问题，欧盟采取的是相对严格的责任原则，如果ISP在接到权利人的通知之后，不立即采取有效行动关闭侵权网站，就要承担法律责任，有的成员国甚至规定ISP必须及时把侵权者的有关信息提供给权利人。

(4) 重视网络隐私权的保护。欧盟主张订立严格的网络个人隐私保护标准。通过设立特别委员会，欧盟敦促各国以立法的形式来保护网络隐私权。欧盟对网络隐私权保护的框架文件有四个：一是为配合经合组织的《关于隐私和个人资料的跨国境流动的保护指引》制定的《关于在自动运行系统中个人资料保护公约》；二是1998年10月生效的《关于个人资料的运行和自由流动的保护指令》；三是1997年7月欧盟委员会个人资料保护工作组制定的《关于个人资料向第三国传递的第一个指导——评估充分性的可能方案》；四是1999年部长会议关于互联网隐私保护指引备忘录中规定的《关于在信息高速公路上收集和传送个人资料的保护》。

4. 欧盟电子政务法规政策趋势

(1) 推动欧盟成员国的行政管理创新，制定以公共服务旗舰项目为核心和互操作技术研发、实现跨国界服务的法律、法规和政策，提升欧盟电子政务创制权。

(2) 重视信息技术和产业的可持续发展，准备在欧盟范围内建立一个适用于电子商务(或政务)的法律与管理框架，力争形成一个具有全球示范作用的法律环境。

(3) 欧盟委员会将信息化发展政策重点倾向于标准制定，围绕整合信息技术和政府管理，打通政务系统的阻隔，通过法律、法规和政策推进多种因素有效联系起来。

(4) 统一协调欧盟内部不同国家之间的电子政务应用政策，尤其是通过欧盟电子政务促进机制，加快电子政务法律、法规和政策的成熟。

(5) 欧盟相关法规约束范围扩大化，欧盟议会于2016年4月14日通过的《通用数据保护条例》，于2018年5月25日在欧盟成员国内正式生效实施。该条例的适用范围极为广泛，任何收集、传输、保留或处理涉及欧盟所有成员国内的个人信息的机构组织均受该条例的约束。

(6) 欧盟逐步加强对于非法内容的打击和大型企业的监管，2020年末推出的《数字服务法》进一步加强数字平台在打击非法内容等方面的责任，而《数字市场法》建立了统一、明确的数字规则框架，对"守门人"大型在线企业加强监管。

(三) 日本电子政务法规政策

1. 日本电子政务法规政策状况

日本政府有计划、有重点地推进电子政务始于1993年起草的《推进行政信息化基本计划》。该计划于1994年12月发布(1997年12月修订)，这是日本政府推出的第一个政府信息化建设五年计划，主要目标是在国家行政机关建设信息基础环境，重点建设项目包括建立使用计算机的工作环境、推进数据编码等基本项目的标准化、建立电子文件交换系统等信息系统、完善并扩大数据库建设、强化政府对新技术的评估机制、建设高技术通信网络等。

从2001年开始，日本政府先后推出了"E-Japan"系列信息化战略计划，明确将电子政务建设确定为日本信息化建设的五大重点领域之一。经过多年建设，日本电子政务相关法规政策有30多项，其中最重要的电子政务法律、法规和政策是2000年提出的《IT基本法》、2001年的《电子日本战略》和2006年的《IT新改革战略》。

2006年2月，日本发布首个《国家信息安全战略——创建一个值得信赖的社会》，旨在为日本的信息安全制订一个系统的中长期计划。2009年7月，日本推出"I-Japan战略2015"，重点阐述了电子政府和电子自治体领域、医疗和健康领域、教育和人才培养领域的未来前景、目标、战略措施。2009年2月，日本发布《第二版国家信息安全战略——在IT时代建立强大的"个人"和社会》，旨在强调相关部门的风险防范应对措施。2010年5月颁布《保护国家信息安全战略》，再次强调现有的信息安全政策。2014年11月，日本国会批准了《网络安全基本法》，首次从法律上定义了"网络安全"一词，并规定制定网络安全战略的基本责任和基本政策；在内阁中设立网络安全战略总部，负责制定网络安全战略并促进其实施，为电子政府的建设提供安全规范保障。

2. 日本电子政务法规政策特点与趋势

(1) 大力改善电子政务法制环境，提升政策能力。日本在《电子日本重点计划2004》确立"以民为主，政府支援"的高度信息化社会原则。政府要进行一系列使市场能够平稳发挥作用的环境整治工作，并推出一批行政管理体制改革措施，鼓励民间通过自由、公正的竞争，完成各种标新立异的研发创意，推进日本信息革命的发展。日本在这方面制定和实施了很多政策，以保护知识产权和促进科技成果转化，以法律政策激励公众的参与和权益保护。

(2) 通过立法引导并加强政府信息化建设，规范政府业务。日本在电子政务相关法律、法规和政策中，对政府内部机构信息化建设做了明确、详细的要求，例如，办公的网络化、电子化、无纸化、电子签名、信息安全制度等，以法律、法规和政策带动社会信息化发展，促进电子政府发挥实际成效。此外，日本通过政府内外部管理和服务的规范化与示范化，加快公众对电子政务的接受。

(3) 设立电子政务主管机构，权责清晰。日本各府省在CIO下设立新的综合管理机构——项目管理办公室，机构权责清晰，统一管理部署府省内信息系统的规划、开发、应用、评价等业务，并编制出可灵活执行上述业务的预算方案，以提高电子政务的建设效率，尤其是促进日本电子政务标准化进程和提升日本电子政务的国际影响力。

(4) 重视政府服务和流程，创新法律、法规和政策建设，逐渐减少基础类设施建设。日本电子政务在最近十年取得飞速发展，基础设施建设和人力资源培训基本结束。日本也把电子政务法律、法规和政策建设重心转向政府"政务创新"和实体政府业务的网络实现问题上，行政类法规将明显增多，对政府的管理将进一步加强。

三、国外电子政务法规政策启示

(一) 制定专门的电子政府法

电子政府法属于纲领性立法，具有统领、指导及协调各单行本电子政务法规政策的作用，它既是制定各个子项法规政策的依据，又是理顺电子政务法律体系内部层次关系的前提。因此，制定专门的电子政府法可以促进各国电子政务快速发展。目前，美国、奥地利、意大利、拉脱维亚、保加利亚、波兰、芬兰、韩国、新西兰、澳大利亚、南非等国家都已经制定了电子政务专门法，而日本、加拿大、新加坡、英国、法国、德国等国家则没有专门法律，主要散见于单项法中。

澳大利亚于1999年制定的《联邦电子交易法》，其适用范围不仅局限于政府，也适用于电子商务。芬兰在2000年开始实施《行政管理电子送达法》，该法的目的在于促进公共管理领域的电子送达，规定了电子送达中行政机关以及行政管理相对人的权利、义务和责任，也规定了数据安全和电子身份的相关重要要求。巴西于2000年10月18日开始实施的《电子政府总统令》，主要目的是在政府理事会中设立电子政府行政委员会，并赋予其统筹电子政府发展的相应职权，负责在联邦公共行政管理体系中推广和采用信息与通信技术，发布指令，指导各部门制订电子政府发展的年度计划等。

韩国于2001年7月1日实施的《为了构建电子政府而促进行政业务电子化的相关法律》，是韩国为推行电子政府而制定的相关法律。新西兰于2002年制定了《电子交易法》，以方便在电子商务与电子政府中使用电子邮件和其他电子技术。奥地利《电子政府法》制定于2004年2月27日，并于2004年3月1日开始实施，解决电子政务过程中的信息安全问题。意大利于2005年3月7日制定了立法性的行政命令《数字行政管理法典》，为电子政府的发展提供清晰的法律框架。

(二) 制定政务管理创新法规政策

以美国为例，除《电子政府法》之外，美国还有四类推动政务管理创新和信息建设的相关法律、法规和政策：一是作为电子政府核心内容的推进行政机关信息化的法律；二是与电子政府关系密切的政府信息公开制度；三是在推进电子政府过程中，对个人权利保护的法律、法规和政策；四是确保信息安全的法规政策。这四方面法律、法规和政策构成严密的美国电子政务发展网，具体法律、法规和政策如表7.2所示。

表7.2　美国电子政务相关法律、法规和政策举例

类　　型	法规政策举例
促进行政机关信息化	《公文削减法》《政府公文削减法》《信息技术管理改革法》《行政绩效评估法》
政府信息公开制度	《信息自由法》《电子信息自由法》
个人隐私权利保护	《隐私权法》《儿童在线隐私保护法》
确保信息安全	《计算机安全法》《计算机安全增强法》《联邦信息安全管理法》

资料来源：根据《欧美电子政务与信息化政策法律环境发展启示》整理得出。

(三) 制定或修改行政程序法

以西班牙为例，1992年西班牙《行政程序法》第38条规定，公共行政机关为接收个人或行政部门的书面材料及通知而建立的总登记及其所有登记都必须输入计算机。第45条规定，公共行政机关为开展活动或行使其职能，应在宪法或法律有关的限定范围内推动技术及电子、电脑或电讯媒介的使用与运用。如果与公共行政机关的技术媒介通用，那么在尊重每个程序规定的保障及手续前提下，公民可通过技术及电子、电脑或电讯媒介与公共行政机关相连接来行使自己的权利。公共行政机关通过电子、电脑或电讯媒介发出的资料，

或这些媒介所储存的原件的复制件，如果其具备真实性、完整性并保存可靠，利害关系人的签收以及本法和其他法律规定的保障及手续的履行均得到保证，那么上述复制件都享有原始资料的有效性及效力。另外，其他国家也在程序法上对电子政务运行和管理做出积极的调整回应。

(四) 制定或修改其他法律

电子政务立法与整个国家法律的协调是通过法律的"立、改、废"实现的，即除了制定相关的新法规政策之外，在原有法规政策基础上不断修改、完善更是一条便利途径。英国政府为减少政府规制，在法律改革方面的举措之一就是大力废止不必要的规制措施。自1999年开始，英国政府分别为每个部任命了规制改革部长，负责清除过时的规定或负担。英国于2001年制定的《规制改革法》为加速清理和简化现行法律提供了基础。根据该法的规定，各部部长可以通过发布命令的方式，经议会两院批准后，废止法律规定中增加负担的条款。

(五) 使用其他政策工具，如战略规划或行动等

在一些国家政府的其他政策工具中，电子政府战略或行动计划(包括欧盟的"指令")是最为普遍、使用最多的，几乎每个国家都有类似的战略或行动计划。例如，美国、加拿大、新加坡都奉行"以公民为中心"，利用信息和通信技术实现政府转型战略，但各自侧重点不同。美国强调降低政府运行成本，提高政府效率和有效性；加拿大强调政府重组其内部流程，向用户提供不断改进的优质服务；新加坡强调电子政府的服务对于提升本国在区域竞争与全球竞争中的地位和影响的作用。

再如日本的"E-Japan""u-Japan""I-Japan"系列战略，为电子政务发展提供阶段性规划；新加坡政府2006年提出的"智慧国2015计划"，旨在充分利用信息和通信技术提高新加坡的经济竞争力和创新能力，将新加坡打造成一个信息技术应用无处不在的智慧国家、一个全球化的城市；丹麦政府推出的"数字政府战略2016—2020"，致力于淘汰纸质表格使用、促进公共部门数据方案共享。

第三节 中国电子政务法规政策建设

一、中国电子政务法规政策概况

(一) 建设总体状况

从国际范围看，电子政务法规政策的建设历程大体经过三个阶段：一是构建促进计算机技术和网络技术发展的法规政策；二是加快实施与政府管理创新相关的法规政策，如督

促政府信息公开、信息公开中有关个人数据保护的法规的实施;三是制定关于电子签章、电子政务的专门性法规政策等。我国已经颁布出台了百余部与电子政务相关的法规政策、行动计划和意见等,电子政务法规政策体系也已初具规模,具体表现为以下几大类。

(1) 电子政务与政府信息公开类,如国务院《中华人民共和国政府信息公开条例》《海南省政务信息化管理办法》《广州市政府信息公开规定》《天津市电子政务管理办法》等。

(2) 电子政务中的信息服务与信用体制建立类,如《互联网信息服务管理办法》《互联网电子公告服务管理规定》《互联网出版管理暂行规定》等。

(3) 电子签名与认证服务类,如《中华人民共和国电子签名法》《海南省数字证书认证管理试行办法》。自2005年4月1日起,我国《电子签名法》开始实施。该法立法的直接目的是规范电子签名行为,确立电子签名的法律效力,维护各方合法权益。立法的最终目的是促进电子商务和电子政务的发展,增强交易的安全性。

(4) 行业信息化类。如财政部《会计电算化管理办法》《网上银行业务管理暂行办法》《网上证券委托暂行管理办法》等。目前,国际上许多国家都已开展了电子化政府采购的实践。电子化政府采购,是指政府利用信息网络技术,实现公共部门采购货物、工程和服务的一种采购形式,核心内容是通过电子系统打破时间和空间障碍,增强采购信息透明度,为政府采购活动提供便利。

(5) 信息系统软硬件建设及信息基础设施建设类,如《电信设备进网管理办法》《电信建设管理办法》等。

(6) 信息服务市场管理与登记许可类,如《中国互联网域名管理办法》《网站名称注册管理暂行办法》等。

(7) 信息安全与保密类,如《中华人民共和国计算机信息系统安全保护条例》《计算机病毒防治管理办法》《广东省电子政务信息安全管理暂行办法》《数据安全法》等。

在上述分类中,第五类与第七类同属于涉及计算机网络系统和维护网络安全阶段的法规政策;第二类与第六类同属于政府信息公开和信息公开中个人数据保护阶段的法规政策;第一类、第三类与第四类则属于电子政务阶段的法规政策。

(二) 中国电子政务法规政策特点

1. 制定法规政策主体的多元性和交叉性

由于信息化涉及我国政府多个部门和社会领域,制定这些法规政策的主体也必然是多元的。在我国,这些主体和法规政策主要包括以下几项:全国人民代表大会制定的有关电子政务的法规政策;国务院和有关部委制定的有关电子政务的全国性法律、规章与规定;地方人民代表大会和政府制定的有关电子政务的地方性法规与规章以及各级政府制定的具有一定法规性质的、有关电子政务的规划及计划等。

2. 电子政务法规政策层次复杂，法律层次较低

迄今为止，我国并没有一部专门规范电子政务的法规政策，涉及电子政务的法规政策都分散在其他各个部门法之中，而且层级较低，绝大部分都是各种部门规章、地方性法规，内容不够完善，甚至存在大量冲突的情况。即使是我国自2005年4月1日起实施的《中华人民共和国电子签名法》也是主要用来规范电子商务领域的电子签名活动，对电子政务领域则基本没有涉及。

3. 电子政务技术安全立法明显多于政务管理立法

我国对电子政务运行环境和技术安全等网络立法高度重视，覆盖了计算机、信息和网络技术安全等多个方面，信息技术立法层次高、规范对象全、行政执行效果较好。但是，电子政务法规政策发展的另一个重点——政务管理类法规政策明显缺乏，无论在立法层次还是在可执行性上，都还需要很大程度的提升，这也反映出电子政务在具有技术安全保障后，其建设重心已经转向政务管理上来，而这又受到我国政府管理中现有制度和体制改革进程的影响。

4. 重点领域涵盖面广

在信息服务和网络服务领域，我国制定了较为详细的登记、备案或许可的管理体系。目前，这些领域包括以下几个：ISP(Internet service provider，互联网服务提供商)的经营管理，ICP(Internet content provider，因特网内容提供商)的经营管理，BBS的经营管理，域名的管理，电信设备入网的管理，软件的管理，网上证券、网上银行、网上出版的管理等，涵盖大部分信息服务和网络服务领域。

二、中国电子政务主要法规政策介评

国家高度重视电子政务法规政策的建设，推动塑造电子政务良好的发展政策环境，也指明了电子政务发展的蓝图，包括电子政务的形式、应用场景、技术支撑和安全保障等。

(一) 政府网站建设和管理的若干规定

近年来，随着国民经济和社会信息化的发展，尤其是电子政务的深入推进，我国政府网站建设和发展不断加快。2006年1月1日，中央政府门户网站正式开通，标志着由中央政府门户网站、国务院部门网站、地方各级人民政府及其部门网站组成的政府网站体系基本形成。网站建设和管理方面的规章政策将构成电子政务法规政策的重要内容之一。2006年12月29日，《国务院办公厅关于加强政府网站建设和管理工作的意见》出台；2007年以后，各省、自治区、直辖市相继制定该《国务院办公厅关于加强政府网站建设和管理工作的意见》的实施办法和具体方案，主要内容包括以下几点：不断健全和完善政府网站体系；着力加强政府信息发布；切实提高在线办事能力；持续拓展公益服务；稳步推进互动交流；不断改进网站展示形式；切实提高技术保障水平；有效提升安全保障能力；进一步完善运行管理机制。

中央网信办也在2014年印发《关于加强党政机关网站安全管理的通知》(中网办发文〔2014〕1号)旨在加强党政机关网站安全管理，包括8个部分的内容：充分认识加强党政机关网站安全管理的重要性和紧迫性；严格党政机关网站的开办审核；严格党政机关网站信息发布、转载和链接管理；强化党政机关网站应用安全管理；建立党政机关网站标识制度；加强党政机关电子邮件安全管理；加强党政机关网站技术防护体系建设；加强对党政机关网站安全管理工作的组织领导。

国务院办公厅《关于印发政府网站发展指引的通知》(国办发〔2017〕47号)的颁布，是为进一步加强政府网站管理，引领各级政府网站创新发展，深入推进互联网政务信息数据和便民服务平台建设，提升政府网上服务能力。其中，关于政府网站功能，主要包括信息发布、解读回应和互动交流，政府门户网站和具有对外服务职能的部门网站还要提供办事服务功能。中国政府网要发挥好政务公开第一平台和政务服务总门户作用，构建开放式政府网站系统架构，省级政府和国务院各部门网站要主动与中国政府网做好对接。

国务院办公厅《关于印发〈政府网站集约化试点工作方案〉的通知》(国办函〔2018〕71号)提出"提供一体化服务"要求，依托集约化平台信息数据资源，以群众喜闻乐见的形式提供标准一致、数据同源的信息数据服务；做好与全国一体化在线政务服务平台建设的衔接，推进集约化平台与在线政务服务平台的互联融通；各地区政务服务平台要与本地区政府门户网站和集约化平台互联融通；推动政务信息数据资源向"两微一端"等延伸拓展，通过政务新媒体更好传播党和政府声音，提供多渠道、便利化的"掌上服务"。

(二) 《刑法》中关于计算机信息类犯罪的规定

《中华人民共和国刑法》是一个国家在打击刑事犯罪方面的根本大法(以下简称《刑法》)，《刑法》中所规定的罪责对全社会具有直接有效的震慑力和约束力。我国1997年《刑法》中关于计算机信息类犯罪具有明确的规定，在2009年《刑法修正案(七)》中又进一步明确和补充了若干犯罪规定。在《刑法》(2017年修正)(第285—287条款)中，针对计算机信息系统、存储数据和应用程序等进行破坏以及应用计算机实施的传统犯罪行为做出了比较清晰的规定。在《中华人民共和国刑法修正案(十一)(2021年)》中，进一步丰富了电子政务法规政策中有关刑事犯罪方面的内容，对维护电子政务安全和信息化建设，依法打击刑事犯罪具有重要意义。这些法条分布在《刑法》第285条、第286条以及第287条之一、之二两部分中。具体法条及内容规定如下所述。

1. 非法侵入计算机信息系统罪

违反国家规定，侵入国家事务、国防建设、尖端科学技术领域的计算机信息系统的，处三年以下有期徒刑或者拘役。

2. 非法获取计算机信息系统数据、非法控制计算机信息系统罪

违反国家规定，侵入前款规定以外的计算机信息系统或者采用其他技术手段，获取该

计算机信息系统中存储、处理或者传输的数据，或者对该计算机信息系统实施非法控制，情节严重的，处三年以下有期徒刑或者拘役，并处或者单处罚金；情节特别严重的，处三年以上七年以下有期徒刑，并处罚金。

3. 提供侵入、非法控制计算机信息系统程序、工具罪

提供专门用于侵入、非法控制计算机信息系统的程序、工具，或者明知他人实施侵入、非法控制计算机信息系统的违法犯罪行为而为其提供程序、工具，情节严重的，依照前款的规定处罚。

单位犯以上三种罪的，对单位判处罚金，并对其直接负责的主管人员和其他直接责任人员，依照各该款的规定处罚。

4. 破坏计算机信息系统罪

(1) 违反国家规定，对计算机信息系统功能进行删除、修改、增加、干扰，造成计算机信息系统不能正常运行，后果严重的，处五年以下有期徒刑或者拘役；后果特别严重的，处五年以上有期徒刑。

(2) 违反国家规定，对计算机信息系统中存储、处理或者传输的数据和应用程序进行删除、修改、增加的操作，后果严重的，依照前款的规定处罚。

(3) 故意制作、传播计算机病毒等破坏性程序，影响计算机系统正常运行，后果严重的，依照第一款的规定处罚。

单位犯以上三种罪的，对单位判处罚金，并对其直接负责的主管人员和其他直接责任人员，依照(1)的规定处罚。

5. 非法利用信息网络罪

(1) 利用信息网络实施下列行为之一，情节严重的，处三年以下有期徒刑或者拘役，并处或者单处罚金：设立用于实施诈骗、传授犯罪方法、制作或者销售违禁物品、管制物品等违法犯罪活动的网站、通讯群组的；发布有关制作或者销售毒品、枪支、淫秽物品等违禁物品、管制物品或者其他违法犯罪信息的；为实施诈骗等违法犯罪活动发布信息的。

(2) 单位犯以上罪的，对单位判处罚金，并对其直接负责的主管人员和其他直接责任人员，依照第一款的规定处罚。

(3) 有(1)(2)种行为，同时构成其他犯罪的，依照处罚较重的规定定罪处罚。

6. 帮助信息网络犯罪活动罪

(1) 明知他人利用信息网络实施犯罪，为其犯罪提供互联网接入、服务器托管、网络存储、通讯传输等技术支持，或者提供广告推广、支付结算等帮助，情节严重的，处三年以下有期徒刑或者拘役，并处或者单处罚金。

(2) 单位犯以上罪的，对单位判处罚金，并对其直接负责的主管人员和其他直接责任人员，依照第一款的规定处罚。

(3) 有(1)(2)种行为，同时构成其他犯罪的，依照处罚较重的规定定罪处罚。

(三) 国家信息化发展战略

2006年11月，中共中央办公厅、国务院办公厅印发《2006—2020年国家信息化发展战略》(以下简称《战略》)，提出了到2020年我国信息化发展的战略目标。

《战略》提出，到2020年，我国信息化发展的战略目标是：综合信息基础设施基本普及，信息技术自主创新能力显著增强，信息产业结构全面优化，国家信息安全保障水平大幅提高，国民经济和社会信息化取得明显成效，新型工业化发展模式初步确立，国家信息化发展的制度环境和政策体系基本完善，国民信息技术应用能力显著提高，为迈向信息社会奠定坚实基础。

《战略》提出了我国信息化发展的九大战略重点：推进国民经济信息化；推行电子政务；建设先进网络文化；推进社会信息化；完善综合信息基础设施；加强信息资源的开发利用；提高信息产业竞争力；建设国家信息安全保障体系；提高国民信息技术应用能力，造就信息化人才队伍。

2016年，中共中央办公厅、国务院办公厅印发的《国家信息化发展战略纲要》包括诸多电子政务的内容，其中，"深化电子政务，推进国家治理现代化"部分指出：持续深化电子政务应用，着力解决信息碎片化、应用条块化、服务割裂化等问题，以信息化推进国家治理体系和治理能力现代化；在"创新电子政务运行管理体制"方面，建立强有力的国家电子政务统筹协调机制，制定电子政务管理办法，建立涵盖规划、建设、应用、管理、评价的全流程闭环管理机制；大力推进政府采购服务，试点推广政府和社会资本合作模式，鼓励社会力量参与电子政务建设；鼓励应用云计算技术，整合改造已建应用系统。

国务院《关于印发"十三五"国家信息化规划的通知》(国发〔2016〕73号)指出，统筹发展电子政务：建立国家电子政务统筹协调机制，完善电子政务顶层设计和整体规划；统筹共建电子政务公共基础设施，加快推进国家电子政务内网建设和应用，支持党的执政能力现代化工程实施，推进国家电子政务内网综合支撑能力提升工程；完善国家电子政务标准体系，建立电子政务绩效评估监督制度。

(四) 党的十八大以来电子政务系列法规政策要点

2013年，工业和信息化部信息化推进司《关于印发〈基于云计算的电子政务公共平台顶层设计指南〉的函》(工信信函〔2013〕2号)要求充分发挥既有资源作用和新一代信息技术潜能，开展基于云计算的电子政务公共平台顶层设计，继续深化电子政务应用，全面提升电子政务服务能力和水平。

2014年，国务院办公厅印发《关于〈2014年政府信息公开工作要点〉的通知》对政府信息公开工作做出部署。文件强调，要依法规范做好申请信息公开工作，完善受理、审查、处理、答复以及保存备查等各个环节的流程，依法依规满足人民群众的特殊信息需求。其中，包括推动信用信息公开；依法公开行政机关在行政管理中掌握的信用信息，以政务诚信示范引领全社会诚信建设。国务院办公厅印发《关于促进电子政务协调发展的指导意见》(国办发〔2014〕66号)指出，促进电子政务协调发展的主要目标是：利用5年左右时间，统一规范的国家电子政务网络全面建成；网络信息安全保障能力显著增强；信息共享、业务协同和数据开放水平大幅提升；服务政府决策和管理的信息化能力明显提高；政府公共服务网上运行全面普及；电子政务协调发展环境更加优化。经过努力，电子政务在国家治理体系和治理能力现代化建设中发挥重要作用。中央网络安全和信息化领导小组办公室《关于加强党政部门云计算服务网络安全管理的意见》(中网办发文〔2014〕14号)指出，充分认识加强党政部门云计算服务网络安全管理的必要性；进一步明确党政部门云计算服务网络安全管理的基本要求；合理确定采用云计算服务的数据和业务范围；统一组织党政部门云计算服务网络安全审查；加强云计算服务过程的持续指导和监督；强化保密审查和安全意识培养。

2015年，国务院关于印发《促进大数据发展行动纲要的通知》(国发〔2015〕50号)的"政府数据资源共享开放工程专栏"，要求推动政府数据资源共享、形成政府数据统一共享交换平台和形成国家政府数据统一开放平台。其中，"形成政府数据统一共享交换平台"部分指出，充分利用统一的国家电子政务网络，构建跨部门的政府数据统一共享交换平台，到2018年，中央政府层面实现数据统一共享交换平台的全覆盖，实现金税、金关、金财、金审、金盾、金宏、金保、金土、金农、金水、金质等信息系统通过统一平台进行数据共享和交换。《关于积极推进"互联网+"行动的指导意见》(国发〔2015〕40号文件)要求，支持"互联网+"相关平台建设和应用示范等；加大政府部门采购云计算服务的力度，探索基于云计算的政务信息化建设运营新机制；鼓励地方政府创新风险补偿机制，探索"互联网+"发展的新模式。《关于开展国家电子政务工程项目绩效评价工作的意见》(发改高技〔2015〕200号)要求，重点对电子政务项目建成后所达到的建设目标和应用效果进行评价。《关于开展国家电子政务工程项目绩效评价工作的意见》包括6个部分：开展电子政务项目绩效评价的重要意义；电子政务项目绩效评价的总体要求；电子政务项目绩效评价的范围和主要内容；电子政务项目绩效评价的指标体系；电子政务项目绩效评价的程序和方法；电子政务项目绩效评价的组织和要求；电子政务项目绩效评价成果的利用。国务院《关于促进云计算创新发展培育信息产业新业态的意见》(国发〔2015〕5号)要求"探索电子政务云计算发展新模式"，鼓励应用云计算技术整合改造现有电子政务信息系统，实现各领域政务信息系统整体部署和共建共用，大幅减少政府自建数据中心的数量；新建电子政务系统须经严格论证并按程序进行审批；政府部门要加大采购云计算服务的力度，积极开展试点示范，探索基于云计算的政务信息化建设运行新机制，推动政务信息资源共享和业务协同，促进简政放权，加强事中事后监管，为云计算创造更大市场空间，带动云计算产业快速发展。

2016年国家面向"十三五"规划建设，在政策领域持续发力，不断改善政策支持环境。在国务院办公厅《关于印发2016年政务公开工作要点的通知》(国办发〔2016〕19号)中,关于"推进政务服务公开"的内容规定:制定出台加快推进"互联网+政务服务"工作的指导意见,推动政务服务事项办理由实体政务大厅向网上办事大厅延伸,逐步实现服务事项在线咨询、网上办理、电子监察。国务院办公厅牵头落实推进公共企事业单位办事公开,国务院相关行业主管部门年内要制定完善具体办法,组织编制公共服务事项目录,公开服务指南,方便企业和群众办事。

2016年,中华人民共和国主席令第五十三号公布《中华人民共和国网络安全法》。其中,该法第31条第1款规定:"国家对公共通信和信息服务、能源、交通、水利、金融、公共服务、电子政务等重要行业和领域,以及其他一旦遭到破坏、丧失功能或者数据泄露,可能严重危害国家安全、国计民生、公共利益的关键信息基础设施,在网络安全等级保护制度的基础上,实行重点保护。关键信息基础设施的具体范围和安全保护办法由国务院制定。"第72条规定:"国家机关政务网络的运营者不履行本法规定的网络安全保护义务的,由其上级机关或者有关机关责令改正;对直接负责的主管人员和其他直接责任人员依法给予处分。"

经中央网络安全和信息化领导小组批准,国家互联网信息办公室发布《国家网络空间安全战略》,其中关于"社会治理的新平台"内容指出,网络在推进国家治理体系和治理能力现代化方面的作用日益凸显,电子政务应用走向深入,政府信息公开共享,推动了政府决策科学化、民主化、法治化,畅通了公民参与社会治理的渠道,成为保障公民知情权、参与权、表达权、监督权的重要途径。

国务院办公厅关于转发国家发展改革委等部门《推进"互联网+政务服务"开展信息惠民试点实施方案的通知》(国办发〔2016〕23号)要求,建立高效便民的新型"互联网+政务服务"体系,推进网上网下一体化管理,实现"一窗口受理、一平台共享、一站式服务"。同期,国务院先后制发了四个围绕"互联网+政务服务"的通知,分别是《关于印发政务信息资源共享管理暂行办法的通知》(国发〔2016〕51号)、《关于加快推进"互联网+政务服务"工作的指导意见》(国发〔2016〕55号)、国务院办公厅《关于印发"互联网+政务服务"技术体系建设指南的通知》(国办函〔2016〕108号),这三个通知就政务部门业务信息系统承载与要求,建成覆盖全国的整体联动、部门协同、省级统筹、一网办理的"互联网+政务服务"体系,实现各地区各部门政务服务汇聚、跨地区跨部门数据交换、跨地区统一认证、共性基础服务支撑,做了系统的安排和设计,并提出具体实施办法。

2017年,国务院办公厅《关于印发〈2017年政务公开工作要点〉的通知》(国办发〔2017〕24号)的"以政务公开助力促改革"部分要求,大力推进"互联网+政务服务",年内完成政务服务事项目录编制工作,通过本级政府门户网站集中全面公开;省级政府要建成一体化网上政务服务平台,优先推动企业注册登记、项目投资、创业创新以及与群众生活密切相关的服务事项上网,加快实体政务大厅与网上服务平台融合发展,让企业和群众办事更加便捷。

国务院办公厅《关于印发政务信息系统整合共享实施方案的通知》(国办发〔2017〕39号)包括三部分内容：总体要求；加快推进政务信息系统整合共享的"十件大事"；加大机制体制保障和监督落实力度。其中包括提升国家统一电子政务网络支撑能力；加快推进国家电子政务内网政府系统建设任务落实(国务院办公厅牵头，各地区、各部门负责)；完善国家电子政务外网，健全管理体制机制，继续推进国家电子政务外网二期建设，拓展网络覆盖范围，逐步满足业务量大、实时性高的网络应用需求。

国家发展改革委、中央网信办《关于印发〈政务信息资源目录编制指南(试行)〉的通知》(发改高技〔2017〕1272号)，适用于指导国家政务信息资源目录的编制，以及对基于国家数据共享交换平台、国家政务数据开放网站的政务信息资源进行管理、共享交换和开放发布等，其规定，政务信息资源目录是实现政务信息资源共享、业务协同和数据开放的基础，是各政务部门之间信息共享及政务数据向社会开放的依据；政务信息资源目录编制工作包括对政务信息资源的分类、元数据描述、代码规划和目录编制，以及相关工作的组织、流程、要求等方面的内容。

财政部《关于印发〈政务信息系统政府采购管理暂行办法〉的通知》(财库〔2017〕210号)第6条规定："采购需求应当落实政务信息系统整合共享要求，符合政务信息共享标准体系，确保相关系统能够按照规定接入国家共享数据交换平台。采购需求要与现有系统功能协调一致，避免重复建设。采购需求应当体现公共数据开放有关要求，推动原始性、可机器读取、可供社会化再利用的数据集向社会开放。"

根据国家发展改革委《关于印发"十三五"国家政务信息化工程建设规划的通知》(发改高技〔2017〕1449号)，"构建一体化政务数据平台"是规划的主要任务之一，即按照"数、云、网、端"融合创新趋势及电子政务集约化建设需求，依托统一的国家电子政务网络加快建设综合性公共基础设施平台，形成互联互通、安全防护、共享交换、云计算、数据分析、容灾备份等综合服务能力，实现电子政务关键公共基础设施的统建共用，支撑政务业务协同和数据共享汇聚。

《关于开展政务信息系统整合共享应用试点的通知》(发改办高技〔2017〕1714号)包括五部分内容，分别是试点目标、试点地区和部门、试点任务、具体安排和有关要求。其试点目标是聚焦样板培育，推进试点地区、部门与国家数据共享交换平台体系实现"网络通、数据通、业务通"，开展跨地区、跨部门、跨层级的系统和数据对接，打破困扰企业和群众办事创业的数据壁垒，促进"纵横联动"和"放管服"改革重点领域落地见效，打通政务服务全链条，支撑辅助政府决策。

国务院办公厅《关于全国互联网政务服务平台检查情况的通报》(国办函〔2017〕115号)的颁布，是为摸清全国互联网政务服务平台现状，推动提升政务服务质量和实效，切实便利企业群众办事创业。国务院办公厅对全国互联网政务服务平台进行检查的有关情况通报包括基本情况、主要问题和下一步工作要求三个部分。其中，主要问题集中在以下几个方面，分别为办事入口不统一、政务信息不共享、事项上网不同步、平台功能不完善和服务信息不准确。

五部门关于印发《加快推进落实〈政务信息系统整合共享实施方案〉工作方案》的通知(发改高技〔2017〕1529号)，包括三部分内容，分别是工作目标、重点任务和加强组织领导和工作保障。其工作目标：2017年年底前，围绕制约"放管服"改革深入推进的"信息孤岛"问题，初步实现各部门整合后的政务信息系统统一接入国家数据共享交换平台。在完成阶段性4个目标的基础上，逐步拓展政务信息系统共享范围，深化信息资源应用，进一步支撑"放管服"改革，提升政府治理能力。

财政部《关于进一步做好政府采购信息公开工作有关事项的通知》(财库〔2017〕86号)包括四部分内容：推进各地区政府采购信息发布网络平台建设；完整全面发布政府采购信息；健全政府采购信息发布工作机制；加强对政府采购信息公开工作的考核与监督。其中，"加强对政府采购信息公开工作的考核与监督"部分指出，采购人和集中采购机构应将政府采购信息公开作为本部门、本单位政务信息公开工作的重要内容，确保政府采购信息发布及时、完整、准确。

2018年，《国务院办公厅关于印发〈2018年政务公开工作要点〉的通知》(国办发〔2018〕23号)要求"推进网上办事服务公开"，及时公开"互联网+政务服务"有关政策的落实情况及阶段性成果；公开网上办事大厅服务事项清单，推动更多事项在网上办理，实现办事材料目录化、标准化，让群众办事更明白、更便捷；加快各地区、各部门政府网站和中国政府网等信息系统互联互通，推动政务服务"一网通办""全国漫游"。

中共中央办公厅、国务院办公厅印发《关于深入推进审批服务便民化的指导意见》，并发出通知，要求"加快数据共享，推行一网通办"；探索整合电子政务职能，设立数据统筹机构；按照成本最小化、效益最大化的原则，竭力贯通系统之间的数据交换通道，变群众来回跑为部门协同办；群众办事较多的69个事项实现自助填表；将"一门式一网式"政务服务延伸到网上办事大厅、自助服务终端、12345热线，形成网上办事为主、实体办事为辅、自助办事为补的政府服务新格局。

国务院《关于加快推进全国一体化在线政务服务平台建设的指导意见》(国发〔2018〕27号)中关于"统一网络支撑"要求，各级政务服务平台原则上统一依托国家电子政务外网构建，通过部署在互联网上的政务服务门户提供服务；拓展国家电子政务外网覆盖范围，加强网络安全保障，满足业务量大、实时性高的政务服务应用需求；推动各地区和国务院有关部门非涉密业务专网与电子政务外网对接整合。

国务院办公厅《关于印发进一步深化"互联网+政务服务"推进政务服务"一网、一门、一次"改革实施方案的通知》(国办发〔2018〕45号)要求"加强数据共享安全保障"，依法加强隐私等信息保护。制定数据安全管理办法，明确数据采集、传输、存储、使用、共享、开放等环节安全保障的措施、责任主体和具体要求；提高国家电子政务外网、国家数据共享交换平台和国家政务服务平台的安全防护能力；推进政务信息资源共享风险评估和安全审查，强化应急预案管理，切实做好数据安全事件的应急处置。

民政部《关于印发〈"互联网+社会组织(社会工作、志愿服务)"行动方案(2018—2020年)〉的通知》中关于"加强资源配置"要求，充分利用国家、地方社会组织法人库、"金民工程"等重大电子政务项目提供的资金和系统资源，支持有条件的地方争取项目经费，保障有困难的地方使用全国系统，推动数据资源逐步汇聚到民政统一大数据中心。

2019年，中共中央办公厅、国务院办公厅印发《关于推进基层整合审批服务执法力量的实施意见》，并发出通知，要求加强村(社区)综合服务站点建设，推动基本公共服务事项进驻村(社区)办理，推进村级便民服务点和网上服务站点全覆盖，积极开展代缴代办代理等便民服务，逐步扩大公共服务事项网上受理、网上办理、网上反馈范围；充分发挥市场机制作用，推动公共服务提供主体和提供方式多元化，加快建立政府主导、社会参与、公办民办并举的公共服务供给模式。

2019年，国务院《政府网站与政务新媒体检查指标》《政府网站与政务新媒体监管工作年度考核指标》发布，强调完善政府网站以及政务新媒体的日常监管工作，对运行情况进行抽查，并公开考核结果。同年，国务院办公厅印发《国家政务信息化项目建设管理办法》就推动政务项目建设，加大政务信息系统跨部门、跨层级互联互通、信息共享和业务协同，强化政务信息系统应用绩效考核做了明确规定。

2020年，国务院《关于加快推进政务服务"跨省通办"的指导意见》(国办发〔2020〕35号)指出，推进政务服务"跨省通办"，是转变政府职能、提升政务服务能力的重要途径，是畅通国民经济循环、促进要素自由流动的重要支撑，对于提升国家治理体系和治理能力现代化水平具有重要作用。同年，国家卫健委发布《关于依托全国一体化在线政务服务平台做出生医学证明电子证照应用推广工作的通知》(国卫办规划函〔2020〕967号)，要求各地要按照全国一体化平台建设应用部署要求，以国家政务服务平台为总枢纽，通过推动出生医学证明电子证照在各地政务服务平台的应用，实现出生医学证明在线核验、出生医学信息共享复用，方便群众办事，提升政务服务效能。

2021年，国务院办公厅印发《关于进一步优化地方政务服务便民热线的指导意见》(国办发〔2020〕53号)，其指导思想是，坚持以人民为中心，加快转变政府职能，深化"放管服"改革，持续优化营商环境，以一个号码服务企业和群众为目标，推动地方政务服务便民热线归并优化，进一步畅通政府与企业和群众互动渠道，提高政务服务水平，建设人民满意的服务型政府，推进国家治理体系和治理能力现代化，不断增强人民群众的获得感、幸福感、安全感。第十三届全国人民代表大会第四次会议表决通过《中华人民共和国国民经济和社会发展第十四个五年规划和2035年远景目标纲要》，该纲要强调提高数字政府建设水平，将数字技术广泛应用于政府管理服务，推动政府治理流程再造和模式优化，不断提高决策科学性和服务效率；建立健全国家公共数据资源体系，确保公共数据安全，推进数据跨部门、跨层级、跨地区汇聚融合和深度利用；加大政务信息化建设统筹力度，健全政务信息化项目清单，持续深化政务信息系统整合，布局建设执政能力、依法治国、经济治理、市场监管、公共安全、生态环境等重大信息系统，提升跨部门协同治理能力；完善国家电子政务网络，集约建设政务云平台和数据中心体系，推进政务信息系统云迁移；加强政务信息化建设快速迭代，增强政务信息系统快速部署能力和弹性扩展能力；坚持放管并重，促进发展与规范管理相统一，构建数字规则体系，营造开放、健康、安全的数字生态；统筹数据开发利用、隐私保护和公共安全，加快建立数据资源产权、交易流通、跨境传输和安全保护等基础制度和标准规范。构建与数字经济发展相适应的政策法规体系；健全国家网络安全法律法规和制度标准，加强重要领域数据资源、重要网络和信息系统安全保障；推进网络空间国际交流与合作，推动以联合国为主渠道、以《联合国宪章》为基本原则制定数字和网络空间国际规则。

同时期，各个省、自治区、直辖市依据立法权限，分别围绕电子政务法规政策的落实和应用实践，制定了一批指导意见、政策条例等，主要包括推进一网通办的实施方案、面向"十四五"的数字政府规划、网络安全建设、政务服务软硬件等信息化建设、大数据和人工智能发展等。

2022年，我国从中央到地方政府制定了又一批推进数字均衡发展、数字经济以及服务标准方面的政策文件，如《关于推进以县城为重要载体的城镇化建设的意见》《关于加强数字政府建设的指导意见》《国务院关于加快推进政务服务标准化 规范化 便利化的指导意见》《"十四五"数字经济发展规划》《数字乡村发展行动计划(2022—2025)》《"十四五"推进国家政务信息化规划》等。这些法规政策着眼于数字政府建设，推动政务服务向乡村发展，促进数字经济繁荣。

三、中国电子政务法规政策发展

(一) 中国电子政务法规政策难点与重点

1. 法规政策建设的难点

(1) 观念和认识问题。通过立法，可能会在限制这项技术的同时让渡更大的国家利益，产生许多立法悖论——这就是普遍存在于网络、IT、电子商务、电子政务以及信息化领域中，需要十分警惕的法治观念和认识问题，这在短期内是很难纠正过来并转化为大家都接受的一致行动的。法规政策固然重要，但改变不当的观念和认识问题的视角更重要。

(2) "法难责众"的实践性窘境。在网络和IT领域存在大量的普遍性违法行为，诸如网络色情、计算机软件的盗版和非法使用、域名抢注、网络版权侵权等违法行为相当猖獗。然而，在实践中却很难及时、有效地制止某一项或某种违法行为，因为多如牛毛的违法者和随时随地发生的违法行为使得"法难责众"的情况普遍存在，法律的严肃性和权威性因此受到挑战。

(3) 法规政策稳定性与动态性矛盾的问题。随着IT和网络的快速发展，产生了大量技术性难题，尤其是技术和产业竞争倡导的"更新、更高"理念与法规政策秉承的相对稳定和不能"朝令夕改"背道而驰。此外，还有法规条例与技术方案的契合问题、地方规章制定在数量和速度上超前于国家法规政策的问题、信息产业跨越部门的活动对既有行政管理体制模式的挑战问题、一整套法制辅助机制建设问题，等等。

2. 法规政策建设的重点

(1) 政府信息公开中的法律问题。亟须出台可实施的《政府信息公开条例》的配套规定，完善有效监督政府信息公开的机制和条件。

(2) 信用体系建设中的法律问题。完善的电子政务法规政策是信用体系建立和发展的前提与保障，而信用体系的建立和发展又是促进电子政务快速发展的重要手段，因而亟须立法确保两者关系的稳定发展。

(3) 电子政务与行政法及行政诉讼法的问题。电子政务产生很多新的行政行为和方式，行政程序也会发生很大变化，这些都需要给予新的立法规范，在法规上界定其合法性。

(4) 电子签名立法的问题。电子商务签名问题已解决，而电子政务签名中的问题尚需进一步解决。

(5) 电子政务的法律效力问题。电子政务一系列新的行政方式和结果，都需要相关法律给予确认和保障，解决其与传统行政法规的衔接问题。

(6) 网上行政行为的合法要件问题。

(7) 电子政务的技术标准化问题。

(8) 公民隐私权保护问题。

(9) 电子政务的安全问题。

(10) 电子政务建设的资金问题。电子政务建设的资金需要通过法规方式给予确保，尤其是对后期建设和管理费用的预算与可持续投入的法规保障。

(11) 电子政务法规体系建设应重点关注的方面。

(12) 电子政务立法模式的选择问题。

(13) 电子政务建设的阶段性和电子政务立法阶段性相协调的问题。

(14) 电子政务立法的法律层级问题。

(二) 中国电子政务法规政策的改进

(1) 应按照《2006—2020年国家信息化发展战略》要求，及时制定和实施电子政务法，尽快建立相对应的电子政务立法框架，包括法律性质、地位、主体、核心法规内容、管理措施以及与相关法规的关系。

(2) 重点解决目前制约电子政务运营的法规政策。一旦确立了某种电子政务运行模式后，必须立刻围绕该模式进行充分的法规政策建设与完善，通过立法保障电子政务运营模式的高效执行。其中，管理措施、运营模式、具体规范都是立法重点。

(3) 分门别类地推进不同性质的具体法规政策的规范进程，完善法规体系。鉴于法规政策体系的复杂性和多层次性，应该在国家层面上统筹规划电子政务法规政策，重点推进若干亟须推进的法规政策，分层次、有步骤地推进法律类、法规类和规章类电子政务法规政策的完善。

本章小结

电子政务法规政策是电子政务健康、有序发展的重要保障。同时，建立起完备成熟的电子政务法规政策体系，也是电子政务发展成熟的标志之一。电子政务法规政策是电子政务发展的基本动力和保障，也是一个国家或区域依法管理、依法规范和依法促进电子政务发展的具体体现。电子政务法规政策既具有一般法规政策所具备的特性，更具有自身的结构和内容。美国、欧盟和日本等国家与地区的电子政务法规政策相对健全和完善，有关电子政务法规政策框架、内容、基础、环境等都较为完整和可以执行。我国电子政务法规政策建设起步尽管较晚，但发展很快，特别是各级政府相应制定和执行了一批有关电子政务建设规范、方针、指南等，较好地协调、推动和规范了我国电子政务建设。要充分认识到我国电子政务法规政策建设是一个较长期的过程，需要借鉴国外电子政务相对发达国家的法规政策建设经验，重点解决困扰我国电子政务法规政策建设中的难点，突出实施中的重点问题，组建专业机构和人员，系统规划我国电子政务法规政策制定、实施和废止进程与内容。

电子政务法规政策建设

关键术语

法律　行政法规　政策　电子政务法规政策　电子政务法　基础性法规政策
立法传统

思考题

1. 什么是电子政务法规政策？有什么特点？
2. 为什么要制定和实施电子政务法规政策？
3. 发达国家或地区电子政务法规政策建设的基本特点和趋势有哪些？
4. 发达国家或地区电子政务法规政策建设有何借鉴之处？
5. 我国电子政务法规政策有了哪些进展？还面临哪些问题？
6. 电子政务法规政策体系应包括哪些内容？

第八章 电子政务文化

📝 引例：凉山州电子政务还需跨越"习惯鸿沟"

凉山州电子政务大厅按"一库两网三平台"的规划进行建设。"一库"是指建立在全州行政审批电子监察基础上的统一标准数据库；"两网"是指充分依托电子政务外网和互联网形成"互联网业务受理，外网业务办理"的运行模式；"三平台"是指应用平台、展示平台及管理平台。建设凉山州本级电子政务大厅和各县市电子政务大厅，仅购置软硬件设备就花费近400万元。某主管领导说"重金"打造的凉山州电子政务大厅完全实现了互联网终端、移动终端与政务服务中心的互通，极大方便了办事群众。

凉山州电子政务大厅自开通以来，在网上进行了"您对凉山州电子政务大厅最关注的内容或功能是什么"的调查，投票者把38%的票投给了"能够在线通过即时聊天工具进行咨询"，32%的票投给了"能够在线直接提交申请，在线填写申请表格等材料供政务中心窗口预审核"，25%的票投给了"能够在线查看办事指南，了解办事需要的申请材料、办理流程、办理时限等信息"。网上调查说明，95%的投票者把电子政务大厅定位为咨询或预审，鲜有人真正想通过这一平台完全实现在家或在办公室办理业务。"要让凉山大部分群众迅速迈过习惯这道坎不容易。"某领导评价说。凉山州政务服务中心正着手一项针对各部门、各单位、各企业和普通群众的电子政务使用规范、基础知识的培训和宣传，"希望办事群众早日享受到电子政务之便"。

资料来源：国脉电子政务网。

📷 经验启示

电子政务要跨越"习惯鸿沟"，既需要计算机技术、网络技术以及相关平台管理技术的支撑与不断创新，也需要电子政务理念、行为和制度方面的提升和完善，从我国现阶段电子政务发展看，特别需要上述内容的整合协调、融汇创新，这就需要进行研究和推进电子政务文化建设。

本章知识结构

电子政务文化具有特定内容，体现出独特价值，这与电子政务文化的特殊结构及环境条件密切相关。越是在电子政务发展的繁荣期，越需要响应电子政务文化诉求，加强电子政务文化建设，以确保其发挥出应有价值和指导作用。第八章知识结构如图8.1所示。

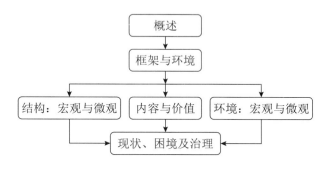

图8.1　第八章知识结构

第一节　电子政务文化概述

一、电子政务文化的含义

当一种技术或者业务模式长期存在并渗透到人们的生产生活各个领域之中，并能深刻影响人们的意识和行为模式时，这种技术或者业务模式就具备了某种文化特性，会反过来深刻地影响到技术或者业务模式的发展状态。电子政务文化是在政务部门广泛和深入应用电子政务之后逐步形成的一套特定的运行体系，包括电子政务开发建设和运维过程中所创造的精神财富及其物质载体，以及与之相适应的制度形态和行为习惯。电子政务文化与电子政务系统良性互动，并强烈地作用于电子政务系统以及行政人员对电子政务的认知、情感态度和价值取向等方面，成为行政文化在网络信息时代的最新发展形态。换句话说，电子政务环境下的行政文化创新，即是当代行政文化的生动表现，电子政务文化是行政文化的新的发展阶段和新的内容形式。

从文化的构成视角看，电子政务文化的结构和内容分别对应于文化的四个结构层次，即物质文化、制度文化、行为文化和精神文化。从文化的发展过程看，只有当电子政务文化逐步形成具有自身特征的一种精神文化、稳定的认知结构和一致的价值取向，我们才可以说电子政务文化正式形成和确立下来。物质文化、制度文化和行为文化是形成精神文化的必要组成部分和积累传承沃土。从唯物论角度看，物质文化、制度文化和行为文化是精神文化的前提和物质准备,但精神文化一旦出现就会积极反作用于前三者,加快或者阻碍前三者的发展进程。

二、电子政务文化的特征

电子政务文化是由多种文化交汇融合衍生出的新的文化形态。从其存在领域和内容构成看,电子政务文化主要是由技术文化、行政文化以及网络文化融合而成。电子政务文化作为集大成者,除了具有这三种文化的基本特征之外,还具有其独特之处。

1. 承载主体多元性

承载主体多元性是由电子政务活动过程的多元主体的复杂性、协作性决定的。一个完整的电子政务活动涉及党委、政府、人大、政协等多元主体,而且多元主体的职责分工、素质能力、责任目标各不相同,没有这些主体的积极建设和良性互动,就没有电子政务文化。

2. 表现强度差异性

电子政务是政务部门提供公共信息和公共服务的一种有效形式,正在逐步建设和完善。但是,受各级政务部门电子政务发展的差异性、参与者素质能力的差异性以及实际政务活动的多样性的影响,电子政务文化在各级政务部门中的实际表现会有很大的不同,不可能出现理想中的强度均衡和一致性状态。

3. 框架结构稳定性

电子政务文化的出现和稳定发展,形成了自身的稳定框架和层次分明的结构,明确了自身在整个文化图谱中的加持定位,也为不断丰富自身内容提供了积累和传承的界线和叠加增长的区域。

4. 内容形式发展性

"文化的特点是积累与传承,叠加增长。"电子政务文化内容本身具有创新性的内在特质,同时又是多种文化元素交汇融合的产物,这就决定了它相应地具有包容性。此外,电子政务文化的内容与形式处在不断发展变化当中,决定了它的组成元素必然是与时俱进的。

5. 社会影响促进性

电子政务文化是一种积极的文化形式,必将对现有的技术文化、行政文化、网络文化等产生积极的影响,也将对革新社会文化起到积极的促进作用。尽管对其培育尚需假以时日,但其积极向上的影响力、为广大公众接受并乐见其成的引导力,体现了信息时代文化的精髓和内涵。

三、电子政务文化的生成背景

1. 电子政务渐趋成为主导性行政模式

电子政务和电子政务文化是相辅相成的关系。一方面,电子政务需以电子政务文化为指导进行建设;另一方面,电子政务建设中出现的问题以及进行的管理创新能推动电子政务文化的发展。电子政务文化的生成背景与电子政务的发展历程有着千丝万缕的关系。目前，电子政务已经贯穿并渗透到各级政务部门业务活动的各个方面和层面，逐渐成为行政的主流，其发展需要重构行政文化，催生电子政务文化，以更好地发挥电子政务的潜能。

2. 相关文化创新进程明显加快

随着信息技术的发展，文化增添了新的内容——网络文化开始出现并繁荣发展，并推动着电子政务文化的加速生成与创新发展。从技术文化视角看，电子政务文化与技术文化是交叉的关系，在电子政务层面的技术文化都属于电子政务文化的范畴，技术文化在网络技术领域的每一个创新，都会加快电子政务文化的发展脚步。从行政文化视角看，电子政务文化是行政文化在网络技术时代的创新发展，电子政务文化的孕育从根本上来自行政文化的创新转型。从网络文化视角看，电子政务文化与网络文化也是交叉的关系，两者存在重合的部分。电子政务文化是政务部门运用现代信息技术对其管理模式进行再造的结果，而网络文化则是人们运用网络对其社会生活进行"再造"的结果。政务部门网站的建设不仅改变了其服务模式，同时也影响了公众的社会生活。因此，网络文化的创新和发展为电子政务文化的发展创设了一定的条件，行政文化的创新需求更为电子政务文化的生成与发展奠定了基础。

3. 行政主客体行为亟待软约束规范

与所有的行政活动一样，电子政务是人的活动，不仅包含行政主体——各级政府部门行政人员的活动，同时也包括行政管理和公共服务的客体——社会公众的参与。因为人类的行为要受到非理性因素的影响，在电子政务的实现过程中不可避免地会出现一些问题，主要表现为政务人员行为不规范和服务意识薄弱、公众的参与意识不强、缺乏与之匹配的成熟制度、信息安全问题严重，等等。电子政务现在已经渐趋成为行政主流，要想更好地建设电子政务，必须严格规范行政主客体的行为。

四、电子政务文化的建设意义

(一) 推动电子政务硬件完善与效能发挥

从电子政务的发展进程来看，每个阶段电子政务的发展都离不开电子政务文化的引导，电子政务文化对电子政务发展起着不可或缺的作用和影响。在办公自动化建设阶段，政务部门主要是从物质层面建设电子政务文化，强调基础设施建设和技术的研发，并没有将重心放到"公共服务"上来。在电子政务全面建设阶段，互联网经济快速发展，市场经济体制改革逐步深入，公众需求灵活、高效、便捷的政务服务，因此电子政务文化在继续完善物质文化的同时强调理念文化，主要追求效率型文化和服务型文化，并确定了电子政务的指导思想、目标、原则、框架以及未来的发展重点。这一时期理念文化的发展为电子政务建设指明了前进方向。在电子政务倒逼行政体制改革阶段，电子政务文化更多表现为制度文化，主要构建国家电子政务总体框架，推进规范化、标准化建设，建立健全相关法律法规，体现了法治型文化和流程型文化。制度型文化的完善也使电子政务建设走上有法可依轨道。

不同时期的电子政务文化建设都要适应电子政务建设需求。如：在信息资源整合阶段，政务部门进行大部制改革，电子政务建设主要侧重政务公开、信息整合、应用协同，相应的电子政务文化建设就体现在实现物质文化、制度文化、行为文化和精神文化的有机结合，以期更好地指导电子政务自身建设。

(二) 促进行政人员的服务意识与行政效率提高

党的十七大、十八大、十九大报告中多次提及要加快行政管理体制改革，建设服务型政府，并明确指出要健全政府职责体系，完善公共服务体系，推行电子政务以及"互联网+政务服务"，强化社会管理和公共服务。可见，电子政务已经成为加快行政管理体制改革和建设服务型政府的重要手段，实施电子政务是改革开放的需要，是建设服务型政府的基础工作。

党的十八大报告特别强调要按照建设中国特色社会主义行政体制目标的要求，深入推进政企分开、政资分开、政事分开、政社分开，建设职能科学、结构优化、廉洁高效、人民满意的服务型政府。由于电子政务文化包含服务的理念，行政人员的工作体现着服务的本质，加之电子政务文化建设潜移默化地影响着行政人员的服务意识，因此，电子政务成为摆脱原有的"政府本位"观念、建立"以公务为中心""人民至上"的服务理念的重要载体。

同时，电子政务文化也包含效率型文化。一方面，电子政务的实施打破了部门分割的状态，实现了资源共享，进而能大大提高行政效率；另一方面，电子政务文化还要求政务人员实时在线处理业务，节省中介环节，能大大提高政务部门工作效率。因此，电子政务使得效率型文化牢固扎根于政务人员心中，能时刻促使政务人员限时办结各种公众诉求、社会问题，极大地提高了公众满意度。

(三) 丰富行政文化内容，加快行政文化体系建设

纵观人类发展史，世界各个国家和民族因处于不同的发展阶段，具有不同的经济基础和政治制度，也就拥有不同性质、不同形态的思想文化。当代中国，社会主义文化是思想文化的主体力量，居于核心地位，其最大特质就在于始终站在先进文化的潮头。行政文化是社会主义文化的重要组成部分，是对行政实践起着指导作用的文化，因此行政文化体系的建设十分关键。电子政务文化作为行政文化的重要组成部分，其自身的建设有助于行政文化的丰富与完善，具体体现在以下方面。

(1) 电子政务文化是摆脱传统行政文化束缚的产物。电子政务是适应官僚制的剧烈变革而发展的，现阶段我国社会的官本位思想严重，尤其是行政人员的认识滞后，直接阻碍了电子政务的发展。电子政务在我国政务部门的应用程度和公众接受程度始终不高，很重要的一个原因就是受到官本位思想和官僚行政体制文化的制约。电子政务文化的建设突破了官本位思想和官僚行政体制文化，摆脱了传统不良行政文化的束缚，真正体现了"以民为本"的服务理念。

(2) 电子政务文化丰富了行政文化的内容。电子政务文化作为一种新兴的文化形式，具体包括服务型文化、民主型文化、透明型文化、法治性文化、效率型文化等，这些都是行政文化的重要组成部分。

(3) 电子政务文化的发展加快了行政文化体系的建设。行政文化体系的构建，是一个各种文化不断积淀和过滤的过程。无论是不良传统行政文化的摒弃，还是现在行政文化即电子政务文化的丰富，都加速了行政文化体系的建设。

(4) 电子政务文化的建设有利于行政文化的传播和推广。电子政务的核心任务之一是传播文化和信息资源以服务于公众，即电子政务文化中服务型文化的体现。一方面，政务部门掌握社会绝大部分的信息资源，也必然决定了其主导着文化的传播和宣传；另一方面电子政务又是信息和文化传播的新形式，更加赋予效率性、公平性，因此电子政务文化的建设对文化的传播效力是传统方式无法比拟的。

(四) 促进网络文化的繁荣发展

电子政务文化与网络文化既有相似之处，又有不同之处。电子政务文化是现代信息技术对政务部门管理模式的全体系再造，网络文化则是对人们社会生活的"再造"，很显然，网络文化的含义要宽泛一些。但总的来说，这两种文化都是以信息技术为依托的，电子政务的不断进步也是网络和信息技术发展的重要体现，而网络技术的飞跃也必然促成电子政务和信息技术日益走向成熟。总之，电子政务文化和网络文化是信息技术在不同领域的应用的反映与结果，无论哪一领域的发展都会相应地带动另一领域的繁荣。因此电子政务文化建设必然会推动网络文化繁荣发展。

(五) 引导社会文化创新进步

电子政务文化本身属于积极健康的文化，对社会的发展起到正向推动作用。同时电子政务通过网络平台实现政务公开、信息共享、民主参与、提高效率、改善服务、整合流程等，这些都是对政务部门管理和服务运行模式的创新，作为其外在反映的电子政务文化必然体现出同以往文化不同的特色即文化层面的创新。因此，从某种程度上，电子政务文化的发展会带动和引导社会文化的创新进步。

第二节 电子政务文化框架与环境

一、电子政务文化的结构

电子政务文化具有特定的宏观与微观结构，也具有相应的具体内容。这是电子政务文化成为一种文化的标志，也是电子政务文化在文化图谱中的定位和具体展示。

(一) 宏观结构

一种文化区别于其他文化，关键在于这种文化在整个文化图谱中要有明确的地位，并且具有区别于其他文化的明晰边界。从理论上看，电子政务文化必须明确与以下五类文化的关系。

1. 文化是电子政务文化的根和魂

从词源和语义上考察，西方"文化"一词是从拉丁语"Culture"转化而来的，意指对土地的耕耘、加工和改良，后来引申为改造、完善人的内在世界，使其外延和内涵都变得更为广泛和丰富。19世纪末，文化开始意指"一种物质上、知识上和精神上的整体生活方式"。中西方文化具有以下几点共性：其一，文化是一种社会历史现象，每一个社会或者社会的每一个发展阶段都有与其相适应的文化，并随着社会物质生产的发展而发展。因此文化的定义只能在发展演变中掌握。其二，文化包含两种元素，包括显性元素和隐性元素，也指文化现象和文化精神。其三，文化可分为四个层面，分别是物质文化、制度文化、行为文化和精神文化。其四，文化的主体是人，文化是人创造的，但文化反过来也对人起着指导和教化的作用。

电子政务文化属于文化的范畴，文化是电子政务文化最深厚的根基，它也应该具有文化的上述共性。电子政务文化包括了一切属于文化形态的意识、观念、行为规范和心理、习惯等内容，是在一定历史时期和社会范畴里对各种具体文化的最大规约和包容，须与这个时代的总体文化状况相符合、相一致。

2. 行政文化是电子政务文化的基本归属和创新温床

行政文化的概念，目前在理论界尚缺乏清晰一致的认识，分歧主要集中在行政文化的内容和主体两个方面。其一，在行政文化内容方面，主要分歧是究竟要从广义文化的物质—制度—精神结构的哪些层面来确定文化学的学科对象。有的学者认为行政文化是一定行政组织中行政员工集体创造并公认的文化，是行政物质文化、行政制度文化和行政精神文化有机结合的整体；也有学者认为行政文化的内容包括物质、制度和精神三个方面；甚至有的学者认为行政文化就是指精神层面。其二，在行政文化主体方面，一些学者认为行政文化主体仅仅是作为行政行为主体的政务人员，而忽视了其他参与主体；也有学者将行政文化主体界定得相对宽泛，把参与客观行政体系及其运作过程的所有社会成员都看作行政文化的主体。行政文化概念的界定为电子政务文化提供了一些可以借鉴的元素。

首先，必须厘清电子政务文化的内容和主体，以免出现概念不清和认识误区的情况。电子政务文化的内容不仅包含物质和制度层面，也包括行为和精神层面，电子政务文化的主体不仅是电子政务执行的主体，而是更为宽泛地参与客观电子政务体系及其运行过程的所有社会成员。

其次，必须弄清电子政务文化在行政文化体系中的地位。电子政务文化是行政文化在信息时代的创新形式，是行政文化主动适应电子政务模式的文化创新。电子政务文化处在行政文化和技术文化的交集区域，依然归属于行政文化范畴。行政文化塑造和规约了电子政务文化的特质、内容和价值，电子政务文化是适合中国特色行政生态的新文化，是行政管理理念的新变革，也是当代技术在政务实践领域展示的技术文化新形式。

3. 技术文化是电子政务文化的基础和前提

电子政务文化的基础和前提是技术文化，此外还包括物质文化、行为文化、精神文化等内容。明确技术文化的概念，才能丰富和正确理解电子政务文化的内涵。对于技术文化的研究，理论界主要有以下四种不同观点。

第一种观点认为技术和文化是对立的，并不存在技术文化这一概念。这种观点早在古希腊时期就存在，到了近代日趋加剧。例如，有的技术哲学家认为技术基本上是一种生物和本能的现象，而不是理论的或文化的成就。很显然，这种观点是与现代可持续发展的技术观相背离的。

第二种观点从文化的角度看技术，提出了技术文化论。有些学者认为应把技术归于文化之列，如把技术看成"文化中活生生的一部分"以及把技术看成一种"文化技术"，主张文化包括技术。这些论述在本质上把技术看成是文化中的一个组成部分，确定了技术在文化中的位置。

第三种观点从技术的角度看文化，提出了文化技术论，即认为"文化的本质就是技术展现的过程和结果""文化具有技术的性质"。在技术视野中的文化不仅是技术产生的源泉，同时也是技术活动的过程及结果，其文化层次结构不仅在形式上与技术相对应，在内容上与技术也是相融的。

第四种观点认为技术与文化是一体的，提出了技术文化一体论。包括技术—文化的概念及其相互作用下形成的"技术—文化"系统。

关于技术文化的理解，不能只从技术的角度看文化，要防止走向技术决定论或技术统治论的极端。同样，也不能仅仅从文化的角度看技术，更不能割裂技术和文化的关系。因此，技术文化一体论更能恰当地描述技术和文化的关系。同时技术文化与电子政务文化在许多方面存在相似之处：一方面，从电子政务的角度看文化，文化通过对电子政务进行认识和反映，在思维及行为方式上以电子政务的具体方式、程序、规范为基础，并凭借由其衍生出来的一种适宜的运行或操作机制达到对电子政务发展方向和目标进行调控的效果；另一方面，从文化的角度看电子政务，电子政务也同样具有文化所具有的物质文化、制度文化、行为文化和理念文化四层结构。

技术文化是特定文化指向层级，该层级文化具有典型的特殊领域文化结构特征，是具有稳定结构层和保护壳的特质文化。从内涵上讲，电子政务文化的发展是建立在技术文化的基础上的。技术文化是电子政务文化的根脉，没有技术文化提供的"养分"与"支撑"，电子政务文化就不能发挥其既有的功能。从外延上讲，技术文化与电子政务文化是交叉的关系，电子政务文化包含一部分技术文化，但除了技术的诉求，电子政务文化还包含制度文化、行为文化、理念文化等内容。

4. 网络文化是电子政务文化的外延拓展和社会存在

网络文化是随着信息技术的发展而诞生的产物，研究网络文化对电子政务文化范围的确定具有重要意义。国外一些学者关于网络文化认知只局限于网络文化的特点和内容，忽视了最重要的网络文化技术支撑——计算机和因特网。我国一些学者则主要从技术支撑角度来定义网络文化，强调网络文化必须依托信息技术的应用才能产生。例如，有学者提出"网络文化是指以计算机和通信技术的融合为物质基础，以发送和接收信息为核心的一种崭新文化。这是一种与现实社会文化具有不同特点的文化"，也有国内学者认为网络文化是一种新的社会文化，网络的出现对人类社会生产方式、生活方式、通信方式、工作方式、决策方式、管理方式等各个方面产生了深远的影响，有少数学者从媒体文化的角度对网络文化进行了界定，还有学者认为网络文化是一种产业革命形成的新文化，是继农业革命、工业革命之后的一次全方位的产业变革。

电子政务文化同网络文化具有相似之处，即都以信息技术为依托，不同之处在于两者存在的场域和作用范围。从内涵上讲，电子政务文化的传播和发展是通过纵横交错的网络文化进行的，网络文化就相当于电子政务文化的中枢神经，起到覆盖和连通的作用。从外延上讲，网络文化与电子政务文化也是交叉的关系，存在一部分共有的文化。

5. 政府数据文化是电子政务文化在大数据时代的新延展、新突破

在2019年12月25日《光明日报》主办的有关学者"叩问数字治理的时代功用"讨论中，学者还提出了政府部门影响数字治理的"数据思维""数据认知"以及"数据治理能力"问题。政府数据文化是政府数据治理的灵魂，是电子政务文化在大数据时代不断汲取行政文化精髓展现的新形态文化内涵和构架。具体来讲，政府数据文化是指在政府数据管理与服务实践活动过程中，由参与活动的主客体所产生、积淀、创新并最终稳定下来，对参与的主客体以及外部环境产生影响和作用的一系列行为习惯、制度规范、思维方式以及价值观念等的总和。一方面，提供政府数据管理与服务的行政部门是政府数据文化孕育形成的主要推动者。另一方面，行政系统外部的社会成员对于政府数据管理与服务形成的系统稳定认知、态度和价值观念也被包含在政府数据文化的范围之内。政府数据文化孕育形成于政府数据管理与服务活动过程中，尊重事实、推崇理性、强调"以人民为中心"也就自然成为政府数据文化自身所独有的特征。

电子政务文化不是文化发展的终端，它会随着时代发展而不断进步和呈现多样态的内涵。政府数据文化是基于大数据时代政府数据价值得到社会的普遍认同和接受，并逐步在电子政务运行和实践中呈现出来的一种数据文化形态。电子政务的每个构架中都运行和流淌着数据的"血液"，两者相辅相成。"互联网+政务服务"打通了政府数据的壁垒，政务服务网的建立和运转真正实现了"数据资产价值"，政府数据文化的样态也在电子政务的发展中日益清晰和成熟起来，并成为电子政务文化的一个重要组成。

基于文化图谱的定位分析，电子政务文化不是独立存在的，是多种文化的交集和衍生

的产物。电子政务文化与文化、行政文化是从属的关系，文化是电子政务文化最深厚的根基，行政文化是电子政务文化的归属，而与技术文化和网络文化之间是相互交叉、各具特征的。其中，技术文化是电子政务文化的基本前提，网络文化是电子政务文化的社会泛在和外延体现，政府数据文化则是大数据时代基于政府数据治理逐步形成和稳定下来的电子政务文化新形态和新拓展，彰显电子政务文化巨大的与时代同步性和生命力。电子政务文化在文化图谱中的定位与包含关系如图8.2所示。

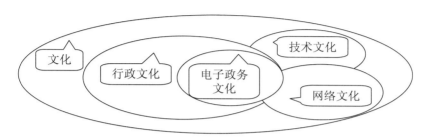

图8.2　电子政务文化在文化图谱中的定位与包含关系

(二) 微观结构

电子政务文化微观结构是指电子政务文化内部的层次构成，即电子政务文化具体包含的结构层次及其构成，这是电子政务文化的内核，是区别于其他文化的具体表征。具体包括物质文化、制度文化、行为文化和理念文化。

1. 物质文化

物质文化是指在电子政务活动中，对必需的人才、信息、技术、设施等实体性物资的态度与心理反应。物质文化是支撑电子政务文化的基座，是前面三种文化的前提。没有物质文化，其他一切电子政务文化都是空谈；当然，理念文化、制度文化、行为文化分别对物质文化进行指导、规范和操作，也是对物质文化的主观反映。物质文化受到时代物质状况制约，具有明显的时代烙印。

2. 制度文化

制度文化是指电子政务发展过程中各类行为主体制定和实施的用于规范和约束电子政务的若干法规政策和行为规则。俗话说，没有规矩不成方圆，电子政务作为新生事物，从开始出现到广为人们接受，各种制度规则的建立和逐步完善可谓厥功至伟。制度的差异以及多样性恰好折射出电子政务发展路径的多样和阶段的不同。相较物质文化而言，制度文化属于上层建筑的组成部分，更具有意识形态的文化特点。

3. 行为文化

行为文化是各个主体在参与电子政务建设、管理和接受服务过程中，具体外化出的行为倾向和自觉行动。电子政务将成为未来主导的公共行政模式，各个主体参与电子政务活动必然在心理和行为等具体层面上展示一些固化的行为模式和解决问题的行动方案，比如政务部门面向公众提供信息行为的主动性、有效性，公众参与政务服务的工具选择、路径倾向等。这些行为文化的内容和形式具体表现出电子政务文化的发展状况和实效。

4. 理念文化

理念文化是电子政务的核心价值观、理念、愿景等，支配电子政务活动主体的行为方式和价值选择，引导电子政务未来发展走向，是电子政务文化的集中体现和最高层次。一般来说，具有什么样的电子政务文化，就会产生什么样的决策和行为结果；反过来，决策和行为结果会影响电子政务文化的形成和发展。理念文化对其他微观结构层次文化具有制约性，一旦形成稳定的理念文化，也标志着电子政务文化的成熟，必将对电子政务活动及其主体产生极大的影响和作用。

上述四种微观结构文化及其关系，可以通过树状结构表现出来，理念文化是树的顶部，引领其他文化发展；制度文化是树的主要躯干，稳固、有序和坚定地保护电子政务挺拔发展；行为文化是树的枝权，不断探索新的领域，纵横交错，处处体现着电子政务文化；物质文化是树的根基，是电子政务的物质形态和文化前提。

二、电子政务文化的内容与价值

(一) 电子政务文化的内容

电子政务文化内容极其丰富，将随着电子政务实践发展而推陈出新，不断充实。结合电子政务文化微观结构，大体可以把电子政务文化内容再次分类。

1. 物质文化

物质文化包括技术型文化、业务型文化。

(1) 技术型文化。技术型文化加强了公共服务的规范性、科学性和严谨性。信息技术和网络不但拓展了人类的自身活动极限，而且能够极大限制"人治"的不确定性，使得基本行政业务能够在相对封闭的技术体系内运行，政务结果比较稳定和值得信赖。技术型文化要求政务活动相关主体要尊重技术特性，严格界定各环节责任人员岗位责任，最终形成各类人员各履其责、各司其职的行为取向和责任意识。

(2) 业务型文化。业务型文化是电子政务的"血液"和基本要素。电子政务之所以不是技术躯壳，而是行政事务，就在于其通过业务流把政务部门有机衔接起来，真正实现跨部门协同。可以说，没有业务流的电子政务只能是空洞的、没有活力的"血管"，而有业务流不处理，必然出现"血栓"。因此，政务人员必须逐渐形成高效处理各种业务流的理念和能力，并且把更多精力投入到本职核心业务中来，保障"血管"内业务流畅通。

2. 制度文化

制度文化包括法治型文化、流程型文化。

(1) 法治型文化。法治型文化要求依靠法治维护电子政务自身权威，全面规约电子政务实践。首先，建立起严密的法律制度体系，以确保电子政务有法可依；其次，在理念和行动上达成如下共识,即电子政务都是处在严格的制度管理体系中的,任何违背制度规约的行为必须受到法律处置,任何政务活动中的推诿、延误和渎职等行为,都将受到法治追究,法治已成为政务人员在政务活动中普遍遵循的意识习惯。

(2) 流程型文化。公共管理和公共服务事项等都有一套科学规范的流程,具有封闭性、客观性、任务处置顺序性等特征。所以,电子政务具有自身严谨的业务流程,各个业务单元是依据业务流程设计的,不能擅自篡改,如此可以规避政务流程中的随意性、人为性和无法查证性,进而有利于形成流程型文化。政务部门更加关注政务活动过程、组织流程再造,降低外部信息干扰和"噪声"侵袭、公众满意等,必将极大地改变传统政务处理模式的惯性思维和习惯,逐渐促使政务人员接受和创新流程型文化。

3. 行为文化

行为文化包括能力型文化、透明型文化、效率型文化。

(1) 能力型文化。能力型文化包括政务管理或服务人员的综合素质适应性和公众运用电子政务的能力。

电子政务要求政务人员必须具备较高的技术能力和政务应变能力,时刻不忘提高自己的业务素质,政务对象也要具备基本的网络技术使用和操作能力,能够不断提升素质,以更好地适应电子政务需要。电子政务在管理和服务上的优势,促使各个参与主体不断提高技术能力、业务能力和适应能力,而且这是一个不间断的过程,能力型文化随着这个过程逐渐成为人们的思考和行为习惯并获得广泛认同。

(2) 透明型文化。透明型文化就是要倡导政务公开、透明以及积极回应公众的监督诉求。电子政务使公共信息更加公开、透明,公众能够接触到透明的信息政策与服务,政务部门与公众可以在透明的平台上更好地研讨公共政策或解决公共问题。这就要求政务部门要改变传统封闭的内循环办公模式,建立透明、开放的政务信息处理模式。透明型文化会指引政务人员主动公开公共信息,主动寻求公众对重要决策的监督,提高政务部门办事效率和廉洁办公程度。

(3) 效率型文化。效率性文化就是要建立起快捷及时的政务处理系统和简便易行的服务流程。电子政务要求政务部门组织结构更加合理,并在开放、民主和透明的业务流程中,提高公共管理效能和社会服务质量。"效率"成为电子政务存在和发展的重要支撑,促使电子政务活动主体牢固树立效率意识、效率观念,依托技术支持实现公共服务效率的最大化、最优化。

4. 理念文化

理念文化包括服务型文化、民主型文化和诚信型文化。

(1) 服务型文化。电子政务系统最根本的特征就是全流程一体化服务,以及与这种服务相伴生的服务意识和服务精神。电子政务是改善公共服务、提高公共服务水平和质量的重要平台。一方面电子政务本身就是服务技术和手段的创新,政务部门通过电子服务,可以促进自身与公众的互动，有效实现服务型政府；另一方面电子政务更好体现了"以人为本"的精神，公众权利在政务服务中得到最大尊重和满足，政务人员也逐渐形成尊重和践行"公民本位""以顾客为中心"的意识。

(2) 民主型文化。电子政务具有传统行政模式不具备的即时性、互动性、全面性、真实性等特性。电子政务让政务部门的行为处在公众监督之下，公众的知情权、参与权、监督权、表达权等都能得到有效体现。因此，民主型文化成为电子政务文化的内在文化之一，更是电子政务文化的精神实质。

(3) 诚信型文化。诚信型文化要求政务部门塑造政务权威和诚信意识，建立诚信行政的思想。从哲学意义上，"诚信"既是一种世界观，又是一种社会价值观和道德观。"诚信"就是取信于民、团结人民的人文精神和道德信念。诚信型文化是电子政务文化不可或缺的组成部分，电子政务信息公开、办事承诺制度等都是诚信型文化的体现，对社会公众也具有积极的诚信召唤作用。

(二) 电子政务文化的价值

电子政务文化是电子政务主体创造的，最终又通过电子政务主体及其活动体现出来，是行政系统的"软组织"，不仅可以塑造行政组织的形象，也可以规范和引导政务人员的行为，是行政组织及其政务人员的精神支柱，决定着电子政务主体的思维模式和行为模式，影响着电子政务目标的方向、性质和结构。电子政务文化的价值主要体现为以下几个方面。

1. 规范和引导电子政务主体的行为

公共权力在其分配和行使的过程中很容易被人们用来谋取私利，而为了避免行政过程中的权力滥用，需要制定一套行之有效的公共权力约束机制。完善的权力约束机制包括他律和自律，一方面需要行政客体及其他权力主体的监督和制约，另一方面也依赖于公共权力主体自身的约束。电子政务文化所包含的行政道德和行政伦理，作为一种内在约束机制，可以规范电子政务主体的行为，引导电子政务主体在公共管理过程中做到公平公正、高效廉洁，以更好地履行公共责任。

2. 增强电子政务主体的凝聚力

组织的凝聚力是组织高效运作的保证。公共管理活动涉及社会管理的方方面面，具有广泛的社会性和复杂性。政务部门在进行管理和提供公共服务过程中，不仅要通过法律制度对政务人员的行为进行约束和保障，还要强调组织文化。组织文化能够潜移默化地影响政务人员对组织目标的认同，使其朝着组织目标努力。在电子政务文化的影响下，行政组织的行政方式、组织制度和管理模式更容易得到认同，行政组织的凝聚力会大大提高。

3. 塑造政务部门良好形象

一个国家、组织或者人员有什么样的行政风气，往往受到文化背景和文化环境的制约。电子政务文化对政务部门言行的公平公正、高效廉洁起着至关重要的作用，能够在精神层次上引导良好行政风气的养成与发展，这在很大程度上影响公众对政务部门的认同和支持，有利于政务部门在社会公众心中树立起良好的形象，以获得社会公众的广泛支持。

三、电子政务文化建设的环境

电子政务文化建设环境是指在行政管理领域里与电子政务构成有机联系的环境的总和，包括人类世界和自然世界中的各种因素。当前，我国的行政生态系统发生了巨大的变化，电子政务文化建设环境也处在历史上最好的阶段。

(一) 宏观环境

1. 经济环境

根据马克思主义的理论，经济基础决定上层建筑。电子政务文化作为政治上层建筑的一个重要组成部分，必然受到经济制度和经济发展水平的制约。肇始于20世纪90年代初的中国经济改革，改变了过去中央高度集权的计划经济体制，代之以市场为导向的经济体制，经济模式的转变给电子政务文化带来根本性的冲击。市场经济是法治经济，同时也是效能经济。它一方面要求电子政务主体把法治约束视为自身行为的基本准则，强调法的重要性，要求依法行政和依法监督；另一方面要求所有的社会活动都必须遵循效率原则。这些为法治型电子政务文化和效率型行政文化的建立提供了环境支持。

2. 政治环境

我国政治体制改革和行政体制改革的过程就是行政文化不断变革的过程。改革开放以来，我国行政文化由原来的集权原则向参与原则转化。党的十八大提出，按照中国特色社会主义行政体制目标，建设职能科学、结构优化、廉洁高效、人民满意的服务型政府。以政治民主化为核心的政治体制改革，要求党政逐步分开，实行行政权力层层下放，这必然打破传统的集权体制。因此，政务部门在以社会发展为导向，动员其社会力量发展经济的同时，也把公众和行政主体内部的政治资源挖掘出来。政治体制和行政体制的改革给新型的、符合现代化建设需要的电子政务文化提供了生存土壤，推动着服务型电子政务文化的建设。

3. 社会环境

随着社会的进步，人民群众的参与意识逐步提升，广大人民群众开始利用法律赋予的权利维护自身基本权益，积极参与政府监督，促进政务服务更加透明、高效地满足公民的需要。

改革开放以来，我国社会结构发生了深刻的变迁，组织结构也呈现多样化的形态。多样化的社会组织的崛起和壮大，不断改变着传统的国家与社会之间的稳态结构。社会组织的大量涌现，以及广泛参与到社会治理当中来，加快了政府的"放管服"进程，促使社会治理效能显著提升，也为电子政务文化建设创造了良好的社会基础。

4. 文化环境

改革开放带来制度的变迁，制度变迁又导致了社会结构的变化和社会阶层的分化，进而社会的多元化带来了文化的多元化。此外，各种外国文化思潮的涌入和中国经济的快速发展，带动了人们价值观念、思想态度、思维模式的变化，社会文化创新氛围逐渐改善，电子政务文化建设需求的外部文化环境也渐渐活跃起来。

(二) 微观环境

环境是行政文化发展的外在推动力量，但外因只有转化为内因才能发生作用。行政文化环境优化的内在动力来源于行政系统对社会环境的刺激做出的反应，或者在预测到环境可能的变化方向时预先做出有计划的自我调整，以下这些因素成为电子政务文化建设中的内在动力。

1. 行政思想的推陈出新

改革开放以来，随着经济政治体制改革的不断深入，我国的行政思想已从计划经济体制时代的计划统管、全能政府转变为市场经济体制的适当分权、各显其能、民主参与、法治行政、责任行政。行政思想一旦确定，就会对行政体系产生更为持久和深层次的影响力，进而对新的行政主体、行政行为产生指导性作用，在新时期、新环境下促使行政体系构建新的行政制度和规范。如此，将会引起行政心理、行政规范、行政思想在行政实践中不断相互影响，并在相互作用中发展、演进，使整个行政思想朝着高效、开拓、开放、法治的方向发展，成为电子政务文化建设的内在动力。

2. 行政方法和手段的变化

快速发展的网络技术，带来了公共行政手段、方式的革命性变革，从技术上催生了政治权力的分散化。一方面，政务电子化可以提高政务运作的透明度，促进政务公开。另一方面，政务网络化可以畅通公民参政通道，从而更新参政技术手段。比如，公众通过电子民意调查、电子公民投票、电子选举、电子邮件等方式进行权利表达，从而极大地推动了参与式电子政务文化的形成，成为推动服务型和效率型电子政务文化发展的技术力量。

3. 行政目标的重新定位

行政目标是行政活动的归依。不同的历史时期具有不同的行政目标。在管制型政府时期，行政的主要目标是维护社会的秩序。在管理型政府时期，行政的主要目标是提高行政效率，维护社会的公平，提供公共产品，促进社会发展。在正在形成的服务型政府中，行政的主要目标是在公民的共同参与下，提供公共服务，实现社会正义。可见，行政活动与行政目标直接相关。

4. 行政人员的新老更替

一般情况下，行政人员的新老更替过程也是行政文化的潜变过程。我国推行公务员制度为政务部门输送了大量的专业型、知识型人才。新的阅历、学识、价值观对于旧有的、将会被革除的行政文化而言具有显然的优势。另外，行政领导的更新与变动，也是行政人员变动的一个方面。行政领导在行政组织中的重要地位，决定了他对行政文化建设的影响和所起的作用。如以"以人为本"为价值观的行政领导者，在实施行政领导活动的过程中，更多地表现为关心人、尊重人、培养人、发展人的风格特征。以"以事为本"为价值观的领导者，在实施行政领导活动的过程中，更多地关注工作的进度效果，而往往忽视对人的关心。所有这一切都会带来行政价值观、行政心理和行政思维的变化，从而触动原有的行政文化，推进新型电子政务文化的发展。

第三节 电子政务文化建设的现状、困境及治理

一、电子政务文化建设的现状

(一) 电子政务文化氛围已经形成

电子政务文化建设氛围是指相关主体所具备的对电子政务文化的认同感。电子政务文化建设需要依靠公务员的实施，公务员也是电子政务文化的载体。从目前的发展情况看，国内各政务部门的网络基础建设已初具规模，不同部门的局域网基本搭建完成，甚至有些地区已经形成了城域网的基本雏形。从具体应用效果看，政务内网和外网通过网络化沟通和信息共享，提高了办公效率。电子政务这一新生事物不仅得到了公务员的价值认同并对之产生了不同程度的依赖心理，公务员已经初步具备了电子政务文化价值观。

(二) 电子政务多主体互动初见成效

电子政务是双向的行政活动，政务部门根据公众需求，利用现代信息技术改进工作方式。在电子政务服务中，政务部门与公众都是庞大而独立的群体，公众是电子政务的受众群体，也是被服务群体，政务部门是服务的提供者。电子政务在政务部门和社会公众之间建立便捷、流畅与有效的交互平台，从而构建政务部门和公众的良好互动关系。因此，电子政务文化建设需要充分了解公众的意愿，形成良好的互动协作关系。

随着信息技术的发展，移动办公和服务平台的日益丰富，我国社会公众充分享受着网络时代的便捷和高效率。2021年8月27日，中国互联网络信息中心(CNNIC)在北京发布第48次《中国互联网络发展状况统计报告》，其中，截至2021年6月，我国网民规模达10.11亿，较2020年12月增长2175万，互联网普及率达71.6%。十亿用户接入互联网，形成了全球规模最大、应用渗透最强的数字社会，互联网应用和服务的广泛渗透构建起数字社会的新形态：8.88亿人看短视频、6.38亿人看直播，短视频、直播正在成为全民新的生活方式；8.12亿人网购、4.69亿人叫外卖，人们的购物方式、餐饮方式发生了明显变化；3.25

亿人用在线教育、2.39亿人用在线医疗。社会公众逐渐成为电子政务文化建设的重要力量。公众通过网络论坛、博客、微博、电子邮件等方式表达民意、参政议政，从网络上获取时政信息，也从网络平台上获取各种服务，如医疗、保险、教育等。电子政务文化建设中，电子政务互动平台已初步建立，形成了如政务微博、信箱、热线等多种互动平台，社会公众或企业利用这些平台帮助自己，多主体互动已初见成效。

(三) 电子政务制度框架初步形成

依法行政是建立法治型国家的基本原则，法规制度的建立为行政行为提供了方向性指导。电子政务制度文化建设既是电子政务文化建设的重要内容，又为其提供方向性指导。只有建立高水平的法律制度，才能保证行政行为的合法化，保证电子政务文化建设的健康发展。

我国电子政务的立法模式以单行法、分散立法为主要形式，并分散于关于计算机系统、信息安全、电子签章法等单行法之中，如《中华人民共和国计算机系统安全保护条例》《计算机软件保护法》《中华人民共和国计算机系统保密管理暂行规定》《计算机信息网络国际互联网管理暂行条例》《互联网信息服务管理办法》《中华人民共和国电子签名法》《中华人民共和国政府信息公开条例》等。

各省市结合本地实际也相继出台了政府门户网站管理、政务信息安全、政务信息化工程等方面的法规政策，将信息化建设推向了乡镇政府、街道办事处，从而使电子政务走上了普及化、部门化、行业化、规范化道路。如《湘潭市电子政务管理办法》《辽宁省公共安全视频图像信息系统管理办法》《天津市信息化促进条例》《江西省政务公开工作考核办法》《内蒙古自治区信息化促进办法》等的发布，都表明我国电子政务相关法律制度框架已初步形成。

我国电子政务相关法律制度建设在"十三五"时期、"十四五"初期迎来高峰，主要围绕互联网+政务服务、大数据以及政府信息公开条例的修订、个人隐私保护、禁止滥用个人大数据、公共数据安全等方面。我国电子政务法律体系日趋完备，为形成稳定且独特适宜的中国电子政务法律框架奠定坚实基础。

二、电子政务文化建设的困境

中国电子政务文化发展可能面临更多更复杂的挑战。一方面中国电子政务发展不成熟，硬性技术支撑体系不完善，现有行政模式改革尚不到位，人员素质也难以与电子政务要求相匹配，不能够为电子政务文化提供充分的实践支持；另一方面中国行政文化、传统文化以及社会其他类型文化与电子政务文化理念、内容和目标均有较大差距，在外部环境上束缚了电子政务文化。此外，电子政务文化自身也在不断地进行建构和解构，进行激烈的自适应性调整等。

(一) 电子政务文化与既有文化的整合与较量

1. 电子政务文化与既有文化的整合

电子政务文化是在电子政务兴起后，逐渐形成和发展起来的新的行政文化。因此，从根本上说，是电子政务改变了原来的行政模式，进而电子政务文化改造了行政文化。行政文化是在传统行政模式基础上发展起来的文化形态，与传统行政是相适应的。中国电子政务发展是对传统行政结构、组织模式和运行方式的激烈变革。在这一过程中，必然会引发行政流程、行政观念的根本变化，以及新的文化观念、管理思维和行为方式的诸多变化，即行政文化也必然要顺应行政组织变革，逐渐发展出电子政务文化。行政文化是电子政务文化的母本、根据，这决定了在既有行政体制内，电子政务文化并非全部取代行政文化，而是改良、提升和与时俱进，它们是一种整合关系。这种整合的进程必然伴随治理过程，也就必然发生诸多矛盾和问题。

2. 电子政务文化与既有文化的较量

电子政务文化深深扎根于中国文化土壤中，反映在行政行为、人员观念和业务流程各个方面。也就是说，实践电子政务文化的主体、客体和中介无不深刻地打上时代文化、传统文化的烙印，当电子政务文化以一种革除时弊的内容展现出来，由传统行为模式、观念和意识编织起来的屏障将对电子政务文化造成巨大阻拦和破坏。中国改革开放已经超过40年，但是，改革开放意识、市场意识至今还在与保守思维、钝化思维作斗争。电子政务文化要想得到社会的认可和接受，同样会遭受到较长时期的怀疑、攻击甚至诋毁，经历了新旧文化的较量，电子政务文化才可能逐步站稳脚跟，成为社会文化新风尚。

(二) 电子政务文化与公务员认知和素质的冲突

1. 公务员既是电子政务文化开拓者又是抵制者的角色冲突

在电子政务引起的行政模式变革中，公务员是主要参与者和实践者，感受和体会也应该是最深刻的。在日常和突发事件的行政管理活动中，公务员会在顺应时势变化和消极抵制间徘徊、博弈，进行利益最大化选择。部分公务员会积极推动和践行电子政务文化内容，推广电子政务文化，同样，也会有部分公务员消极或者拒绝接受电子政务文化，主要是新的文化很可能改变既有的行政文化，进而改变利益格局。此外，在某种情形下，公务员自身可能同时扮演电子政务文化开创者和抵制者的统一体角色，这必然给电子政务文化全面替代传统行政文化带来诸多障碍。

2. 公务员"认识到"并不代表"做得到"的文化愿景与能力的冲突

从行政伦理角度看，公务员都应该是"善政"者，但并不排除其能力与愿景的差距造成的行政偏差问题。也就是说，每个公务员都可能认识到某种行政行为应该"为"或"不为"，但是，在能力不济的情况下，难以实现行政目标。电子政务文化充满时代文化魅力，更具有某种独特气质，如技术文化、网络文化特征。每个公务员都可能会积极培养和实践电子政务文化，但并不是每个人都能在短期内掌握电子政务文化真谛，领悟电子政务文化内容，由此造成的能力与愿景冲突，有可能打击公务员学习和践行电子政务文化的信心和未来行动力。

(三) 电子政务文化与传统行政模式的冲突

1. 电子政务文化直指传统行政模式弊端

一般来说，人们把"科层制"行政组织模式称为传统行政模式。随着社会变迁，科层制管理模式弊端掩盖了其光辉，具体运行中出现的问题更是饱受诟病。新公共行政模式无论是理念还是组织设计并不能完全解决科层制痼疾，直到电子政务在理念和实践上进入各国公共行政领域，终于在最少的公务员和最佳的公共行政间找到了平衡点。电子政务文化是适应电子政务的一种新兴文化，是坚决排斥传统行政模式，坚决革除传统行政模式弊端的革命性文化。传统行政模式在组织结构设计上不但会不甘退出历史舞台，而且会利用结构优势，压制电子政务文化形成和发展，这种斗争会一直持续到完全建立电子政务行政模式。

2. 电子政务文化与电子政务间会有一个调适整合过程

尽管电子政务文化是电子政务的产物，但其一旦产生，就具有相对独立性，并且对电子政务发展有直接的引导或者抑制作用。行政文化与行政模式的关系演进过程表明，电子政务文化与电子政务之间不会总是表现出相适应性，而一定会出现超前或者落后的矛盾阶段，两者的调适整合过程，就是行政模式和行政文化发展的过程。毫无疑问，这两者的调试过程不会是一帆风顺的，应该引起重视，在电子政务文化发展之初，就使其与电子政务相适应，而非成为"绊脚石"。

(四) 电子政务文化自组织冲突

电子政务文化具有内在的结构和系统，其形成过程也是电子政务文化自组织冲突和融合的过程。自组织理论清楚地表明，事务内部会在内在矛盾作用下，各个要素自发地进行有序重组，这也是事物内部斗争的结果。电子政务文化作为新生事物，除了面临激烈的外部环境束缚和竞争，也面临来自内部的重组、排序和优化等问题。自组织进程决定了其自身发展快慢，更决定了未来在文化图谱中的地位和形态，自组织程度决定了与外部要素、环境冲突的结果和未来走势。

三、电子政务文化建设的治理

中国电子政务文化建设方兴未艾，理论内涵不断拓展，实践诉求日趋强烈。随着电子治理的兴起，电子政务文化日益受到关注，理论界和实践界逐渐意识到电子治理不应该仅仅是电子政务自身软硬件建设、优化和发展问题，还应包括电子政务文化，或者说电子政务文化本身就是一种电子治理模式。因此，当前研究电子政务文化建设，并且以治理思想和路径促进中国电子政务文化发展成熟,具有十分重要的理论和现实意义。

电子政务发展经历了从无到有到壮大的迅猛发展过程,电子治理已经成为当今电子政务发展的更高表现形式。电子治理内涵不断丰富,实践价值日益突出,文化治理价值开始逐渐受到人们重视。电子治理与电子政务文化之间应有的内在逻辑也逐渐清晰,即要全面实现电子治理,离不开电子政务文化建设,两者是内在统一关系,当下优先进行电子政务文化发展,已经成为电子治理当务之急。

(一) 电子政务文化是一种治理观

电子政务已经成为一种新的公共治理平台。电子政务治理内涵规范的对象是电子政务,具体内容包括以下几种:政策制定和修改过程中的电子参与;电子协商,即公民、利益团体和公务员的交互作用过程;参与式互动,即公众有权及时获取政务信息,并参与其中。可见,电子政务文化的内涵深刻包含了一种文化层面的治理,即如果没有社会参与和互动等文化观念或者意识形态的指引,将无法实现电子政务在制度层面的设计和工具层面的具体实施。

(二) 电子政务文化的实践治理价值

电子政务治理主要对象是电子政务,就应该包括电子政务文化;反过来,电子政务文化又具有重要的治理功能,开展电子政务治理一方面是在积极培育电子政务文化,同时又得益于电子政务文化的社会治理功能。

电子政务文化具有指导、约束、创新电子政务治理的价值。根据马克思主义的观点,物质决定意识,意识反作用于物质。电子政务文化属于意识范畴,必然对电子政务、电子政务治理产生作用,从而影响整个现代行政系统,达到治理目的。

电子政务文化能够不断提升电子治理水平,改善治理效率。电子政务文化是电子政务治理的主要内容,也是积极有效的治理手段。电子政务治理主要是通过技术、制度设计来实现的,电子政务文化治理则表现为文化的渗透、引导和服务,能够超越一定的物质约束,实现较高水平的电子政务治理。

电子政务文化治理具有深远的社会价值和持续的影响力。电子政务文化能够广泛地影响治理主体的行为和思想,并产生持续久远的效果。文化治理则是直接解决治理主体认知、思维和价值判断,对治理主体产生深远持续的行为影响。一旦治理主体形成稳定的电子政务文化,必然会产生与之匹配的电子政务行为乃至社会行为,这比物质和制度约束更具有改造意义。

(三) 电子政务治理与电子政务文化关系的逻辑梳理

电子政务治理与电子政务文化之间具有内在逻辑关系,是电子政务文化治理的关键前提。中国电子政务文化治理不同于国外之处在于,一方面,电子政务文化尚处在培育发展中,需要正确地发展和构建;另一方面,电子政务文化要积极参与电子政务治理进程中,发挥文化的治理价值。这种双重任务决定了中国电子政务文化治理之难，也决定了电子政务文化治理的重大研究意义。

1. 电子政务治理内在地包含电子政务文化治理

电子政务治理是以信息技术为中介，以服务为原则，提高公众参与政府治理乃至公共治理程度，促进公众与电子政务系统互动的一系列行为。电子政务治理的内涵和现实需要，都要求其包括电子政务文化治理，仅仅强调电子政务治理，既不全面，也不准确。电子政务文化治理与电子政务治理构成了电子治理的两翼——物质和精神之翼。两者相互作用，才能实现电子治理的目的。目前的治理关键是把电子政务文化治理纳入电子政务治理范畴，统筹电子政务与电子政务文化治理，而不是偏废一端。

2. 电子政务治理离不开电子政务文化治理

电子政务治理的核心在于电子参与、公众与公务员的交互行为等。行为的效率取决于治理主体、参与者的文化认知和自觉行动理念的强弱。电子政务文化发展程度和被人们接受的程度，均能够通过治理行为充分展示出来。电子政务文化实践价值全面而深刻，对电子政务治理效果影响毋庸置疑。如果偏执于电子政务治理，忽略电子政务文化参与，治理目的是很难达成的。因此，电子政务治理需要电子政务文化治理，以文化的力量实现更好的治理目标。

3. 电子政务文化是实现电子政务治理的重要路径

电子政务文化参与电子政务治理主要体现在以下两方面：一方面是电子政务文化培育过程；另一方面是电子政务文化治理汇程。电子政务深厚的实践土壤以及中国行政文化、社会文化的独特养分，形成中国电子政务文化内容和表现形式。这个过程本身包含了文化整合、文化构建和文化价值彰显等诸多内容，其表现就是在先进的电子政务文化指引下，建构起符合电子政务发展规律的制度、行为、思维融合体系，电子政务治理效果不断彰显。电子政务文化治理则是遵循事务否定之否定的发展逻辑，不断自我创新电子政务文化内容和形式，发挥文化的社会治理价值，改善电子政务行为和社会公众的态度、评价等，促进建立具有民主性、透明性、参与忾的公共管理和社会管理理念，实现社会电子治理的目标。

本章小结

电子政务文化的出现和发展不是偶然的，而是多种因素交叉积累导致的结果。对电子政务文化的解读和建构，是为了更好地促进电子政务的应用，不断丰富行政文化的内涵。电子政务文化的含义解读、结构分析以及内容诠释仅仅只是揭开了电子政务文化研究的序幕，学界和实务界还需要对电子政务文化的模式、机制、政策以及电子政务文化的社会教育展开深入研究。总体来说，电子政务文化是新型行政文化，其孕育、发展和成熟需要以系统的思维，扎根中国电子政务实践沃土，不断提炼电子政务文化的治理价值，在电子政务的治理实践中充分发挥电子政务文化作用，彰显文化力量，形成文化与实践共同促进的良好局面。电子政务文化内涵和体系的成熟，是对电子政务治理的重要推进，电子政务文化治理更需要采取科学有效措施，勇于突破，大胆创新，通过采取组合拳，连续进攻，才能探索出一条具有中国特色的电子政务文化治理之路，实现电子政务文化全面发展与繁荣。

电子政务文化概述

电子政务文化框架与内容

关键名词

文化　技术文化　网络文化　行政文化　电子政务文化　文化结构　文化治理

思考题

1. 文化、技术文化、网络文化如何界定？
2. 什么是电子政务文化？有哪些特点？
3. 电子政务文化包括哪些具体内容？
4. 电子政务文化建设目前面临哪些具体问题？
5. 如何更好地实施电子政务文化建设？

第九章
智慧城市与智慧社区

引例：衡水构建"一中心四平台"智慧城市建设模式

"太方便了，这么快就签下来了，真是没想到！"日前，身在广州的张伟通过衡水市住房和城乡建设局开设的"衡房掌上通"微信小程序，不到五分钟就办理完了衡水市区丽景名苑小区房屋交易网签业务。这是衡水市住建局智慧房管综合服务平台上线以来每天都能见到的情形。

智慧平台通过门户网站、自助设备、微信公众号、手机小程序等公众服务渠道，实现合同网签、合同备案、合同变更、抵押网签等业务办理，购房人能够实现异地签署，避免来回奔波。目前，衡水市房地产交易服务中心已指导144家开发企业、4家经纪机构使用智慧平台办理了商品房及存量房网签备案，通过"衡房掌上通"微信小程序已实现网上签约房屋买卖合同备案11 826件。

近年来，衡水市将信息化、智慧化作为城市创新发展的重要内涵，不断拓展信息化在政府管理、社会治理、信息惠民等领域应用的深度和广度，全力推进新型智慧城市建设。该市在建成全省首个全光纤城市、全省首个集约化"电子政务云平台"基础上，又出台《"智慧衡水"顶层设计方案》，形成智慧衡水"1+4+N"的建设思路。

"1"即一个智慧衡水大数据中心，主要为衡水市各类信息系统提供安全、高效的物理环境，构建人口、法人、地理信息、宏观经济基础数据库和社会信用库、电子证照库，形成衡水市政务大数据资源体系，推动智慧衡水大数据创新应用。"4"即政务协同、城市运行管理、企业融合服务、"城市通"市民融合服务四个平台，实现政务服务、城市管理、市民和企业服务的集成创新与应用。"N"即从政务、城管、产业、民生领域引入、开发、更新各类应用，实现政务共享协同、城市治理精细、产业发展兴盛、公共服务普惠。衡水市以"一中心、四平台"作为城市智能化管理的城市大脑，以大数据中心为核心，"四平台"为依托，实现强政、重治、兴业、惠民目标。

资料来源：中国建设报。

📷 经验启示

智慧城市需要借助以移动互联网、物联网、云计算等为核心的新一代信息技术，对包括民生、环保、公共安全、城市服务、工商业活动在内的各种需求做出快速智能的响应，提高城市运行效率，为居民创造更美好的城市生活。衡水市注重协同管理，有效解决部门间协调合作困难、业务协同效率低下等问题，促进政务服务、城市治理、兴业发展、惠民服务等领域的深度融合。在政务服务领域，衡水市持续优化"一张网"政务服务体系，建成政府门户网站群、961890群众服务热线系统等一批政务服务应用项目，有效提升了政府管理和服务效能。

💻 本章知识结构

智慧城市是当前城市发展的新理念和新模式，它以新一代互联网技术、物联网技术及云计算和大数据技术为核心，以改善城市居民居住环境质量和生产生活方式、提升城市居民幸福感受为目的。目前我国正在加速推动智慧城市的发展，智慧社区作为智慧城市重要的子细胞，是解决我国城市治理问题的创新路径。第九章知识结构如图9.1所示。

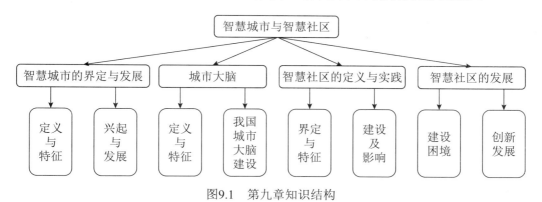

图9.1 第九章知识结构

第一节 智慧城市的界定与发展

一、智慧城市的定义与特征

(一) 智慧城市的定义

智慧城市是利用物联网、云计算等技术，为城市规划、建设、管理提供一种新型的城市建设方式。《中国智慧城市标准化白皮书》中对智慧城市的基本内涵做出了界定，智慧城市是以推进实体基础设施和信息基础设施相融合、构建城市智能基础设施为基础,以物联网、云计算、大数据、移动互联网等新一代信息通信技术在城市经济社会发展各领域的充分运用为主线,以最大限度地开发、整合和利用各类城市信息资源为核心,以为居民、企业和社会提供及时、互动、高效的信息服务为手段,以全面提升城市规划发展能力、提高城市公共设施水平、增强城市公共服务能力、激发城市新兴业态活力为宗旨,通过智慧的应用和解决方案,实现智慧感知、建模、分析、集成和处理,以更加精细和动态的方式提升城市运行管理水平、政府行政效能、公共服务能力和市民生活质量,推进城市科学发展、跨越发展、率先发展、和谐发展,从而使城市达到前所未有的高度"智慧"状态。

(二) 智慧城市的特征

智慧城市的核心特征在于"智慧",而智慧的实现,有赖于建设广泛覆盖的信息网络,构建协同的信息共享机制,具备深度互联的信息体系,实现信息的智能处理。

1. 信息网络广泛覆盖

广泛覆盖的信息感知网络是智慧城市的基础。任何一座城市拥有的信息资源都是海量的,为了更及时、全面地获取城市信息,更准确地判断城市状况,智慧城市的中心系统需要拥有与城市的各类要素交流所需信息的能力。它以基础通信网络的泛在化、实体化为依托,以实现城市公共设施的泛在通信、泛在协同为目的,是智慧城市的首要特征和构建智慧城市的先决条件。

2. 信息资源协同共享

在传统城市中,信息资源和实体资源被各种行业、部门、主体之间的边界和壁垒所分割,资源的组织方式是零散的,智慧城市"协同共享"的目的就是打破这些壁垒,形成具有统一性的城市资源体系,使城市不再出现"资源孤岛"和"应用孤岛"。

3. 信息体系深度互联

智慧城市的信息感知是以多种信息网络为基础的,如固定电话网、互联网、移动通信网、传感网、工业以太网等,"深度互联"要求多种网络形成有效连接,实现信息的互通访问和接入设备的互相调度操作,实现信息资源的一体化和立体化。

4. 海量信息智能处理

智慧城市拥有体量巨大、结构复杂的信息体系,这是决策和控制的基础,而要真正实现"智慧",还需要城市表现出对所拥有的海量信息进行智能处理的能力,这就需要利用计算机、云计算等各种智能计算技术。

二、智慧城市的兴起与发展

(一) 国外智慧城市建设与启示

国外智慧城市建设最早可以追溯到新加坡于1992年提出的IT2000——"智慧岛计

划"。全球很多国家投入到智慧城市建设热潮当中,目前全球已有1200多个智慧城市的项目正在实施中。欧洲在智慧城市建设过程中涌现了一些经典案例。亚洲的新加坡、韩国等新兴发达国家以及马来西亚、印度、阿联酋等国家,也已经开始进行本国智慧城市建设。南非的德班市、开普敦市和澳大利亚的布里斯班市、伊普斯维奇市等城市也已加入全球智慧城市建设的热潮。表9.1为国外智慧城市建设实践发展状况。

表9.1 国外智慧城市建设实践发展状况

年份	国家及城市	项目名称	实践发展状况
1992	新加坡	智慧岛计划	建立国家信息基础设施
2000	卢森堡	发展金融业战略	开始出现了智慧化的发展趋势
2001	日本	E-Japan	为了应对当时有线和无线网络应用匮乏的情况,日本政府召开IT战略会议,创立IT战略总部,集中研究国家信息化战略
2004	日本	U-Japan	旨在推进日本信息通信技术建设,发展无所不在的网络和相关产业
2004	韩国	IT839行动计划	该行动计划的建设切入点为"U-city",即泛在化城市建设,泛在化是智慧城市建设的基础条件,"U-city"是"Smart-city"的雏形
2005	韩国仁川市	智慧城市	规划松岛、青罗、永宗三地,分别发展智慧国际城、金融与休闲、物流三大主题
2006	韩国首尔市	U-Seoul计划	该计划的愿景是建立一个能够让市民享受高品质生活并富有吸引力的城市
2006	新加坡	智慧国2015计划	该计划力图运用包括物联网在内的新一代信息技术,将新加坡建设成为经济、社会发展一流的国际化大都市
2009	荷兰阿姆斯特丹市	West Orange	实现可持续生活,500户家庭将试验性地安装使用一种新型能源管理系统,目的是节省14%的能源,同时减少等量的二氧化碳排放
2009	荷兰阿姆斯特丹市	Geuzenveld	实现可持续生活,为超过700多户家庭安装智慧电表和能源反馈显示设备,促进居民更关心自家的能源使用情况,学会确立家庭节能方案
2009	荷兰阿姆斯特丹市	智能大厦	实现可持续性工作,将能源消耗减小到最低程度,同时在大楼能源使用的具体数据分析的基础上,使电力系统更有效地运行
2009	荷兰阿姆斯特丹市	Energy Dock	实现可持续性交通,通过在阿姆斯特丹港口的73个靠岸电站中配备了154个电源接入口,便于游船与货船充电,利用清洁能源发电取代原先污染较大的柴油发动机
2009	荷兰阿姆斯特丹市	气候街道(The Climate Street)	实现可持续性公共空间,用于改善之前的交通拥堵状况
2009	日本	"I-Japan"战略	"I-Japan"战略由三个关键部分组成:一是建立电子政务、医疗保健和人才教育核心领域信息系统;二是培育新产业;三是整顿数字化基础设施

(续表)

年份	国家及城市	项目名称	实践发展状况
2009	美国博尔德市	电能测量系统	这个系统不仅可以测量用电,还可以将信息实时、高速、双向地与电网互联。博尔德市的家庭可以和电网互动,每户家庭都安装了智能电表,居民可以了解实时电价,合理安排用电
2012	德国	电动汽车国家发展计划	政企合作,聚焦民生和城市竞争力
2012	巴塞罗那	MESSI战略	旨在协调经济、环境和社会可持续发展,为提高公民的福利和生活质量,促进经济进步做出努力
2020	新加坡	榜鹅数码园区	作为新加坡"智慧国"愿景中的第一步,榜鹅智慧城镇的破土动工标志着新加坡对智慧城市落地的首次探索,也标志着在全球进入5G、人工智能、物联网时期后,对智慧城市落地的首次探索。榜鹅智慧城镇的开始,或将引起全球新一轮的建设热潮

资料来源:赵大鹏.中国智慧城市建设问题研究[D].长春:吉林大学,2013:31-34.

目前,全球"智慧城市"建设仍处于起步阶段,缺乏成熟的理论体系、完善的标准体系和成功案例,大多数地区的建设实践都处于小范围试点或零星的行业应用阶段,因此,所取得的建设成效也是有限的,但是这并不妨碍"智慧城市"先行者们给我们带来的启示。

1. 智慧城市的建设要契合城市特质

不同的城市具有不同的历史文化和城市特色,因此,建设智慧城市要注重对城市独特性的保存和发扬,不可盲目照搬国内外其他地区的现有模式,应优先在战略性行业、先导性产业或重大民生项目上构建智慧系统,通过重点行业、重点项目的示范带动作用,促进智慧城市全面发展。

2. 智慧城市的建设要有强大的组织协调机制

智慧城市的建设受到各种体制、机制问题的制约,具体推进时会遇到重重困难。在智慧城市建设之初,应由政府主管部门牵头成立一个强有力的机构,担任全面统筹的工作。主导部门应充分发挥组织、协调作用,有效整合智慧城市内各参与主体的资源和力量,使各参与方明确职责、各司其职,协同进行工作。

3. 智慧城市的建设要有坚实化的信息基础

信息网络是智慧城市的中枢神经,是建设智慧城市的重要基石。信息化基础设施建设是智慧城市建设的第一步,只有信息化水平达到一定高度,才能真正建立智慧城市。因此对于信息化水平相对落后的某些国家(城市)来说,大力提升城市信息化水平是建设智慧城市的首要问题。

4. 智慧城市的建设要多方重视,科学布局

"智慧城市"的建设不仅关乎城市的繁荣兴旺,更与广大人民群众未来生活息息相

关,需要包括政府、城建、规划、监理、金融机构、行业协会等各方面的共同关注,要严格按照当地政府的统一规划,共同绘就智慧城市的伟大蓝图。

(二) 我国智慧城市建设与发展

1. 我国智慧城市建设历程

早在2009年,IBM公司(International Business Machines Corporation)首席执行官彭明盛提出"智慧地球"这一概念,建议政府投资新一代的智慧型基础设施。2009年11月,温家宝总理发表了题为《让科技引领中国可持续发展》的讲话,提出要着力突破传感网和物联网的关键技术,及早部署后IP(Internet Protocol)时代的相关技术研发,使信息网络产业成为推动产业升级、迈向信息社会的发动机。

我国学术界关于智慧城市的介绍始于2005年姚音的《智慧城市实验》和姚音、凤翔等人的《"智慧城市":马来西亚行动力》;2009年,我国提出"4万亿"投资应对金融危机时,智慧城市的议题就引起了国内各界的关注。同时IBM公司在我国连续召开了22场智慧城市的研讨会,与我国200多名市长及近2000名政府官员交流,进而推出符合我国现状的智慧城市发展规划。2010年以后,智慧城市的概念开始被国内研究者关注,随着我国智慧城市建设的兴起,国内相关专家对智慧城市的研究也在迅速增加,并开始形成浪潮。

早在2011年,我国"十二五"规划中就有不少城市提出智慧城市建设的具体目标与行动方案,之后我国智慧城市试点不断增加。随着5G技术的普及,智慧城市的建设需求骤增,对于智慧城市的研究热度也空前高涨。截至2012年2月底,我国已有154个城市提出建设智慧城市,预计总投资规模达1.1万亿元,新一轮产业机会即将到来。国家鼓励开展应用模式创新,推进智慧城市建设。中国深圳市、昆明市、宁波市等多个城市与IBM签署战略合作协议,迈出了打造智慧城市的第一步。北京市拟在完成"数字北京"目标后发布"智能北京行动纲要",上海市将智慧城市建设纳入"十二五"发展规划。此外,佛山市、武汉市、重庆市、成都市等都已纷纷启动"智慧城市"战略,相关规划、项目和活动渐次推出。国内优秀的智慧产业企业愈来愈重视对智慧城市的研究,特别是对智慧城市发展环境和趋势变化的深入研究。正因为如此,一大批国内优秀的智慧产业企业迅速崛起,逐渐成为智慧城市建设中的翘楚。

2013年1月29日,住房城乡建设部公布首批国家智慧城市试点名单。首批国家智慧城市试点共90个,其中地级市37个、区(县)50个、镇3个。国家开发银行表示,在"十二五"后三年,与住房城乡建设部合作投资智慧城市的资金规模将达800亿元。根据《2015—2020年中国智慧城市建设行业发展趋势与投资决策支持报告前瞻》调查数据显示,我国已有311个地级市开展数字城市建设,其中158个数字城市已经建成并在60多个领域得到广泛应用,同时启动了100多个数字县域建设和3个智慧城市建设试点。2013年,国家测绘地理信息局将在全国范围内组织开展智慧城市时空信息云平台建设试点工作,每年将选择10个左右城市进行试点,每个试点项目建设周期为2~3年,经费总投入不少于3600万元。

十八大以来，党中央、国务院高度重视新型智慧城市建设。习近平总书记指出，要"统筹发展电子政务，构建一体化在线服务平台，分级分类推进新型智慧城市建设"。2014年，由八部委印发的《关于促进智慧城市健康发展的指导意见》，提出建成一批特色鲜明的智慧城市，增强其聚集和辐射带动作用。2016年，国家发改委、中央网信办、国家标准委联合公布《新型智慧城市评价指标》，从标准化角度支撑智慧城市在全国各地开展，加快中国智慧城市建设步伐。

《国民经济与社会发展"十三五"规划》将新型智慧城市作为我国经济社会发展重大工程项目，提出"建设一批新型示范性智慧城市"。《国家信息化战略纲要》明确提出分级分类建设新型智慧城市的任务。《"十三五"国家信息化规划》将新型智慧城市作为十二大优先行动计划之一，明确了2018年和2020年新型智慧城市的发展目标，从实施层面为新型智慧城市建设指明了方向和关键环节。

国家"十四五"规划提出以数字化助推城乡发展和治理模式创新。2021年的政府工作报告明确指出，要建设数字信息基础设施，推进5G规模化应用，促进产业数字化转型，发展智慧城市、数字乡村。根据国际数据公司(IDC)《全球智慧城市支出指南》，2021年中国智慧城市的IT总体投资达259亿美元，年增长率为15%。近年来，各地逐步加大智慧城市建设的投入力度，智慧城市发展前景广阔。

智慧城市建设在中国经历了"海外概念—政策理念—政策实践"的政策过程，已成为中国城市治理重要的政策理念和政策实践。截至2022年，智慧城市建设已上升为国家战略，成为中国城市的广泛实践，我国100%的副省级以上城市、76%以上的地级市和32%的县级市，共约500个城市已经明确提出智慧城市的建设目标，中国无疑已经成为世界上智慧城市建设数量最多的国家。当前，各类智慧技术零散地应用到不同领域，已经渗透到城市所有的空间中，成为城市智慧的重要组成部分，但囿于"软硬件之争"的思维问题，人民的体验感与获得感不强，智慧城市的建设进度和效果并不理想。

2. 我国智慧城市发展探索

(1) 整合联通"信息孤岛"，完善城市管理体系。通过智慧化的资源整合联通"信息孤岛"，切实解决城市运行中的资源分散、系统分建和管理分治的格局。第一，在技术上，要实现行业标准的统一与规范，实现跨系统技术集成与信息共享，尽量减少信息化孤岛，促进资源共享，发挥政府、企业和行业协会的积极作用；第二，在建设上，注重前期顶层规划，统一建设步伐，明确城市各部门负责的业务范畴和承担的责任义务，以便智慧城市建设中的分工合作及利益协调；第三，在管理上，完善城市综合管理运行体系，构建城市部门之间横向融合、纵向贯通的合作机制，以打破智慧城市建设中行政分割、管理分治的不利局面。

(2) 注重城市优势特色，建立长远制度保障。智慧城市建设应根据城市的性质、特点、功能和历史事先做出顶层设计，建立长远发展的制度保障，而不能"千城一面"，要明确建设目标和任务，以便建设中有章可循、循序推进；完善建设内容，构建各个领域完整的应用体系；规划落实城市各部门负责的业务范畴，以便建设中的分工和协调；优先规划基础性或示范性智慧项目的建设，以其代表性和特殊性突出城市特色。具体而言，首先，选择项目应契合城市的比较优势，强化市民对城市的认同感和归属感；其次，选择项目应保障城市间形成专业化的分工和协作关系，确保相邻城市经济结构转换的有序性和互补性。

(3) 完善市场导向机制，推动智慧城市建设。市场需求是推动智慧城市持续发展的原动力。智慧城市建设应依托市场的"无形之手"，充分发挥市场配置资源的作用，通过价格杠杆、自由竞争等市场手段来创造多样化、个性化的智慧应用以及培育市场前景广阔的新兴业态，实现智慧增长。首先，明确政府在智慧城市建设中的定位，处理好政府引导与市场主导的关系，有限的政府才能成为有效的政府；其次，强化企业的市场主体地位，在逐利天性的支配下，市场化的竞争激励企业根据实际需求开发有广阔应用前景的项目，如智慧交通、智慧社区和智慧旅游等方便市民生活需求的建设；最后，智慧城市的应用必须以人为本、民生优先，既要充分体察并反馈市民的感受，又要引导市民认识和使用智慧项目。

(4) 改变安全服务方式，提升安全管理力度。网络具有共享性和传播性，但对于一些涉及机密的重要数据也需要进行保密，不被快速的网络传播散播到公众视野，如网民的个人隐私信息、政府重要机密等。为此需要提供安全服务的供应商来提供创新的安全服务，对信息实施标记管理，并通过有力的授权和控制手段，来限定哪些数据可以在哪些范围内传播。除此之外，还要通过立法、公众意识、技术标准等多个层面进行确定，才能更好地保护隐私安全。

3. 我国智慧城市主要问题

(1) 制度规划不完善。智慧城市是通过相关规划方案引导，依托新一代信息化技术与全新管理理念，在原有城市的基础上发展演变形成的城市信息化高级形态。智慧城市建设发展合理与否，主要取决于制度规划是否完善。目前，在智慧城市建设发展期间，虽然相关主管部门陆续出台相关制度，如财政支持制度、技术合作制度、信息共享制度等，在一定程度上推动了智慧城市的发展进程，发挥引导效果。但部分制度内容较为模糊，并未形成正式制度规定，对智慧城市的建设发展产生了阻碍。产生问题的深层次原因在于没有从全局统筹角度出发，缺乏长远发展意识，通常仅针对某一具体问题制定相应的规划制度，并未考虑到同类问题及衍生问题，智慧城市建设规划不全面，延长了智慧城市建设发展周期。

(2) 建设速度较慢。当前部分智慧城市的实际建设速度较慢，仍旧停留在无线互联网等初期建设阶段，尚未大规模开展室内外互联网建设等基础设施项目，建设智慧城市尚未发挥出实际应用效用。以某智慧城市为例，5G移动通信网络的覆盖范围较小，实际普及率较低，受到通信网络覆盖范围限制，并未在真正意义上实现智能化建设，部分城市区域提供智慧城市服务质量有待提升。部分智慧城市构建了综合性应用平台，在理论层面上将智慧城市应用场景延伸至医疗、教育、社区管理、交通运输管理等领域，但仍旧使用原有的老旧基础设施，无法提供完善的应用服务，究其原因有以下几点。

第一，资金投入不到位。智慧城市建设工程规模极为庞大，涉及多个行业领域，需要持续性投入数十亿元资金，以此作为人才引进、技术研发、设备购买与平台建设运维的支撑条件。受到地方政府财政限制，无法在短时间内提供充足资金，仅能调拨一部分资金，存在较大资金缺口，限制了智慧城市的建设发展。

第二，缺乏技术支持。由于缺乏人工智能、大数据等信息化技术的应用经验，或缺乏相关技术人才，无法为智慧城市的建设提供技术保障，在智慧城市运行期间出现突发问题。例如，搭建政务应用平台的运行稳定性能较差，面对大量用户的极限需求，容易出现服务中断与平台瘫痪停摆现象。先进信息化技术不足时，城市居民与企业机构并未享受到智慧城市建设带来的便利，使得前期投入的智慧城市建设资金难以在限定周期取得预期回报，无法发挥应有效力，对在建与拟建智慧城市项目的建设速度造成负面影响。

此外，在智慧城市建设期间，需要营造一个较为稳定的经济环境、生态环境与社会环境，才能为城市发展提供有力支持。但我国部分智慧城市的建设基础较为薄弱，需要额外调拨一定资金用于恢复城市生态环境或改善社会人文环境，在客观层面上影响了智慧城市建设速度。

(3) 缺乏实地调查。创新是我国智慧城市的发展动力来源，也是充分体现地域特征与城市特色的关键。掌握城市发展的根本性特征，将其作为顶层设计的主要依据，对传统城市建设发展理念进行创新，才能确保建设的智慧城市满足城市实际发展需求，加快智慧城市建设步伐。在制定部分智慧城市建设规划方案时，部分地区未提前开展深入调查工作，未掌握城市发展根本性特征，没有积极采纳城市居民对智慧城市建设的建议，没有突出智慧城市建设发展的个性化与多样性。

(4) 智慧城市建设保障措施不足。在智慧城市建设发展期间，需要提供多元化保障，以此规避城市建设风险，解决出现的具体问题，如优秀人才流失、建设资金供应中断。智慧城市建设的保障制度主要包括组织结构保障制度、资金支持制度、法律法规保障制度、信息共享制度等，各项保障制度互相协调。部分智慧城市由于缺乏有效且全面的保障措施，没有做到对内外部风险(如自然环境风险、政策制度风险与社会人文风险等)的规避预防，对智慧城市建设速度与发展潜力造成负面影响。例如，由于缺乏人才团队保障制度，容易出现优秀人才流失与人才断层问题，对技术研发、平台建设、信息安全保障、系统维护、智慧城市发展决策等活动的开展造成影响。

(5) 应急管理体系建设不完善。2020年以来，城市管理暴露出诸多问题，以应急管理为核心的城市综合管理体系已成为智慧城市建设的重要发力点。加快城市应急管理创新，提高应对公共危机的能力迫在眉睫。

第二节 城市大脑

21世纪以互联网为核心的前沿科技生态正在具备越来越多的类脑特征，这个类脑的科技生态与城市建设结合产生了城市大脑，同时也为智慧城市如何产生智慧找到答案。可以说，智慧城市指明了城市现代化发展的特征和方向，而城市大脑为智慧城市找到了产生智慧的方法、路径和架构，是智慧城市向更高水平发展的新阶段。

一、城市大脑的定义与特征

(一) 城市大脑的定义

我国城市大脑的概念起源于杭州市。2016年下半年，杭州市公布了建设城市大脑的计划，这也是全球首次发布的。杭州市建设城市大脑，就是为了推动数据汇集、数据治理，通过数据的有效整合，解决城市治理和运行问题，让数据应用提升城市质效。在杭州，交通成了第一个实验的领域，之前，这个城市的交通异常拥堵，特别是部分路段在高峰期更是寸步难行，通过整合主城区交通信号灯数据和交通数据互联互通，交通通行时间大幅减少，缩短幅度达到15%。之后，杭州城市大脑的作用进一步扩大，逐步扩大到卫生健康、文化旅游、城市管理等各个领域，在各个领域的数据整合治理，取得了良好效果，为我国城市治理现代化提供了模式和样板。

城市大脑是城市建设发展的新型基础设施、城市数字治理的新平台和服务政府决策的新载体，是智慧城市建设赋能社会治理现代化的应用集成。因此，城市大脑通过综合运用技术手段，挖掘数据资源和数据资产的生产力，驱动城市运营新升级。城市大脑由数据中枢和智能中枢组成，为丰富的智慧城市场景的快速、智能响应提供核心技术支撑，增强城市的思维力，让城市会思考、能决策。数据中枢汇聚各行业及相关领域的海量数据，通过技术和机制的创新提供标准接口，推动政务数据的汇聚统一化、服务一体化、共享便捷化，实现了政务数据的管理服务价值和城市治理能力的提升。智能中枢主要通过搭建各类算法和模型以及提供服务中间件、数据服务及管理等，为各行业的大脑应用提供服务支撑，实现数据赋能业务闭环迭代。

在城市大脑的建设中，城市中的各个部分被整合成一个"以IT为基础的创新型的城市生态系统"，政府各部门之间、政府与其他治理主体之间实现高速实时的互联互动，极大地提升了社会治理效率和质量。在城市大脑的赋能下，城市数据的价值得到了更深层次的提升，有效的数据管理可确保城市大脑在最短的时间内为城市请求匹配正确的信息，为关键决策提供信息支撑。通过智慧城市立体化数据框架，城市大脑为各城市数据的收集、分析和交流提供支持，实现城市数据真正意义上的整合、开放、共享。通过为城市中的各个场景和应用领域赋能，城市大脑在构建并改善城市智慧生态的同时，不断推进城市智慧化领域的发展。

(二) 城市大脑的特征

1. 智能化程度高

城市大脑搭建了整个城市的人工智能中枢——对城市信息进行处理和调度的超级人工智能系统。如果说智慧城市是给城市装上了可穿戴设备，那城市大脑就是给城市装上了一个中央处理器。从局部上看，可穿戴设备似乎可用，但本质上它是没有"智能"的，无法与其他部分进行联动操作，而城市大脑却可以与其他部分协同、交互操作。

智慧城市是一个复杂的系统，包括云中心、传感器网络及决策支持系统等组成部分，智慧城市的核心是城市大脑。引入城市大脑后，城市在无须改变自身原有的数据结构的前提下，结合自身特征设计和接入应用，可以有效解决问题并治理城市。

2. 交互性强

城市大脑是连接人、物、系统的类脑神经元网络，也是能够对城市各种问题、各种需求进行解决与处理的云反射弧。它能将数据、算力及算法汇聚在一起，为信息化社会提供最强的生产力与生产资料。

3. 应用数字视网膜

数字视网膜可以提高城市大脑边缘或者终端的效能比，减少云端的算力，使云端的响应更加精确、快速。数字视网膜系统在现有网络视觉感知系统的两种典型的应用模式——视频采集终端和智能终端的基础上进行改进，综合了两种模式的优点，可以在编码方面更加节省城市大脑的存储和带宽，在云资源耗费上更加节省计算算力，此外对图像特征的提取和分析延迟更低、精度更高。

4. 以人为中心

2021年第七次全国人口普查显示我国人口超过14亿。人口的发展对城市建筑产生影响，而城市建筑的核心又是人。城市大脑可以通过对信息的处理和调度，综合考虑资源利用率、环境污染情况、舒适程度等因素，统筹寻求最优解，以满足人类的生存生活和发展需求，全面渗透人性化理念，设计出一个切实满足人们自身需求的居住空间。

二、我国城市大脑建设

(一) 我国城市大脑的建设背景

1. 政策驱动

政策持续加码，多省市有关智慧城市的政策频出。国家层面，"十四五"规划明确提出"分级分类推进新型智慧城市建设，完善城市信息模型平台和运行管理服务平台，推进城市数据大脑建设"。地方层面，浙江、广东、山东、安徽等省走在前列，紧锣密鼓出台相关政策和标准。通过梳理典型省市近年"城市大脑"相关政策及其要点(见表9.2)，可以看出当前我国"城市大脑"政策关注的重点正逐步由顶层规划转向行动计划、应用场景、数据治理、建设管理规范等领域。

表9.2 典型省市"城市大脑"相关政策及其要点

典型省市	"城市大脑"相关政策及其要点
浙江省	2019年6月,浙江省发布《"城市大脑"建设应用行动方案》;全省正以"一盘棋"的形式快速推进城市大脑建设;杭州、温州、衢州、湖州、台州、宁波等地相继出台"城市大脑"建设方案
广东省	2020年11月,广东省出台《推进新型基础设施建设三年实施方案(2020—2022年)》,提出打造"广东大脑",支持广州、深圳等有条件的城市建设"城市大脑";2021年7月,发布《广东省数据要素市场化配置改革行动方案》,要求提升数据共享平台支撑能力,优化数据高效共享通道,推进数据跨部门、跨层级共享应用
安徽省	2020年6月以来,安徽省先后出台《"数字江淮"建设总体规划(2020—2025年)》《安徽省"数字政府"建设规划(2020—2025年)》《安徽省加快推进"城市大脑"建设行动方案》等政策文件,推动"城市大脑"建设,目前全省已有16个城市启动"城市大脑"建设
山东省	2021年7月,山东省印发《山东省"十四五"数字强省建设规划》,提出实施"城市大脑"建设提升行动,探索构建"城市智能体"
杭州市	2017年6月,杭州市成立全国首个大数据规划管理部门——杭州市数据资源管理局2017年11月,发布全国首个"城市大脑",并将其首先应用于交通领域;2018年5月,发布全国首个《城市大脑规划》;2019年1月,发布《城市大脑建设管理规范》和《政务数据共享安全管理规范》,制定全国首个城市大脑建设地方性标准;2021年3月,出台全国首部数智治理地方立法——《城市大脑赋能城市治理促进条例》
合肥市	2021年5月,合肥市出台《合肥市"城市大脑"建设方案(2021—2023年)》,提出"1+3+4+N"建设方案,即:构建1个市级大脑,夯实3项基础设施,建设完善4个城市中台,深化N类智慧场景应用
济南市	2020年10月,济南市印发《济南市公共数据管理办法》,提出济南市将逐步形成基于"城市大脑"的公共数据、社会数据融合应用体系

资料来源:祝婷婷,张丽贤,任连嘉.企业布局城市大脑特征及启示[J].信息通信技术与政策,2022(02):67-72.

2.需求驱动

政府城市数智治理需求旺盛,城市大脑建设提速。一方面,城市大脑市场空间大且进入高速增长期,已全面融入新型智慧城市更新建设中,建设潜力巨大。根据中国信息通信研究院预计,城市大脑作为新型智慧城市的核心智能中枢,其项目未来几年可能保持100%以上增速。可以预见"十四五"时期将是城市大脑建设的高速增长期。另一方面,城市大脑有助于推动城市管理手段、管理模式、管理理念创新,有助于大幅提升城市管理效率,有益于持续提升城市精细化、集约化和智能化管理水平,有利于激发数据要素价值,是城市治理体系和治理能力现代化的必由之路。据此,我国各省市纷纷加码城市大脑,在政务、交通、医疗、旅游、应急等领域打造全国"样板"。如在医疗领域,郑州市城市大脑通过建设"120智慧生命通道"平台,使急救120突发心梗救治时间最快用时仅11分钟,比黄金救援的120分钟缩短了90%。在交通领域,合肥市应用"交通超脑",让市民享受更便捷的出行。高德地图《中国主要城市交通分析报告》显示,2020年我国50个主要城市中,合肥市高峰行程延时指数下降率排名第10,同比下降3.1%。

3. 供给驱动

技术持续演进迭代,企业供给力旺盛。一方面,随着技术的不断创新,5G、AI、物联网、大数据、云计算、CIM、数字孪生等新一代信息技术集群突破的态势愈加清晰,推动城市大脑技术架构持续演进升级。另一方面,企业的供给力不断加强。自阿里巴巴于2016年发布"ET城市大脑"后,科技巨头、运营商、设备商也争相入局,纷纷基于自身核心优势和行业能力,打造各具特色的城市大脑"名片"(见表9.3)。

表9.3 企业布局城市大脑的情况

企业	核心优势	行业能力	市场拓展	典型产品	生态企业
阿里巴巴	云计算、数据中心+业务中台、行业应用分析技术	云资源+大数据+平台+解决方案+应用	北京、杭州、苏州、上海、郑州、衢州、宿州、青岛、海南、拉萨等30多个城市	大数据:Dtaphin、Dataworks;数据可视化:Data V;人工智能:飞天操作系统,城市/工业/环境/医疗/农业/航天大脑等	阿里云、淘宝、支付宝、钉钉、蚂蚁金服、高德、浩鲸云、千方科技、DataV马良、数字郑州、数字海南、数字浙江、数字宁波等
腾讯	微信、QQ、市场推广能力、客户群留存经验	云资源+大数据+平台+解决方案+应用	成都、贵阳、广州、珠海、三亚、江门、武汉、福州等20多个城市	大数据:大数据处理套件(TBDS);数据可视化:Ray Data;人工智能:云智天枢平台	腾讯云、财富通、RayData光启元、长亮科技、东华软件、数字广东公司等
百度	百度地图、AI能力	AI+云资源+平台+解决方案+应用	北京、上海、保宁、银川、株洲、成都、重庆等10多个城市	大数据:数智平台Baidu DI;自动驾驶:Apollo开放平台	网讯科技、度小满、小度、渡鸦科技、汉得信息、东软集团、旷视科技、宇信科技等
华为	城市运营基础设施、基础平台技术能力、解决方案实践能力	硬件+软件+云资源+平台+解决方案+应用	深圳、东莞、佛山、长沙、武汉、吉安、中山、许昌、六安、黄山等50多个城市	大数据:Fusion Insight;行业使能:ROMA、One ACESS;智能体icity:网络/交通/医疗/工业/园区等智能体,IOC	华为云、海思、中国电科、超图、软通动力、泰豪、神州数码、科大讯飞、超图、易华录、东方国信等
中国移动	通信网络客户规模	5G+AICDE+智慧中台+行业解决方案	雄安、长春、上海、杭州、濮阳县等地	智慧城市超脑平台:九天平台	科大讯飞、优刻得、小米、浦发银行、青牛软件等

资料来源:祝婷婷,张丽贤,任连嘉.企业布局城市大脑特征及启示[J].信息通信技术与政策,2022(02):67-72.

(二) 城市大脑在智慧城市中的应用

各城市基于城市大脑通用平台,围绕城市运行管理中的"痛点""难点""堵点",创新智慧应用建设,实现"善政""惠民""兴业"数字化业务全覆盖,具体应用有如下几个方面。

1. 智慧城管

在智慧城管方面，统筹推进城管数据资源体系建设，深入开展数据挖掘，分析城市管理多发、频发、热点、难点等问题，建立问题预警机制，为各级领导指挥调度乃至决策提供数据支撑和相关依据；结合GIS地理地图、城市三维仿真模型等新型工具，提升城市管理的可视化、精准化、智慧化水平。

2. 公共安全

在公共安全方面，依托城市大脑，开展公共卫生、公共活动场所安全等重点领域突发事件和安全风险管理的信息收集、风险识别、趋势分析，提升面向各类应急突发事件管理的综合研判能力，提高应急统一指挥和协调处置水平；以大数据智能应用为核心，打造以综合研判、智能预警为主的社区智能安防技术体系，实现城市智慧平安小区规模化覆盖。

3. 智慧交通

在智慧交通方面，提升交通基础设施的数字化、网络化、智能化水平；建立全面覆盖、泛在互联的智能交通全息感知系统，有效利用图像识别等技术，实现对交通流量、违法、事故、拥堵等交通运行和警情信息的全息主动感知；按照"打击、防范、管理、控制、服务"实战要求，建设智能交通调度指挥系统，运用大数据分析技术和人工智能算法，增强交通智能分析决策水平，提升城市交通发展趋势研判、优化路网规划、政策制定、系统运行效果评估等能力。

4. 智慧健康

在智慧健康方面，推动区域医疗健康数据整合和共享，推进居民电子健康档案、社保、医药、医保等相关领域数据的融合应用；构建集智慧就医、智慧诊断、智慧治疗、智慧病房、智慧后勤和智慧管理于一体的智慧医院体系；建设城市智慧养老综合信息服务平台，形成纵向贯通、横向对接、覆盖全市的养老服务信息网络和管理系统；丰富电子健康卡的应用场景，推进电子健康卡与电子社保卡融合，实现城市健康医疗服务"一卡通用"。

5. 智慧文旅

在智慧文旅方面，通过旅游舆情监控和数据分析，挖掘旅游热点和游客兴趣点，推动旅游行业的产品创新和营销创新；建设面向游客的统一的App客户端，覆盖资讯、线路、景区、导航、休闲、餐饮、购物、交通、酒店等内容板块；以自助服务终端、二维码的使用为支柱，构建景区无人化、一站式自助服务，提升旅游服务效率，增强用户旅游体验；与公安、交通、工商、卫生、质检等部门形成信息共享和协作联动，结合旅游信息数据形成旅游预测预警机制，提高应急管理能力，保障旅游安全。

6. 生态环保

在生态环保方面，建立环境质量、污染源、生态状况全覆盖的监测业务网络，打造自动化、智能化、天空地一体化的监测装备体系；建设覆盖大气、水、土壤、噪声、辐射、生态六大要素的统一的生态环境监测体系；建设全局化、可视化、一体化的智慧环保平台，全面准确掌握污染源和环境质量情况，及时快捷应对环境污染和生态破坏事件，充分整合各部门有关水文、气象、土壤等生态环境数据，利用大数据技术开展深度挖掘分析，辅助环保及其他领域决策。

7. 产业经济

在产业经济方面，将城市宏观经济数据、产业发展数据、企业数据和城市地理数据进行整合，通过经济分析模型，从经济发展、产业变迁、企业表现等多方面开展区域经济态势分析，挖掘产业结构影响因素，辅助政府推行区域经济发展政策，协助企业根据经济敏感点和产业新动向发展核心竞争力；让政府有针对性地实施企业帮扶政策，扶持重点企业，发掘高潜力企业，对企业风险和行业风险进行有效的监测预警；综合分析企业上下游和供应链的关系，推动政府实施精准招商。

第三节 智慧社区的定义与实践

一、智慧社区的界定与特征

(一) 智慧社区的定义

智慧社区简单来说就是根据人们生活需要发展而来的产物，主要由现代科学技术和人工智能所组成。王京春指出：不断增加管理能力和服务效能是智慧社区的根本，根据社区居民的基本生活需要和社区内管理的不断变化为发展趋势，使用互联网和人工智能对所需要的信息进行整理和提取，将老旧社区进行资源整合以及精细化的管理，使之成为一种现代化、科技化的新型社区。2014年，住房和城乡建设部在《智慧社区建设指南》中提出：智慧社区是通过综合运用现代科学技术，整合区域、人、地、物、情、事、组织和房屋等信息，统筹公共管理、公共服务和商业服务等资源，以智慧社区综合信息服务平台为支撑，依托适度领先的基础设施建设，提升社区治理和小区管理现代化，促进公共服务和便民利民服务智能化的一种社区管理和服务的创新模式。陈健认为，智慧社区就是利用互联网和大数据所编制的大网，把社区内所有居民的需求进行联系和覆盖，再利用智慧基础设施为特定的区域服务。智慧社区的基本优势是覆盖所有基础设施的社区大数据，以实现社区资源的有效利用。因此，大数据和互联网技术的使用是智慧社区成功的基础。

智慧社区就是随着时代、科技以及生活的需要，利用大数据、物联网等技术整合社会资源为社区提供更加便利、更加全面的一种创新型服务社区。另外，与智能社区相比，智慧社区多了信息与大数据的交互，并不是一种简单的机械化服务。但是，智慧社区的正常运行脱离不了高技术人才、智慧化服务平台以及各个层级之间的有效合作。

(二) 智慧社区的特征

智慧社区与传统社区具有一定的区别，在理解智慧社区的内涵时，可以从功能性、技术性、效能性和社区归属感这4个视角进行。

1. 功能性

智慧社区具有比传统社区更强的环境适应性和环境敏锐度，因此具有更强的自身治理能力以及提供更全面的服务功能。通过精准的数据提取、快速稳定的数据传递、科学的数据决策，实现智慧社区的应用功能，主要涉及智慧家居、智慧健康、智慧养老、智慧出行、智慧文娱、智慧缴费、智慧商务等领域，全面精准地满足社区居民的各方面需要。

2. 技术性

智慧社区的精细服务依赖于现代化大数据信息技术，在运行过程中需要进行数据收集处理、社区信息传播、知识共享等一系列感知、传输、存储、挖掘等技术过程。具体来说，需要具有商业、养老、医疗、文化、公共事业等基础设施，摄像识别、管线监控、家居感知、移动终端等感知设备，移动通信、互联网、物联网等网络设施，利用云计算、人工智能等技术进行数据接入、存储、整合、转换。因此，智慧社区服务需要有清晰的技术标准体系，建立相关技术平台。

3. 效能性

效能是人们在组织活动中表现出来的效率和效果。其中效率反映出投入与产出之间的比例，强调对管理手段的运用；而效果强调对管理目标的实现程度。智慧社区通过技术手段，感知识别居民的需求，在有限的社会资源中，强化资源配置，减少公共支出成本，提高服务产出，满足居民差异化、个性化、碎片化的需求，以高效率手段实现智慧社区管理服务于居民需要的目标，从而实现高效能性，提高居民的生活质量。

4. 社区归属感

智慧社区的发展离不开技术，技术是智慧社区运行的手段，但发展的最终目的是提高居民的生活质量，同时需要居民的协作配合。因此，智慧社区的运作要强调以人为本的原则。居民只有具有强烈的社区归属感，才会产生参与智慧社区治理的意愿。智慧社区治理进程离不开居民的社区归属感，同时智慧社区建设也能增强居民的社区归属感。智慧技术手段可以充分考虑个体需求，促使居民、社区、相关企业、街道、社会组织等智慧社区各主体形成共同的价值观，产生情感认同，最终形成可持续、高效、具有较强凝聚力和归属感的社区。

二、智慧社区的建设及影响

(一) 社区电子政务系统建设

基于"互联网+"背景进行智慧社区建设，以社区电子政务系统建设为重点，提高政府公共服务质量，简化办公流程，为居民提供更便捷高效的政务服务。社区电子政务系统的建设主要包含以下几部分内容。

1. 信息门户系统

信息门户系统主要分为新闻动态、信息发布和通知公告等几个模块。信息门户系统是政府发布信息的重要平台，居民在平台中可以快速地了解最新政策，掌握社区最新事件，实现政府与社区之间的信息高效共享。

2. 社区居民办事系统

社区居民办事系统主要分为信息采集、网上办事和交流讨论等几个模块。社区居民办事系统为居民提供线上办公的服务，居民在家中即可办理业务。此外，居民还可以登录系统向政府最新发布的政策提出相关合理化建议，实现政府与社区之间的高效联动。

3. 社区办公系统

社区办公系统主要包含文件管理与资料调取等部分，以为社区提供自动化办公服务为目的，创建智慧化社区办公信息平台，提高文件传输效率，促进各平台之间的信息高效对接。

4. 社区信息安全保障系统

社区信息安全保障系统主要包含用户身份认证、数据加密等内容，可用来维护整个社区电子政务系统的高效运行。

(二) 社区物业监管系统建设

对智慧社区建设来说，物业管理尤为重要，建立物业管理系统需要将社区内的所有信息整合在一起，随后对软硬件设施与物业管理等工作采取信息化管理举措，确立社区物业管理系统，不断扩大系统覆盖面，提高智慧社区物业管理水平。智慧社区物业监管系统主要包含以下功能模块。

1. 物业收费系统

物业收费系统包含物业费缴纳信息通知、缴费信息查询等部分。物业收费系统依靠不同模块之间的相互协调，可实现物业费用征收的透明化，提高居民缴费效率，满足个性化生活需求。

2. 社区服务系统

社区服务系统可加强对社区安保与保洁人员的监控管理，使巡逻工作更加便利，为社区居民提供高质量物业服务，发挥物业在智慧社区中的重要作用。

3. 社区综合监控系统

社区综合监控系统主要包含门禁系统与视频监控系统等部分内容。社区综合监控系统可对来访者进行管理，保护社区安全，为居民营造安全舒适的生活环境，提高生活效率。

4. 社区资源管理系统

社区资源管理系统可对业主信息进行管理，同时兼顾社区硬件设施、物资库存以及车位租买等信息管理，对设备故障与维修，还可对保修信息进行管理，旨在为物业单位提供更加完整的社区信息，强化物业资源的合理配置，提高资源利用率，以便更加积极地响应业主的实际需求。

(三) 社区智慧养老系统建设

1. 老年人电子档案管理

家中老人及其家属可登录社区智慧养老系统，将老人的身份信息等资料输入其中，系统可自动建立电子档案，并根据实际情况更新档案信息，真实反映老人当前情况，实现社区养老资源的优化配置，为后续社区养老管理提供科学参考依据。

2. 社区老年人健康数据库

利用云计算、大数据以及物联网等技术，创建智慧养老系统，使计算机网络和传感器终端相连，为老年人确立健康数据库。为老年人的家中配置健康监测仪器设备，将血压、血脂以及血糖等检查数据及时上传到数据库内，以便老年人实时掌握自己的身体情况。

3. 社区医疗保健

养老系统内设置了老年人医疗保健模块，可对数据库内的老年人健康数据做出实时监测，如果系统发现老年人血压、血脂、心率等数据发生异常，系统将该信息上传到社区医院，医院安排医护人员对老人家庭回访，查看老年人当前的身体健康情况。与此同时，系统能够为居民提供医嘱服务，及时传递药品使用信息，讲解关于疾病的正确抢救步骤等。

4. 社区老年人生活服务

养老系统为老年人提供养老服务需求，同时提供多样化文娱活动，同时与社区医院及其他社会组织相互对接，搭建智慧社区一对一帮扶数据库和志愿者信息库、医生数据库，为社区老年人组织文娱社交活动提供科学参考。

(四) 社区医疗卫生管理系统建设

作为社区公共服务的一部分，社区医疗卫生服务在发展进程中常会遇到医疗资源利用率不足或不均衡、医疗服务不便捷等问题，导致医疗卫生服务水平难以提升。为解决这一系列问题，智慧社区应合理建设医疗卫生管理系统，创建远程医疗数据库，将社区内医疗卫生信息集中在一起，提高智慧社区医疗服务水平。整个社区医疗卫生管理系统主要包含以下几部分内容。

1. 居民信息采集

在居民的家中安装传感器，为居民提供便携式医疗仪器，方便居民对自己的血压、血糖等信息主动监测，同时可自动采集用户生命体征数据，尽可能减少医护人员对患者的前期检查工作量，方便医生及时掌握患者的病情数据，及时对患者做出医疗诊断。

2. 大数据分析

社区医疗卫生管理系统可利用远程服务功能，对慢性病、职业病等进行健康监护，以便及时提供医疗保健意见，节约人们在求医治病等方面耗费的时间。与此同时，居民也可与医生进行线上交流，向医生及时咨询关于用药与注意事项等问题，拉近与医生之间的关系。

(五) 社区教育信息系统建设

智慧社区需要将社区内所有教育资源整合在一起，无论是幼儿园教育，还是中小学教育，都能将教育资源统计在社区教育信息系统中。构建智慧教育系统时，还应创建教育云系统，搭建教育资源数据库，依靠物联网技术的帮助，发挥不同系统的作用，为教育部门实施教育管理工作提供科学参考依据。教育信息系统内，教育资源库包含软硬件设施，硬件设施主要有智慧教室、实验室、图书馆、教学系统等；软件设施主要有网上课程数据库、多媒体课件、教学网站、案例库等，所有资源都可高效共享，以此保障互联网教学质量。

第四节 智慧社区的发展

一、智慧社区建设困境

(一) 数据共享挑战

数据共享是智慧社区运行和管理的基础性支撑，然而，在当前的智慧社区建设中，却存在较为明显的数据共享困难，这主要表现在不同代际居民之间数据共享的困难。因为一些现代数字信息设备需要掌握外语、计算机等现代知识与技术方能操作，使得部分居民在功能的联通互动、信息传递、业务参与上出现认知障碍。同时，居民数据录入的困难直接影响了政府、市场对于社区信息的收集，进一步造成两者对社区整体情况的分析困难。此外，由于不少地方尚未形成统一的数据接入标准，政府、市场分别采用不同的数据录入标准对数字信息进行采集、挖掘，保存于各自的系统中，造成重复数据采集工作的资源浪费，形成数据壁垒。

(二) 社区治理效能低下

在现实情况下，政府盲目购买高成本设备，与企业没有就设备后期维护、升级、开发等环节进行标准制定与责任划分，仅从表面上达到了智慧社区的要求，没有真正发挥其作用。同时，企业在获得社区准入条件后，在产品和服务的提供上倾向于压缩成本，提供低质量以及使用存在问题的设备、产品，从而寻求获得更大的生存空间。此外，政府、企业缺乏数字信息治理意识，既不能对居民的信息有效转换、传递、分配，又无法将各部分、各类型数据有效分配到处理对应层面的部门，从而降低社区治理效能。

(三) 网络安全存在隐患

首先，在硬件设备方面，智慧社区建设中由于需要对多方面海量信息进行存储和分析，对于硬件设备的要求极高，企业为了节约成本，仅仅使用不具有支撑智慧社区高端设备运行的常规配置电脑。在这种情况下，硬件设备难以维持系统的良性、稳定运转，容易发生如系统挂起、网卡等故障。其次，在软件系统层面，智慧社区的系统平台往往由多家企业共同提供，各平台通过提供相应设备附带将各自开发的软件系统嵌入智慧社区系统平台，而企业为了尽快落实相应产品及服务的提供，仅从自身角度出发去植入系统，在同一社区内缺少企业与企业之间的沟通协作，导致智慧社区平台各子系统之间的硬件难以兼容，后台运行程序紊乱，极大地影响了系统的稳定性。

二、智慧社区创新发展

(一) 信息子平台助力信息保持与管理

1. 便捷社区信息采集

居民利用居民信息平台管理个人信息，针对不同代际居民之间的数据共享难题，提供难易程度不同的数据录入操作系统，在字体大小、语言种类、语言风格及操作灵敏度上设定可调节选项，为不同代际居民的数据录入提供便利。同时，可借助移动终端设备录入、保存及修改数据，方便数字信息的及时采集、修改及更新工作，减少因信息采集而带来的出行成本及时间成本，以数字治理推动社区治理公民参与。

2. 优化社区信息系统

通过对居民数据录入操作系统的优化，政府、市场可以更有效地对数字信息进行保持与管理，便于数字信息在保持环节的流通与使用，构建良好的数字治理信息系统，从而更好地挖掘数字技术的红利。居民可通过独立信息平台有效管理自身信息，对政府及企业设定一定分享权限，切实保护自身隐私。政府通过政府信息平台中专项子信息库存储居民基本信息及社区事务专项信息，对所得信息根据公开范围及公开受众有选择性地处理数字信息。

3. 推动社区信息传递

各信息子平台将数字信息输出标准根据共享信息数据库进行统一化操作，通过"居民—政府—企业"信息闭环为居民和企业获得社区各项信息提供便利。居民、政府、企业信息子平台通过各自平台加强对数字信息保存环节的管理，打破了信息孤岛所带来的信息共享难题，对全面掌握社区信息及后期工作开展大有助益，从而提升居民满意度及政府、企业治理效能。

(二) 综合服务平台助力信息增值与转化

1. 丰富社区服务功能

智慧社区综合服务平台是居民直接获得智慧社区服务的门户，政府与企业根据科学系统全面的社区信息能够在综合服务平台开设相应功能板块。政府主要提供社区治理功能及政务服务功能。其一，通过社区治理功能板块维护社区的和谐稳定，防范来自外部的偷盗事件及来自社区内部的暴力事件，避免社区内发生火灾等情况，切实提升政府治理效能；其二，政务服务功能模块为社区居民提供证件查询、助残服务、司法服务等便民服务，提升居民参与智慧社区建设的积极性，以智慧社区建设中数字治理的新理念、新模式实现政府治理创新。

2. 提高社区服务质量

企业作为社区产品和服务的供给主体，采用数字治理手段可以更精准、高效地满足居民多元需求。企业根据特定信息提供质量层次不同的多元产品及服务，满足社区内不同人群需求，可将企业信息平台内数字信息作为开设便民服务功能与商业服务功能的参考依据。例如，结合企业信息平台内居民基本信息及社区出行需求信息，为有出行需要但行动不便的老年人提供出行车辆预约服务。

3. 提升社区治理效能

为避免政府与企业机会主义行为而导致的治理效能低下问题，智慧社区系统平台应设立居民反馈子功能，发挥数字治理信息系统的数字信息双向传递优势，拓宽居民参与智慧社区建设途径，打破传统社区居民信息反馈渠道缺失的局面，对于政府与企业提供服务及时与否与服务质量的高低进行评价，将居民的满意度通过后台处理所得的数字信息进行体现，以此提升智慧社区服务功能的可观测性，从而可以对多元服务功能的调用关系和状态有清晰的可视化的操控，以推动政府与企业治理效能的提升。

(三) 云平台助力信息安全与稳定

1. 保障信息稳定传递

借助于云平台，智慧社区可以将大规模硬件设备所承担的高功耗、大运算量转移到虚拟机上，从而降低硬件设备的购买及维修，减轻社区财政负担。同时，云平台为智慧社区智能化管理提供助力，如动态资源池能够给予使用者调整运行及存储能力的机会，以更充分地满足使用者需求。云平台的智能负载也能够根据负载量进行自主调节，保障使用者的需求得到及时的响应。

2. 维护社区信息安全

基于数字治理的云平台可以减少甚至杜绝网络窃取行为，增强网络安全。云平台数据隐私保护技术可以有效防止外部入侵者进入智慧社区系统，从而保护使用者信息安全。同时，云平台将硬件与功能系统进行联结，系统遭到破坏后云平台虚拟机HA功能会主动转移软件系统，保证使用者功能应用的连接性，从而提升云数据的安全性。

本章小结

智慧城市是未来城市建设的主旋律和发展方向,城市大脑、智慧社区是智慧城市的重要组成部分,智慧城市和智慧社区建设不仅要注重硬件设施的优化,更要注重社会管理的创新和服务品质的提高。从发展趋势来看,未来智慧城市和智慧社区将持续发展,创造更加智能、生态、健康、具有人文关怀的城市环境。在实际建设中,政府、企业、社会和居民应该共同努力,实现智慧城市和智慧社区建设的良性发展,创造更加美好的城市生活。

智慧城市与技术应用

移动政务

关键术语

智慧城市　物联网　云计算　大数据　城市大脑　智慧社区　互联网技术　"互联网+"

思考题

1. 智慧城市的定义是什么?你怎样理解智慧城市这一概念?
2. 智慧城市的核心技术包括哪些?哪一项技术对智慧城市的发展最为重要?
3. 城市大脑建设有哪些特点?
4. 智慧社区建设面临哪些问题?
5. 智慧社区建设有什么意义?

第十章
电子政务趋向

引例：深圳"互联网+"助推政务服务能力涨"三度"

2021年5月26日，2021年度省级政府和重点城市一体化政务服务能力第三方调查评估结果正式发布。评估结果显示，深圳一体化政务服务总体指数为"非常高"，处于最高档，继续发挥示范引领作用。近年来，深圳聚焦"优政、兴业、惠民"，将数字政府、智慧城市建设以及"互联网+政务服务"改革作为深化"放管服"改革的重大任务来抓，作为推进城市治理现代化的重要突破口来抓，作为打造国际一流营商环境的重点切入口来抓，一体化政务服务能力"水涨船高"。

聚焦速度，推进政务服务从"线下跑"向"网上办"转变。在深圳，线下能办的政务服务事项线上几乎都能办，变"群众跑腿"为"信息跑路"。深圳在全国率先推出"秒报秒批一体化"新模式，能够实现全流程不见面、零跑动、全自动，"即报即批、即批即得"，正是政务服务"深圳速度"的极致表现。

聚焦集成度，推进政务服务从"分头办"向"协同办"转变。深圳从2019年开始推行政务服务"一件事一次办"改革，目的在于将群众和企业需要到多个部门、经多个环节办理的事项，经过环节整合、流程优化变成"一件事"，实现一次告知、一表申请、一窗受理、一次办成，变"多次跑"为"最多跑一次"。

聚焦便利度，推进政务服务从"属地办"向"全市办"转变。针对市域内人口跨区流动、企业跨区经营、人员工作地和居住地不在同一个区常有发生的情形，推进政务服务事项实现全市通办，让企业和群众就近能办、多点可办、少跑快办。

未来，深圳要坚持以"数"提速、以"智"提质，全面推进政务服务运行标准化、供给规范化、办事便利化，切实提升群众和企业的满意度、幸福感、获得感，为推动高质量发展、创造高品质生活、推进高效能治理创造深圳样本。

资料来源：中工网。

经验启示

电子政务要实现政务服务能力涨"三度"，既需要从技术层面实现电子政务的智能化发展，也需要从电子政务的顶层设计方面发力，将数字政府、智慧城市建设以及"互联网+政务服务"改革作为深化"放管服"改革的重大任务来抓，作为推进城市治理现代化的重要突破口来抓。当前电子政务的跨越式发展离不开电子政务运行模式的创新，这就需要研究移动政务、智能政务、数字政府和数字公民等电子政务新趋向。

本章知识结构

信息技术的创新和应用是推动社会发展的重要力量，自20世纪90年代末我国实施"政府上网"工程以来，电子政务日渐成为政府行政管理的常态化手段，信息技术的迭代升级持续推动政府行政管理朝向新的模式快速发展。近年来，以互联网为代表的信息技术与各产业领域的深度融合在全球新一轮的产业变革和科技革命中不断地影响着消费升级、企业行为和经济社会转型，给社会生活的方方面面带来深刻变化，塑造了全新的社会形态，创造了新的公众需求，同时也加速了政府行政管理的转型与革新，传统电子政务也因此迎来了全新的发展阶段，出现了移动政务、智能政务、数字政府和数字市民等新的发展形态。第十章知识结构如图10.1所示。

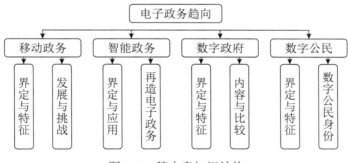

图10.1 第十章知识结构

第一节 移动政务

一、移动政务的界定与特征

(一) 移动政务建设背景

21世纪被称为移动计算和移动事务(移动商务和移动政务)的时代，政府也需要通过多种渠道为企业和公民提供信息服务。自20世纪90年代中期开始，无线和移动通信技术逐渐发展成熟，随着手机用户和网民数量的急速上升，具有随时随地无线网络接入功能的移动终端已日益成为人们日常生活的一部分。目前，移动技术的发展，已经引起各国公共服务部门的重视。通过无线接入基础设施为一线政府工作人员和社会公众提供信息和服务，越来越成为各国政府关注的焦点，越来越多的国家和政府开始积极推动基于移动平台的政务系统的建立和完善。

2017年1月，中共中央办公厅、国务院办公厅印发的《关于促进移动互联网健康有序发展的意见》，强调要全方位推进移动互联网健康有序发展，更好地服务党和国家事业发展大局，让移动互联网发展成果更好地造福人民。2022年8月31日中国互联网信息中心发布第50次《中国互联网络发展状况统计报告》，报告显示，截至2022年6月，我国网民规模达10.51亿，互联网普及率达74.4%，使用手机上网的比例达99.6%。近年来移动互联网作为技术创新的标志性产物，已经成为创新发展新领域、公共服务新平台和信息分析新渠道，在娱乐沟通、信息查询、网络金融、教育医疗、公共交通等多个方面发挥了巨大作用，塑造了全新的社会形态，催生了许多新兴业态，同时也加速了政府治理的变革与公共服务的流程再造，促进了移动政务的快速兴起。移动政务的产生和发展对于提高政府治理能力、更好地满足人民群众的需求以及推动社会智慧化发展具有重要意义。大数据时代的到来更是为移动政务发展提供了新的发展机遇，基于经验的传统政府决策模式逐步转向基于数据驱动的精准模式，公众利用更加精准便捷的移动互联网平台满足了多样化的共性及个性需求。移动政务正在以全新的形式加速推进社会治理现代化和公共服务高效化，成为未来政府行政管理的新模式。

(二) 移动政务的定义

如何把信息资源盘活，已经成为政府行政管理中的一项重要议题，要想对这一议题做出解答，必须将信息技术置于重要的位置。移动政务的兴起和发展离不开移动互联网技术的创新和应用，这也决定了对移动政务的理解应当从信息技术的发展入手，当前已有研究也大多基于技术进步的角度来阐释移动政务的定义。此外，我们应当看到技术的发展归根结底还是服务于人的生活，政府借助移动政务在交通、教育、医疗等多个领域的创新发展，为公众提供了更加智慧化的公共服务，带给公众许多便利。因此，从移动政务活动开展的角度，即移动政务使用的主体和服务的对象角度来界定其定义也是当前学界的重点研究渠道。基于此，要理解移动政务的内涵，首先要理解移动互联网和政务活动的内涵。

移动互联网是指利用移动接入技术将各类移动终端与互联网相连接，实现用户对无线网络服务的享受。具体而言，其包含技术层面和移动终端层面两个含义。在技术层面上，移动互联网可以被视为以IP宽带为技术支持、以各类移动终端为媒介、以为用户提供优质网络服务为目标、以数据安全高效传输为基础的一种开发式多媒体业务网络。在移动终端层面上，移动互联网又可以理解为用户通过手机、计算机、平板等各种移动终端来获取移动网络提供的通信服务。移动互联网的发展离不开移动互联网技术的研发和应用，随着信息技术的飞速发展，互联网技术已经进入第5个发展周期——移动互联网技术发展期，网络不再是一堆相互连接的计算机器,数据也不再是事务运行的客观数字化呈现,而成为人们交流沟通、协同工作、获取信息、开展决策的重要工具。当前,移动互联网技术的进一步发展需要坚定不移实施创新驱动发展战略,在科研投入上集中力量办大事,加快移动芯片等核心技术突破和成果转化,推动各系列标准制定,加紧人工智能等新兴移动互联网关键技术布局,尽快实现部分前沿技术、颠覆性技术在全球率先取得突破。

政务活动是指党的各级部门和政府各级部门所有履行相关职能或行政执法等方面工作的活动。根据政务活动内容所包含的范围,可以将政务活动分为两类:广义的政务活动和狭义的政务活动。广义的政务活动指各类政府行政管理活动,而狭义的政务活动则专指政府部门的管理和服务活动。无论是广义的政务活动,还是狭义的政务活动,有一点是可以肯定的,那就是利用先进的信息技术来提高办公与管理效率,并不是政府部门的专利,党委、人大、政协、军队等系统单位也能够借助电子信息技术来进行一定的行政管理活动。

移动政务作为电子政务的延伸或补充,目前学术界对其定义还未达成共识。金(Kim)等认为,移动政务(mobile government,m-GOV)是指政府利用无线通信技术管理自身事务以及为公民和企业提供信息和服务。李(Lee)等认为移动政务是一种策略,这种策略的实施可通过手持移动设备为政府工作人员、公民、企业和其他组织提供便捷的信息服务,这里的移动装置包括手机、掌上电脑、笔记本电脑、便笺簿式个人电脑(tables PC)、黑莓手机、无线网络技术以及那些能将用户从台式电脑的物理连接束缚中解放出来的设备,作为电子政务延伸,移动政务是一种应用各种移动终端技术、服务、软件应用和移动设备优化电子政务中各参与方利益的策略。

国际上,当前主要从狭义和广义两种角度来定义这种新的政务体系。

从狭义上讲,移动政务系统是政府运用新兴移动无线通信技术改善自身运作效率效能、降低政府运作成本的工具。换言之,移动政务系统是指无线通信及移动计算技术在政府工作中的应用,通过诸如手机、掌上电脑、Wi-Fi终端、蓝牙、无线网络、GIS、GPS、GSM、Tablet PC等技术的使用,政府可以改善自身的运作效率和提高工作质量,及时有效地服务公众。中国目前公共服务和政府运作领域快速发展和广泛推广的移动政务系统、移动办公系统以及野外公共服务移动终端系统等大多属于这一范畴。

广义上的移动政务体系则超越了政府部门运用移动信息系统进行公共服务的简单范畴,它更强调建立完善移动平台支撑下的一个完整的政务体系。这一新的政务体系是一系列联合战略的整合体,通过改变政府的工作方式和公共文化来提高政府的效率,促进建立良好的政府公众关系。

目前,国内外学者和相关政策文件主要从技术应用、渠道类别、服务对象等方面出发对移动政务进行阐述。在技术应用方面,移动政务主要强调无线通信及移动计算技术与政府服务管理的集成,狭义上认为移动政务是政府通过移动终端和网络技术为公众提供服务;广义上认为移动政务是利用手机、掌上电脑及其他移动和无线设备,通过无线接入基础设施为政府工作人员、企业、社会组织和公众提供信息和服务的移动互联网时代的新形式。在渠道类别方面，移动政务面向公众提供服务的渠道不再局限于手机短信(SMS)，政府移动门户、移动客户端、社交媒体等在移动政务中的应用也日益增多。根据服务对象不同，移动政务服务模式可分为政府部门之间(G2G)、政府与公务人员之间(G2E)、政府与企业之间(G2B)以及政府与公民之间(G2C)四种。

(三) 移动政务的特征

移动政务由于应用了无线网络技术和无线终端设备，使得政府在任何时间和地点都能够为公民和组织提供便捷的服务；同时，也方便移动政务中的各参与方及时获得个性化的信息。

与传统的电子政务相比，移动政务突破了时间和空间的限制，被看成电子政务发展的高级阶段，因而也就具有了一些特征，如移动性(mobility)、便携性(portability)、位置性(location)和个性化(personalization)。

此外，移动政务还具有以下几点独特之处。

1. 服务使用的碎片化

移动终端因其便于携带的独特优势，为公众充分利用碎片化时间创造了条件，移动政务的使用也因此在时间和空间上呈现碎片化特征。

2. 服务方式的智能化

在移动互联网时代，手机已不仅是移动服务的获取端，在服务的智能化中也扮演了重要信息感知和采集的角色，如基于手机的人脸识别社保申请开始逐渐走入人们的生活，移动政务势必会越来越便捷和智能。

3. 服务场所的便捷性

政府通过移动设备向公众、企业和其他社会主体提供信息和服务，不受时间和地点的限制。而电子政务通常需要在政府办事大厅接受服务，服务场所比较固定。因此移动政务具有场所便携性的明显优势，在消除数字鸿沟、提高政府公共服务效能方面具有巨大的潜力。

二、移动政务的发展与挑战

(一) 移动政务建设实践

1. 移动政务实践模式

移动政务作为"互联网+政务服务"的一项重要内容，借助移动通信技术和网络平台，实现了政府在线管理公共事务，并提供了公共服务职能，能够打破时间和空间的限制，为公众提供更加方便快捷并且公开透明的服务，不仅有利于建设服务型政府，也有利于推进政府治理体系和治理能力现代化。现阶段，为进一步提高移动政务应用水平，中央政府先后发布了《关于加快推进"互联网+政务服务"工作的指导意见》《全国一体化政务服务平台移动端建设指南》等政策文件。各省纷纷响应党和国家的政策号召，开始移动政务建设，大力推动政务服务"掌上办""指尖办"。贵州省提出，要拓展政务服务的方式，通过汇聚各部门的政务服务App，打造全国一流政务App品牌。浙江省要求，各部门要积极拓展网上便民服务功能，截至2018年底，基本建成全省统一的移动政务服务平台，推动各类网上预约、网上查询、网上办理、网上支付功能在浙江政务服务移动客户端汇聚，实现一站式服务。上海市提出，要"推动网上政务大厅向微博、微信、移动终端、有线电视等延伸，为群众提供多样化、便捷化的办事渠道"。在这一系列实践中，移动政务逐渐形成了以下三种实践模式。

(1) 建立移动门户WAP版。政府门户网站是"互联网+政务服务"形势下的最早探索，随着5G网络通信技术和移动通信设备的发展，人们对电子政务提出了更高的要求，传统的政府门户网站也在进行技术更新，使其更加便于移动端进行操作和使用。

(2) 建立政务App。政务App，也就是政府部门面向民众开发的智能移动终端应用程序，通常具有政策宣传、政务公开、在线服务和互动交流等作用，能够协助政府及时有效地发挥社会管理职能，方便群众获得政府信息以及更加便捷地在网上办事。可以说，政务App是移动互联网时代提升政府治理能力必须借助的平台和手段。2016年2月，国务院App上线，展示了政务App建设的风向标，App建设已经成为政府提高服务能力的重要工具，能够帮助政府职能部门向信息化转型，进而提高政府信息化水平。

(3) 与微博、微信等民营科技企业跨界合作。微博、微信作为当前中国发展较为成熟的信息传播工具，具有传播速度快、传播范围广的优势，而政府信息又具有权威性，将两者加以结合，政府部门借助第三方平台建立政务微博、政务公众号，向公众及时传递政府信息，同公众进行互动交流，既能保障公民的知情权，提升政府公信力，也能方便群众了解办事程序，提高办事效率，建立高效便民的服务型政府。

2. 移动政务技术的发展

第一代移动电子政务技术以短讯为基础，这种技术存在着许多严重的缺陷，其中最严重的问题是实时性较差，查询请求不会立即得到回应。此外，由于短讯信息长度的限制也使得一些查询无法得到一个完整的答案。这些严重问题给一些早期使用基于短讯的移动电子政务系统的部门造成了较大的不便。

第二代移动电子政务系统采用基于WAP技术的方式，手机主要通过浏览器的方式来访问WAP网页，以实现信息的查询，部分地解决了第一代移动访问技术的问题。第二代移动访问技术的缺陷主要表现在WAP网页访问的交互能力极差，因此极大地限制了移动电子政务系统的灵活性和方便性。此外，因为WAP使用的加密认证的WTLS协议建立的安全通道必须在WAP网关上终止，造成安全隐患，所以WAP网页访问的安全问题对于安全性要求极为严格的政务系统来说也是一个严重的问题。这些问题也使得第二代技术难以满足用户的要求。

第三代移动电子政务系统融合了3G移动技术、智能移动终端、VPN、数据库同步、身份认证及Web service等多种移动通信、信息处理和计算机网络的最新的前沿技术，以专网和无线通信技术为依托，使得系统的安全性和交互能力有了极大的提高，为电子商务人员提供了一种安全、快速的现代化移动执法机制。数码星辰的移动电子政务软件是第三代移动电子政务系统的典型应用。它采用了先进的自适应结构，可以灵活地适应用户的数据环境，具有现场零编程、高安全、快速部署、方便使用、快速响应的优点。该系统支持GPRS、CDMA、Edge以及所有制式的3G网络。第三代移动政务系统体系构架及核心技术见表10.1。

表10.1　第三代移动政务系统体系构架及核心技术

移动政务系统构成		核心技术	主要功能
移动互联网、网络浏览器和中间软件		移动互联网浏览	支持用户通过移动终端上网
		虚拟机	允许用户在终端上继续使用公共服务
无线互联平台	网关	无线互联网网关	支持无线标注语言转换和移动电信运营安全模式，创建实时用户访问列表
		短信网关	管理短信的发送与接收
		LBS位置服务网关	根据用户的具体位置提供相应服务
	服务平台	网页内容转换器	根据每个移动终端的特点对接收的网页内容进行相应转换
		网络门户	进行用户管理认证、开发品牌化内容、收费管理、下载管理
移动公共服务	移动网络内容浏览	移动网页格式转换工具	支持提供基于不同移动终端功能的网页格式和版本
		终端脚本语言	管理客户终端可使用的脚本语言
	移动整合系统	数据交换格式管理	管理移动系统与移动互联网平台和后台系统之间的数据交换
		通信链接控制	管理移动系统与移动互联网平台和后台系统之间的通信协议
移动系统安全管理		通信安全保障	管理终端间通信的相关协议
		加密技术	对无线传输的数据进行加密
		用户授权	对用户使用无线网络进行授权和认证

资料来源：刘淑华.新一代移动通信与电子政务[J].中国电子政务发展报告，2010：234.

第四代移动电子政务系统融合了4G通信技术，是将WLAN技术和3G通信技术进行了充分结合，使图像的传输速度更快，让传输图像的质量很好。4G通信技术在3G通信技术基础上不断优化升级、创新发展，融合了3G通信技术的优势，并衍生出了一系列自身固有的特征。以WLAN技术为发展重点，它的优势主要有三个：一是4G通信技术相较于之前的3G通信技术显著提升了通信速度，让用户有了更佳的使用体验；二是通信技术更加智能化，4G通信技术相较于之前的移动信息系统已经在很大程度上实现了智能化的操作；三是4G通信技术提高了系统兼容性，减少了软硬件在工作过程中的冲突，让软硬件之间的配合更加默契，这同时也很大程度上避免了故障的发生。

第五代移动电子政务系统采取了最新一代信息通信技术，即5G技术。随着移动互联网快速发展，新服务、新业务不断涌现，移动数据业务流量爆炸式增长，4G移动通信系统难以满足未来移动数据流量暴涨的需求，急需研发下一代移动通信(5G)系统。在OFDM和MIMO基础技术上，5G为支持三大应用场景，采用了灵活的全新系统设计。此外，5G采用全新的服务化架构，支持灵活部署和差异化业务场景。5G技术已经在工业、车联网与自动驾驶、能源、教育、医疗、文旅和智慧城市等多个领域发挥了关键作用。

(二) 移动政务建设成果

美国、加拿大、瑞典、新加坡等国于20世纪90年代就开始推行移动政务基础设施和服务项目。相比之下，我国移动政务发展较晚，2010年北京、上海、广东等地政府部门相继通过手机网站、短信的形式向公众推送政府信息，从而使公众通过移动设备"问政"成为一种趋势。《2021年省级移动政务服务能力调查评估报告》显示，全国各类省级移动政务服务渠道平均得分指数是0.47，整体进入广泛建设阶段，全国31个省(区、市)和新疆生产建设兵团均通过省级移动政务服务App或政务服务小程序提供移动政务服务。截至2021年1月底，国家政务服务平台实名注册用户突破2亿，平台总浏览量达133亿次，支撑市场主体注册用户484.21万人，访问用户数超过10亿。

《2022年联合国电子政务调查报告》显示，我国电子政务发展指数(EGDI)得分从2020年的0.7948提高到2022年的0.8119，全球排名第43位，是该报告自发布以来排名最高的一次。比起2020年的第45位，提高了2名。在三个主要指标的得分上，我国在"在线服务"指数上的得分相对最高，为0.8876，在"电信基础设施"指数上的得分为0.8050，在"人力资本"指数上的得分为0.7429。为统筹推进互联网+政务发展，国家有关部门陆续出台《国务院关于加快推进"互联网+政务服务"工作的指导意见》等一系列文件。浙江、江苏、北京和上海等地也纷纷打造"网上服务与线下服务相结合"的新型政务服务模式。与此同时，移动终端用户规模不断成长。截至2021年6月，三家基础电信企业的移动电话用户总数达16.14亿，其中5G手机终端连接数达3.65亿，较2020年12月增加1.66亿。

(三) 移动政务面临的挑战

1. 政府公共政策规划设计缺失

(1) 定位不明确，方向不清晰。我国移动政务的发展尚处于起步期，各地各部门开展的移动政务建设，大多数并不是从政府部门自身或社会公众的应用需求出发，而是在产业界的推动下进行的，没有进行科学的论证和研究。在此情况下，建设开发的移动政务应用系统，虽然解决了移动政务应用"有"和"无"的问题，但实质上并没有发挥移动应用的特点和优势，没有为提高政府工作效率和公共服务水平做出应有的贡献，社会公众对此的认知度也非常有限，不利于移动政务的深入发展。

(2) 顶层规划缺失，应用建设各自为政。当前我国还没有对移动政务的建设发展进行深入探讨，从各地各部门已经开展的移动政务建设情况来看，各自为政的现象已经出现，加快进行顶层规划势在必行。

2. 移动政务应用不实，技术尚不健全

(1) 基础设施不健全。基础设施不健全是指无线网络设施和移动政务平台建设的覆盖面不够。在北京、上海、广州等经济发达城市中，无线网络覆盖率较高，而对于很多城市来说，城市中无线网络的覆盖率很低，对城市发展的支撑作用较弱。

(2) 政府的宣传力度不够。政府在移动政务的宣传方面力度不够，使得了解移动政务的公民并不多。移动政务是一种产品，政府可以通过一些媒体来对移动政务进行宣传，增加群众对此的相关了解。

(3) 开设的服务少。移动政务的建设发展目的之一就是要惠民，让百姓能感受到政府工作效率的提高，生活中所需要办理的一些政务能够快速有效地办理。但是现在移动政务开设的服务少之又少，根本满足不了百姓日常生活的需要。

(4) 个人隐私和安全保障体系不健全。从技术层面来说，移动政务属于新兴的信息技术产品，对于一般的信息产品，采用了诸如个人身份验证、数字密钥、物理层隔离等技术增强安全性。但是在移动政务的建设中，技术层面的安全保护措施仍然在发展中，这为未来的发展埋下了安全隐患。此外，移动政务没有法律法规的保障，是未来移动政务健康发展的重要制约因素。

(5) 群众参与意识不强。社会公众更多的是习惯被动地接受政务的管理和服务，主动参与的意识比较缺乏。

3. 公众使用率不理想

当前我国各省均已建立了较为完整的政务服务客户端，政务服务App数量激增，但是公众使用率并不理想。《移动政务服务报告(2018)》显示2018年全国政务服务App下载量同比增长34.5%，但经常使用的公众占比仅为15.5%，而选择经常使用第三方平台(如支付宝、微信小程序)提供政务服务的公众占比接近40%。政务App本该是一项移动互联网时代的政府公共服务创新，而现实中有的App却难以让公众接受和满意，这与移动政务App的隐私安全、相对优势、使用习惯、社群影响、感知有用性、交互性等因素有密切关联，这表明当前移动政务App建设仍有待改进和完善。

4. 移动政务服务综合发展等级分布不平衡

大部分省市移动政务应用还处在起步、发展阶段；App发展水平明显高于小程序的发展水平，需要避免盲目追求应用渠道的多样性，应聚焦于内容的实用性；App安全风险防范有力，小程序个人信息保护略显不足。

5. 相关法律法规缺失

政府行政事务的执行力必须有相应的法律法规提供保障。移动政务的深入发展一方面便捷了政府和公众，另一方面也带来了一系列的法律问题。近些年来，我国虽然也出台了相关的电子政务法规，如《中华人民共和国电子签名法》，但是在具体的移动政务领域，有关的法律奖惩制度尚待完善。对我国来说，移动政务立法是一项全新的挑战。互联网时代的特殊性，使得公民的上网痕迹能够被轻易获知，因此必须制定相应的惩罚制度，才能尽可能地降低个人信息泄露的危险。

第二节 智能政务

一、智能政务的界定与特征

(一) 智能政务的定义

自2009年IBM提出"智慧地球"以来，全球刮起了一股"智慧风"，"智慧国家""智慧城市"相继出现，"智慧政务"(smarter government)也应运而生。随着技术进步和创新社会治理理念新要求的提出，发展智慧政务成为政府部门提升政府科学管理和社会服务水平的新举措。智能政务是电子政务当前发展阶段的发展模式，要理解智能政务的概念，需要从电子政务的不同发展阶段的发展模式及其比较入手。

电子政务最早阶段的发展模式是数字政务，它是指政府通过互联网、多台计算机相连通的局域网等系统，行使人工传递文件、发布信息以及下达命令等政府职能，主要表现形式是办公自动化OA系统、政府网站建设，信息采集采用GIS、遥感等技术。进入21世纪后，电子政务的发展迎来了新的发展阶段，智能政务应运而生。智能政务(intelligent government)是指政府依托网络系统，通过信息技术为人们提供协调、有效、科学、延续的在线事务处理与交流，主要表现形式包括政务在线交流、电子司法档案、电子培训、电子身份证、电子税务、电子采购及招标、电子工商行政管理系统等。智能政务的发展逐步建立起政府与政府、政府与公众以及政府与企业的网上交流通道。

(二) 智能政务的特征

智能政务是政府依托信息化的决策支持系统、传输反馈系统、量化考核和数字分析模型等，将所服务对象的数据转变为不同类别的信息或知识，并提供分类别、个性化的服务，实现科学化决策和智能化执行，向人们提供诸如在线事务处理、24/7服务、智能决策、网上交易等服务。

1. 模块化运营

政府以业务整合、政务信息资源开发和利用为突破口向纵深方向发展；政府部门之间的协同业务与协同决策需求更加迫切；政府与民众进行双向(如"24/7"的全天在线服务)、模块化交流；通过预先设定系统目标，并从一系列备选方案中寻找目标最优解来处理现实问题，在诸如电子税务等结构清晰的工程项目研究上有广泛发展。

2. 精准定位服务需求

基于庞大的数据和专业的算法，智能政务能够在自我感知、自动交互、自主学习中不断进化。在全服务场景下的用户识别及需求研判、用户访问行为特征分析、精准服务等方面，智能政务具有得天独厚的技术优势。在大数据和云计算的支撑下，智能政务根据海量相关性数据分析较为精准地预测服务需求，使在线政务服务更加精细，更能满足社会、市场和民众对公共服务的个性化需求，并能借助智能分析平台及时对在线政务服务的结果进行评估，这对改善服务质量具有重要价值。

3. 服务更加智能化

"智能+"场域条件下的在线政务服务充分体现了智能化的自学习特性，在线政务服务被高度赋能，其大数据相关性分析让政务服务供给可推理、可测算，让服务需求统计更加精确。智能化的服务供给与选择将成为"智能+"技术条件下政务服务的新方式，进一步推动实现服务前台和后台的有效分离，使在线公共服务模式不断创新，在线服务不断超越物理空间的限制，实现服务功能的逻辑集中，从而满足足不出户、完全意义上的在线服务需求。

(三) 智能政务的实践应用

智能政务是2017年国务院在《新一代人工智能发展规划》中提出的电子政务建设新目标。几年来，国务院将在线智能等新技术提供政务服务作为深化"放管服"改革与服务创新的重点，连续就促进在线政务服务发展、提高政务服务效率出台文件，拉开了举国上下积极推动在线政务服务改革的大幕。2018年7月31日，国务院下发文件《关于加快推进全国一体化在线政务服务平台建设的指导意见》，就加快建设全国统一的在线政务服务平台，努力实现政务服务"一网通办"做出具体部署。党的第十九届四中全会对运用智能化、大数据等手段推进全国一体化政务服务平台建设、促进公共服务供给能力提升做出重要部署。

中国互联网信息中心发布的报告显示，截至2020年12月，我国互联网政务服务用户规模达8.43亿，较2020年3月增长1.50亿，占网民整体的85.3%。各级政府充分利用智能化等新技术加快线上政府和线下政府的整合，并在大数据和云计算的助力下积极改造政务服务流程与模式，推动了新时期智能政务服务建设。地方政府实践方面，上海市徐汇区行政服务中心率先利用智能化技术完成了政务服务平台改造，人工智能政务服务机器人"徐小智"和"徐小境"借助对语音图像的模式识别和大数据构筑的场景与图谱，快速精准地筛选服务受众，很大程度上改善了办事的便捷性，极大地提升了人民群众对政务服务体验的满意度。杭州市近年来充分将智能技术和互联网技术融合，依托杭州大数据和云计算中心，将杭州市原有52个政府部门和单位的760个信息化建设项目充分连通，依托智能算法推动政务数据高效智能流转，打破了部门壁垒，克服了数据孤岛效应，推动了在线政务智能化，极大地提升了杭州城市治理的现代化水平。

二、智能政务对传统电子政务的升华

(一) 提升政务服务管理效能

在传统的行政审批流程中,审批环节众多、流程冗长复杂,再加上协同审批过程中部门协调困难,导致政务服务效能低下。通过引入人工智能,可以对政务服务办理过程中各环节的办理信息进行精准梳理和分析,有效辨别出政务服务过程中的多余环节,大幅提高了办事效率,减少了行政延迟。与此同时,人工智能还能以数倍于人力的效率实现证照、文件、公文等的流转以及办事过程数据的传递,有助于破除传统政务服务中部门分割、多头监管等积弊,实现跨地域、跨部门的有效协同,提高政务服务的精准性和协同性,提升政务服务的整体效能。

(二) 提高政务服务决策质量

随着人工智能技术的应用,政务服务部门可以实现对审批数据信息的价值挖掘和知识管理,避免出现"拍脑袋决策"现象,提高审批决策的科学性。人工智能技术有助于政务服务管理者快速、全面获取公众的有关信息,从而更好地了解他们的服务对象、更准确地预测公众需求和定制服务,实现决策的有效性;人工智能技术还能够通过对工商、税务、银行等部门的大数据进行分析,实现对重点企业及人员的识别,提升决策的针对性。此外,人工智能还能根据政务服务大数据自动形成涵盖市场主体存量、资金流入以及市场活跃度等信息的走势分析,帮助政府制定有效的产业调控政策,促进经济增长和产业发展。

(三) 重塑政务服务流程的认知逻辑

人工智能技术相比于信息与通信技术(ICT),对政务服务的影响体现为促进其自学习、自适应和自服务。人工智能增强政务服务是利用语音识别、图像识别、深度学习和自然语言处理等认知技术,对政务服务的标准清单知识库、业务流程、应用系统和数据库等进行训练、学习与模拟,建设智能决策平台、政民互动系统、语音视频处理系统、机器人服务终端、虚拟智能服务空间等,以达到解放、分解、取代和增强的功效,形成智能化政务服务新形态。

第三节 数字政府

一、数字政府的界定与特征

(一) 数字政府建设背景

1. 社会形态的历史嬗变

每一次技术变革所带来的生产力飞跃都会驱动人类社会走向更高的发展阶段,从信息传递低级形态的农业社会到信息传递中级形态的工业社会，再到信息传递高级形态的信息社会。当前，信息革命特别是即时通信网络的普及性应用，传统社会管理的精英模式正在遭受前所未有的挑战。几乎在一夜之间，全球单个个体都被纳入同一张社交网，以前相隔万水千山的人当下彼此相互影响、相互牵连，我们所生活的世界正在加速走向一体化、系统联动性和高复杂不确定性。在这样一个社交网络四通八达的世界中，我们既无法仅仅依靠捕捉几个有限变量而进行社会管理和政治决策，也没有充足的时间直面汹涌而来的信息洪流而专注于谨慎思考，更为重要的是社会生活的网络化正使得人们越来越习惯于各种"政治围观"和"社会吐槽"运动，并越来越深度地卷入有关社会治理的各项政治决策之中。

2. 全球公共治理转型的必然趋势

纵观全球，对于公共治理转型的思考和呼吁从未停止，在经历了韦伯式官僚制行政和新公共管理这两种政府治理范式的更替之后，新的治理理论和实践方案不断涌现，一种新的数字治理范式已现雏形。数字治理范式的产生既植根于社会需求日益增长和治理难题悬而未决的现实土壤，也和自20世纪70年代以来的技术革命息息相关，后者在重塑企业组织形态、赋能经济社会的同时，也推动着公共治理的现代化转型。以信息化、数字化为抓手，推动政府转型，实现政府职能重塑，成为各国完善公共治理的首选之策，其中尤以美、英等发达国家为甚。

3. 国家治理现代化呼唤数字政府

国家治理现代化，是国家治理体系现代化和国家治理能力现代化的有机统一，是使国家治理体系制度化、民主化、法治化、科学化、高效率，使国家治理者善于运用这套治理体系治理国家，把制度优势转化为治理效能。国家治理体系和治理能力现代化的含义是，国家治理体系要随社会的发展进步而不断改革调整；国家治理能力要随日益复杂的发展状况而不断优化提升。党的十九届四中全会明确提出，建立健全运用互联网、大数据、人工智能等技术手段进行行政管理的制度规则，推进数字政府建设。数字政府是信息化政府、管理网络化政府、办公自动化政府、政务公开化政府和运行程序优化的政府，基于这些特点，数字政府对于推进国家治理现代化特别是政府治理现代化，绝对不是可有可无的，而是非建不可的；意义绝对重大，非同一般。

(二) 数字政府的定义

党的十九届四中全会提出"推进数字政府建设"再次引起人们对数字政府的广泛关注。早在20世纪90年代，英文文献已经出现"电子政务(electronic government)"和"数字政府(digital government)"，是当时西方政府与IT企业合作的各种创新的概括。2012年以后，西方国家政府在概念上转向使用"数字化"或"数字政府"。在我国，"数字政府"最早出现于学术刊物，即2001年第1期《中国行政管理》开设的国内首个"数字政府"专栏，由此出现了一批相关学术文献。

当前，已有不少文献从不同视角对数字政府进行定义。

(1) 基于政府形态视角将数字政府视为"信息技术革命的产物，是工业时代的传统政府向信息时代演变产生的一种政府形态"。

(2) 基于工具视角，认为数字政府是"将政府与其他主体之间的互动、政务服务、社会治理等政务活动统统数字化并存储于云端……政府事务在数字化、网络化的环境下展开的政府存在状态和政府活动实现形式"，可以灵活地支持跨部门合作，建立统一的服务渠道，支持移动办公，以及基于安全的数据开放和基于数据驱动的决策等。

(3) 基于过程视角，将其视为通过数字化思维、战略、资源、工具和规则等治理信息社会空间、提供优质政府服务、增强公众服务满意度的过程，是公共部门使用ICT技术改善信息和服务供给，鼓励公民参与的过程。

此外，现有研究中对数字政府的界定往往与电子政府、电子政务等交替使用。从国外数字政府实践动态看，电子政务理念正在从电子政府(E-government)向互联管理(connected governance)转变，其核心是在传统电子政府侧重提升行政效能的基础上，更加注重利用信息技术改善政府与公民、企业及其他部门之间的关系，更加强调公民广泛参与的公共服务创新，更加注重加强社会各层面的整合。

(三) 数字政府的特征

数字政府的核心在于政府如何善用现代数字技术去实现良好政府，更好地达成政府施政的政策目标，为公民和社会创造更大的公共价值。在建设过程中，数字政府呈现多样化的特征，包括其核心目标从政府职能转向治理现代化升级、顶层设计从流程范式向数据范式转变、技术基础由信息化向智能化升级等。此外，数字政府还具有以下几方面特征。

1. 从现有流程的数字化到设计的数字化

在数字政府下，依据成功和持续转型的战略要求，设计政府的运作方法，重新思考、再造和简化政府的运作，实现有效的、可持续的和公民驱动的公共部门。在此过程中，还要充分考虑数字技术以及数据的潜力。

2. 从信息中心的政府到数据驱动的政府

在数字政府下，数据是政府战略性的资产和资源，是公共部门协同运作的基础动力。因此，政府能够充分运用数据预测公民和社会的需要，了解政府运作的绩效并不断回应变革的需求。

3. 从封闭的政府运作过程到开放的政府

在数字政府下，公民不仅可以了解政府的信息，实现充分的知情权，还可以通过协商、直接参与等途径，直接介入公共政策制定的过程，使得政府政策能够更好地回应民意，保障公民的权益。

4. 从政府中心到使用者和公民中心

在数字政府下，政府聚焦于使用者的需求和公民的期望，在公共政策的制定和公共服务的提供上，应充分听取公民的意见，并依据他们的需求，用数字化的方式提供优质的服务，包括跨机关的整合服务、自助式服务、个性化服务和高附加值的服务。

5. 从政府作为公共服务的提供者到政府作为公共服务共同创造的平台

在数字政府下，政府建设支持性的生态系统用以支持和赋能公务人员设计有效的公共政策，提供优质公共服务。这一生态系统能够促进政府与公民、企业、社会和其他组织之间的协作，激发公务人员的创造力，充分利用他们的知识和才能。

6. 从被动的政府到积极前瞻性政府

数字政府无论是在政策制定还是公共服务的提供上，都能够预测和了解社会的变化和公民的需求，并对此做出快速的反应。政府要积极地开放数据、公开信息，而不是等到公民请求之后才提供信息。积极前瞻性政府要求政府能够积极地解决问题，并且能及时反馈结果，而不是像被动政府那样给出消极的、不疼不痒的回应。

二、数字政府的内容与比较

(一) 数字政府的要点与比较

1. 数字政府建设的要点

数字政府是信息技术革命的产物，是工业时代的传统政府向信息时代演变产生的一种政府形态，本质上并非取代传统政府、电子政府，而是在原有政府形态基础上进行再创新。数字政府建设主要包含以下几个内容。

(1) 数字政府建设目标。数字政府建设目标主要包括四个方面：第一是技术方面，数字政府网络基础设施由"人人互联"逐步走向"万物智联"；第二个是组织结构方面，数字政府建设将推动政府运作由分散化、科层化、手工化逐步走向整体化、扁平化、智能化；第三个是运行模式方面，数字政府建设将推动政府治理由部门封闭化、单一化逐步走向开放化、协同化；第四个是工作重心方面，数字政府建设将推动公共服务供给从以机构为中心逐步走向以市民为中心。

(2) 数字政府治理。从传统农业社会和工业社会到当今信息社会，政府职能逐步从以统计管理为主转向以数据融通和提供智慧服务为主，政府的角色不再仅仅是"由内而外"发布指导性意见的权威管理者，而是渐趋"由外而内"的社会信息融通者和智慧型社会公共服务者。在这个转变过程中，"数字政府"所要转变的不仅仅是政府现有的工作方式，而更根本的是重塑政府的公共服务理念，即从社会公众的角度出发考虑他们需要什么、想要什么，然后设计和提供相应的政府服务，并努力去减少公众与政府打交道时所产生的摩擦和痛点，让他们享受更加便捷的生活。由此"数字政府治理"的核心目标在于推进以公众为中心的公共服务，在提高管理效率的同时改善服务体验，促进公众与政府的良性互动。

(3) 数字政府建设关键任务。当前，数字政府建设共有四个关键任务。第一，治理理念创新，主要包括以人为本、人民中心、数据赋能、人机友好、互动便捷、整体政府、服务政府、法治政府、清廉政府、有为政府等。第二，治理职能创新，主要包括增创数字职能，构建高速、移动、安全、泛在的新一代政府信息基础设施；形成治理主体互联、人与政府设施交互、天地一体的网络空间等。第三，治理体系创新，主要包括明确各层级政府职能、完善制度体系，依据"服务、监督前端+跨层级大平台+服务、监管、赋能生态+六大主体共同治理"的目标模式，架构数字化、在线化和O2O线上线下一体化的、人机合作/共存的政府治理体系。第四，流程、工具、政府活动内容创新，主要包括创新流程、内容及工具，加快政府流程上网、软件驱动、规则植入、算法优化的进程；提高对风险因素的感知、预测、防范能力，形成社会治理强大合力。

(4) 数字政府建设的目的意义。数字政府建设的目的意义有三点：一是推动政府数字化、智能化运行，创新政府治理理念和方式；二是打造泛在可及、智慧便捷、公平普惠的数字化服务体系；三是加快转变政府职能，建设法治政府、廉洁政府、服务型政府。

2. 数字政府建设过程中的核心问题

(1) 政务数据汇聚与平台建设。原来的政府信息化强调业务导向，以业务导向建设的信息系统虽然也产生了大量的数据，但这些数据都是信息系统的副产品，因此这一阶段政府并没有想到要把这些数据打通和共享，更没有建立在数据思维和数字逻辑上推进信息化工作。这导致数据是一个分散的状态，这是这一轮数字化转型首先需要面对的客观实际和条件。建设数字政府，必须将分散的数据进行整合，整合的方式有两种：一是物理汇聚，二是通过逻辑方式进行汇聚。政务数据平台是建设数字政府中需要打造的新型基础设施之一。政务数据平台的定位应该是什么？首先，政务数据平台应该是一个数据落地的平台，是一个逻辑集中的枢纽，是实现数据汇聚的物理设施，通过这种设施，便可以构建数据共享的渠道，打造数据开放、交易的出口，实现数据价值的安全释放。其次，该平台也是数据统筹管理的一个基础设施，通过搭建数据平台，便可以对政务数据进行集中统筹管理。

(2) 跨部门数据共享机制的实现。我们把分散性的数据通过物理、逻辑的方式进行汇聚，目的是要进行数据统一管理、发挥数据的价值。但是，要实现该目的有一个前提——就是各个部门同意将数据拿出来共享。对于各个部门而言，数据共享的依据是什么？如何进行共享？在数据共享的过程中，各个部门的权限和边界是什么？相关责任如何划分？这是汇聚政务数据和打造数据平台必须解决的客观问题，也是大家一直在思考的问题。由于存在各个部门自上而下的各种责任机制，如果这一问题不能得到根本性的解决，数据被拿出来共享的难度就非常大。

(3) 政务数据运营模式的构建。政务数据是资源，把它变成资产，让它产生价值，一方面是政府部门应用这些数据，通过共享交换提高治理水平，同时还要把它通过开放的方式，甚至包括一种有偿交易的方式释放出去。所以，政务数据不是一个简单的数据共享的问题，还包括数据开放、交易流动的问题，这就会涉及分类、脱敏、清洗、开放和交易机制的问题等。我们不仅要建立一体化政务数据平台，还有成立或委托相应的运营机构，对政务数据的共享、开放和流动进行运营。

(4) 相关制度规则的建立与调整。建立健全互联网、大数据、人工智能等技术手段，就要制定相关行政管理的制度规则。那么这些规则制度包括什么？政府信息化从管理体制和制度上有一个演进变化的过程。数字政府的制度规则应该包含三个方面：一是组织体系，二是支撑体系，三是工作机制。

3. 数字政府与电子政务的联系与区别

在数字政府建设加快推进的过程中，学术界和实践界共同提出了一个思维困惑，即如何正确审视数字政府和电子政务的关系。当前国内外学者的观点大致可以分为四类：第一，数字政府和电子政务没有本质区别；第二，电子政务是数字政府的一部分；第三，数字政府是电子政务的高级形态；第四，数字政府和电子政务有较多差异。以上四种观点的存在表明当前学术界有关数字政府和电子政务之间关系的认识存在较大分歧，不利于加快数字政府建设，因此有必要对此及时做出回应。

(1) 数字政府和电子政务的联系。首先，两者都是建立在技术基础之上的。数字政府是政府基于数字技术以更有效率的方式分配信息；而电子政务是政府机构应用电子信息化和网络通信手段，将管理与服务通过网络技术进行集成，在互联网上实现政府组织结构和工作流程的优化，突破时间、空间和部门分隔的限制，全方位地向社会提供优质、规范、透明、符合国际标准的管理和服务。从狭义范围来看，两者都是限于"政府"的信息化或数字化转型，目的都在于通过运用一定的信息技术来完成对政府职能和工作流程的改造，从而提升服务效能。

其次，电子政务的发展为数字政府建设提供了主要框架。数字政府建设的第一个阶段是电子政府阶段，电子政府是电子政务发展的目标，也是电子政务建设的重要基础。在这一阶段，政府是以更新信息化的软硬件来辅助处理政务业务和政府门户网站的建设为特征，通过对电子政务的发展进行一系列顶层设计，并不断推进电子政务平台架构建设向纵深发展，为数字化时代数字政府建设提供了重要框架。

最后，数字政府和电子政务在发展理念方面具有共同点。《"十三五"国家政务信息化工程建设规划》就以建成满足国家治理体系和治理能力现代化要求的政务信息化体系为导向，以期达到"宏观调控科学化、政府治理精准化、公共服务便捷化、基础设施集约化"的发展目标。从国家层面有关电子政务和信息化相关政策导向来看，电子政务内涵在不断拓展，并逐渐向数字政府靠拢。

(2) 数字政府和电子政务的区别。其一，数字政府和电子政务诞生的环境不同。电子政务发源于学术界，而数字政府最早出现在政府政策话语体系当中。

其二，电子政务侧重政府内部信息化基础设施建设，并以此来整合政府内部职能，提高履职效率和服务效能。国家出台了大量的法律法规和政策文件，通过开展试点、加强评估等方面全面推进电子政务建设，在电子政务信息共享和业务协调方面取得了重大突破。总体来看，电子政务以政府管理现代化为行政理念，以提高行政效率为目标，把重心逐步放在信息公开、政民互动与"互联网+政务服务"等方面。而数字政府在强化技术嵌入和数据赋能的基础上，更注重实现从"使用性工具"到"治理式平台"的跃升，推动数据按需有序共享和政务流程优化，从"碎片化"管理走向"整体型"治理，实现政务部门高效协同、数据要素活力充分释放、网上服务一张网供给、社会治理精细运转、公共参与积极有序、决策支撑精准高效、基础保障安全可管可控等。

其三，与电子政务相比，数字政府建设更加系统全面。数字政府在继承了电子政务技术、框架和发展理念基础上从"体制、机制、技术、业务和治理"五个层面进行了创新，这是电子政务难以企及的。

(二) 国外数字政府建设状况

数字政府的雏形为电子政府。电子政府概念的首次提出源于1993年美国发布的"信息高速公路计划"。1998年1月，戈尔在加利福尼亚科学中心发表《数字地球——新世纪人类星球之认识》演讲时提出"数字地球"概念，指出"数字地球"是赋予地球的一种基于海量地理信息的多维表达方式。此后，"数字国家""数字政府""数字城市"和"数字社区"等概念相继出现。国外数字政府的建设状况如下所述。

1. 制定数字政府建设的战略规划

近年来，发达国家重视制定符合本国国情的数字化发展战略，以顺应大数据与政府数字化转型的发展趋势，便于公众获取更为便捷、高效和高质量的政务服务。自2012年开始，英国先后出台《政府数字化战略》《"数字政府即平台"计划》《政府转型战略(2017—2020)》等战略规划，一系列的改革举措助推英国数字政府建设取得显著成效，在"第16届(2021年)早稻田大学国际数字政府评估排名报告"中英国位列全球第三。美国先后发布《数字政府服务》《数字政府：构建一个21世纪平台以更好地服务美国人民》《联邦数据战略2020年行动计划》等战略规划，致力于提供可以在任何时间、任何地点、通过任何设备获取的数字政府服务，联合国经济和社会事务部发布的《2022年联合国电子政务调查报告》显示美国电子政务发展指数位列全球前十。

2. 建立首席信息官数字政府管理运行制度

设立政府首席信息官并明确CIO的权利、义务与责任，健全CIO的选拔与管理机制，是数字政府建设的一项重要举措。美国是世界上较早建立首席信息官制度的国家之一，CIO并不是一个孤立的个体，而是一整套完备的组织架构和管理体系。美国数字政府建设的最高领导机构是总统管理委员会，其下设的执行机构为联邦管理和预算办公室(OMB)。加拿大的政府首席信息官制度建立于20世纪90年代初，CIO创建之初的角色定位仅仅是对情报进行简单处理与分析，而后逐步注重信息资源的挖掘与分析。

3. 深化政务数据的开放和应用

为满足公众日益增长的对政府开放数据的需求，打造阳光、透明与廉洁政府，世界各国积极探索从信息公开逐步转向数据开放。2009年，美国颁布《开放政府指令》，明确透明、参与、协同三大政府数据开放原则。2011年，巴西、印度尼西亚、墨西哥、挪威、菲律宾、南非、英国和美国成立了开放政府合作伙伴联盟，共同承诺提升政府信息公开度。2019年初，澳大利亚政府发布了《数据共享与公开立法改革讨论文件》，其中提出了新的公共部门数据共享机制。该文件将公共部门数据分为三类：封闭的数据、开放的数据和共享的数据，并提出了新的数据共享框架、透明和责任机制以及监管机制。2019年5月，英国发布第四个"开放政府国家计划2019—2021"，计划承诺提升政府中的公共参与程度，促进公共部门创新。计划的亮点在于促进实现政府采购、财政拨款过程的透明化，解决自然资源部门的腐败和财务管理不良的问题，同时进一步提高公共数据的质量。

4. 注重政务数据的融合与共享

为了优化政府资源配置，提升公共服务效率与效能，世界各国均在政府信息共享方面进行探索，以进一步推进数字政府建设，打造整体性政府。2015年，美国政府批准设立信息共享和分析组织，主要负责促进公共部门与私人部门进行网络威胁情报的信息共享与互通。新加坡出台《整合政府2010》，秉持以顾客为中心的理念，通过"Data.gov.sg"网站汇集各部门的信息数据，并为用户提供政府机构、关键字、过滤选项等多种数据查询方法。2017年4月，英国颁布替代2009年旧法的全新《数字经济法案》，成为全球首部系统完整的数字经济促进法，旨在平衡技术创新与风险应对、网络开放与安全保障、数据挖掘与隐私保护、数据垄断与有序竞争，构建一个运用技术持续推动经济、社会及政府转型与变革的良性法律环境。2022年4月，欧盟《数据治理法案》通过表决，该法案旨在促进整个欧盟内部和跨部门之间的数据共享，增强公民和公司对其数据的控制和信任，并为主要技术平台的数据处理实践提供一种新的欧洲模式，帮助释放人工智能的潜力。通过立法，欧盟将建立关于数据市场中立性的新规则，促进公共数据(例如健康、农业或环境数据)的再利用，并在战略领域创建共同的欧洲数据空间。

5. 借助人工智能技术打造智能化政府

随着人工智能技术的快速发展，越来越多的国家重视人工智能技术在数字政府领域的重要价值，并积极探索人工智能技术与数字政府建设的结合，以提升政府决策、公共服务、市场监管等方面的科学化与智能化水平。2017年，英国达勒姆警察计划开发"Hart"人工智能系统，通过将个人犯罪风险分为高、中、低三类，以此判断某个嫌疑人是否应该被拘捕关押。德国联邦移民和难民局也在积极探索如何运用人工智能语音分析技术精准识别难民的原始国籍。在政府档案工作领域，人工智能技术也发挥着重要的作用。国际图书情报资源委员会(CLIR)于2020年首次举行人工智能和档案网络研讨会，国际电子系统中文件真实性永久保障国际合作项目(Inter PARES)于2021年发起"可信任的人工智能"项目，深入研究档案领域人工智能应用。国际档案理事会(ICA)于2022年3月28日召开档案鉴定人工智能研讨会。人工智能的运用对于档案鉴定、检索利用、内容识别转录和敏感信息识别等工作具有巨大推动作用。

(三) 国内数字政府建设状况

1. 国内数字政府建设近况

我国数字政府发展可以划分为四个阶段，包括电子政府阶段、网络政府阶段、数字政府阶段和智慧政府阶段。当前我国正处于第三个发展阶段，即数字政府阶段。自从2015年我国部署实施《大数据的发展行动纲要》以及"互联网+"战略以来，数字政府也正式进入了一个以数据为核心的建设阶段，数据治理、数据资产化成为关键。国家为了扶植数字政府发展，推出了一系列政策，如2015年推出的《促进大数据发展行动纲要》，2017年推出的《"互联网+政务服务"的技术体系建设指南》，2018年推出的《进一步深化"互联网+政务服务"推进政务服务"一网、一门、一次"改革实施方案的通知》和《推进全国一体化在线政务服务平台建设的指导意见》。2019年，十九届四中全会也提出了《坚持和完善中国特色社会主义制度推进国家治理体系和治理能力现代化的若干重大问题的决定》。2020年9月29日，国务院办公厅发布了《关于加快推进政务服务"跨省通办"的指导意见》，提出了140项的全国高频职务服务的跨省通办的事项清单。2021年，国务院办公厅印发《全国一体化政务服务平台移动端建设指南》。在国家政策的号召下，各省级政府陆续成立了数字政府建设领导小组，明确了领导小组的主要职责、组成人员、工作机构职责、领导小组会议制度、领导小组办公室会议制度、重大事项研究报告制度、督查督办及信息报送制度等。此外，省级地方政府还利用手机终端实现了民众网上业务查询和办理，将社保、教育、交通等众多民生领域内的业务转移至手机端，将"好差评"政务服务平台建设作为数字政府发展"软环境"的重要标杆，网络一体化平台已经成为群众办事的主要渠道。

2. 国内数字政府建设典型模式

(1) 广东模式。为贯彻落实国家信息化发展战略，广东省委省政府高度重视数字政府建设，将数字政府建设作为推动经济高质量发展、再创广东营商环境新优势的着力点和突破口。2017年12月，广东率先启动了数字政府建设，并于2018年10月26日发布《广东省"数字政府"建设总体规划(2018—2020年)》，对数字政府的定义、实施重点和实施步骤进行了具体的安排。管运分离是广东数字政府建设的重要模式。

为加速推进广东省数字政府治理改革创新体系构建，广东省秉持"敢为人先、理念先行"的改革传统，以先行先试的理念在具备数字化发展技术水平和推广共识的基础上，把握住经济社会数字化与政府治理的契合点，在顶层设计方面迅速形成改革的共识，体现出数字治理理念与政府数字化转型的有机融合。

在理念层面，在吸收借鉴国内外主流建设思想的基础上，广东省分别将互联网思维、整体发展思维有效融合到政府数字化转型改革中,提出"政务互联网思维",并以此来指导"数字政府"的改革建设。

在顶层设计层面,广东省政府领改革风气之先,从数字政府建设的顶层设计端着手推进政府治理改革,将数字政府改革作为"一把手工程",成立了由省长担任组长的改革建设工作领导小组,并系统编制"数字政府"建设规划,以"数字政府"顶层规划、实施方案以及考核指标为牵引,加强政府各部门的改革意识和创新思维。

在运行模式层面,广东省政府采用"协同治理"的工作思维,尝试打造"多中心治理"格局,打造"政企合作、管运分离"的建设模式,加强政府与其他社会主体间的交流与合作,以减轻自身压力。

在运营主体的转型层面,广东省政府开启了"1+3+N"的政企合作模式,成立了数字广东网络建设有限公司,通过购买企业服务,形成政企合作的"管理协同"。

(2)浙江模式。浙江省的数字政府是在"最多跑一次"改革基础上的模块集成与生态重构,是地方政府自主创新的内生驱动结果。浙江省大力推进数字政府建设始于"最多跑一次"改革。2016年,浙江省委经济工作会议首次公开提出"最多跑一次"改革,随着改革的深入推进,为应对改革过程中出现的创新有余而标准化不足以及碎片化、门户林立等问题,进一步推动浙江政府数字化转型纵深发展,2018年7月,浙江省正式启动了政府数字化转型工作,在省政府发布的《浙江省数字化转型标准化建设方案(2018—2020)》中,明确提出打造智慧政府的新目标,即改革将更多借助大数据、互联网、云计算、人工智能、区块链等现代化信息技术,为整体性政府的构建提供技术支持,助力政府优化决策,继续深化"最多跑一次"改革。浙江省率先制定实施数字政府建设总体方案,采取"重点突破期""全面普及期""深度发展期"三步走战略,如表10.2所示。

表10.2 数字政府"三步走"战略核心任务

主攻阶段	时间表	路线图和任务书
第一步	重点突破期(至2018年12月底)	深度应用"互联网+政务服务",实现信息孤岛100%全打通、数据资源100%全共享、网上办事100%全覆盖;经济运行、公共服务、市场监管等领域的数字化应用取得成效;行政审批、执法监管、便民服务、基层治理、政务办公等领域数字化转型实现重点突破
第二步	全面普及期(至2020年12月底)	公共数据依法依规全面共享、有序开放,基本建成"掌上办事之省"和"掌上办公之省";80%以上的政务服务事项可以掌上办理,部门专网整合率达到100%,基于大数据的科学决策、社会治理、风险防控、政府效能显著提升
第三步	深度发展期(至2022年12月底)	大数据与政府治理深度融合,掌上办公、掌上办事实现核心业务100%全覆盖,用数据说话、用数据决策、用数据管理、用数据创新的机制较为健全;政府系统纵向、横向协同治理的机制基本形成;能够满足治理现代化和社会公众需求

资料来源:刘淑春.数字政府战略意蕴、技术构架与路径设计——基于浙江改革的实践与探索[J].中国行政管理,2018,(09):37-45.

浙江采用的是"政府主导+社会参与"的建设运营模式,充分发挥政府的引导与管理作用。2018年以来，浙江省政府利用属地优势与阿里巴巴集团合作，共同打造全省数据共享体系，"浙政钉""浙里办"等移动政务平台，探索建立了灵活的政企合作机制，以政府购买相关信息化服务的形式，鼓励企业为政府数字化转型提供咨询规划、基础设施建设、应用开发、运营维护等专业服务，同时确保政府对核心业务和数据资源的有效控制。2021年2月，面对新的发展要求，浙江省出台了《数字化改革总体方案》，在各领域各方面全面启动数字化改革。2022年7月30日，浙江省印发了《关于深化数字政府建设的实施意见》，明确提出了以数字政府建设持续创新施政理念、履职方式、服务模式、治理机制，推动公平服务普惠便利化、政府管理透明公平化、政府治理精准高效化、政府决策科学智能化。与此同时，《关于深化数字政府建设的实施意见》还坚持以数字化改革助力政府职能转变，以数字政府建设助推数字浙江发展，构建"平台+大脑"支撑体系、数字政府全方位安全保障体系和数字政府建设理论和制度体系。

(3) 贵州模式。贵州省抓住了2014年建设国家大数据综合试验区的契机，通过发展大数据，构建"云平台"，逐渐推动政府的数字化转型。2017年，贵州省《全省大数据发展工作要点》提出要以推进大数据战略行动和国家大数据(贵州)综合试验区建设为统领，以深入实施供给侧结构性改革为主线，以大数据"互联网+"改造提升实体经济为核心，着力在大数据引领性、应用性、支撑性上下功夫，强化项目化落实，发展壮大数字经济，着力建设"数字政府"。贵州省由于是内陆不发达省份，没有大型互联网龙头企业，因此在数字政府建设时采用了由"政府出资成立国有企业"的方式解决技术难题。2018年2月，贵州省正式挂牌成立云上贵州大数据(集团)有限公司。该公司是由贵州省政府批复成立的省属国有大型企业，致力于服务全省大数据战略行动和国家大数据(贵州)综合试验区建设。2019年贵州数字经济增速达22.1%，连续五年排名全国第一。2021年贵州省深入实施数字政府建设行动，印发《贵州省"十四五"数字政府建设总体规划》，按照全省"一体化"、全省"一盘棋"思路，围绕基础设施一体化、数据资源一体化、业务应用一体化、运营管理一体化等方面，深入推进协同、治理、服务一体化的数字政府建设。具体包括三方面内容，一是加快一体化数字政府核心基础建设，提升云资源服务能力、公共服务能力、数据共享开放水平；二是加快一体化政务协同和政务服务建设，提升内部协同服务能力、对外服务能力；三是加快政府治理数字化转型，提升重点领域数字化水平、跨部门协同水平和大数据支撑疫情防控能力。截至2022年5月，贵州省电子政务统一电子印章服务平台提供电子签章达上亿次，贵州省"数字政府"建设迈入全国前列。

3. 国内数字政府建设实践逻辑

(1) 以数字技术推动政府治理现代化。首先，数字政府形态的构建以多元技术融合与支撑作为基础架构，政府职能体系优化过程中注重对互联网、大数据、人工智能、5G技术、物联网以及区块链等的建立健全及运用。其次，数字技术驱动的外在效应包括界面创造、主体关联、管理制度优化、规则创新以及整体政府塑造，微观层面主要包括业务应用、公共支撑、数据资源与基础设施等。最后，数字政府推动决策科学化和精准化。云计算、人工智能的应用依赖于算法在数据处理中的基本运用，同时标准化、系统化和自动化的运行方式致力于收集、分析和处理海量信息，为不同场景中的公共政策制定提供科学依据和样本数据。

(2) 坚持"先试点、后推广"的政策行动。首先，政策试点机制依靠中央政府的推动力。中央政府作为数字政府政策试点的推动方，主要通过数字政府政策顶层设计和试点谋划，统筹推进政府信息化同经济发展、区域可持续发展及其他领域的信息化建设相衔接；同时，中央政府还对试点成果进行直接或间接推广，并就数字政府试点成果围绕内容、标准化、时间和方式等维度提出明确要求。其次，政策试点机制强调央地政府协同。一方面，广东、福建等作为数字政府建设先行先试的省份，其试点机制和经验构成了非试点地区学习的驱动力。另一方面，党的十九届四中全会对数字政府建设提出战略性目标和远程规划，地方政府"先试点、后推广"的实践主要围绕首席数据官制度、跨省通办、政府网站集约化、不见面审批和"互联网+政务服务"等试点方案进行，形成可管可控、治理有效的地方经验，并在凸显地方强推动和强学习的试点机制基础上，与中央政府层面数字政府规范化和标准化的政策推广方案协同。

(3) 设置"规划式"发展议程。我国数字政府建设呈现明显的"规划式"特征。党和政府根据政府信息化建设目标和资源，设置"规划式"发展议程，系统化聚焦建设议题，推进数字政府建设。我国数字政府四阶段的建设历程表明，党和政府注重对政府信息化建设的顶层设计与长期规划，把政府上网工程、电子政务与数字政府建设融合于国家治理体系与治理能力现代化的建构之中，形成了以规划促发展的实践逻辑。

(四) 国内数字政府建设的经验与启示

1. 注重体制机制创新是数字政府建设的组织基础

建立有力的统筹协调机制，才可能实现数字政府建设的健康有序；推动地方政府加强部门沟通衔接，确保政策法规的统一性，杜绝政出多门的现象发生，对于建立统筹协调机制的地方政府，进一步发挥牵头单位统筹作用，引导地方数字政府实现统一规划、统一预算、统一建设；对于统筹协调机制建设不完善的地方政府，协调推动相关部门加快完善体制机制建设，明确相关部门的职责分工，实现地方数字政府建设的统筹发展。

2. 注重法规"立改废释"是数字政府建设的制度保障

制度是实现数字政府规范发展的前提。按照《关于做好证明事项清理工作的通知》(国务院办公厅发〔2018〕47号)等文件的要求，对现行法规规章中制约信息共享、政务服务网上办理等数字政府建设的关键问题进行梳理，及时清理、修订不适应共享要求的法规规章和规范性文件；积极发挥试点的探路作用，在市场准入、投资审批、国际贸易、电子商务等营商环境重点领域先行先试，暂时调整实施部分法律法规规章条款，为下一步法律法规规章"立改废"积累经验；建立健全政务信息资源开放利用相关法律法规体系及配套的标准体系，推动数据开发利用早日走上法治化、规范化轨道。

3. 深化数据处理，打造核心引擎

政府要以业务协同为牵引，加快建立健全高效的数据共享统筹协调机制，健全全国一体化政务数据共享服务体系，推进区块链、大数据、人工智能等新技术应用，夯实"数据地基"、筑牢"数据底座"，不断提高数据开放共享和协同的规范性、精准性和有效性；全面提升网络支撑能力，加快构建门、网、线、端、点等平台，全面建成全国一体化政务服务平台，加快实现政务服务全国"一网通办""跨省通办""省内联办"；加快建设全国一体化在线监管平台，创新监管方式，强化公正监管，全面支撑事中事后监管"一网统管"。

第四节 数字公民

一、数字公民界定与特征

(一) 数字公民出现的背景

2014年，教育部印发《关于全面深化课程改革落实立德树人根本任务的意见》，提出了"核心素养"的概念，主要指学生应具备的、能够适应终身发展和社会发展需要的必备品格和关键能力。2016年，《中国学生发展核心素养》正式发布，内容包括文化基础、自主发展、社会参与三个方面，具体表现为人文底蕴、科学精神、学会学习、健康生活、责任担当、实践创新六大素养。伴随着大数据时代的到来，数字技术让每个人都有机会获取知识、分享信息，前提是个人已具备一定程度的数字素养。与此同时，数字技术与政府治理的融合在历经了电子政务、电子政府、数字政府、数字治理的发展以后，已然进入智慧治理的视域。人工智能等技术已经逐渐超越了自身的工具属性，超越了自身作为治理体系的选择性存在而成为固定的结构，但智慧治理的关键点不在技术，而在智慧。智慧治理作为超越技术性解读惯性的概念，更多地反映国家治理的理念和价值，关联着人的全面发展、社会的整体进步和治理水平的系统提升。人作为其中最活跃的因素，也被赋予了新的治理身份，即获得认可并积极行动的数字公民。

(二) 数字公民的定义

数字技术的发展已经取得了突破性进展，但与之有关的概念研究还不完善，鲜有关于"数字市民""智慧市民"等核心概念的研究。相比之下，数字公民的定义研究相对较为丰富，但学界尚无统一的定论。当前已有的定义包括以下几种。

维基百科将数字公民界定为"利用信息技术参与社会活动、政治活动和政府活动的人"。

美国肯特州立大学政治学教授克伦·墨斯伯格在 Digital Citizenship: Internet, Society and Participation 一书中认为，数字公民是"定期且有效地使用互联网的人"。

数字公民教育研究学者迈克·瑞布在其著名的 Digital citizenship education in schools 一书中提出，数字公民是指在应用技术的过程中能够遵循相应规范而表现出适当的、负责任行为的人。

俄亥俄州立大学教授木山·崔(Moonsun Choi)认为"数字公民"指的就是网络时代的公民，并基于对最近十年数字公民研究文献的综合分析，提炼出数字公民概念的四大核心范畴，即数字伦理、媒体和信息素养、公共参与以及批判力。

美国国际教育技术协会(the International Society for Technology in Education, ISTE)则指出，数字公民的内涵不仅包括拥有安全在线的能力，还包括运用数字技术促进社区建设、借助网络连接表达自己的观点并推动公共政策的改革等能力。

(三) 数字公民的特征

数字公民(digital citizenship)，是应用数字技术在各级团体中积极并负责任地参与终身学习的人。数字公民具有如下几个特征。

1. 掌握一定的数字技术能力

在数字时代，公民身份跨越了线下和线上世界。数字公民能够遵循一定的标准，适当且负责地使用技术，具备网络社会所需要的能力和素养。

2. 具备一定的网络素养

在现实和虚拟相结合的世界中，数字技术让每个人都有机会获取知识、分享信息，其前提是这个人已具备一定程度的数字素养，主要包括认识网络、理解网络、安全触网、善用网络、从容对网、理性上网、高效用网、智慧融网、阳光上网和依法上网。

3. 积极参与公共事务

信息技术为人类创造巨大福祉的同时，也带来了诸多问题。从垃圾信息、网络成瘾、网络欺凌到网络犯罪以及网络世界的娱乐至死，所有这一切无不警示数字化生存中人类所面临的挑战和风险。数字时代的人类应当如何生存与发展、合作与参与？数字公民的出现是大数据时代解决公共问题的重要主体，他们具备较高的数字素养，通过网络等渠道积极参与公共事务的处理，加速了公共服务的创新发展。

二、电子政务与数字公民身份

(一) 数字公民与电子政务的关系

数字公民和电子政务之间是相辅相成、相互促进的关系，数字公民作为公民在大数据时代的新发展，也适用于这种关系。一方面，随着信息通信技术的发展，不论是私人领域还是公共领域都在发生根本性的变革。世界各国都倾向于更多地利用互联网技术进行沟通和提供服务，试图借助新的公共参与电子工具改变公众参与的方式，拓展和创造新的、潜在的、更广泛和更深入的参与机会——电子参与。公众可以针对更多问题与政府机构及官员进行更为频繁的互动，进行包括协助公共服务的设计，参与服务的交付，针对复杂的问题和挑战提供更为连贯综合的解决方法等活动。另一方面，数字公民是智慧治理的基础和关键驱动力。数字公民的身份能够使人们在数字世界中不是作为代码而存在，而是作为技术的使用者和协作者而存在，并通过数字世界对物理世界的传导过程，实现物理世界公民身份与数字世界公民身份的同步革新和增权，赋能现实社会的智慧发展。

(二) 数字公民身份

1. 关键前提：还数于民

(1) 有效关联公民的双重身份体系。智慧治理时代，公民具有物理世界和数字世界的双重身份，两个身份应该是高度一致且同步更新的。但由于物理世界公民的身份是动态过程，数字世界公民的身份是静态识别，如何通过非人格化且相对确定的方式有效关联公民的双重身份体系极具挑战。

(2) 关注物理公民身份的关键信息。现代人在社会生活中往往承担着多元的社会角色，与此相对应，也就具有多重物理身份。这些身份并不是固定不变的，而是随着外界条件、自身情况等主客观因素实时变化的。因此，物理世界公民的身份作为数字公民身份的蓝本和基础，对其可被数字化的关键信息进行准确界定和采集尤为重要。

(3) 关注双重公民身份转换的关键节点。在将物理世界信息转换成数字世界信息的过程中，我们需要特别关注信息的识别者、筛选者、分类者、标记者。信息的识别者应清楚认知信息采集的内容和边界，作为数字公民信息的基础数据库，信息识别的锚定性和准确性是数字身份建立的前提。

(4) 关注数字公民信息的革新和核验。物理世界公民产生的海量数据并不适合全部移植到数字世界中，但是物理数据的变化却要实时映射到数字公民的信息库中，这样才能保证数字公民的身份能够真正显现物理世界的行动轨迹并有效行使数字世界的公民权利。

2. 重要支撑：信任体系

(1) 平衡治理效率的提升与治理职能的实现。政府对于治理效率的追求是理性行政的客观选择，但治理职能则远远超越了治理效率的维度，是与治理主体多元化、治理方式人性化、治理理念现代化等交叉整合的治理复合体。只有当刚性和单向性的数字治理接受现代治理的柔性和道德性的中和，数字信任才能真正建立，数字公民才能真正成长，智慧治理才能真正实现。

(2) 平衡数据资源的开放与数字安全的保障。以互联网为代表的新信息技术在一定程度上改变了权力运行的向度和治理信息流动的路径，既促进了政府与社会之间的高频互动与相互影响，也为既有制度的抽离和治理边界的消解提供了新的"去中心化"场域。开放数据资源的指向，就是通过运行现有的数字身份系统，结合实践反馈的信息，发现现有系统尚未覆盖或尚不完善的领域和环节并予以修正。在数据资源开放的过程中，数据安全是不能忽视的，这涉及权衡安全控制的收益和成本、限制匿名或混淆数据收集、制裁信息使用的不当行为以及审查移动设备管理环境等内容。只有实现数据开放与多重互信的良性循环，才能构建起牢固的信任体系。

(3) 平衡数字公民的自由与数字交往的自律。数字公民的自由除了涵盖物理世界公民的自由之外，还包括现实生活中难以实现的数字自由，如与陌生者随意交谈的自由、新闻信息等实时评论的自由、随时掩盖或显露自己真实状态的自由等。但数字世界并不是物理世界的平行空间，更不是法外之地，现实世界中的交往规则同样适用于数字行为。在现有的制度空白尚未被完全填补的背景下，公民数字交往的自律成为必要的素质和能力。

3. 重要基础：数字能力

(1) 关注素质提升的阶段性。在数字治理向智慧治理过渡的过程中，公民要实现从数据产生者到数据拥有者的转变，从被动接收者到主动参与者的转变，从数据初级使用者到数据综合分析者的转变，从服务评价者到服务设计者的转变。与此相对应，公民素质提升的重点内容应是信息的综合分析能力、积极参与数字空间活动的能力、数字环境中的情感表达和对他人的共情能力、保护自己免受网络欺凌和暴力的能力、遵守数字空间法律和规范的能力等，这也是现阶段推动数字公民身份真正建立的必要能力支撑。

(2) 关注数字能力的生活性。现在的数字能力培育多集中于与政府自身业务密切相关的领域，尚未摆脱以政府为中心的数字体系发展的惯性思维，这种培育往往与公民自身的业务办理能力相关，且只针对能够与政府业务有交集的群体，其他方面数字素养的培训相对匮乏。对于其他与政府接触较少的群体，数字能力培育的内容更加单薄，往往只限于正确使用网络、减少游戏时间、抵制网络诱惑、抵制不良信息的宣传、提防网络诈骗的陷阱、拒发虚假信息等方面。但智慧治理对于数字能力的要求是多维度的，因此，要从解决问题的教育导向中摆脱出来，转为培养数字生活的基本技能，并将此作为一类生活技能而加以培育和推广。

(3) 关注智慧治理中的隐形群体。新兴信息技术释放出了新的权力和财富的不平等，强化了信息富有人群和信息贫乏人群、活跃者和冷漠者之间的鸿沟。因为生活贫困的人、老年人和一些少数群体可能不具备有效使用互联网所需的数字技能，数字技术要使每个人都受益，就需要缩小数字鸿沟。因此，对于这类群体，应该推广对数字技能要求相对较低的技术，并能够为目标群体带来明显的便利和益处。如对于老年人和一些少数群体，可以尝试通过互联网驿站等载体宣传数字服务，这些服务由熟悉技术和客户需求的中介机构提供，包括编写和发送电子邮件、在互联网上查找信息等，从而使人们能够以低成本访问该技术而无须实际使用它。

本章小结

电子政务的发展不是静态的，随着信息技术的优化和升级，电子政务建设也实现了一步步的跨越，从传统政务网建设到今天的"互联网+政务服务"，从电子政府到今天的数字政府，电子政务建设呈现出智能化、系统化、科学化的发展态势，创造式地孕育并诞生了移动政务、智能政务、数字政府、数字公民等新的发展形态和有关概念，在定位和收集公共需求和提升政府政务服务水平方面实现了全面升级，并且对于加快电子政务转型升级，实现政府治理能力现代化具有重要意义。总体来看，在党和国家的高度重视和政策支持下，电子政务建设需要采取更加切实有效的对策，大胆创新，充分吸纳公众参与，打造全新的电子政务形态。

电子治理及其内容

我国电子治理进展与状况

关键名词

电子政务　移动政务　智能政务　数字政府　数字公民　实践应用　创新发展　公民参与

思考题

1. 电子政务的新趋向有哪些？如何界定？
2. 移动政务建设面临哪些问题？
3. 智能政务是如何塑造电子政务的？
4. 数字政府的发展模式有哪些？
5. 数字公民与电子政务有哪些关系？

附　录

附录A　电子政务课程实训

一、实训目的

(1) 基本掌握电子政务章节中的理论基础知识。
(2) 基本掌握电子政务应用事务技能和管理要求。

二、实训内容

1. 实训资料

从多种角度和平台收集有关章节中电子政务讲授内容的多样态文献、大数据资料。

2. 具体任务：以章节中的核心重点讲授内容为例

(1) 系统分析章节中电子政务重点讲授内容的理论维度和知识内容；
(2) 全面分析我国电子政务讲授相关重点内容的动态发展和管理要点。

3. 任务要求

(1) 采取多种手段完成讲授电子政务内容相关的理论和实务内容；
(2) 深入探讨电子政务讲授内容的历史脉络和发展趋势以及重要管理举措。

三、实训组织

(1) 指导教师具备实训组织的能力，具有适合的任务分配方法以及评价标准。

(2) 课堂成员以4～6人为一组，实行组长负责制，分工协作完成实训活动的记录和资料整理工作。

(3) 各小组分别组织理论知识、相关文献的学习和讨论(可参考延伸阅读的内容)，写出书面报告。

(4) 各小组在班级进行5分钟PPT演示，汇报观点并讨论、交流。

(5) 实务操作技能的演示和反馈信息的展示。

四、实训步骤

(1) 指导教师布置电子政务章节讲授内容的具体任务,指出实训要点、难点和注意事项。

(2) 分组并选举组长,成员分工,讨论和制定研究方案,报请教师指导、同意后执行。

(3) 小组成员集体学习、讨论理论知识和相关文献,分工收集和整理资料。

(4) 各小组组织讨论,按实训任务要求形成、归纳要点,完成书面报告。

(5) 班级演示之后,指导教师点评和总结;学生进一步完善报告并交给教师备案。

附录B 电子政务实验手册

电子政务实验手册(一)

姓名：_____ 学号：_____ 班级：_____

实验主题：_____

表B.1 电子政务实验之政府网站绩效评价

名　称	具 体 描 述
实验目的	1. 深刻理解课堂讲授的基本理论。 2. 增强应用能力和实践导向。 3. 发现问题和提出建议
实验要求	1. 复习课节相关理论基础，掌握基本术语和含义。 2. 具有操作计算机和网络的基本能力，能够准确快速查询相关网站和二三级网页，并对具体内容有所了解。 3. 查询户籍地或者居住地省政府网站、地市级政府网站(直辖市的区级)和国外政府网站，进行三个不同网站的比较。 4. 比较具体指标：参考教材第四章政府网站评价指标或者由老师与同学们共同商定的指标。 5. 把具体内容和分析结论以图表方式粘贴在下面的实验内容栏目中
实验过程	记录实验课过程，把做实验的顺序详细记录下来
实验内容	
实验结论	通过本次实验，得出基本结论，包括实验对象的问题、建议等
实验感受	详细记录实验感受，以及由实验引发的深刻思考

电子政务实验手册 (二)

姓名：_____ 学号：_____ 班级：_____

实验主题：_____

本手册分为三部分，第一部分为网站检查单项否决指标(见表B.2)，适用于所有政府网站、政府系统的政务新媒体；第二部分为网站检查扣分指标(见表B.3)，第三部分为网站检查加分指标(见表B.4)，适用于政府门户网站。扣分指标分值为100分，加分指标分值为30分。

对政府网站进行检查时，如网站出现单项否决指标中的任意一种情形，即判定为不合格网站，不再对其他指标进行评分。如网站不存在单项否决问题，则对扣分指标进行评分，如评分结果低于60分，判定为不合格网站；高于80分，则进入加分指标评分环节，最后得分为第二、三部分得分之和。其中，采用扣分方式评分的，单项指标扣分之和不超过本项指标总分值。对于没有对外服务职能的国务院部门，不检查其门户网站涉及办事服务的指标，对扣分指标评分时以75分为满分，结果乘以4/3为第二部分得分。

对政务新媒体进行检查时，如政务新媒体出现单项否决指标中的任意一种情形，则判定为不合格。

表B.2 网站检查单项否决指标

检查对象	指标	评分细则
政府网站	安全、泄密事故等严重问题	1. 出现严重表述错误。 2. 泄露国家秘密。 3. 发布或链接反动、暴力、色情等内容。 4. 对安全攻击(如页面被挂马、内容被篡改等)没有及时有效处置造成严重安全事故。 5. 存在弄虚作假行为(如伪造发稿日期等)。 6. 因网站建设管理工作不当引发严重负面舆情。 上述情况出现任意一种，即单项否决
	站点无法访问	监测1周，每天间隔性访问20次以上，超过(含)15秒网站仍打不开的次数累计占比超过(含)5%，即单项否决
	首页不更新	监测2周，首页无信息更新的，即单项否决。 如首页仅为网站栏目导航入口，所有二级页面无信息更新的，即单项否决。 (注：稿件发布页未注明发布时间的视为不更新，下同)
	栏目不更新	1. 监测时间点前2周内的动态、要闻类栏目，以及监测时间点前6个月内的通知公告、政策文件类一级栏目，累计超过(含)5个未更新。 2. 应更新但长期未更新的栏目数量超过(含)10个。 3. 空白栏目数量超过(含)5个。 上述情况出现任意一种，即单项否决
	互动回应差	1. 未提供网上有效咨询建言渠道(网上信访、纪检举报等专门渠道除外)。 2. 监测时间点前1年内，对网民留言应及时答复处理的政务咨询类栏目(在线访谈、调查征集、网上信访、纪检举报类栏目除外)存在超过3个月未回应有效留言的现象。 上述情况出现任意一种，即单项否决
	服务不实用	1. 未提供办事服务。 2. 办事指南重点要素类别(包括事项名称、设定依据、申请条件、办理材料、办理地点、办理机构、收费标准、办理时间、联系电话、办理流程)缺失4类及以上的事项数量超过(含)5个。 3. 事项总数不足5个的，每个事项办事指南重点要素类别(包括事项名称、设定依据、申请条件、办理材料、办理地点、办理机构、收费标准、办理时间、联系电话、办理流程)均缺失4类及以上。 上述情况出现任意一种，即单项否决。 (注：对没有对外服务职能的部门，不检查其网站该项指标)
政务新媒体	安全、泄密事故等严重问题	1. 出现严重表述错误。 2. 泄露国家秘密。 3. 发布或链接反动、暴力、色情等内容。 4. 因发布内容不当引发严重负面舆情。 上述情况出现任意一种，即单项否决
	内容不更新	1. 监测时间点前2周内无更新。 2. 移动客户端(App)无法下载或使用，发生"僵尸""睡眠"情况
	互动回应差	1. 未提供有效互动功能。 2. 存在购买"粉丝"、强制要求群众点赞等弄虚作假行为。 上述情况出现任意一种，即单项否决

表B.3 网站检查扣分指标(100分)

一级指标	二级指标	评分细则	分值
发布解读 (31分)	概况信息	1. 未开设概况信息类栏目的，扣2分。 2. 概况信息更新不及时或不准确的，每发现一处，扣1分。 (注：对国务院部门门户网站不检查该项指标)	2
	机构职能	1. 未开设机构职能类栏目的，扣2分。 2. 机构职能信息不准确的，每发现一处，扣1分。 (注：国务院部门门户网站未开设机构职能类栏目扣4分，信息不准确的，每发现一处扣1分，最多扣4分)	2
	领导信息	1. 未开设领导信息类栏目的，扣2分。 2. 领导姓名、简历等信息缺失或不准确的，每发现一处，扣1分	2
	动态要闻	1. 未开设动态要闻类栏目的，扣5分。 2. 监测时间点前2周内未更新的，扣5分	5
	政策文件	1. 未开设政策文件类栏目的，扣5分。 2. 监测时间点前6个月内政策文件类一级栏目未更新的，扣5分	5
	政策解读	1. 未开设政策解读类栏目的，扣5分。 2. 监测时间点前6个月内政策解读类一级栏目未更新的，扣5分	5
	解读比例	随机抽查网站已发布的3个以本地区本部门或本地区本部门办公厅(室)名义印发的涉及面广、社会关注度高的政策文件，被解读的文件数量每少一个，扣1分。 (注：不足3个的，则检查全部文件)	3
	解读关联	随机抽查网站已发布的3个解读稿，未与被解读的政策文件相关联的，每发现一处，扣0.5分；该政策文件未与被抽查解读稿相关联的，每发现一处，扣0.5分。 (注：不足3个的，则检查全部解读稿)	3
	其他栏目	1. 其他栏目存在空白的，每发现一个，扣2分。 2. 其他栏目存在应更新未更新的，每发现一个，扣1分。 (注：因空白、应更新未更新等原因已按其他指标扣分的，本指标项下不重复扣分)	4
办事服务 (25分)	事项公开	未对办事服务事项集中分类展示的，扣3分	3
	在线申请	1. 未提供在线注册功能或提供注册功能但用户(含异地用户)无法注册的，扣5分。 2. 注册用户无法在线办事的，扣5分	5
	办事统计	1. 未公开办事统计数据的，扣2分。 2. 监测时间点前1个月内未更新的，扣1分；3个月内未更新的，扣2分	2
	办事指南	随机抽查5个办事服务事项： 1. 事项无办事指南的，每发现一个，扣4分。 2. 提供办事指南，但重点要素类别(包括事项名称、设定依据、申请条件、办理材料、办理地点、办理机构、收费标准、办理时间、联系电话、办理流程)缺失的，每发现一处，扣0.5分。 3. 办理材料格式要求不明确的(如未说明原件/复印件、纸质版/电子版、份数等)，每发现一个存在该问题的事项，扣1分。 4. 存在表述含糊不清的情形(如"根据有关法律法规规定应提交的其他材料"等表述)，每发现一个存在该问题的事项，扣2分。 5. 办事指南中提到的政策文件仅有名称、未说明具体内容的，每发现一个存在该问题的事项，扣0.5分。 (注：不足5个的，则检查全部事项)	8

(续表)

一级指标	二级指标	评分细则	分值
办事服务 (25分)	内容准确	随机抽查5个办事指南，信息(如咨询电话、投诉电话等)存在错误，或与实际办事要求不一致的，每发现一处，扣1分。 (注：不足5个的，则检查全部指南)	5
	表格样表	随机抽查2个办事指南，要求办事人提供申请表、申请书等表单但未提供规范表格获取渠道的，每发现一个，扣1分	2
互动交流 (23分)	信息提交	存在网民(含异地用户)无法使用网站互动交流功能提交信息问题的，扣7分	7
	统一登录	网站各个具有互动交流功能的栏目(网上信访、纪检举报等专门渠道除外)提供的注册登录功能，未实现统一注册登录的，扣3分	3
	留言公开	1. 咨询建言类栏目(网上信访、纪检举报等专门渠道除外)对所有网民留言都未公开的，扣6分。 2. 随机抽查5条已公开的网民留言，未公开留言时间、答复时间、答复单位、答复内容的，每发现一处，扣1分。 3. 监测时间点前2个月内未更新的，扣3分。 4. 未公开留言受理反馈情况统计数据的，扣3分。 (注：不足5条的，则检查全部留言)	6
	办理答复	模拟用户进行2次简单常见问题咨询： 1. 未在5个工作日内收到网上答复意见的，每发现一次，扣4分； 2. 答复内容质量不高，有推诿、敷衍等现象的，每发现一次，扣4分	7
功能设计 (21分)	域名名称	1. 域名不符合规范的，扣1分。 2. 网站未以本地区本部门名称命名的，扣1分。 3. 网站名称未在全站页面头部区域显著展示的，扣1分	3
	网站标识	未在全站页面底部功能区清晰列明党政机关网站标识、网站标识码、ICP备案编号、公安机关备案标识、网站主办单位、联系方式的，每缺一项，扣0.5分	3
	可用性	1. 首页上的链接(包括图片、附件、外部链接等)打不开或错误的，每发现一处，扣0.2分；如首页仅为网站栏目导航入口，则检查所有二级页面上的链接。 2. 其他页面上的链接(包括图片、附件、外部链接等)打不开或错误的，每发现一处，扣0.1分	1
	"我为政府网站找错"	1. 未在首页底部功能区规范添加"我为政府网站找错"入口的，扣1分。 2. 未在其他页面底部功能区规范添加"我为政府网站找错"入口的，每发现一处，扣0.2分	1
		1. 监测时间点前6个月内，存在网民留言超过3个工作日未答复的，每发现一条，扣1分。 2. 监测时间点前6个月内，存在答复内容质量不高，有推诿、敷衍等现象的，每发现一条，扣1分	3
	站内搜索	1. 未提供全站站内搜索功能或功能不可用的，扣4分。 2. 随机选取4条网站已发布的信息或服务的标题进行测试，在搜索结果第一页无法找到该内容的，每条扣1分。 3. 未对搜索结果进行分类展现的(如按照政策文件、办事指南等进行分类)，扣1分	4

(续表)

一级指标	二级指标	评分细则	分值
功能设计(21分)	一号登录	注册用户在各个功能板块(网上信访、纪检举报等专门渠道除外)无法一号登录的,扣2分	2
	页面标签	1. 随机抽查5个内容页面,无站点标签或内容标签的,每个扣0.1分。 2. 随机抽查5个栏目页面,无站点标签或栏目标签的,每个扣0.1分。	1
	兼容性	使用主流浏览器访问网站,不能正常显示页面内容的,每类扣1分	2
	IPv6改造	未按照要求完成IPv6改造的,扣1分	1

表B.4 网站检查加分指标(30分)

一级指标	二级指标	评分细则	分值
信息发布(7分)	数据发布	1. 开设数据发布类栏目并在监测时间点前3个月内有更新的,得2分;监测时间点前3—6个月内有更新的,得1分。 2. 监测时间点前6个月内,通过图表图解等可视化方式展现和解读数据的,得1分。 3. 定期更新数据集,并提供下载功能或可用数据接口的,得1分	4
	解读回应	随机抽查3个不同文件的解读稿,通过新闻发布会、图表图解、音视频或动漫等形式解读的,每个得1分。	3
办事服务(6分)	服务功能	1. 提供服务评价功能的,得1分。 2. 公布服务评价结果的,得1分	2
	服务内容	针对重点服务事项,整合相关资源,细化办理对象、条件、流程等,提供专题或集成服务。提供3项及以上的,得2分;提供1至2项的,得1分	2
	服务关联	随机抽查2个办事服务事项,涉及的政策文件依据均准确关联至本网站政策文件库的,得2分	2
互动交流(8分)	实时互动	模拟用户进行1次简单常见问题咨询:咨询后一个工作日内答复且内容准确的,得3分;提供实时智能答问功能且内容准确的,得2分	5
	调查征集	1. 提供在线调查征集渠道(不含电子邮件形式),且监测时间点前1年内开展活动超过(含)6次的,得2分。 2. 监测时间点前1年内开展的调查征集活动结束后1个月内均公开反馈结果的,得1分	3
功能设计(6分)	智能搜索	1. 提供关键词模糊搜索功能的,得1分。 2. 根据搜索关键词聚合相关信息和服务功能,实现"搜索即服务"的,得1分。 3. 随机选取该地区、该部门下级网站上的2条信息或服务的标题,通过该地区、该部门政府门户网站搜索进行测试,能够在搜索结果第一页找到该内容的,每条得1分	4
	用户空间	注册用户可在用户主页下浏览其在本网站咨询问题、办事服务等历史信息的,得2分	2
创新发展(3分)	——	通过政府网站服务中心工作、方便社会公众的做法突出,并获得本地区、本部门主要领导肯定的,加3分	3

附录C　课堂panel演训流程、要素与组织实施

一、什么是课堂panel教学模式

高校文科生课堂panel教学模式是教师或教学主管部门基于PBL&OBE[①]的需要,借助大数据分析技术,以进一步检测PBL&OBE教学效果,在高校文科生课堂教学中开展的教学形式。panel教学模式具有和谐共振性、问题指向性、互动包容性、全员参与性、考察综合性等特征。

二、高校文科生课堂panel教学模式的要素

高校文科生课堂教学模式由"多元相关专题+三大主体"四个要素构成,即"专题+主持人+发言人+听众",三大主体围绕多元专题开展既定议程讨论,实现全员参与、科学评价的目的。

(一) 专题

专题,即讨论主题,是课堂panel教学的核心。教师(主持人)为实现教育教学效益最大化,在每次panel之前,运用大数据技术,结合课堂教学要点和社会一定时期的相关热点,提出4~6个讨论专题,供不同组学生选择认领。专题的设定不能超出教学知识体系限制范围,但可以紧跟学科学术前沿,贴近国家时事政治,关注公众和国家关切,体现PBL的内涵。例如,公共管理类本科生在电子政务课panel教学中,教师依据教学进展和电子政务时政热点,提出相关专题,包括"电子政务的本质与发展趋势""电子政务发展的差异性与共性""电子政务安全与管理""政府网站的现状与改进"等,供同学们分组选择,形成本方观点和论证体系。

(二) 主持人

在课堂panel教学模式中,主持人一般由任课教师或学院指定的老师担任,主持人应当具有较为深厚的专业知识以及教育教学经验,能够实现对课堂氛围与秩序的有效调控。在panel讨论开始前,主持人应当对panel的概念、形式、价值等做出介绍,对panel开展中的注意事项、讨论秩序做出具体要求,引导学生进入panel程序;在panel讨论进行中,主持人应充分发挥课堂主导作用,视情况选择激化思想交锋、文化碰撞或给讨论者降温,做到实时控制讨论节奏;在panel讨论结束后,主持人应当对panel讨论中凝练出的共识、暴露出的问题、学生的总体表现等做出总结与评价。

---

① PBL,problem based learning,基于问题的学习;OBL,outcome based education,成果导向教育。

(三) 发言人

在课堂panel教学模式中，应当以3~5人为宜划分出若干学习小组，每个小组推举一名成员作为本组的发言人。在一场课堂panel中，各小组的发言人同台"竞技"，在充分准备的基础上，围绕专题展开讨论。发言陈述过程中，应当观点鲜明、结构清晰、论说有据、表达流畅。结束发言陈述环节后，发言人需要面对来自台下观众的质疑和提问，最终解答疑问或修正观点，本组成员可以根据讨论进展，补充台上发言人观点内容或者替代申请发言，因此，发言人具有一定的变换性，可以临时调整，确保本组观点的充分表达。

(四) 听众

panel教学模式的听众主要包括两类：一类是每个小组除去发言人外的其余同学，他们坐在台下，根据讨论进展补充或者替代发言者表述内容，为发言者提供后援；另一类则是没有参与到小组中的其他同学。听众主要有两方面职责：一是在听的过程中针对自己感兴趣的发言对台上同学进行提问；二是补充本组发言者未完善的问题，为发言者解围。因此，在课堂panel教学模式中，听众并非没有任务和机会，他们同样需要为课堂讨论做充足的准备。特别是没有参与到小组讨论的部分同学，完全有机会提出新的观点和论证，进而占据课堂讨论的制高点，主持人也会适时地把这类听众的有价值讨论提升到整个panel讨论中，获得肯定。

三、高校文科生课堂panel教学模式的实施过程

一个完整的课堂panel教学模式分为准备、实施以及总结三个阶段。其中，准备阶段要确定panel专题、对panel的各类参与主体进行划分，以及向学生介绍课堂panel教学实施过程，该阶段准备状况直接关系到panel讨论阶段的顺利开展；实施阶段作为核心部分，由发言者陈述、听众提问、主持人控场与总结三个交互环节构成，该阶段开展情况将直接反馈准备情况以及影响教学效果；总结阶段要完成对学生知识掌握程度与综合能力状况的评价，以及对课堂panel教学模式开展效果的评估。此外，panel教学还应当注意全程的影音、图片、文字等材料的收集，为全面客观评价提供依据和基本素材。

(一) 准备阶段

准备阶段的主要工作是专题的选择和边域的确定。作为讨论内容的核心，panel专题应当符合文科教学特点，并为课程开设的预期目标服务。教师应当充分分析教学数据、把握教学重点，并根据未来社会发展趋势及人才需求进行理性预测，根据参与人数，选择若干组专题，提升专题选择的科学性和适用性。鉴于讨论专题相对集中，但涉及问题宽泛，特别是自由讨论中相互提问的不确定性，应当将具体专题边域提前告知参与panel讨论的发言者、提问者，保持讨论话题集中度，不超出讨论问题的专业、能力范畴。

1. 环境选择和邀约

高校很多课程的班型并不固定，教室类型也并不统一。教师需要根据教学目的、教学资源等对panel环境做出选择，如大班教学时，是出于集约化目的选择共同完成一场panel，还是出于精确化考量选择分批次开展小型panel？是选择普通教室还是"智慧教室"？与此同时，panel教学不能一概而论，教师应当以所选择的环境为根据，预设学生参与情况、平衡陈述与提问时间等，保证panel达到预期效果。各个参与专题讨论组的同学要提前确定本组发言人，其他小组成员则成为支援者，根据panel进程，邀请其他听众支持本方观点，或者向评价团提交有利于本方观点的素材。

2. panel宣介

panel在当前一些领域已经应用较广，但在课堂教学中应用仍属新鲜事物。因此，需要主持人(教师)开展panel之前完成宣介：一是介绍panel模式的操作流程，指明各类参与群体的职责和任务；二是追溯panel起源，解释panel模式应用于课堂教学的重要意义，调动同学参与积极性。当然，因为panel讨论需要较为专业的课程知识，panel教学不适宜在课程开始之初开展，可以选择在课程结束前进行，以检验学生学习效果。

(二) 实施阶段

实施阶段以发言者陈述为中心。发言者陈述应当以充分的专题准备为基础，需要发言者协同小组其他成员针对事先知晓的panel专题展开深入思考和广泛查找资料，使本组的立场和观点具有价值和深意，并能够依托数据和案例等做到论说有据；发言者群体作为小组的代表，承担专题的引出者和陈述者角色。发言时，应当做到观点鲜明、内容充实、思路清晰与逻辑正确。另外，发言者在陈述观点时，可根据需要合理运用新媒体资源，在讲演中融入影视素材、PPT等。

1. 提问互动

学习小组内除发言者之外的其他成员和没有参与到小组中的其他同学成为课堂panel教学中的观众，他们针对自己感兴趣的发言、想知道的问题坐在台下进行提问；同时，学习小组内除发言者之外的其他成员作为本组台上发言者的忠实盟友，他们应当为其提供支援，助其解围。如此，在相互反馈中，加强讨论话题的深度和宽度，把panel引向深入。值得注意的是，台下同学并非完全被动地提问，也不是台上同学的"附庸"，也可以发表自己的看法和见解。相较于台上同学的发言，倘若台下同学的发言具有更强观点新颖性、逻辑严谨性、内容充实性，能够吸引到足够多听众的关注和支持，将课堂气氛引向活跃，台下同学也将有机会被邀请到台上成为新的发言者，从而形成发言者群体的N(固定组)+X(扰动组)格局，这既是对台下同学的激励，也为台上发言者制造压力。

2. 问题引导和激励

主持者的基本任务是引导panel进程、把控讨论节奏、维持环境秩序。主持者通常由该门课程任课教师或者学院特定教师担任，主持者需对讨论专题有较为深刻的认识以及深厚的知识储备与教学经验，可以在panel进行过程中选择激化争议话题，或是给讨论者降温，关键要通过随机的深入讨论，凝练出共识问题和暴露新的问题，引导学生在讨论中有所收获，为改进教学提供帮助。

(三) 总结阶段

1. 基于panel过程的评价

主持人具有评价权力，第三方评价团(独立老师或教育专家)更具有评价权威，所有参与者也可以对某一个人进行评价。同时，基于panel的过程评价涉及对学生知识水平与综合能力的评价，以及课堂panel模式实施效果的评价。

2. 对学生知识水平和综合能力的评价

除了所有参与者与观摩者对特定同学表现情况所持有的感性评价外，应当注重建立评价模式和指标体系，面向社会竞争和学生能力状况设计综合性评价表和权重，建立对学生的理性评价。除了赋分，主持者(即教师)和评价团一定要指出学生在知识学习上的漏洞与具体能力的不足及其改进方向。

3. 对课堂panel模式实施效果的评价

评价课堂panel模式不仅能够对参与讨论的学生起到总结提示作用，同时可以为教学实践提供未来改革方向和路径，改进课堂panel实践中的不足，促进panel教学常态有效。因此，评价团和主持者需要给学院写出课堂panel模式实施效果评价报告，为学院和学校改革文科课堂教学提供参考。

综合以上panel的要素和过程，总结出具体课堂panel模式，见图C.1。

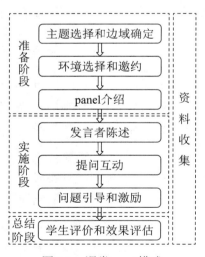

图C.1 课堂panel模式

四、意义与建议

高校文科生课堂panel教学模式以服务学生成长成才、服务教育事业发展、服务社会进步为目标,更充分展示了PBL&OBE的课改建设成果,具有典型的自身特征和时代价值。panel教学模式打破了当下互动教学中存在的僵硬化困局与形式化束缚,真正将尊重学生主体地位落到实处,必将增强教学活力、提升教学效果、提高教学水平。同时,课堂panel教学模式所具有的严谨操作流程,在实践中也被证明具有可重复性和可复制性,体现其科学性价值和推广意义。

但是,高校文科生课堂panel教学模式的应用与实践尚处于初级阶段,panel教学方法的有效实施和不断改善还需要教育行政部门、教师、学生多方共同努力。如转变传统以教师为中心的教学理念,凸显学生主体地位;教师要加强对教学资源的整合力度,合理分配教学资源,保证panel教学资源投入力度;教育主管部门要制定积极的支持政策和加强panel模式的引用激励,以及开展panel模式的立项研讨;学生更应该抓住panel的机遇,积极地塑造自己成才。

部分内容转引自:陈德权,时靖琪. 高校文科生课堂panel教学模式的构建[J]. 沈阳师范大学学报(社会科学版),2021.3.

后　记

在党的二十大胜利召开之际，《电子政务：基础、框架与趋向(第2版)》编写组紧盯大会报告主要内容，认真学习领会习近平总书记报告中有关电子政务的相关论述，其中"中国式现代化"必然包含中国政府管理体制和机制的现代化，电子政务以及数字政府就是中国特色道路上的成功实践。在全面开启社会主义现代化强国新征程中，电子政务也从过去承载人们希望的明天模式，转变为落入寻常百姓家的指尖文化组成。政府与人民群众基于电子政务平台从来没这么近、这么便捷、这么贴心，公众的幸福感中包含着电子政务带给大家的暖心、舒心。为此，编写组经过统筹谋划，精心组建编写队伍，详细讨论书稿结构和章节逻辑，经过近一年时间，撰成此稿。

国内关于电子政务的教材和学术著作，逐渐被如数字政府之类的出版物替代，但两者显然是不同的，电子政务是不能被替代的，而是随着新的技术应用和政府改革推动，出现了新的服务形态和运行模式，这应该给予足够多的重视和保持一如既往的教学地位。东北大学教务处、研究生院和文法学院以学校规划教材和精品课方式提供出版资助；清华大学出版社编审人员提供专业的出版指导，力求给科研学术界、实务应用界奉献一本专业书刊。

编写教材是辛苦的。本教材再次出版，主要得益于我国"十三五"时期电子政务领域发生的重大变化。从"互联网+政务服务"到组建三级"政务服务网"，从电子政务到数字政府，电子政务真真正正进入我们的日常生活，随之而来的是相关行政管理制度、运行机制、行为规范、立法政策等方面的巨大变革。对于这些内容，编写组都力求能在本教材中得到呈现和展示，让学习者系统掌握这种变化，让探索者明晰变革的内在逻辑。

一本好的教材可以开启新的教学模式。电子政务课程教学是理论和实践的结合。一方面可以依托教材讲授电子政务理论的博大精深；另一方面需要借助各级政府电子政务平台开展在线实验教学。政府网站、政务服务网、法规政策、移动政务等章节都可以设置实验内容，让学生在计算机前完成从学习者到应用者的转变。在应用过程中，学习者体会到电子政务的价值，当然会发现很多建设中的不足和缺陷，进而去研究问题、分析问题，推动电子政务走向更加实用的未来。

写一本教材得益于很多良师益友的助力。本教材构思和设计过程中，张锐昕教授邀请我参与她的教材出版,在负责的章节写作过程中,得到张老师的认真指导,其一丝不苟的学术精神和态度深深感染了我,激励了我,令我有决心和方法好好对待本教材的出版。清华大学的张楠等人在2017年到东北大学MPA课堂做了一次panel教学,引起学生浓厚的学习兴趣和参与热情。在学校教务处、研究生院支持下,我对panel教学进行一些创新尝试,在本科生、MPA、统招硕士的电子政务课堂、大数据与政府治理课堂,均取得良好的教学效果,客观上提升了我完善本教材的信心和勇气。

  本教材的顺利出版还要感谢东北大学计算机学院的刘莹老师,她负责本书第三章的编写;辽宁石油化工大学的杨红老师,负责本书的第六章编写;辽宁经济职业技术学院的王立岩老师,负责本书第七章部分内容的编写工作。此外,东北大学文法学院领导、行政管理系同仁也对教材出版给予鼎力支持;研究生云杰、张庆钊、傅航超、李娜、孙艺侨、周楠、张光玉从头至尾参与本教材的文献收集,章节补充修改、校正等工作。

  最后感谢广大读者,希望本教材给你带来知识和启迪。

陈德权
2022年10月于沈阳长白岛

参考文献

[1] 徐晓林，杨锐. 电子政务[M]. 武汉：华中科技大学出版社，2009：19-20.

[2] 王琰，徐玲. 电子政务理论与实务[M]. 北京：清华大学出版社，2004：18.

[3] 联合国经济和社会事务部. 2020联合国电子政务调查报告[R]. 2020：153.

[4] 赵斌，陈成天，孙倩. 数字财政：转型制约因素与全面数字化对策[J]. 地方财政研究，2020(10)：8.

[5] 辛璐璐. 国际数字政府建设的实践经验及中国的战略选择[J]. 经济体制改革，2021(06)：7.

[6] 张晓，鲍静. 数字政府即平台：英国政府数字化转型战略研究及其启示[J]. 中国行政管理，2018(03)：6.

[7] 联合国经济和社会事务部. 2020联合国电子政务调查报告[R]. 2020，186.

[8] 姜晓萍. 政府流程再造的基础理论与现实意义[J]. 中国行政管理，2006(5)：37.

[9] 崔彩周. 电子政务环境下政府业务流程再造新探[J]. 学理论，2009(21)：40-41.

[10] 王立群. 现代企业客户关系管理研究[D]. 北京：首都经济贸易大学，2004：7-8.

[11] 陈福集. 电子政务系统中面向公众的信息集成化管理与个性化服务研究[D]. 合肥：合肥工业大学，2004：40-41.

[12] 谭晓. 电子政务信息安全系统的设计与实现技术[D]. 南昌：江西师范大学，2003：10.

[13] 张云开. 智慧政务背景下政府公职人员信息协同行为与驱动策略研究[D]. 长春：吉林大学，2021. DOI：10.27162/d.cnki.gjlin.2021.000752.

[14] 徐东华，金隽竹，邓岚月，等. 我国基层公务员网络信息素养调查[J]. 北京电子科技学院学报，2020(01)：50-57.

[15] 吴倚天. 吉林实行"政府雇员制"促进政务信息化建设[J]. 信息化建设，2003(07)：20-22.

[16] 红山. 2021电子政务与智慧城市企业100强[J]. 互联网周刊，2022(02)：24-29.

[17] 谢岳. 大众传媒与民主政治[M]. 上海：上海交通大学出版社，2005：75.

[18] 李栗燕，徐华伟. 电子政务概论[M]. 武汉：华中科技大学出版社，2013：106.

[19] 侯卫真. 电子政务[M]. 北京：电子工业出版社，2014：87.

[20] 吕晓阳，谭共志. 电子政务理论与应用[M]. 北京：清华大学出版社，2010：100.

[21] 张鹏翥，樊博. 电子政务[M]. 北京：电子工业出版社，2011：18.

[22] 谭伟贤. 现代办公与管理自动化技术500问[M]. 南宁：广西科学技术出版社，1995：78.

[23] 孟庆国，樊博. 电子政务理论与实践[M]. 北京：清华大学出版社，2006：34.

[24] 侯卫真. 电子政务[M]. 北京：电子工业出版社，2014：91.

[25] 蒋录全，吴瑞明，李峰，等. 电子政务服务质量管理思路研究[J]. 情报科学，2006，24(2)：310-315.

[26] 张鹏翥，樊博. 电子政务[M]. 北京：电子工业出版社，2011：29.

[27] 吕晓阳，谭共志. 电子政务理论与应用[M]. 北京：清华大学出版社，2010(9)：115-116.

[28] 胡广伟. 电子政务服务管理[M]. 南京：南京大学出版社，2010(7)：131-134.

[29] 吕晓阳，谭共志. 电子政务理论与应用[M]. 北京：清华大学出版社，2010(9)：115-116.

[30] 王益民. 全球电子政务发展前沿与启示：《2020联合国电子政务调查报告》解读[J]. 行政管理改革，2020(12)：43-49. DOI：10.14150/j.cnki.1674-7453.20201104.001.

[31] 颜佳华，等. 行政文化新探[M]. 湘潭：湘潭大学出版社，2017：9.

[32] 陈德权，林海波. 论政府数据治理中政府数据文化的培育[J]. 社会科学，2020(03)：33-42. DOI：10.13644/j.cnki.cn31-1112.2020.03.005.

[33] 陈德权，朱鑫，周倩. 从信息公开到数据开放的历史演变与逻辑阐释：基于权力转移理论的视角[J]. 中共天津市委党校学报，2021，23(06)：69-77. DOI:10.16029/j.cnki.1008-410X.2021.06.008.

[34] 张馨戈. 云计算背景下我国电子政务建设研究[D]. 长春：吉林大学，2013：56.

[35] 工业和信息化部信息化和软件服务业司. 中国区块链技术与应用发展白皮书(2016)[R]. 2016.

[36] 唐维红，唐胜宏，刘志华. 移动互联网蓝皮书：中国移动互联网发展报告(2021)[M]. 北京：社会科学文献出版社，2022.

[37] 张锐昕. 电子政府与电子政务[M]. 北京：中国人民大学出版社，2011：228.

[38] 陈德权，柳春清. 电子政务：基础、框架与趋向[M]. 北京：清华大学出版社，2016.

[39] D. 雅各布森. 网络安全基础：网络攻防、协议与安全[M]. 仰礼友，赵红宇，译. 北京：电子工业出版社，2016.

[40] 克里斯·桑德斯. 网络安全监控：收集、检测和分析[M]. 李柏松，李燕宏，译. 北京：机械工业出版社，2015.

[41] 金江军. 网络安全和信息化党政领导干部一本通[M]. 北京：中信出版社，2017.

[42] 颜端武，丁晟春. 电子政务网站设计与管理[M]. 北京：北京大学出版社，2005：7.

[43] 李传军. 电子政务[M]. 上海：复旦大学出版社，2011：165.

[44] 原忠虎. 电子政务[M]. 北京：北京大学出版社，2011：106.

[45] 许跃军，杨冰之，陈剑波. 政府网站与绩效评估[M]. 杭州：浙江大学出版社，2008：33.

[46] 李传军. 电子政府管理[M]. 北京：对外经济贸易大学出版社，2008：138.

[47] 王英伟. 电子政务[M]. 北京：北京邮电大学出版社，2008：101.

[48] 刘越男，王立清，钱红燕，等. 政府网站的构建与运作[M]. 北京：中国人民大学出版社，2004：214.

[49] 王琰，徐玲. 电子政务理论与实务[M]. 北京：清华大学出版社，2004：268.

[50] 卓越. 公共部门绩效评估[M]. 北京：中国人民大学出版社，2004：2.

[51] 李传军. 电子政务[M]. 上海：复旦大学出版社，2011：362.

[52] 蔡立辉. 西方国家政府绩效评估的理念及其启示[J]. 清华大学学报(哲学社会科学版)，2003(01).

[53] 周慧文. 电子政务公众网站的评估与应用研究[M]. 兰州：兰州大学出版社，2007：36.

[54] 魏志荣，赵兴华. "互联网+政务服务"创新扩散的事件史分析：以省级一体化网上政务服务平台建设为例[J]. 湖北社会科学，2021(01)：37-38.

[55] 肖成俊. "互联网+政务服务"模式推进路径探析[J]. 湖北社会科学，2022(03)：31.

[56] 李春根，罗家为. 赋权与增能："互联网+政务服务"何以打造地方发展软环境[J]. 中国行政管理，2021(05)：48-50.

[57] 顾杰，何崇喜. 下硬功夫打造好发展软环境[J]. 中国行政管理，2019(04).

[58] 刘祺，彭恋. "互联网+政务"的缘起、内涵及应用[J]. 东南学术，2017(05).

[59] 刘舒杨. 互联网+政务服务：历程、经验与思考[J]. 中国经济导刊，2019(11).

[60] 张鹏，高小平. 数字技术驱动公共服务高质量发展：基于农村的实践与优化策略[J]. 理论与改革，2022(05)：82-93+149-150. DOI:10.13553/j.cnki.llygg.2022.05.008.

[61] 廖福崇. 基于"制度—行为"框架的数字治理能力生成模式研究[J]. 湖湘论坛，2022，35(02)：78-93. DOI：10.16479/j.cnki.cn43-1160/d.2022.02.009.

[62] 钟伟军. 地方政府的分散创新与中央主导下的创新整合：长三角政务服务"一网通办"的实践路径[J]. 江苏社会科学，2022(01)：63-73. DOI:10.13858/j.cnki.cn32-1312/c.2022.01.024.

[63] 毕建新，李东，刘开强. 在线政务服务视角的电子文件管理对策研究：基于《国务院关于在线政务服务的若干规定》的分析[J]. 档案学研究，2020(02)：112-116. DOI：10.16065/j.cnki.issn1002-1620.2020.02.018.

[64] 孟庆国. 线上线下融合是政务服务创新发展方向[J]. 中国行政管理，2017(12)：14-16.

[65] 姜宝，曹太鑫，康伟. 数字政府驱动的基层政府组织结构变革研究：基于佛山市

南海区政府的案例[J]. 公共管理学报，2022，19(02)：72-81+169. DOI：10.16149/j.cnki.23-1523.20220415.003.

[66] 彭云，马亮."放管服"改革视域下的政务服务"好差评"制度：中国省级政府的比较研究[J]. 行政论坛，2020，27(06)：51-58. DOI：10.16637/j.cnki.23-1360/d.2020.06.001.

[67] 宋锴业. 中国平台组织发展与政府组织转型：基于政务平台运作的分析[J]. 管理世界，2020，36(11)：172-194. DOI：10.19744/j.cnki.11-1235/f.2020.0176.

[68] 杨冬梅，单希政，陈红. 数字政府建设的三重向度[J]. 行政论坛，2021，28(06)：87-93. DOI：10.16637/j.cnki.23-1360/d.2021.06.007.

[69] 鲁肖麟，边燕杰. 疫情风险治理的双重动力：政府防控措施与网络公众参与[J]. 江苏社会科学，2021(06)：61-71+242. DOI：10.13858/j.cnki.cn32-1312/c.20211124.019.

[70] 翟云. 新时代"互联网+"政务服务的发展逻辑[J]. 社会治理，2019(03)：31-36.

[71] 胡婷. 推进"互联网+政务服务"价值使命与趋势[J]. 中共伊犁州委党校学报，2018(04)：93-96.

[72] 陈俊良，蔡潇. 网络背景下"互联网+政务服务"平台建设[J]. 电子技术与软件工程，2021(05)：28.

[73] 王伟玲. 中国政务服务网绩效评估：理论与实践[J]. 电子政务，2022(04)：51-63.

[74] 翁列恩，胡税根. 公共服务质量：分析框架与路径优化[J]. 中国社会科学，2021(11)：31-53+204-205.

[75] 岳佳慧. 我国电子政务绩效评估存在的问题及优化路径[J]. 经济研究导刊，2020(05)：183-184.

[76] 易兰丽，范梓腾. 层级治理体系下的政策注意力识别偏好与政策采纳：以省级"互联网+政务服务"平台建设为例[J]. 公共管理学报，2022，19(01)：40-51+167. DOI：10.16149/j.cnki.23-1523.20211125.002.

[77] 程镝. 政务服务中心服务质量公众满意度研究：基于H市政务服务中心"最多跑一次"改革[J]. 山东大学学报(哲学社会科学). 2021(01)：65-74.

[78] 陈学飞，叶祝弟，王英杰，等. 中国式学科评估：问题与出路[J]. 探索与争鸣，2016(09)：59-74.

[79] 张德淼，杜朴. 立法后评估中的公众参与"虚置"及治理路径[J]. 北京行政学院学报，2021(01)：86-98. DOI：10.16365/j.cnki.11-4054/d.2021.01.010.

[80] 钱佳鑫. 公众满意度视角下的电子政务绩效评价研究[J]. 经济研究导刊，2021(05)：135-137.

[81] 刘淑春. 数字政府战略意蕴、技术构架与路径设计：基于浙江改革的实践与探索[J]. 中国行政管理，2018(09)：37-45. DOI：10.19735/j.issn.1006-0863.2018.09.05.

[82] 邬彬, 黄大熹. 电子监察: 中国政府科技防腐创新[J]. 求是, 2010(09): 69.

[83] 薛伟江. 福柯"微观权力论"思想的科学内涵: 从协同动力学的观点看[J]. 科学技术与辩证法, 2004(04): 36-37.

[84] 姚莉. 电子监察问责: 价值、实践与反思: 行政问责制度改革的信息化视角[J]. 电子政务, 2014, 10(09): 29-37.

[85] 谢金波. 科技与"中国·南安"电子政务服务平台运行的探讨[J]. 科技创新与应用, 2017(21): 136-137.

[86] 黎良浩. 大数据时代构建多层次的电子政务网络立体防护体系探析[J]. 科技创新与应用, 2014(01): 63-64.

[87] 张锦坤. 打造网络问政论坛创新模式: 以今日惠州网"向书记说说心里话"论坛为例[J]. 传媒论坛, 2019(04): 3-4.

[88] 张静, 王欢. 从冷漠到合作: 网络时代中国政民关系的变迁与理性发展路径分析[J]. 电子政务, 2019(05): 47-55.

[89] 张磊. 地方政府网络问政回应机制的建构[J]. 青年记者, 2018(11): 35-36.

[90] 郑中华. 大数据时代政府网站建设的着力点[J]. 中国党政干部论坛, 2018(09): 68-69.

[91] 张昆. 中国网络问政路径研究: 经验模式、政府决策和民众选择[M]. 上海: 上海交通大学出版社, 2018.

[92] 伏强. 中国电子行政审批系统运行保障体系问题研究[D]. 长春: 吉林大学, 2017, 10(06): 24-25.

[93] 郑娅. 信息安全技术在电子政务系统中的运用分析[J]. 科技创新与应用, 2015(36): 87.

[94] 陈传夫, 黄璇. 美国解决信息公共获取问题的模式[J]. 情报科学, 2007(01): 12.

[95] 江小涓. 数字时代的技术与文化[J]. 中国社会科学, 2021(08): 4-34+204.

[96] 邓崧. 电子政务价值评估[M]. 北京: 人民出版社, 2008.

[97] 齐冰. 论中国特色社会主义文化的先进性特质[J]. 中国社会科学院研究生院学报, 2014(06): 103-107.

[98] 熊英. 我国电子政务发展的行政文化障碍分析[J]. 科技进步与对策, 2003, 20(15): 135-137.

[99] 韦森. 文化与制序(增补版)[M]. 上海: 上海三联书店, 2020.

[100] 陈德权, 林海波. 论政府数据治理中的政府数据文化培育[J]. 社会科学, 2020(03): 33-36.

[101] 苏德悦: 第48次《中国互联网络发展状况统计报告》发布: 我国网民规模超10亿[N]. 人民邮电报, 2021-08-30.

[102] 陈德权, 黄萌萌, 王爱茹. 中国电子政务文化治理的实施路径研究[J]. 电子政务, 2014(8): 46-51.

[103] 易昌良. 国家治理现代化进程中的行政文化建设与创新[J]. 经济研究参考, 2014(63): 55-61.

[104] 廖倩怡, 刘青峰. 社会治理视角下智慧社区建设的路径探究: 以昆明市盘龙区为例[J]. 红河学院学报, 2022, 20(04): 75-79. DOI: 10.13963/j.cnki.hhuxb.2022.04.018.

[105] 范爽. 智慧城市时空大数据平台建设技术研究[J]. 信息与电脑(理论版), 2021(08): 8-10.

[106] 冯金福. 多源建筑地址数据标准化建设与应用: 以南昌市为例[J]. 工程勘察, 2022, 50(8): 74-78.

[107] 赵大鹏. 中国智慧城市建设问题研究[D]. 长春: 吉林大学, 2013: 31-34.

[108] 李智超, 刘少丹. 智慧城市在中国的话语实践: 基于政策话语网络的分析[J]. 华南师范大学学报(社会科学版), 2022(04): 45-58+205-206.

[109] 孙轩, 单希政. 智慧城市的空间基础设施建设: 从功能协同到数字协同[J]. 电子政务, 2021(12): 80-89.

[110] 陈德权, 王欢, 温祖卿. 我国智慧城市建设中的顶层设计问题研究[J]. 电子政务, 2017(10): 70-78.

[111] 赵福兵. 智慧城市建设发展存在的问题与解决路径[J]. 智能城市, 2021(13): 34-35. DOI: 10.19301/j.cnki.zncs.2021.13.016.

[112] 刘锋, 乔蓓蓓. 城市大脑与智慧城市的关系问题探讨[J]. 中国建设信息化, 2021(18): 58-60.

[113] 王文杰. R市"城市大脑"政务数据资源整合问题与对策研究[D]. 曲阜: 曲阜师范大学, 2021. DOI: 10.27267/d.cnki.gqfsu.2021.000977.

[114] 李赣湘. 城市建筑规划中"城市大脑"的应用[J]. 城市建筑, 2021, 18(23): 79-81+154. DOI: 10.19892/j.cnki.csjz.2021.23.21.

[115] 桂维民. 建城市大脑让智慧城市更安全[J]. 中国应急管理, 2020(4): 39-41.

[116] 靖磊. 运营商5G+新型智慧城市的发展路径研究[J]. 江苏通信, 2020, 36(5): 7-10.

[117] 胡坚波. 关于城市大脑未来形态的思考[J]. 人民论坛·学术前沿, 2021(009): 50-57. DOI: 10.16619/j.cnki.rmltxsqy.2021.09.006.

[118] 焦永利, 史晨. 从数字化城市管理到智慧化城市治理: 城市治理范式变革的中国路径研究[J]. 福建论坛(人文社会科学版), 2020(11): 37-48.

[119] 邓秋成. 城市大脑总体架构与应用研究[J]. 信息技术与标准化, 2020(11): 13-16.

[120] 蔡艳. 智慧社区概念及发展[J]. 科技风, 2012(13): 234.

[121] 王京春, 高斌, 类延旭, 等. 浅析智慧社区的相关概念及其应用实践: 以北京市海淀区清华园街道为例[J]. 理论导刊, 2012(11): 13-15.

[122] 赵中. 智慧社区建设背景下杭州市体育公共服务供给研究[D]. 淮北: 淮北师范大学,

2022. DOI：10.27699/d.cnki.ghbmt.2022.000331.

[123] 徐鑫. 大数据环境下城市智慧社区治理机制研究[J]. 改革与开放, 2021(17)：27-36. DOI：10.16653/j.cnki.32-1034/f.2021.017.004.

[124] 全国智标委智慧居住区分技术委员会. 以城市数字化转型为契机，加快智慧社区建设[J]. 中国建设信息化, 2021(05)：36-38.

[125] 王小青. "互联网+"背景下智慧社区的探索与实践：基于南京鼓楼区5个社区的建设[J]. 市场周刊, 2021(03)：177-178.

[126] 王惠燕. "互联网+"背景下精准化养老服务的发展现状及对策研究：以哈尔滨市智慧社区建设为例[J]. 上海城市管理, 2021(01)：91-96.

[127] 杨华玲. "互联网+"背景下的智慧社区建设研究[J]. 湖北函授大学学报, 2019(021)：98-99.

[128] 季晓琼. "互联网+"背景下智慧社区建设方略研究[J]. 科技资讯, 2022(19)：1-4. DOI：10.16661/j.cnki.1672-3791.2204-5042-2359.

[129] 梁盛书. 数字治理视角下城市智慧社区建设研究[J]. 中国建材, 2022(09)：137-140. DOI：10.16291/j.cnki.zgjc.2022.09.024.

[130] 郑跃平, 王海贤. 移动政务的现状、问题及对策[J]. 公共管理与政策评论, 2019(02)：74-84.

[131] 李帆, 陶春花, 方利, 等. 移动互联网技术在乳腺癌病人延续护理中的应用进展[J]. 护理研究, 2019, 33(05)：806-810.

[132] 王帅国. 雨课堂：移动互联网与大数据背景下的智慧教学工具[J]. 现代教育技术, 2017(05)：26-32.

[133] 王法硕, 丁海恩. 移动政务公众持续使用意愿研究：以政务服务App为例[J]. 电子政务, 2019(12)：65-74.

[134] 李永忠, 连丽样, 成全. 国外移动政务服务研究进展[J]. 重庆邮电大学学报(社会科学版), 2016, 28(06)：137-145.

[135] 易兰丽, 黄梅银, 田红红. 美国移动政务建设及其对我国的启示[J]. 电子政务, 2019(03)：97-107.

[136] 朱多刚, 郭俊华. 基于UTAUT模型的移动政务采纳模型与实证分析[J]. 情报科学, 2016(09)：110-114.

[137] 王雅宁, 韩小威. 服务型政府背景下移动政务建设的重要性及策略[J]. 中国管理信息化, 2018(22)：127-128.

[138] 高荣. 服务型政府建设背景下我国移动政务发展探究[J]. 天津行政学院学报, 2016(02)：76-81.

[139] 于冠一, 陈卫东, 王倩. 电子政务演化模式与智慧政务结构分析[J]. 中国行政管理,

2016(02): 22-26.

[140] 孙宇, 张绰, 罗玮琳. "智能+"对政务服务意味着什么[J]. 电子政务, 2019(11): 64-71.

[141] 陈涛, 冉龙亚, 明承瀚. 政务服务的人工智能应用研究[J]. 电子政务, 2018(03): 22-30.

[142] 刘晓洋. 人工智能重塑政务服务流程的认知逻辑与技术路径[J]. 电子政务, 2019(11): 104-111.

[143] 戴长征, 鲍静. 数字政府治理: 基于社会形态演变进程的考察[J]. 中国行政管理, 2017(09): 21-27.

[144] 北京大学数字政府研究课题组. 平台驱动的数字政府: 能力、转型与现代化[J]. 电子政务, 2020(07): 2-30.

[145] 周文彰. 数字政府和国家治理现代化[J]. 行政管理改革, 2020(02): 4-10.

[146] 张成福, 谢侃侃. 数字化时代的政府转型与数字政府[J]. 行政论坛, 2020(06): 34-41.

[147] 王伟玲. 加快实施数字政府战略: 现实困境与破解路径[J]. 电子政务, 2019(12): 86-94.

[148] 翟云. 数字政府替代电子政务了吗? 基于政务信息化与治理现代化的分野[J]. 中国行政管理, 2022(02): 114-122.

[149] 胡税根, 杨竞楠. 发达国家数字政府建设的探索与经验借鉴[J]. 探索, 2021(01): 77-86.

[150] 吴磊. 政府治理数字化转型的探索与创新: 以广东数字政府建设为例[J]. 学术研究, 2020(11): 56-60.

[151] 卢向东. 准确把握数字化转型趋势, 加快推进数字政府建设: 从"数字战疫"到数字政府建设的实践与思考[J]. 中国行政管理, 2020(11): 12-14.

[152] 周小李, 王方舟. 数字公民教育: 亚太地区的政策与实践[J]. 比较教育研究, 2019(08): 3-10.

[153] 顾爱华, 孙莹. 赋能智慧治理: 数字公民的身份建构与价值实现[J]. 理论与改革, 2021(04): 47-57+154-155.